Uwe Wesel
FAST ALLES,
WAS RECHT IST

Uwe Wesel

FAST ALLES, WAS RECHT IST

Jura für Nichtjuristen

Christian Ahcin und Michael Förster haben geholfen, mit Rat und Kritik. Dieses Buch hätte ich ohne sie nicht schreiben können. Thank you.

Lizenzausgabe für die Büchergilde Gutenberg,
Frankfurt am Main, Wien,
mit freundlicher Genehmigung der
Vito von Eichborn GmbH & Co. Verlags KG,
Frankfurt am Main,
© Vito von Eichborn GmbH & Co. Verlag KG,
Frankfurt am Main, 1992
Umschlag: Atelier Schneider-Reckels, Wiesbaden
Satz: Greno Nördlingen.
Druck und Bindung: Wiener Verlag, Himberg bei Wien
ISBN 3 7632 4165 5

INHALT

1. Kapitel: Alle Sprachgewalt geht vom Volke aus ... 9

2. Kapitel: Staatsrecht 39
Staat und Gesellschaft — Verfassungen — Das Bonner Grundgesetz — Menschenrechte — BVerfGE 65.1: Volkszählungsgesetz — Die Staatsfundamentalnorm des Artikels 20 — Die obersten Staatsorgane — Der Hüter der Verfassung — BVerfGE 5.85: Das KPD-Verbot — Parlamentarische Demokratie — Die Rangordnung der drei Staatsgewalten — Volksabstimmungen — Politische Parteien — BVerfGE 73.40: Parteispenden — Der Bund und die Länder — Haushalt und Finanzen — Der innere und der äußere Notstand — Widerstand und ziviler Ungehorsam — Abschied vom Staat? — Literatur

3. Kapitel: Privatrecht................ 103
Eigentum — Kauf — Vertrag — Delikt — BGHZ 51.91: Hühnerpest-Fall — Allgemeines Persönlichkeitsrecht — Bereicherungsrecht — BGHZ 40.272: Elektroherde-Fall — Miete, Dienstvertrag, Werkvertrag — Darlehen, Bürgschaft, Pfandrechte — Grundbuch — BGHZ 20.88: Dittmann-Anhänger — Ehe und Familie, Männer und Frauen — Nichteheliche Kinder und Lebensgemeinschaften — BGHZ 53.369: Geliebtentestament — Erbrecht — Natürliche und juristische Personen — Allgemeine Begriffe — Das Bürgerliche Gesetzbuch und sein System — Literatur

4. Kapitel: Strafrecht 187
Tat und Tatbestand — Dogmatik und Strafe — Diebstahl, Unterschlagung und Betrug — Versuch, Rücktritt, tätige Reue — Mord und Totschlag — BGHSt 30.105: Türkenmord-Fall — Rechtswidrigkeit und Schuld — Straftheorien — Täterschaft und Teilnahme — BGHSt 11.268: Strafbarer Selbstmordversuch — Sexualdelikte — Politische Delikte — Nötigung und Gewalt — BGHSt 23.46: Laepple-Urteil — Überwachen und Strafen — Die drei Abschnitte des Strafverfahrens — Berufung und Revision — Amnestie und Gnade — Literatur

5. Kapitel: Verwaltungsrecht 251
Verwaltungsakt und Anfechtungsklage — Eingriffsverwaltung und Leistungsverwaltung — BVerwGE 1.159: Fürsorgeunterstüt-

zung — Das Privatrecht als Modell — Verwaltungsrecht und Verfassungsrecht — BVerfGE 33.1: Der Brief des Strafgefangenen — Die Wesentlichkeitstheorie — Ermessen und Beurteilungsspielraum — Rücknahme und Widerruf von Verwaltungsakten — BVerwGE 9.251: Witwenrente — Verwaltungsgerichtsordnung und Verwaltungsverfahrensgesetz — Das besondere Verwaltungsrecht — Polizeirecht — PrOVGE 40.216: Mechanische Puppen im Schaufenster des Warenhauses — Baurecht — Gemeinderecht — Umweltrecht — OVG Berlin NVwRZ 1986.318: Magnetbahn — BVerwG NVwRZ 1987.527: Magnetbahn — Schadensersatzansprüche gegen die Verwaltung — Von der Vertikalen zur Horizontalen — Literatur

6. Kapitel: Außerdem noch 319
Gerichtsverfassungsrecht, Prozeßrecht, Freiwillige Gerichtsbarkeit, Handelsrecht, Gesellschaftsrecht, Wertpapierrecht, Versicherungsrecht, Urheberrecht, gewerblicher Rechtsschutz, Wettbewerbsrecht, Kartellrecht, Jugendstrafrecht, Kriminologie, Strafvollzugsrecht, Sozialrecht, Steuerrecht, Kirchenrecht, Völkerrecht, Europarecht, Internationales Privatrecht, Rechtsvergleichung, Rechtsphilosophie, Rechtssoziologie, Rechtsgeschichte — Literatur

7. Kapitel: Arbeitsrecht 341
Arbeitsrecht und Vertragsfreiheit — Tarifvertrag — Streik und Aussperrung — Sphärentheorie, Arbeitskampfrisiko und § 116 Arbeitsförderungsgesetz — BAGE 46.322: Die neue Beweglichkeit — Mitbestimmung — Der einzelne Arbeitsvertrag — Kündigungsschutz — BAG NJW 1989.609: Kündigung im Urlaub — Weiterbeschäftigungsanspruch — Literatur

8. Kapitel: Recht und Gerechtigkeit 385

Personen- und Sachregister 421

Über den Autor 429

ABKÜRZUNGEN

BAG	Bundesarbeitsgericht
BAGE	Entscheidungen des Bundesarbeitsgerichts (Band, Seite)
BGB	Bürgerliches Gesetzbuch
BGHSt	Entscheidungen des Bundesgerichtshofes in Strafsachen (Band, Seite)
BGHZ	Entscheidungen des Bundesgerichtshofes in Zivilsachen (Band, Seite)
BVerfGE	Entscheidungen des Bundesverfassungsgerichts (Band, Seite)
BVerwGE	Entscheidungen des Bundesverwaltungsgerichts (Band, Seite)
EGBGB	Einführungsgesetz zum Bürgerlichen Gesetzbuch
GG	Grundgesetz
GmbH	Gesellschaft mit beschränkter Haftung
PrOVGE	Entscheidungen des Preußischen Oberverwaltungsgerichts
RGZ	Entscheidungen des Reichsgerichts in Zivilsachen
StGB	Strafgesetzbuch

1. KAPITEL
Alle Sprachgewalt geht vom Volke aus

»Der Begriff Tier im Sinne dieser Verordnung umfaßt lebende und tote Tiere, ihre ohne weiteres erkennbaren Teile, ohne weiteres aus ihnen gewonnenen Erzeugnisse sowie ihre Eier, sonstigen Entwicklungsformen und Nester.«

Das ist einer jener Texte, die ab und zu durch die Presse gehen als Beispiel juristischer Sprachkunst. Diesmal die Wildschutzverordnung vom Oktober 1985. Auf die sich dann jemand den Vers gemacht hat: Quäle nie ein Nest zum Scherz, denn es fühlt wie du den Schmerz.

Solche Parodien zeigen, daß es ein allgemeines Unbehagen gibt gegenüber dem, was Juristen schreiben. Man liest es ungern, auch schon deshalb, weil man es meistens kaum verstehen kann. Ein allgemeines Unbehagen, hinter dem manche Probleme stehen.

Formuliert man es etwas vereinfacht, dann kann man schon sagen, daß Recht im wesentlichen Sprache ist. Im Bewußtsein von Juristen, zumindest in ihrer täglichen Arbeit, im inneren Bereich also, und auch in ihrem Auftreten nach außen, dem Bürger gegenüber. Recht ist immer Sprache. Gesetze, Urteile, juristische Gutachten und juristische Literatur, es ist nichts anderes als Sprache, manchmal gesprochen, meistens geschrieben. Es ist eine Sprache, die sich allerdings in besonderer Weise entwickelt hat. So, wie es auch in anderen Spezialbereichen unserer arbeitsteiligen Gesellschaft geschehen ist, in den Natur- oder Geisteswissenschaften, in der Medizin oder Technik. Es ist eine Fachsprache. Und jede Fachsprache hat ihre Probleme, zum Beispiel die Unverständlichkeit für diejenigen, die außerhalb stehen. Irgend jemand hat das mal für die Philosophie formuliert und gesagt, sie sei die Kunst, mit Worten, die niemand versteht, etwas zu sagen, was jeder weiß. Was für die Philosophie richtig sein mag, auf anderen Gebieten aber durchaus auch noch den Grund hat, daß man eben komplizierte Probleme leichter in einer hochentwickelten Fachsprache in den Griff bekommt, sie vielleicht manchmal mit der normalen Umgangssprache überhaupt nicht lösen kann, wie zum Beispiel in den Naturwissenschaften und in der Technik. Ist aber das Problem dort eher ein rein technisches, so hat es im Recht gleichzeitig eine außerordentlich wichtige politische Bedeutung.

Recht ist die Gesamtheit der staatlichen und gesellschaftlichen Ordnung. Es wird vom Staat produziert, von den drei Staatsgewalten, vom Parlament, der Regierung und den Gerichten. Hier gilt der Satz, daß alle Staatsgewalt vom Volke ausgeht, das allgemeine Prinzip jeder Demokratie. Das Volk bestimmt in Wahlen das Parlament und damit auch die Regierung, letztlich auch die Gerichte, denn die Richter werden von der Regierung ernannt, manchmal vom Parlament gewählt. Artikel 20 Absatz 2 des Grundgesetzes:

»Alle Staatsgewalt geht vom Volke aus. Sie wird vom Volke in Wahlen und Abstimmungen und durch besondere Organe der Gesetzgebung, der vollziehenden Gewalt und der Rechtsprechung ausgeübt.«

Wenn das Volk nun in Wahlen diejenigen bestimmt, die den Staat bilden, dann geschieht das auch im Hinblick darauf, wie die Ordnung bisher ausgesehen hat und wie sie künftig sein soll, also auch und in erster Linie im Hinblick auf die Gestaltung von Recht. Deshalb müssen sie darüber informiert sein. Und Information wiederum setzt Öffentlichkeit voraus. Öffentlichkeit bedeutet Durchsichtigkeit staatlichen Handelns, Transparenz. Die aber fehlt, wenn staatliches Handeln, also Handeln von Parlament, Regierung und Gerichten, in einer Sprache stattfindet, die der normale Bürger, der Wähler, nicht verstehen kann. Das Prinzip von Demokratie, von Öffentlichkeit und Kontrolle, muß dann versagen. Deshalb ist es schon etwas anderes, ob man die technische Anleitung für eine komplizierte Maschine nicht verstehen kann oder ob es sich um Gesetze des Parlaments und Urteile von Gerichten handelt.

Auch noch in einer anderen Beziehung ist sie etwas Besonderes, die Sprache des Rechts. Denn hinter ihr steht das Gewaltmonopol des Staates. Was da gesagt wird, das ist nicht irgend etwas, über das man so oder so räsonnieren kann. Wenn ein Gesetz oder ein Gericht dieses oder jenes sagt, dann steht dahinter die gesamte Staatsgewalt auch im Sinne von physischem Zwang, nämlich der jungen Männer bei der Polizei, der vielleicht etwas älteren Gerichtsvollzieher oder der abschließenden Funktion unserer Haftanstalten. *There is plenty of law at the end of a nightstick*, sagen amerikanische Ganoven. Da ist viel Recht am Ende eines Gummiknüppels.

Im übrigen gibt es bei Fachsprachen nicht nur das Problem der Unverständlichkeit. Im Recht sind es noch zwei andere, nämlich das der Ungenauigkeit und der Ideologie. So daß wir uns also mit dreien herumschlagen müssen. Erstens: Die Sprache der Juristen ist ungenau. Zweitens: Sie ist unverständlich. Drittens: Sie ist ideologisch. Das ist in dieser Reihenfolge formuliert, weil es die Beteiligten zunächst jeweils allein und dann gemeinsam trifft.

Das erste, die Ungenauigkeit, ist ein Problem der Juristen. Kein Gesetz kann so präzise formuliert werden, daß alle Streitfälle, die später auftauchen, mühelos in dem einen oder anderen Sinn gelöst werden können. Das zweite, die Unverständlichkeit, ist ein Problem des rechtsunkundigen Bürgers, der die Juristen regelmäßig gerade dann nicht verstehen kann, wenn sie sich besonders genau ausdrücken. Das dritte, das ideologische, ist ein Problem für beide, für Juristen und Nichtjuristen. Es bedeutet, daß weder die einen noch die anderen wirklich verstehen, worum es in wichtigen Fragen des Rechts geht, und zwar meistens sogar dann, wenn sie für alle klar und verständlich formuliert sind. Dazu zum Schluß. Zuerst zum Problem der Unverständlichkeit.

Es gibt ein Gesetz, das ganz allgemein den Aufbau und die Zuständigkeit von Zivil- und Strafgerichten regelt. Es ist sozusagen die Verfassung dieser Gerichte. Deshalb heißt es Gerichtsverfassungsgesetz. In ihm heißt es, in § 184:

> »Die Gerichtssprache ist deutsch.«

Ein großes Wort, nicht wahr? Denn jeder sollte doch Deutsch verstehen. Aber das Deutsch, das dort gesprochen wird? Dabei soll dieser § 184 durchaus nicht nur technisch den Grundsatz bezeichnen, daß man dort nicht einfach ohne Dolmetscher englisch oder französisch sprechen darf. Es hat auch noch den aufklärerischen Klang von Öffentlichkeit, Information und demokratischer Kontrolle. Das sieht man deutlich fünfzehn Paragraphen vorher, in § 169 dieses Gesetzes:

> »Die Verhandlung vor dem erkennenden Gericht einschließlich der Verkündung der Urteile und Beschlüsse ist öffentlich.«

Sehen wir uns also mal etwas genauer an, wie es mit dieser demokratischen Öffentlichkeit bestellt ist. Man muß dabei ja auch etwas verstehen können. Aber das ist kaum möglich. Denn dort wird eine andere Sprache gesprochen als Deutsch: die Sprache der Juristen. Sie zeichnet sich aus durch hohe Abstraktion, wenig Anschaulichkeit, eigene Begriffe, umständlichen Stil mit langen Sätzen, Verschachtelungen und vielen Substantiven. Ein berühmtes Beispiel ist die Definition der Eisenbahn im ersten Band der Entscheidungen des Reichsgerichts, 1879. Ein Arbeiter war beim Bau einer Eisenbahnstrecke verletzt worden. Eine Schmalspurbahn, mit der man die Erdmassen beförderte. Sie war entgleist. Ein Verschulden traf die Baugesellschaft nicht. Deshalb erhob sich die Frage, ob sie nach § 1 des Reichshaftpflichtgesetzes zum Schadensersatz verpflichtet war. Danach haftet man auch ohne Verschulden, wenn jemand beim Betrieb einer Eisenbahn verletzt wird. Nein, sagte die Firma. Unsere kleine Schmalspurdampflokomotive ist eine Feldbahn auf einem Arbeitsgelände, keine öffentliche Eisenbahn. Doch, sagte das Reichsgericht. Ihr müßt zahlen. Denn das ist der Begriff einer Eisenbahn. Entscheidungen des Reichsgerichts in Zivilsachen, erster Band, Seite 252, die berühmte Definition:

> »Ein Unternehmen, gerichtet auf wiederholte Fortbewegung von Personen oder Sachen über nicht ganz unbedeutende Raumstrecken auf metallener Grundlage, welche durch ihre Konsistenz, Konstruktion und Glätte den Transport großer Gewichtsmassen, beziehungsweise die Erzielung einer verhältnismäßig bedeutenden Schnelligkeit der Transportbewegung zu ermöglichen bestimmt ist, und durch diese Eigenart in Verbindung mit den außerdem zur Erzeugung der Transportbewegung benutzten Naturkräften (Dampf, Elektricität, thierischer oder menschlicher Muskelthätigkeit, bei geneigter Ebene der Bahn auch schon der eigenen Schwere der Transportgefäße und deren Ladung, u.s.w.) bei dem Betriebe des Unternehmens auf derselben eine verhältnismäßig gewaltige (je nach den Umständen nur in bezweckter Weise nützliche, oder auch Menschenleben vernichtende und die menschliche Gesundheit verletzende Wirkung zu erzeugen fähig ist.«

Nun wissen wir, was eine Eisenbahn ist. Diese Fremdheit der Sprache des Rechts hat es nicht immer gegeben. Noch im alten Rom ist sie verständlich für jedermann, plastisch, deutlich. Obwohl die alten Römer diejenigen gewesen sind, die zum erstenmal in der Geschichte ein technisch hochentwickeltes Recht geschaffen haben, das noch heute unserem Rechtssystem zugrunde liegt. Sie meinten immer, ihr Recht sei begründet worden durch das berühmte Zwölftafelgesetz aus der Mitte des fünften Jahrhunderts vor Christus. Noch zu Ciceros und Caesars Zeiten, am Ende der Republik, also vierhundert Jahre später, konnten sie viele Römer auswendig hersagen. Das lernten die Kinder im Unterricht. Die Sprache ist in der Tat sehr einfach. Die ersten sechs Sätze, auf Lateinisch:

> »*Si in ius vocat ito. Ni it antestamino. Igitur em capito. Si calvitur pedemve struit manum endo iacito. Si morbus aevitasve vitium escit qui in ius vocabit iumentum dato. Si nolet arceram ne sternito.*«

Wenn man es ins Deutsche übersetzt, heißt es etwa so:

> »Wenn er vor Gericht ruft, soll er gehen. Wenn er nicht kommt, muß er Zeugen hinzuziehen. Dann soll er ihn greifen. Wenn er Ausflüchte macht, soll er ihn förmlich in seine Gewalt nehmen. Wenn er alt oder krank ist, soll ihm ein Wagen gestellt werden. Wenn er nicht will, braucht er ihn nicht mit Streu oder Decken zu versehen.«

Es geht also um die Frage, wie man einen Prozeß gegen einen anderen beginnt. Wir sprechen heute von der Klageerhebung. Sie ist geregelt in der Zivilprozeßordnung, in § 253:

> »Die Erhebung der Klage erfolgt durch Zustellung eines Schriftsatzes (Klageschrift).«

Im alten römischen Recht war alles mit Verben formuliert: rufen, gehen, kommen, Zeugen hinzuziehen und so weiter. Ausführlich, anschaulich. Unser Gesetz ist knapp, mit fünf Substantiven: Erhebung, Klage, Zustellung, Schriftsatz, Klageschrift. Die Zwölftafeln sind konkret, anschaulich. Unsere Zivilprozeßordnung ist abstrakt, unanschaulich. Das ist nicht mehr für den normalen Bürger geschrieben, sondern für die obere Mittelschicht, den Richter und den Anwalt. Ein technisches Instrumentarium, mit dem nur noch der Fachmann umgehen kann.

Die Anschaulichkeit der Sprache des alten deutschen Rechts, im Mittelalter, war sogar noch größer als die der Römer. Sehr lange gab es noch nicht einmal schriftliche Rechtsaufzeichnungen, sondern nur mündliche Überlieferung. Und die Urteile wurden nicht geschrieben, nur gesprochen. Mündliche Überlieferung ist auf Gedächtnishilfen angewiesen, und so finden sich im alten deutschen Recht Sprichwörter, Stabreime, Reime und Verdoppelungen, von denen wir einige sogar noch heute gebrauchen. »Einem geschenkten Gaul schaut man nicht ins Maul«, sagten sie, um damit auszudrücken, daß der Schenker nicht haftet, wenn die Sache einen Fehler hat, wie wir es heute formulieren. Im Gegensatz zu »Augen auf, Kauf ist Kauf.«

Oder ein anderes Beispiel. Bei uns lautet eine Vorschrift der Strafprozeßordnung darüber, daß man nicht nur am Ort des Wohnsitzes, sondern auch dort angeklagt werden kann, wo man sich strafbar gemacht hat, in § 7:

> »Der Gerichtsstand ist bei dem Gericht begründet, in dessen Bezirk die Straftat begangen ist.«

Im alten deutschen Recht ist auch das viel anschaulicher formuliert:

> »Wo der Esel sich wälzt, da muß er Haare lassen.«

Die Wende in Deutschland kam mit der Rezeption im 14. und 15. Jahrhundert. Das römische Recht brachte die lateinische Sprache und die lateinische Schrift. Gesetze, Prozeßakten und Urkunden wurden zwar noch deutsch geschrieben, und auch die Verhandlung vor dem Gericht fand in der eigenen Sprache statt. Aber die ganze juristische Literatur war lateinisch. Auch in den Urteilen fand sich viel davon, für den normalen Menschen unverständlich. Selbst der Sachsenspiegel, die Sammlung des mittelalterlichen deutschen Rechts durch Eike von Repgow, um 1200, war zuerst lateinisch geschrieben. Das war die Sprache der Wissenschaft.

Mit der Aufklärung, dreihundert Jahre später im 18. Jahrhundert, kam allmählich wieder die deutsche Sprache in die Hörsäle der juristischen Fakultäten und in die juristische Literatur. Aber gerade durch die Verbindung mit dem Lateinischen wurde die Sprache der Juristen berüchtigt. Nicht nur, weil immer noch viele lateinische Fachausdrücke gebraucht wurden. Auch die Verschachtelung blieb, die die Römer so selbstverständlich beherrschten, die für uns aber immer schwer zu verfolgen ist. So wurde auch das Recht zu jener Kunst, mit Worten, die niemand versteht, etwas zu sagen, was jeder weiß. Oder um den *Simplicissimus* von 1965 zu zitieren, mit einer Bildunterschrift unter der Zeichnung des Richters, der ein Strafurteil verkündet:

»Dadurch, daß derjenige, der vom Angeklagten, der ein Geständnis, das von Zeugen, die unter Eid, auf dessen Bedeutung sie unter Hinweis auf etwaige Folgen aufmerksam gemacht wurden, aussagten, bekräftigt worden ist, ablegte, tätlich angegriffen wurde, an der Streitursache nicht ganz schuldlos war, kann die Strafe zur Bewährung ausgesetzt werden.«

Auf der Grundlage des römischen Rechts ist dann am Ende des 19. Jahrhunderts das Bürgerliche Gesetzbuch entstanden. Nach langen Vorarbeiten war sein Entwurf 1888 fertig und sollte vom Reichstag beraten werden. Es gab einen Sturm der Entrüstung, wegen seiner Unverständlichkeit. Einer der schärfsten Kritiker des BGB, der Wiener Professor Anton Menger, schrieb dazu in seinem Buch *Das Bürgerliche Recht und die besitzlosen Volksklassen*, 1890:

»So wie dem Inhalt des Entwurfs jede Originalität fehlt, so ist er auch in der Form vollständig vergriffen. Kein Teil der Gesetzgebung bedarf so sehr einer volkstümlichen, allgemein verständlichen Ausdrucksweise als das bürgerliche Recht; denn die übrigen Gesetze: die Verfassungs-, Verwaltungs-, Zivilprozeß- und Strafgesetze werden nur von bestimmten Volkskreisen oder in besonderen Fällen, dieses wird dagegen täglich und von allen Staatsbürgern angewendet. Nun besitzen wir aber eine juristische Literatur von ungeheurer Ausdehnung, in welcher die Differenzierung der Rechtsbegriffe und überhaupt die Zerfaserung des Rechtsstoffes so weit getrieben ist, daß man die deutsche Rechtswissenschaft treffend mit einem Messer verglichen hat, welches so dünn und scharf geschliffen ist, daß es nicht mehr schneidet. Die Verfasser des Entwurfes, welchen ohnedies kein besonderes Formtalent nachzurühmen ist, stehen nun ganz unter dem Einfluß dieser juristischen Scholastik und haben demgemäß ein Werk geliefert, dessen abstrakte und unpopuläre Ausdrucksweise kaum überboten werden kann.«

Man hat sich dann schon Mühe gegeben bei der Überarbeitung dieses Entwurfs; und als die zweite Fassung 1898 vom Reichstag verabschiedet wurde, sah es tatsächlich etwas besser aus. Besonders die vielen Fremdwörter hatte man beseitigt, denn damals übte man sich allenthalben in Verdeutschung. Ein Oberlandesgerichtsrat aus Marienwerder in Ostpreußen, Julius Erler, meinte in seinem Buch über *Die Sprache des Bürgerlichen Gesetzbuches:*

> »Abgesehen von einzelnen Ausstellungen haben wir Deutsche begründete Veranlassung, uns der Schaffung des BGB auch als einer sprachlichen Musterleistung zu freuen. Das Erreichbare ist erreicht worden.«

Aber im Grunde waren nur die Fremdwörter beseitigt. Die Sprache blieb abstrakt, zu wenig anschaulich. Es war die Sprache der oberen Mittelklasse, eine Barriere für den weniger privilegierten Bürger. So ist es heute noch. Nur eine kurze, ganz normale und eher harmlose Kostprobe aus dem BGB, bei der Stellvertretung, in § 164:

> »Tritt der Wille, in fremdem Namen zu handeln, nicht erkennbar hervor, so kommt der Mangel des Willens, im eigenen Namen zu handeln, nicht in Betracht.«

Die Sprache der Juristen — vielleicht hätte sie sich anders entwickelt, wenn die liberalen und demokratischen Ideen aus der ersten Hälfte des 19. Jahrhunderts sich besser durchgesetzt hätten und nicht mit dem Scheitern der Revolution von 1848 für lange Zeit begraben worden wären. Damals versuchte man, dem demokratischen Gedanken auch im Recht zum Durchbruch zu verhelfen. Man forderte Geschworenengerichte, also eine Beteiligung aller Bürger an der Rechtsprechung, die den Einfluß der Fachjuristen zurückdrängen sollten, und man verlangte Herstellung von Öffentlichkeit. Bürgerliche Öffentlichkeit gegen absolutistische Geheimhaltung. Denn noch immer fanden Gerichtsverhandlungen hinter verschlossenen Türen statt. Schon Immanuel Kant hatte das kritisiert und gesagt, ohne Öffentlichkeit könne es keine Gerechtigkeit geben. Das Programm der Liberalen schrieb 1821 Anselm Feuerbach mit seinem Buch *Über die Öffentlichkeit und Mündlichkeit der Gerechtigkeitspflege.* Johann Gottlieb Fichte sah darin »ein sicheres

Kriterium, ob das Recht so, wie es soll, verwaltet werde«. Das hat sich schließlich auch durchgesetzt, langsam, allmählich, seit der Mitte des letzten Jahrhunderts; und so bestimmt heute § 169 des Gerichtsverfassungsgesetzes, man kann es nicht oft genug lesen:

> »Die Verhandlung vor dem erkennenden Gericht einschließlich der Verkündung der Urteile und Beschlüsse ist öffentlich.«

Aber Juristen haben das nie richtig akzeptiert. Es ist eben viel einfacher zu entscheiden, ohne daß man kontrolliert wird. Mit der Macht ist der Mensch so gern alleine. Auch Juristen von heute haben ein eher gestörtes Verhältnis zur Öffentlichkeit. Gern ist man bereit, sie auszuschließen. Rundfunk-, Film- und Fernsehaufnahmen sind in Gerichtsverhandlungen seit 1964 verboten, nachdem einige Politiker in einem Gerichtsverfahren in wenig günstiger Weise photographiert worden waren. Öffentlichkeit, sagen Juristen, ist gefährlich. Sie gefährdet die Wahrheitsfindung, sie gefährdet die private Sphäre der Prozeßbeteiligten, und sie gefährdet die richterliche Unabhängigkeit. Die Urteilsfindung des Richters sei ein sehr sensibler Vorgang. Er müsse in aller Ruhe vor sich gehen, ohne den »Druck der Straße«.

Nun, es gibt auch andere Stimmen. Sie betonen den hohen Verfassungsrang der Gerichtsöffentlichkeit. Aber es sind wenige, und es sind Außenseiter. Allerdings können sie sich auf die Meinung des Bundesverfassungsgerichts berufen, das Öffentlichkeit und Informationsfreiheit als wichtigste Voraussetzung einer Demokratie ansieht, die auch in Kontrolle und Kritik besteht, hergestellt durch Aktivität, Informiertheit und Sachverständnis des Bürgers, auch im Bereich der Justiz.

Die große Karawane der Juristen zieht eher in die entgegengesetzte Richtung. Für sie ist die vom Gesetz geforderte Öffentlichkeit eigentlich nur überflüssig und lästig. Und in der Abwehr dieser Öffentlichkeit, in der Abwehr von Kontrolle und Kritik, ist ihnen ihre Sprache die wirksamste Waffe. Ihr hohes Abstraktionsniveau und ihre verwickelte Terminologie erlernt der Student in semesterlangem Studium, das ihm erst allmählich ermöglicht, sich aus den Niederungen der verständlichen Sprache des **Alltags zu** erheben. Regelmäßig erst nach zwei, drei Jahren ist er soweit. Dann kann er abheben und langsam und gemächlich durch die Lüfte der hohen Abstraktion segeln, während unten das gemeine Volk zurückbleibt, ohne jede Aussicht, ihm dorthin zu folgen. Dabei könnte man die gleichen Wege auch auf der Erde zurücklegen. Ohne weiteres läßt sich jede juristische Entscheidung auch in der konkreten Sprache des Alltags begründen. Es würde ein wenig länger dauern, so wie jede Demokratisierung ihren technokratischen Preis fordert, im übrigen aber keinerlei Schwierigkeiten machen.

Es kommt hinzu, daß das entscheidende Argument für die Beibehaltung dieser Unverständlichkeit sich bei genauerem Zusehen als unzutreffend erweist. Meistens wird nämlich gesagt, nur eine hochentwickelte Fachsprache garantiere die Einheitlichkeit der Ergebnisse, die Gleichmäßigkeit von Entscheidungen, die Berechenbarkeit der Justiz. Das Gegenteil ist der Fall. Trotz ihres hohen Abstraktionsgrades ist die Sprache des Rechts sehr unzuverlässig geblieben. Wir sind damit beim zweiten Problem, dem Problem für Juristen: Ihre Sprache ist ungenau.

Um das deutlich zu machen, führe ich jetzt zwei juristische Fälle vor, einen einfachen und einen etwas schwierigen. Ein Fall, das ist ein Streitfall, ein Konflikt, regelmäßig zwischen zwei Beteiligten, einem Kläger und einem Beklagten. Man sagt auch, es sei ein Sachverhalt. Man muß ihn mit dem Gesetz lösen. Nehmen wir zunächst den einfachen:

> Die junge Dolmetscherin Marie heiratet den Bundesbahnoberinspektor Jakob. Sie haben keine Kinder. Weil Marie aber unbedingt eins haben möchte, ist Jakob schließlich widerstrebend damit einverstanden, daß sie ein neugeborenes Mädchen — Gesine — adoptieren. Daraus entwickeln sich aber doch schwere Konflikte, und sie lassen sich schließlich scheiden. Gesine ist zwei Jahre alt. Marie muß sich um sie kümmern, kann ihren alten Beruf nicht ausüben. Deshalb verlangt sie von Jakob Unterhaltszahlungen. Jakob sagt, Gesine sei schließlich der Grund für die Scheidung gewesen. Es könne doch unmöglich richtig sein, wenn er deshalb jetzt auch noch Unterhalt an Marie zahlen müsse.

Ein Jurist, der diesen Fall zu beurteilen hat, wird in das Gesetz sehen. Wie einer der Großen der deutschen Rechtswissenschaft, Harry Westermann an der Universität Münster, den Studenten zu sagen pflegte: »Ein Blick ins Gesetz fördert die Rechtskenntnis.« Das Recht der Ehescheidung und die Regeln über Unterhaltszahlungen nach der Scheidung finden sich im Bürgerlichen Gesetzbuch. Wenn man ein wenig Erfahrung hat und ein bißchen blättert, kommt man schnell auf den § 1570. Dort heißt es:

> »Ein geschiedener Ehegatte kann von dem anderen Unterhalt verlangen, solange und soweit von ihm wegen der Pflege oder Erziehung eines gemeinschaftlichen Kindes eine Erwerbstätigkeit nicht erwartet werden kann.«

Marie und Jakob sind geschiedene Ehegatten. Insoweit ist die Anwendung des Gesetzes völlig unproblematisch. Nicht ganz so einfach ist die Frage zu beantworten, wann denn wegen der Erziehung eines Kindes eine Erwerbstätigkeit nicht erwartet werden kann. Mit anderen Worten: Wann ist ein Kind so erziehungsbedürftig, daß man sich den ganzen Tag mit ihm beschäftigen muß und nicht berufstätig sein kann? Das Gesetz selbst drückt sich da ja sehr ungenau aus, und zwar bewußt, um Spielraum zu schaffen, weil letztlich jeder Fall seine Besonderheiten hat und man allgemein nur schwer etwas sagen kann. Trotzdem haben die Gerichte gewisse allgemeine Regeln entwickelt. Das kann der Jurist schnell nachlesen, nämlich in den Kommentaren zum BGB, in denen die Urteile von Gerichten zu den einzelnen Paragraphen zusammengestellt sind. Danach richtet man sich dann. Der am meisten verbreitete ist 1939 von Otto Palandt begründet worden. Seine politische Vergangenheit ist nicht unproblematisch. Dieser Kommentar wird inzwischen von sieben anderen Juristen weitergeführt, erscheint jedes Jahr in einer neuen Auflage, hat inzwischen mehr als zweieinhalbtausend sehr eng bedruckte Seiten und heißt »der Palandt«. Jeder Jurist kennt ihn. Die meisten benutzen ihn, wenn sie einen solchen Fall zu beurteilen haben. Bei § 1570 können sie dort nachlesen, daß die Gerichte folgendermaßen entscheiden:

> »Eine völlige Freistellung von jeder Erwerbstätigkeit kommt grundsätzlich nur bis zur Einschulung des ... Kindes in Betracht, und auch das nur, falls nicht das Kind im Kindergarten ist.«

Gesine ist erst zwei Jahre alt. Insofern ist der Fall hier klar. Für den Kindergarten ist sie — geht man vom Durchschnitt aus — noch zu klein. Also kann von Marie eine Erwerbstätigkeit nicht erwartet werden.

Es gibt aber noch ein anderes Problem. Im Gesetz steht, es müsse sich um ein gemeinschaftliches Kind handeln. Ist Gesine denn ein gemeinschaftliches Kind von Marie und Jakob? Sie ist doch nur adoptiert. Auf den ersten Blick könnte man vielleicht zweifeln. Doch wenn der Jurist im BGB weiterblättert und sich im Abschnitt über die Adoption umsieht, findet er den § 1754. Dort heißt es im ersten Absatz:

> »Nimmt ein Ehepaar ein Kind an ..., so erlangt das Kind die rechtliche Stellung eines gemeinschaftlichen ehelichen Kindes der Ehegatten.«

Damit hat unser Jurist den Fall gelöst. Alle Voraussetzungen des § 1570 BGB sind erfüllt. Jakob muß zahlen. Übrigens nicht nur für Marie, sondern auch noch — das muß man davon unterscheiden — für die kleine Gesine. Das soll hier nicht so genau begründet werden. Es ergibt sich aus § 1601 BGB.

So weit der erste Fall von Marie und Jakob und seine Lösung. Aus ihm kann man lernen, was Juristen machen, wenn sie ein Gesetz anwenden, also hier den § 1570. Juristen selber sagen: subsumieren. Die Anwendung des Gesetzes beruhe auf einer Subsumtion. Das Wort kommt aus dem Lateinischen und bedeutet soviel wie zur Deckung bringen. Der Sachverhalt des Falls und der Wortlaut des Gesetzes müssen sprachlich zur Deckung gebracht werden. Dann kann die Rechtsfolge eintreten. Sonst nicht. Die Subsumtion ist hier ohne weiteres möglich, mit einem kleinen Umweg über den Paragraphen für adoptierte Kinder. Alles paßt genau. Die Sprache des Gesetzes und die Sprache für die Beschreibung des Falles stimmen völlig überein. Alles ist in Ordnung. Aber nun wandeln wir den Fall etwas ab:

> Die junge Dolmetscherin Marie heiratet den Bundesbahnoberinspektor Jakob, und nach einigen Jahren lassen sie sich scheiden, ohne Kinder. Wenige Monate nach der Scheidung fährt Marie in Urlaub, und zwar in ein Hotel auf Sardinien, in dem

sie früher gemeinsam mit ihrem Mann gewesen war. Dort trifft sie ihn. Er war auf die gleiche Idee gekommen. Es ist warm. Die Sonne scheint. Ein lauschiger Abend. Die Zikaden zirpen. Mit anderen Worten: Gesine wird nicht adoptiert, sondern hier gezeugt und ein Jahr nach der Scheidung geboren. Marie kann nicht mehr als Dolmetscherin arbeiten und verlangt von Jakob Unterhalt. Der sagt, Gesine sei ein nichteheliches Kind. Für sie werde er selbstverständlich zahlen. Aber die Mutter eines nichtehelichen Kindes könne von dem Vater keinen Unterhalt verlangen. Hat er recht?

An sich ja. Aber hier läßt der Wortlaut des § 1570 BGB doch zweifeln. Mindestens beim ersten Durchlesen ist sein Tatbestand »erfüllt«, wie die Juristen sagen, wenn er sich mit dem Sachverhalt zur Deckung bringen läßt:

»Ein geschiedener Ehegatte kann von dem anderen Unterhalt verlangen, solange und soweit von ihm wegen der Pflege oder Erziehung eines gemeinschaftlichen Kindes eine Erwerbstätigkeit nicht erwartet werden kann.«

Sie sind geschiedene Ehegatten. Marie hat für ein neugeborenes Kind zu sorgen. Dieses Kind, Gesine, ist ohne Zweifel erziehungsbedürftig, wie es im Tatbestand des § 1570 vorausgesetzt wird. Aber, und das ist hier die Frage, ist sie ein »gemeinschaftliches« Kind? Doch sehr viel gemeinschaftlicher als ein adoptiertes, wird Marie sagen, an die lauschige Nacht in Sardinien denken und an das Zirpen der Zikaden. Der Jurist wird zweifeln. Wie so oft kann man auch hier zwei Meinungen vertreten.

Zum einen könnte man sagen, daß dieser Sachverhalt sich mit dem Tatbestand des § 1570 BGB nicht deckt, weil Gesine kein gemeinschaftliches Kind im Sinne dieses Gesetzes ist. Denn diese Vorschrift wolle mit dem Wort »gemeinschaftlich« ausdrücken, daß das Kind aus der Ehe stammen müsse. Das steht zwar nicht ausdrücklich da. Aber das ergebe sich aus dem ganzen Zusammenhang des dort geregelten Unterhalts mit einer vorher bestehenden Ehe. An ein nacheheliches Kind habe der Gesetzgeber überhaupt nicht gedacht. Mit anderen Worten: »gemeinschaftlich« in § 1570 bedeute »gemeinschaftlich ehelich«. Entscheidend sei die Herkunft des Kindes aus der Ehe. Nur auf die Ehe könne man so weitreichende Folgen stützen.

Gesine ist in der Tat kein eheliches Kind. Also braucht Jakob an Marie nach dieser Meinung keinen Unterhalt zu zahlen.

Man kann juristisch auch anderer Meinung sein. Die Gemeinschaftlichkeit ist bei dieser Gesine ja wirklich viel stärker als bei einem in der Ehe adoptierten Kind. Und man könnte darauf verweisen, daß es neben dem § 1570 auch noch andere gesetzliche Gründe für einen Unterhaltsanspruch gibt, die erst nach der Scheidung der Ehe entstanden sein können, wie Gesine. Zum Beispiel, wenn eine Frau nach der Scheidung keine Arbeit findet. Das ist in § 1573 BGB geregelt. Dann muß der Mann ebenfalls Unterhalt zahlen. So ähnlich ist es mit Gesine auch. Es ist eine Art nachehelicher Arbeitslosigkeit, die Jakob in entscheidender Weise mitverursacht hat. Er müßte ja sogar schon zahlen bei einer von ihm nicht verschuldeten Arbeitslosigkeit.

Wie gesagt, juristisch kann man beide Meinungen vertreten. Bisher ist ein ähnlicher Fall von den Gerichten nicht entschieden worden. Vielleicht wird er tatsächlich eines Tages auftauchen. Dann wird ein Richter ein Urteil fällen müssen, und wie er sich entscheidet, das ist schwer vorherzusagen. Eine der beiden Parteien wird möglicherweise Berufung einlegen, das nächsthöhere Gericht wird entscheiden, und schließlich kann das Ganze beim höchsten Gericht landen, dem Bundesgerichtshof in Karlsruhe. Eine Prognose für seine Entscheidung ist fast so schwer wie die für die erste Instanz eines Amtsgerichts.

Das ist es, was ich die Ungenauigkeit in der Sprache des Juristen nenne. Wie »gemeinschaftlich« im Sinne des § 1570 BGB zu verstehen ist, das läßt sich eben nicht sicher sagen. Es ist ein altes Problem. Schon vor über zweitausend Jahren war es bekannt. Aristoteles hat es behandelt, in seiner *Nikomachischen Ethik*, und gesagt, kein Gesetz könne so genau formuliert werden, daß sich damit ohne weiteres jeder Fall lösen läßt, der eines Tages auftaucht. Das Problem existiert, seitdem es schriftlich formulierte Gesetze gibt. Die deutschen Juristen sitzen besonders tief in der Patsche, seit sie im 19. Jahrhundert die Begriffsjurisprudenz entwickelt haben, die bis heute nachwirkt, mit der Vorstellung, man könne auf dem Weg rein logischer Operationen, sozusagen mathematisch, für jeden Fall die Lösung aus dem Gesetz ableiten. Manchmal geht das ja auch, wie im ersten Fall von Marie und Jakob, als Gesine vor der Scheidung adoptiert wurde. Aber oft läßt uns die Sprache im Stich. Sie ist eben ungenau, wie im täglichen Leben auch.

Dieses Dilemma, vor dem die Juristen dann stehen, wird ihnen oft zum Vorwurf gemacht. Sie können aber nichts dafür, daß es oft zwei Möglichkeiten gibt, sich zu entscheiden, wie im zweiten Fall von Marie und Jakob. Und sie können auch nichts dafür, daß der eine sich dann so und der andere sich anders entscheidet. Es wird ihnen als Rabulistik angerechnet, als Rechtsverdreherei, die es natürlich in wenigen Extremfällen tatsächlich auch gibt, als Übertreibung der normalen Schwierigkeiten. Die Komödie in der großen Zahl normaler Dramen, wie sie zum Beispiel von Ernst von Salomon berichtet wird, im *Fragebogen* von 1951. Ein Fall aus einem amerikanischen Gefangenenlager, kurz nach dem letzten Krieg. Es gab einen Schlichtungsausschuß für Streitigkeiten der deutschen Gefangenen untereinander. Darüber Ernst von Salomon:

> »Freilich plakatierten auch Spaßvögel das Glanzstück richterlichen Ermessens, welches sich der in der Kunst des Vergleiches unübertreffliche Vorsitzende des Schlichtungsausschusses, der ehemalige Präsident des Deutschen Gemeindetages, Dr. Jeserich, leistete: Beschluß des Schlichtungsausschusses: Es wird dem Beklagten aufgegeben, dem Kläger gegenüber zu erklären, daß er mit dem Ausdruck ›Sie widerliches Scheiß-Arschloch, Sie‹, keine beleidigende Absicht verbunden habe.«

Aber das sind Extremfälle. Sie sind nicht typisch. Alltäglich ist jener zweite Fall, von Marie und Jakob. Für diesen Normalfall ist das Dilemma beschrieben in jenen berühmten Versen jenes berühmten Juristen, der in Leipzig und Straßburg studiert, in Wetzlar am Reichkammergericht als Praktikant gearbeitet und in Weimar in seinem *Faust* geschrieben hat:

> »Mit Worten läßt sich trefflich streiten,
> Mit Worten ein System bereiten,
> An Worte läßt sich trefflich glauben,
> Von einem Wort läßt sich kein Jota rauben.«

Ein Dilemma. Man hat versucht, es in verschiedener Weise zu beheben. Auf der einen Seite stehen die Logiker, auf der anderen die Hermeneutiker. Die Logiker fordern die Entwicklung einer präzisen Sprache für Gesetze und Juristen, eine Sprache, die logisch einwandfrei funktioniert, ohne Wenn und Aber, eine »Kalkülsprache«, eine »mathematische« Sprache. Gottseidank ist ihnen das bisher noch nicht gelungen. Der bedeutendste unter ihnen weiß auch, daß das Ganze kaum eine Chance hat. Ulrich Klug, *Juristische Logik*, 1951. Er rechnet mit Jahrhunderten.

Die Hermeneutiker machen es anders. Sie wissen um die Vieldeutigkeit der Sprache, ihre Unregelmäßigkeiten und Ungenauigkeiten, gehen auch davon aus, daß man sie nicht beseitigen kann. Deshalb konzentrieren sie sich auf eine Lehre vom Verstehen, auf das Hin und Her des Blicks an einem schwierigen Text, den man nicht von vornherein verstehen kann. Das Wort Hermeneutik kommt aus dem Griechischen. *Hermeneuein* bedeutet verstehen, auslegen, erklären, übersetzen. Der *hermeneus* ist ein Erklärer, Herold, Dolmetscher. Theaetet, ein Freund Platons, hat den Dichter einmal *hermeneus* der Götter genannt. Ähnlich argumentiert auch der wichtigste juristische Vertreter dieser Richtung, Ernst Forsthoff, in seinem Buch über *Recht und Sprache*, 1940. Hermeneutik hat oft eine Neigung zum Feierlichen.

Dabei hat sie durchaus ihre Berechtigung. Sie ist die Methode der historischen Geisteswissenschaften, die im 19. Jahrhundert mit ihrem Selbstverständnis in Bedrängnis kamen, weil sie sich ständig mit der mathematischen Genauigkeit der aufstrebenden Naturwissenschaften konfrontiert sahen. Ihr Begründer ist Wilhelm Dilthey. In der *Kritik der reinen Vernunft* hatte Kant die Frage beantwortet, wie reine Wissenschaft möglich sei: durch Mathematik. Aber das galt, wie Dilthey meinte, nur für die Naturwissenschaften. Also mußte er einen anderen Weg suchen. Wie sind historische Geisteswissenschaften möglich? Seine Antwort: durch Erfahrung, durch eigene geschichtliche Erfahrung.

Hier knüpft Ernst Forsthoff an. Er geht sogar zurück bis zum Programm der historischen Schule Friedrich Carl von Savignys. Der hatte im 19. Jahrhundert die Theorie entwickelt, daß Recht etwas sei, was historisch gewachsen ist, nicht so sehr eine logische Konstruktion. Das sagt nun auch Ernst Forsthoff. Der Jurist müsse immer historisch denken. Nur dann könne er das Gesetz richtig verstehen. Er müsse die Entwicklung eines juristischen Problems in der Vergangenheit kennen. Zum Beispiel, wie das Wort *gemeinschaftlich* in § 1570 BGB hineingekommen ist. Wie es vorher war. Und so weiter. Dann könne man das Problem auch für die Gegenwart richtig lösen. Der Fehler der historischen Schule sei es nur gewesen, philologisch, antiquarisch zu denken und mehr am ursprünglichen Willen des Gesetzgebers interessiert zu sein. Man nennt das die subjektive Auslegung des Gesetzes, weil sie sich an den subjektiven Vorstellungen des Gesetzgebers orientiert. Richtig sei dagegen allein die objektive Auslegung. Er nennt sie die »juristische Methode«. Die sinnvolle Anwendung aus heutiger Sicht. Aber grundsätzlich sei Savignys Programm richtig gewesen. Was Recht ist, könne man nur verstehen aus seiner Entwicklung, in der sich im geschichtlichen Wandel der ursprüngliche Sinngehalt eines Rechtssatzes verändert habe bis zu seiner gegenwärtigen Bedeutung.

Die Sprache des Juristen wird also als historische Erscheinung verstanden. Auf die Frage »Womit hat Sprache nichts zu tun?«, darf geantwortet werden: »Mit Logik, Herr Professor!« Daran ist vieles wahr. Bei Forsthoff sind damit allerdings elitäre und autoritäre Vorstellungen verbunden. Er schreibt über seine Hermeneutik und den griechischen *hermeneus*, den Erklärer:

> »Es ist in diesem Zusammenhang nicht ohne Interesse, daß in der griechischen Antike der *hermeneus* nicht sowohl Ausleger und Erklärer als vor allem Künder, Herold war und als solcher das Vorrecht der Unverletzlichkeit genoß ... Volksnähe zeigt sich nicht in Verständlichkeit der Sprache des Juristen, sondern nur in der Volksgemäßheit des Rechts.«

Das Führerprinzip, im Gewand der Antike. Was auf den Tisch kommt, wird gegessen. Geschrieben 1940. Und das ist bestimmt kein Zufall.

Im Bereich zwischen Logikern und Hermeneutikern gibt es eine Vielzahl von methodischen Überlegungen dazu, wie man mit dieser Ungenauigkeit in der Sprache des Rechts fertig werden könnte. Sie sind allerdings beschränkt auf einen kleinen Kreis methodisch interessierter Juristen. Und gelöst haben sie das Problem bis heute nicht. Vielleicht ist das einer der Gründe, warum die große Masse der Juristen, selbst viele von denen, die an den Universitäten arbeiten, daran gar nicht interessiert sind. Natürlich müssen auch sie das Gesetz auslegen, müssen, um am Beispiel zu bleiben, entscheiden, ob Marie oder Jakob Recht hat, ob *gemeinschaftlich* in § 1570 BGB nun nur eheliche Kinder meint oder auch nacheheliche. Sie müssen ihre Entscheidung auch begründen. Aber dafür genügen ein paar Sätze. Entweder man sagt, § 1570 stehe im Gesetz unmittelbar im Anschluß an die Vorschriften über die Ehescheidung, und deshalb könnten nur solche Kinder gemeint sein, die aus dieser Ehe stammen. Oder man verweist darauf, daß nach dem § 1570 auch andere Gründe genannt werden, die den Unterhaltsanspruch begründen können, nämlich solche, die erst nach der Ehe entstehen, also zum Beispiel die nacheheliche Arbeitslosigkeit in § 1573. Mehr braucht man nicht zu sagen. Damit ist das Gesetz ausgelegt, interpretiert, und der Fall entschieden. Recht ist eben nicht nur Sprache, sondern eine Art des Umgangs mit ihr, die eher autoritär entscheidet, was richtig ist oder falsch. Anders ausgedrückt: Recht ist nicht nur Interpretation, sondern Interpretationsherrschaft, hinter der dann das Gewaltmonopol des Staates steht, mit vielen kräftigen jungen Männern und polizeilichen Ausrüstungsgegenständen verschiedenster Art.

Auf der anderen Seite muß die Entscheidung in so einem Fall nicht heißen, daß dieses Problem damit ein für alle Male entschieden ist. Wenn ein Amtsgericht so entschieden hat, kann ein anderes im gleichen Fall anders entscheiden. Erst in einem längeren Prozeß der juristischen Meinungsbildung stellt sich dann regelmäßig eine einheitliche Auffassung her. Ich nenne das den Prozeß von hM. Das ist ein von Juristen oft benutztes Kürzel. Es bedeutet herrschende Meinung. Die Beliebigkeit bei der Entscheidung eines neuen Problems wird nämlich dadurch wieder ausgeglichen, daß es in einem größeren Prozeß der juristischen und manchmal auch der gesellschaftlich politischen Öffentlichkeit diskutiert wird. Am Ende dieses Prozesses hat sich dann die herrschende Meinung gebildet, nach der sich alle richten. Ein neues juristisches Problem taucht auf. Einige Untergerichte treffen Entscheidungen. Ihre Urteile werden in juristischen Zeitschriften veröffentlicht. Aufsätze werden dazu geschrieben, manchmal auch ganze Bücher. In den Kommentaren zu den einzelnen Gesetzen wird darüber geschrieben, in den juristischen Lehrbüchern. Inzwischen haben höhere Gerichte entschieden, Landgerichte oder Oberlandesgerichte. Und schließlich ergeht die Entscheidung eines obersten Bundesgerichts, des Bundesgerichtshofes, des Bundesarbeitsgerichts, des Bundesverfassungsgerichts. Damit ist der Prozeß meistens abgeschlossen. hM hat sich gebildet.

Auf den ersten Blick erscheint das wie so eine Art demokratischer Prozeß, wie die Bildung von Mehrheitsmeinungen. Es ist aber nicht so sehr die Mehrheit, die hier entscheidet, nicht die Breite der Meinungen, sondern mehr die Höhe. Das juristische Fußvolk hat da nicht viel zu sagen. Auch bei Juristen gibt es kleine Namen und große Namen. In der Justiz gibt es Untergerichte und Obergerichte. Es kommt sehr darauf an, wer das ist, der die eine oder andere Meinung vertritt. Es kommt sogar noch darauf an, in welcher Zeitschrift man schreibt, schreiben darf. Auch da gibt es einige, die größeres Gewicht haben als andere. Je höher man kommt, desto besser wird der Ausblick. Die Luft wird ein bißchen dünner und die Tendenz der Entscheidungen regelmäßig immer konservativer, in der Wissenschaft und bei den Gerichten. Jedenfalls spielen in diesem Prozeß von hM Methodenfragen keine entscheidende Rolle. Sehr viel wichtiger ist das bewußte oder unbewußte politische Vorverständnis dessen, der das Gesetz auslegen soll. Deshalb kommt der normale Jurist auch mit so wenigen theoretischen Kenntnissen aus, manchmal sogar ganz ohne. Im Grund genügt die Kenntnis von hM, unerschrockene Autoritätsgläubigkeit und ein guter Instinkt. Damit sind wir auch schon beim letzten Problem. Die Sprache des Juristen ist ideologisch.

Dieses Wort, ideologisch, ist nun fast dreihundert Jahre alt und wird immer wieder in einer anderen Bedeutung gebraucht. Deshalb muß ich zunächst erklären, was ich damit meine. Unter Ideologien verstehe ich Überzeugungen oder Vorstellungen, die objektiv falsch sind, ohne daß es denen, die sie haben, bewußt ist. Objektiv falsches Bewußtsein. Für das Recht heißt das folgendes:

Die Sprache des Rechts erweckt den Eindruck, juristische Entscheidungen seien ein logischer Vorgang, fast mathematisch genau berechenbar. Ein rationaler Prozeß, bei dem es nur eine einzige Lösung gibt, nämlich so, wie entschieden worden ist. Diese Vorstellung haben selbst viele Juristen. Sie müßten es eigentlich besser wissen, denn es ist nicht so. In Wirklichkeit gibt es bei fast allen juristischen Problemen zwei Möglichkeiten, kann man sich so oder so entscheiden. Wie bei Marie und Jakob. Und den Ausschlag geben dann, bewußt oder unbewußt, politische Gründe, hinter denen Interessen einzelner Gruppen stehen. Selbst hinter der angeblich so logischen begrifflichen Struktur des Rechts stehen solche egoistischen Gruppeninteressen. Ich will das an einem alten und ehrwürdigen Beispiel erklären.

Eine der großen Leistungen der alten römischen Juristen war die begriffliche Unterscheidung von Eigentum und Besitz. Sagt man. Die Römer waren das Volk des Rechts, so wie die alten Griechen das Volk der Philosophie gewesen sind. Die Römer haben das Weltmuster eines klar gegliederten und berechenbaren Rechts geschaffen, das heute noch die Grundlage unserer gesamten Rechtsordnung ist. Das römische Recht. Im Gegensatz zum alten griechischen Recht wurde dort zum Beispiel unterschieden zwischen Eigentum und Besitz, wie wir es heute noch tun. Mit anderen Worten: Die römischen Juristen konnten juristisch genauer denken als die Griechen. Und wir können es natürlich auch. Wir sagen, Eigentümer ist der, dem eine Sache rechtlich gehört. Besitzer ist derjenige, der sie nur tatsächlich in den Händen hat. Verleihe ich mein Buch an einen Freund, bleibe ich Eigentümer. Er ist Besitzer. Wenn es wieder in meinem Regal steht, bin ich Eigentümer und Besitzer. Oder: Der Vermieter eines Hauses ist der Eigentümer. Der Mieter hat nur Besitz. So lernt man das an der Universität seit langem. In dem heute am meisten verbreiteten Lehrbuch des Sachenrechts, von Fritz Baur, heißt es dazu:

»Im Sprachgebrauch des täglichen Lebens wird zwischen Eigentum und Besitz nicht unterschieden. Das Recht trennt diese Begriffe scharf: Eigentum ist das dingliche Vollrecht, Besitz ist die tatsächliche, vom Rechtstitel unabhängige, willentliche Innehabung einer Sache. Auch der Dieb ist Besitzer!«

Wir Juristen denken eben genauer als die Menschen im täglichen Leben. Und die römischen Juristen konnten genauer denken als die griechischen. Was eigentlich merkwürdig ist. Denn die Griechen haben mit ihrer Philosophie auch die abendländische Logik begründet, vorbildlich bis heute. Sollte es vielleicht doch etwas anderes sein als eine Frage der sprachlichen Genauigkeit?

Sieht man sich das griechische Recht etwas näher an, oder andere Rechtsordnungen, in denen es diese scharfe Unterscheidung nicht gibt, also zum Beispiel das mittelalterliche deutsche Recht, dann geht einem plötzlich ein Licht auf. Bei ihnen ist nämlich das sehr viel stärker, was wir heute die Sozialbindung des Eigentums nennen. Bei Griechen und Römern und im Mittelalter gab es zum Beispiel wie heute Mieter und Vermieter, Pächter und Verpächter. Wenn dann, wie bei den Griechen und im Mittelalter, die Unterscheidung von Eigentum und Besitz nicht existiert, dann ist die Stellung von Vermieter und Mieter, Verpächter und Pächter ungefähr gleich stark. Anders wenn unterschieden wird. Dann ist der Eigentümer sehr viel mächtiger und die Stellung von Mieter und Pächter sehr viel ungünstiger. Also bei den Römern und bei uns. Mit anderen Worten: Dort, wo man einen Eigentümer stark machen will, muß man zwischen Eigentum und Besitz scharf unterscheiden. Dann hat der Besitzer nur wenig Rechte. Er wird sogar dem Dieb gleichgestellt, wie es ganz ungewollt in dem Lehrbuch von Fritz Baur deutlich wird. Die Unterscheidung beruht also nicht darauf, daß das Denken genauer, sondern hat die Ursache, daß die Gesellschaft weniger sozial ist. Oder anders herum und noch deutlicher: Je stärker der unsoziale Charakter einer Gesellschaft, desto präziser muß die äußere Form ihrer juristischen Sprache werden. Je größer der Egoismus und die Ungleichheit unter den Menschen, desto höher die sprachliche Genauigkeit der Juristen — ganz abgesehen davon, daß es meist nur eine Pseudogenauigkeit ist, wie wir gesehen haben. Aber, und das ist entscheidend, die Pseudogenauigkeit verdeckt die unsozialen politischen Grundentscheidungen, die nicht einmal den Juristen bewußt sind, obwohl sie das Ganze jahrelang studiert haben. Sie halten es für eine logische Errungenschaft. In Wirklichkeit steht dahinter das egoistische Gruppeninteresse von Grundeigentümern. Und so etwas nenne ich ideologisch. Objektiv falsches Bewußtsein.

Nicht nur in Einzelfragen ist das so. Ganz allgemein gibt es eine ideologische Struktur der juristischen Sprache. Es ist das, was der Berliner Politologe Wolf-Dieter Narr die Herrschaft des Indikativs nennt. Damit ist folgendes gemeint:

Nehmen wir mal an, der zweite Fall von Marie und Jakob hätte sich wirklich ereignet. Es gäbe tatsächlich eine junge Frau und einen jungen Mann, die sich scheiden ließen, danach ein Kind zeugten und sich jetzt um den Unterhalt für die Mutter streiten. Die Sache würde vor einem Amtsgericht verhandelt, und der Richter müßte ein Urteil sprechen. Er wäre nun in dem Dilemma, sich so oder so entscheiden zu müssen. Beides ist juristisch möglich. Er entscheidet sich und muß das nun im Urteil begründen. Wie macht er das? Er wird die Argumente für die eine Möglichkeit vortragen, dann die für die andere und eine der beiden für die einzig richtige erklären, in streng logischer Argumentation. In Wirklichkeit kann aber nicht die Logik den Ausschlag geben, sondern nur seine politische Grundüberzeugung. Es geht gar nicht anders. Er kann sich auch in die andere Richtung entscheiden. Aber das hätte mit Logik genausowenig zu tun. Ein konservativer Jurist würde hier in diesem Fall die Lösung wählen, bei der die Familie die größere Bedeutung hat. Also kann für ihn eine Frau keinen Unterhalt verlangen, wenn das Kind nach Auflösung der Familie gezeugt worden ist. Anders ein Liberaler, für den die Auflösbarkeit der Ehe etwas Selbstverständliches ist und für den die Mitverantwortung des Mannes im Vordergrund stünde. Er wird sich eher für einen Unterhaltsanspruch der Mutter aussprechen. Mit anderen Worten: Gibt das Gesetz selbst keine Lösung, wie es oft der Fall ist, dann findet der

Jurist sie in seinem gesellschaftlich-politischen Vorverständnis, meistens sogar unbewußt. Die logische Argumentation mit dem Gesetz ist letztlich beliebig. Sie wird nachgeschoben und erscheint nach außen — und oft auch für den Juristen selbst — als einzig mögliche Anwendung des Gesetzes. So ist es, sagt der Richter. Das will das Gesetz in diesem Fall. § 1570 BGB. Alles im Indikativ. So ist es, sagt er. Nichts vom Konjunktiv: könnte, wäre, sollte. Statt dessen: kann, ist, soll. Die Herrschaft des Indikativs, der die Motive überdeckt.

Über Politik wird nämlich nicht gesprochen. Das gilt als unanständig. Denn der Richter ist nur dem Gesetz unterworfen. Mit seinen eigenen Vorstellungen hat das alles nichts zu tun. Niemand hat das schöner beschrieben als der Heidelberger Rechtsphilosoph Gustav Radbruch in seinem *Lehrbuch der Rechtsphilosophie*, 1932, im letzten Jahr der Weimarer Republik:

> »Für den Richter ist es Berufspflicht, den Geltungswillen des Gesetzes zur Geltung zu bringen, das eigene Rechtsgefühl dem autoritativen Rechtsbefehl zu opfern, nur zu fragen, was rechtens ist, und niemals, ob es auch gerecht sei... Wie ungerecht immer das Recht seinem Inhalt nach sich gestalten möge: Es hat sich gezeigt, daß es einen Zweck stets, schon durch sein Dasein, erfüllt, den der Rechtssicherheit... Wir verachten den Pfarrer, der gegen seine Überzeugung predigt, aber wir verehren den Richter, der sich durch sein widerstrebendes Rechtsgefühl in seiner Gesetzestreue nicht beirren läßt.«

Es ist aber leider nicht so. Auch Gustav Radbruch hat nach der Erfahrung des Dritten Reichs seine Meinung dazu geändert. Nur das allgemeine Bewußtsein der Juristen ist heute noch das gleiche wie damals. Die logische Anwendung des Gesetzes, der Indikativ, das ist der Schutzschild, hinter dem man sich versteckt. Dazu noch ein Beispiel, das es wirklich gegeben hat, anders als die Geschichte von Marie und Jakob. Es spielte in Frankfurt, vor über zwanzig Jahren, hat zu tun mit Vorwürfen gegen Heinrich Lübke, der damals Bundespräsident war, wegen seiner Tätigkeit im Dritten Reich, und ist beschrieben von Rudolf Wiethölter in seinem Buch von 1968 mit dem Titel *Rechtswissenschaft*, das damals unter den Studenten das am meisten gelesene war:

»Während der Frankfurter Buchmesse im Jahre 1967 wurde das sog. Braunbuch des Nationalrates der DDR über ›Kriegs- und Naziverbrecher‹ in der Bundesrepublik (aus dem Jahre 1965) vom DDR-Staatsverlag ausgestellt. Das Buch enthält Anschuldigungen u.a. gegen den Bundespräsidenten. Die Einziehung des Buches als staatsgefährdender Schrift war in den Jahren 1965/66 von Gerichten in Hamburg und Lüneburg beschlossen worden. Die Frankfurter Staatsanwaltschaft ließ das Buch auf der Buchmesse unbehelligt. Am letzten Ausstellungstag erließ ein Frankfurter Amtsrichter einen Beschlagnahmebeschluß und ließ das Buch einziehen. Eine Folge: alle Aussteller aus der DDR zogen sich sofort von der Messe zurück. Eine andere Folge: das Frankfurter Landgericht hob die Beschlagnahme am nächsten Tag wieder auf. Eine dritte Folge: Juristen wie Nichtjuristen zerfielen in zwei Lager. Lager 1: der Amtsrichter habe nicht einen Hauch von den politischen Implikationen seines Handelns verspürt, vielmehr im Keime das zarte Pflänzchen der Ost-West-Kontakte erstickt. Lager 2: der Amtsrichter habe nicht politisch zu handeln, sondern Recht zu sprechen; das sei geschehen.«

Es gibt in diesem Fall einige juristische Probleme. Auch sie konnte man wieder so oder so entscheiden. Die Beschlagnahme gehört in den Rahmen der Verfolgung von Straftaten. Hier ging es um die Verunglimpfung des Bundespräsidenten. Die Verfolgung dieser Straftat setzt voraus, daß der Bundespräsident die Ermächtigung zur Strafverfolgung gibt. Das hatte er aber nicht getan. Zweitens ist eigentlich die Staatsanwaltschaft zuständig. Sie ist die entscheidende Behörde für die Strafverfolgung. Sie hätte einen entsprechenden Antrag für die Beschlagnahme stellen müssen, hatte es aber bewußt nicht getan. Nun gibt es in der Strafprozeßordnung eine Vorschrift, nach der ein Richter auch ohne einen solchen Antrag tätig werden kann, nämlich bei »Gefahr in Verzug«. Die juristische Frage lautete also, ob die Notzuständigkeit des Amtsrichters bei Gefahr in Verzug auch dann eingreift, wenn die Staatsanwaltschaft zwar erreichbar, aber untätig ist. Der Frankfurter Amtsrichter hatte sie bejaht. Das Landgericht hatte sie verneint. Fragen, wie gesagt, die man so oder so entscheiden kann, bei denen letztlich das politische Vorverständnis den Ausschlag gibt. Der Amtsrichter wurde vom *Spiegel* als guter Katholik aus konservativem Juristenhause beschrieben. Wie auch immer, klar war jedenfalls, daß die Beantwortung dieser Fragen, in die eine oder in die andere Richtung, ganz erhebliche politische Auswirkungen haben würde. Entweder wurde das damals zarte Pflänzchen der deutsch-deutschen Beziehungen beschädigt. Oder nicht. Bemühungen der Regierung um die Normalisierung des Verhältnisses zu einem anderen Staat konnten hier empfindlich beeinträchtigt, im schlimmsten Fall sogar vereitelt werden. Oder eben nicht. Beide Entscheidungen waren juristisch-technisch möglich, die eine vielleicht etwas weniger gezwungen als die andere. Aber möglich waren sie ohne Zweifel beide.

Der Eklat wurde in der Öffentlichkeit diskutiert. Die Medien der Bundesrepublik nahmen Stellung, öffentliche Erklärungen wurden abgegeben. Der Frankfurter Generalstaatsanwalt sagte:

»Jetzt kann man sich vorstellen, was bei uns im Falle des inneren Notstandes alles möglich ist.«

Der Frankfurter Börsenverein:

»Der Dummheit sind keine Grenzen gesetzt.«

Auch der Amtsrichter kam zu Wort. Er sagte:

»Es mag tausend sophistische Gründe geben, mit der kriminellen Aggression zu paktieren, sie zu dulden und dadurch — angeblich — zu bekämpfen. Keiner dieser Gründe ist für mich als Richter erheblich. Ich bin nicht auf irgendeine gute oder schlechte Politik, sondern auf das Gesetz vereidigt.«

Es kann auch ruhig offen bleiben, ob er das wirklich so meinte oder sich bloß hinter dem Gesetz verstecken wollte. Man weiß es nie genau. Oft meinen sie das ganz ernst. Sie wissen eben nicht, was sie tun. Wichtig ist, daß die Justiz sich unpolitisch versteht und in der Öffentlichkeit auch so verstanden wird. Sie trifft Entscheidungen von großer politischer Tragweite, sieht sich aber neutral, nur dem Gesetz unterworfen.

Damit sind wir wieder am Ausgangspunkt der Überlegungen. Justiz ist Staatsgewalt, ganz normale Staatsgewalt, wie das Parlament und die Regierung, nicht besser, nicht schlechter. Auch sie unterliegt dem Demokratiegebot des Artikels 20 des Grundgesetzes: Alle Staatsgewalt geht vom Volke aus. Zwar unterscheidet sich die dritte Gewalt von den beiden anderen dadurch, daß die Richter unabhängig sind, nicht absetzbar, nicht abwählbar, auf Lebenszeit ernannt. Dafür gibt es gute Gründe, auch wenn es anderswo manchmal anders gehandhabt wird. Einen besonderen Heiligenschein verdienen sie deshalb jedenfalls nicht. Sie sind Träger einer Staatsgewalt, die vom Volke ausgeht und dem Demokratiegebot des Grundgesetzes unterworfen ist. Demokratie heißt für sie nun zwar nicht Wahl und Abwahl, wohl aber Herstellung von Öffentlichkeit, nämlich Information, Kritik und Diskussion. Im Bereich der beiden anderen Staatsgewalten ist das längst selbstverständlich. Was Parlament und Regierung tun und lassen, das kann jeder erfahren und verstehen, der sich informieren will. Ganz anders im Bereich der dritten Gewalt. Hier läuft das demokratische Prinzip von Öffentlichkeit noch immer leer.

Hier bewegen wir uns immer noch im vordemokratischen Raum, leben wir noch nicht unter der Herrschaft des Grundgesetzes. Was uns von der verfassungsmäßigen Öffentlichkeit trennt, ist eine Sprachbarriere, die Mauer der Sprache des Rechts. Und diese Mauer muß weg. Die Sprache des Rechts wird zwar nicht genauer werden können. Das ist ein Problem, das Jahrhunderte nicht gelöst haben. Aber sie kann wieder verständlicher werden. Das zeigt die Geschichte. Auch im Recht kann man sich so ausdrücken, daß es für jedermann verständlich ist. Und auch die ideologische Struktur kann man beseitigen, was im übrigen mit der Verständlichkeit schon weitgehend geleistet wird. Der Rest ist eine Frage der Aufklärung. Sicher, das wird ein langer Weg sein. Das hat vor zehn Jahren schon Wolfgang Däubler geschrieben, Bremer Professor für Arbeitsrecht, in einem Aufsatz über die Sprache des Bundesarbeitsgerichts:

»Der Weg zu einer demokratischen, vom Bürger her kontrollierbaren Justiz wird aller Voraussicht nach recht beschwerlich sein.«

Literatur

Jacob Grimm, *Von der Poesie im Recht*, in: *Zeitschrift für geschichtliche Rechtswissenschaft*, 2. Band (1816), Seite 25–99; Ernst Forsthoff, *Recht und Sprache*, 1940; Wolfgang Däubler, *Die Sprache der Bundesgerichte — ein Herrschaftsinstrument?* in: *Archiv für Rechts- und Sozialphilosophie*, Beiheft Neue Folge 9 (1977), Seite 107–120; Wolf-Dieter Narr, *Sprache und Recht am Beispiel des Stammheimer Urteils*, in: *Kassandra* (Zeitschrift des AStA der TU Berlin) Nr. 4, 1985, Seite 7–12; Paul Kirchhof, *Deutsche Sprache*, in: Josef Isensee, Paul Kirchhof (Herausg.), *Handbuch des Staatsrechts der Bundesrepublik Deutschland*, Band I, 1987, Seite 745–771; Fritjof Haft, *Recht und Sprache*, in: Arthur Kaufmann, Winfried Hassemer (Herausg.), *Einführung in Rechtsphilosophie und Rechtstheorie der Gegenwart*, 5. Auflage 1989, Seite 233–255; Karl Larenz, *Methodenlehre der Rechtswissenschaft*, 6. Auflage 1991; U.W., *hM*, in: U.W., *Aufklärungen über Recht*, 5. Auflage 1991, Seite 14–40.

2. KAPITEL

Staatsrecht

Staat und Gesellschaft

L'état c'est moi, der Staat bin ich. Ludwig XIV. soll es gesagt haben, angeblich am 13. April 1655 vor dem französischen Parlament, weil dessen Präsident sich auf das Interesse des Staates berufen hatte. Wenn der berühmte Satz dort wirklich so gefallen sein sollte, was durchaus nicht sicher ist, dann war er staatsrechtlich völlig in Ordnung. Denn im absolutistischen Staat des 17. und 18. Jahrhunderts ist es in der Tat der Monarch allein gewesen, der die Herrschaft hatte über jeden im Land. In Deutschland blieb es dabei sogar noch im 19. Jahrhundert. Man nannte das konstitutionelle Monarchie, was bedeutete, daß es zwar eine Verfassung gab und ein Parlament, aber beides — nach einigem Druck — nur als Gefälligkeit und Großzügigkeit des Monarchen, der damit seine Rechte ein wenig beschränkte. Allerdings war etwas dazugekommen. Die Gesellschaft. Die bürgerliche Gesellschaft des 19. Jahrhunderts.

Das Wort ist uralt, eine Erfindung des Aristoteles. Er sprach von *koinonia politike*. Die Römer sagten *societas civilis*. Heute übersetzt man es meistens als bürgerliche Gesellschaft, was schief ist, denn für Aristoteles — und bis zum 18. Jahrhundert — war diese Gesellschaft identisch mit dem Staat. Die richtige Übersetzung ist also Staatsgemeinschaft. Erst mit dem Ende des Absolutismus zerfiel diese Identität, zum Beispiel mit der Erklärung der Menschenrechte in der amerikanischen Verfassung und nach der Französischen Revolution. Nun gab es freie und gleiche Bürger mit eigenen Rechten gegenüber dem Staat. Nun war es eine bürgerliche Gesellschaft, nicht mehr eine Staatsgemeinschaft. In Deutschland erwies sich der Absolutismus als besonders widerstandsfähig, lebte im 19. Jahrhundert weiter als die kontitutionelle Monarchie, und deshalb war hier der Gegensatz von monarchischer Regierung und Gemeinschaft der Bürger besonders deutlich. Wirtschaftlich waren sie selbständig und erfolgreich, eine bürgerliche Gesellschaft, aber politisch noch immer entmündigt. Seitdem gibt es bei uns diese Unterscheidung zwischen Gesellschaft und Staat. Die Gesellschaft, das sind wir.

Und der Staat? Er ist die Herrschaft der Herrschenden in Regierung, Parlament und Justiz. So sagt man es heute natürlich nicht, sondern man spricht von einer Herrschaftsordnung, durch die ein Volk zur Wahrung gemeinsamer Interessen und Werte verbunden ist. Meistens definiert man ihn nach der Drei-Elemente-Lehre: Ein Staat setzt voraus ein Staatsgebiet, ein Staatsvolk und eine Staatsgewalt. Aber selbst im vornehmen Grundgesetzkommentar von Maunz und Dürig kann man lesen, auch eine demokratische Verfassung gehe davon aus, »daß es ... weiterhin Regierende und Regierte gibt« (Randziffer 20 zu Artikel 20 Absatz 2).

Der Staat ist uralt, viel älter als die Staatsgemeinschaft des Aristoteles. Durch den Nebel der Frühgeschichte steigt er auf, im Nahen Osten seit dem 4. Jahrtausend vor Christus, seit dem 3. Jahrtausend im Industal und in China am Gelben Fluß, in Mittelamerika seit dem ersten Jahrtausend vor Christus, überall auf der Grundlage egalitärer Stammesgesellschaften, in denen die politische Ordnung nur aus der Verwandtschaftsordnung bestand, Gesellschaften ohne Staat, ohne Häuptlinge oder Gerichte, in denen das gesellschaftliche Gleichgewicht selbstregulierend erhalten wurde durch das Nebeneinander größerer Verwandtschaftsgruppen, die durch vielfältige Heiratsbeziehungen miteinander verbunden gewesen sind. Einige Jahrtausende haben sie so überstanden, bis sich ihre Verwandtschaftsstruktur radikalisierte und Herrschaft von Menschen über Menschen entstand, der Staat. Kein Gesellschaftsvertrag, wie Thomas Hobbes noch meinte, sondern einfach der Wille zur Macht, ganz allmählich, und natürlich immer — bis heute — im Interesse der Allgemeinheit.

Das Wort ist neu. Früher sagte man *polis, civitas, senatus populusque Romanus* oder Heiliges Römisches Reich Deutscher Nation. Das Wort Staat als abstrakten Begriff für eine Herrschaftsordnung gibt es erst seit dem 17. Jahrhundert. Kein Zufall. Damals entstand der absolutistische Staat, für viele Staatsrechtler auch heute noch der Prototyp eines richtigen Staates. Es ist ein Lehnwort aus dem Lateinischen. *Status* bedeutete ursprünglich nur Stand, Zustand, Stellung. Seit dem 14. Jahrhundert findet es sich im Sinne einer Stellung am Hof des Fürsten oder des Hofes selbst. Erst im 17. Jahrhundert erscheint das Wort als Bezeichnung für die Herrschaft eines Fürsten, aber oft mit negativem Klang, denn über die Staatsräson — *ragione di stato* — war es verbunden mit der Lehre des Niccolò Macchiavelli, den die Deutschen gar nicht mochten. Erst die Philosophen des 18. und 19. Jahrhunderts, und besonders Georg Friedrich Wilhelm Hegel, haben daraus ein Oberabstraktum gemacht, das ihnen besonders am Herzen lag. Seitdem ist der Begriff stubenrein.

Als dann auch in Deutschland die Demokratie begann, ist viel darüber geschrieben worden, ob diese alte Unterscheidung von Staat und Gesellschaft überhaupt noch sinnvoll sei. Jetzt ist es doch das Volk selbst, das die Herrschaft hat. Demokratie heißt Volksherrschaft, auch wenn sie nur sehr vermittelt ist. Das Volk wählt das Parlament und das Parlament die Regierung.

»Alle Staatsgewalt geht vom Volke aus«,

heißt es in Artikel 20 Absatz 2 des Grundgesetzes. Soll es da noch einen Unterschied geben von Staat und Gesellschaft wie im 19. Jahrhundert? Mit einem König von Gottes Gnaden auf der einen und einem Volk von Untertanen auf der anderen Seite? Das ist jetzt vorbei, meinten einige. Sie haben sich gründlich geirrt. Die deutsche Staatsrechtswissenschaft ist anderer Meinung. Sicher, so einfach wie im 19. Jahrhundert sei es nicht mehr. Aber die verschiedenen Funktionen gebe es immer noch. Einige haben eben die Aufgabe, anderen zu sagen, wo es langgeht, auch wenn sie von ihnen gewählt werden. In der Sprache der Wissenschaft (Josef Isensee, *Subsidiaritätsprinzip und Verfassung*, 1968, Seite 154):

»Staat und Gesellschaft stellen sich heute nicht mehr als autarke Ordnungen dar, sondern als eine dialektische Einheit. In dieser dialektischen Zuordnung, die Diversität und Identität umschließt, bildet der Staat die Antithese zur Gesellschaft und die umgreifende einheitsstiftende Synthese.«

Philosophisch gesehen ein starkes Stück. Antithese und Synthese zugleich. Aber es geht um mehr. Nicht nur um den Blick auf den absolutistischen Staat des Thomas Hobbes. Schließlich heißt es in Artikel 20 Absatz 1 des Grundgesetzes:

> »Die Bundesrepublik Deutschland ist ein demokratischer und sozialer Bundesstaat.«

Das darin enthaltene Demokratiegebot des Grundgesetzes würde auch für die Gesellschaft gelten, wenn man sie in einer Einheit sähe mit dem Staat. Dann müßte man alles mögliche demokratisieren, das unmöglich demokratisiert werden kann. Die Wirtschaft zum Beispiel. Also muß man auch in Zukunft Staat und Gesellschaft unterscheiden. Der Staat, das sind Parlament, Regierung, Justiz. Die Gesellschaft, das sind wir.

In den Köpfen derjenigen, die bei uns für Staatsrechtliches zuständig sind, steht noch etwas anderes hinter dieser Unterscheidung. Ein Märchen aus uralten Zeiten. Der Staat macht die Politik, die Gesellschaft soll sich um die Wirtschaft kümmern. Wir da oben, ihr da unten. Wir achten darauf, daß die Richtung stimmt. Und ihr sorgt für die täglichen Brötchen.

Verfassungen

Staatsrecht ist Verfassungsrecht. Die Verfassung ist die rechtliche Ordnung eines Staates, ähnlich wie das Bürgerliche Gesetzbuch das Fundament der Gesellschaft. 1776 und 1791 sind in den Vereinigten Staaten und in Frankreich die ersten modernen Verfassungen entstanden. Man nennt sie modern, weil sie seitdem einen bestimmten Inhalt haben müssen, nämlich den Grundsatz der Volkssouveränität, der Gesetzmäßigkeit staatlichen Handelns, der Gewaltenteilung und die Anerkennung von Menschenrechten, in erster Linie von Freiheit und Gleichheit. Das ist ein sogenannter »materieller« Verfassungsbegriff. Verfassung wird nicht formal verstanden als Regelwerk irgendwelcher Staatsformen, wie sie von Aristoteles beschrieben worden sind als Monarchie, Aristokratie oder Demokratie, die im Lauf der Zeiten immer wieder wechseln können. Sondern man sagt, eine Verfassung habe materielle Voraussetzungen, nämlich jene, die Amerikaner und Franzosen dafür aufgestellt haben. Gewaltenteilung und Menschenrechte gelten als die wichtigsten.

Über die Verfassung entsteht der moderne Staat nicht durch einen Gesellschaftsvertrag, wie ihn die Menschen bei Thomas Hobbes schließen, mit einem Monarchen, der die Ordnung garantieren soll. Es ist nämlich niemand da, mit dem das Volk einen solchen Vertrag schließen könnte. Es handelt ganz allein. Wenn alle Staatsgewalt vom Volke ausgeht, gibt sich das Volk eine Ordnung und bleibt selbst souverän. Mindestens theoretisch. Diese Ordnung gibt es sich, indem es eine verfassunggebende Versammlung wählt, die die Verfassung beschließt und ihm wieder zur Bestätigung vorlegt. Entscheidend ist also auch, daß die Verfassung schriftlich ausgearbeitet wird, daß es eine Verfassungsurkunde gibt. So ist es heute in fast allen Ländern der Welt. Überall hat sich dieser westliche Verfassungstyp durchgesetzt. Sehr oft steht sein Inhalt allerdings nur auf dem Papier. Die Wirklichkeit sieht ganz anders aus. Umgekehrt verhält es sich in England. Dort wird die Verfassung tatsächlich eingehalten, ist aber nicht schriftlich niedergelegt. Ähnlich ist es in Israel.

Der moderne Verfassungstyp unterscheidet sich allerdings oft vom englischen Modell. Dort kann das Parlament bei der Gesetzgebung noch uneingeschränkt handeln, wie ein absolutistischer Fürst des 18. Jahrhunderts. Das geht zurück auf Vorstellungen aus dem *Leviathan* des Thomas Hobbes. *Auctoritas non veritas facit legem,* hatte er im 26. Kapitel geschrieben. Nicht die Vernunft, sondern die Autorität bestimmt, was Gesetz wird. Das Gesetz als Befehl, ohne jede inhaltliche Beschränkung. Der Gesetzgeber kann tun und lassen, was er will. Von Amerikanern und Franzosen kommt dagegen die Idee, daß nicht nur die Regierung, sondern auch das Parlament an Verfassung und Menschenrechte gebunden sei. Auch Gesetze dürfen nicht gegen die Verfassung verstoßen. Artikel 16 der französischen Erklärung der Menschrechte von 1789:

> »Eine Gesellschaft, in der die Garantie der Menschenrechte nicht gesichert und die Gewaltenteilung nicht geregelt ist, hat keine Verfassung«.

Das hat Konsequenzen. Wenn nämlich die Verfassung auch für den Gesetzgeber gilt, muß er sich kontrollieren lassen. Das war die aufsehenerregende Neuigkeit eines Urteils des Obersten Gerichtshofes der Vereinigten Staaten vom 24. Februar 1803, das unter seinem Präsidenten John Marshall im Prozeß *Marbury gegen Madison* ergangen ist. Richter müssen das Recht haben, schrieb John Marshall, Gesetze auf ihre Verfassungsmäßigkeit zu überprüfen. Sonst haben Verfassungen keinen Sinn. Ein Prinzip, das sich aber nicht überall durchgesetzt hat, zum Beispiel nicht in England.

Staatsrecht ist Verfassungsrecht, der große Rahmen für alles, nicht nur für den Staat, sondern auch für die Gesellschaft. Hier wird entschieden, wohin die Reise geht, politisch, ökonomisch, sozial, ökologisch, hier werden die Weichen gestellt für die großen Entscheidungen im Zivilrecht, Strafrecht und Verwaltungsrecht, hier wird bestimmt, in welche Richtungen die Universitäten sich bewegen und die Kunst, wie frei die Literatur ist und was in den Zeitungen stehen oder nicht stehen darf. Also wo Bartel den Most holt, nämlich aus einem Dreieck, und auf den drei Seiten stehen die Verfassung, das Gericht und die Lehre. Die Verfassung, das ist das Grundgesetz. Wie es zu verstehen ist, sagt endgültig das Bundesverfassungsgericht. Und dieses Gericht steht in einem intensiven Dialog mit der Lehre, der Wissenschaft vom Staatsrecht, die zusammengefaßt ist in der Vereinigung der deutschen Staatsrechtslehrer, vom Scheitel bis zur Sohle. Manchmal beeinflussen auch politische Überzeugungen, was die Lehre überwiegend meint und das Gericht endgültig entscheidet, denn Verfassungsrecht ist kondensierte, gehärtete, kristallisierte Politik. Und Politik ist nur möglich im Rahmen der Verfassung. Dialektisch nennt man so etwas. Friedrich Engels, als er etwas älter war, hat von Wechselwirkungen gesprochen.

Das Bonner Grundgesetz

Die staatliche Teilung Deutschlands begann während des kalten Krieges im Juni 1948 mit der Währungsreform in den Westzonen. Die Sowjets antworteten vier Tage später mit der Berliner Blockade. Eine Woche danach, am 1. Juli 1948, wurden die Ministerpräsidenten der westdeutschen Länder von den Militärgouverneuren der amerikanischen, englischen und französischen Besatzungszone aufgefordert, eine verfassunggebende Versammlung für die Gründung eines westdeutschen Teilstaates einzuberufen. Die Ministerpräsidenten wollten aber das Ziel der staatlichen Einheit nicht gefährden, zögerten und wollten nur einen Parlamentarischen Rat und nur ein Grundgesetz für die einheitliche Verwaltung der Westzone, keinen eigenen Staat. Ende Juli einigte man sich auf einen Kompromiß, nämlich auf die Gründung eines selbständigen Teilstaates mit einem Grundgesetz, das wie eine Verfassung wirken, aber keine vollgültige und endgültige Verfassung sein sollte. Also wurde nicht eine richtige verfassunggebende Versammlung einberufen, sondern nur ein Parlamentarischer Rat, ein Gremium von 65 Vertretern der elf westdeutschen Parlamente.

Zur Vorbereitung der Beratungen dieses Gremiums setzten die Ministerpräsidenten noch schnell einen Ausschuß ein, mit je einem Vertreter jeder Landesregierung. Dieser sogenannte Verfassungskonvent tagte zwei Wochen lang im August in Herrenchiemsee und beschloß einen Vorentwurf des Grundgesetzes, in dem die wichtigsten Entscheidungen schon gefallen waren.

Manches hatten die Militärgouverneure vorgegeben, zum Beispiel die föderalistische Gliederung in Länder mit weitreichenden Kompetenzen, womit die Entstehung eines starken und zentralistischen Einheitsstaates verhindert werden sollte. Im übrigen sind die wesentlichen Neuerungen des Grundgesetzes gegenüber der Weimarer Verfassung in diesen zwei Wochen auf dieser kleinen Insel im Chiemsee entwickelt worden, von wenigen Fachleuten, die ihre schlechten Erfahrungen aus der Weimarer Zeit einbrachten. Das betraf in erster Linie die Stellung des Bundespräsidenten. Sie wurde im wesentlichen auf repräsentative Funktionen als Staatsoberhaupt reduziert. Nach der Weimarer Verfassung hatte der Reichspräsident das Recht, den Kanzler zu ernennen, ohne das Parlament. Der Reichstag konnte ihn nur wieder abwählen, durch ein Mißtrauensvotum, von dem zu oft Gebrauch gemacht worden war. Also schlug man vor, daß der Kanzler vom Bundestag gewählt wird und auch nur wieder abgewählt werden kann, wenn das Parlament sich gleichzeitig auf einen Nachfolger einigt, das sogenannte konstruktive Mißtrauensvotum. Das Notverordnungsrecht des Präsidenten, mit dem in der Weimarer Zeit unheilvoll ohne Parlament regiert worden war, wurde abgeschafft. Außerdem schlug man die Einrichtung eines Bundesverfassungsgerichts mit umfassenden Kompetenzen vor. In der Weimarer Republik gab es nur einen Staatsgerichtshof für Streitigkeiten zwischen dem Reich und den Ländern.

Wenige Tage danach begann Anfang September 1948 der Parlamentarische Rat seine Beratungen in Bonn, ständig in Kontakt mit den Militärgouverneuren, die sich die Genehmigung des Grundgesetzes vorbehalten hatten. Schwierigkeiten gab es mit ihnen zum Beispiel wegen der Kompetenzen des Bundes, die ihnen zu weit gingen, die sie zugunsten der Länder beschneiden wollten, aber dann doch — weil die SPD hart blieb — akzeptierten. Die Beratungen dauerten acht Monate, im Winter 1948/49, während der Berliner Blockade. Am 8. Mai 1949 fand die Schlußabstimmung statt, und vier Tage später gaben die Alliierten ihre Genehmigung. Es war derselbe Tag, an dem die Berliner Blockade aufgehoben wurde. Ende Mai wurde in den Landtagen der elf westdeutschen Bundesländer abgestimmt. Das war das Verfahren, auf das man sich geeinigt hatte, um eine Volksabstimmung zu vermeiden, die dem Grundgesetz den Charakter einer vollgültigen Verfassung gegeben hätte. Bis auf Bayern stimmten alle zu. Damit war es wirksam beschlossen. Am 23. Mai ist es vom Parlamentarischen Rat verkündet worden und am 24. Mai 1949 in Kraft getreten.

Die Entwicklung ist dann anders gelaufen, als es sich die Mütter und Väter des Grundgesetzes vorgestellt haben. Die Bundesrepublik wurde ein souveräner Staat, indem die Alliierten 1955 auf den größten Teil ihrer Besatzungsrechte verzichteten, und das Grundgesetz ist eine vollgültige Verfassung geworden, weil die Bevölkerung sie im Laufe der Zeit auch ohne Abstimmung akzeptiert hat, einfach durch tatsächliche Zustimmung und Beteiligung an den Wahlen.

Schließlich ist es sogar noch eine gesamtdeutsche Verfassung geworden, ohne daß eine neue vom deutschen Volk beschlossen worden wäre, wie es am Schluß des Grundgesetzes in Artikel 146 vorgesehen war. Wie die staatliche Teilung begann auch die staatliche Vereinigung wieder mit einer Währungsreform, im Juli 1990, als die DDR die westliche Währung einführte. Danach ging es noch schneller als 1948/49. Die Volkskammer beschloß den Beitritt zur Bundesrepublik, der am 3. Oktober 1990 wirksam wurde.

Seitdem gilt das Grundgesetz auch in den ostdeutschen Ländern, deren Gründung von der Volkskammer ebenfalls kurz vorher wieder beschlossen worden war, nachdem man diese Länder 1952 aufgelöst hatte, um einen starken Zentralstaat zu bilden. Wieder war es derselbe Vorgang wie am Anfang der Bundesrepublik. Wieder wurde die Verfassung nicht in einer Abstimmung durch das Volk bestätigt, sondern nur vom Parlament, das allerdings vorher im März 1990 von der Bevölkerung der DDR in einer freien Wahl ganz eindeutig diesen Auftrag bekommen hatte. Und insofern gab es auch in diesem Teil unseres Landes eine tatsächliche Zustimmung der Menschen zum Grundgesetz, sogar vorher und nicht hinterher. Wenn man seine Entwicklung im Ganzen nimmt, dann war das schon ein bemerkenswerter Zickzackkurs. Zuerst ist es ein Provisorium für den Westen gewesen, das die Wiedervereinigung offenhalten sollte. Allmählich entfernte es sich von diesem Ziel, indem es durch Akzeptanz der Westdeutschen zu einer vollgültigen Verfassung wurde, und erreichte es schließlich doch dadurch, daß die Menschen im anderen Teil des Landes ihm ihre tatsächliche Zustimmung gegeben haben.

Menschenrechte

Das Grundgesetz beginnt in seinem ersten Teil mit den Grundrechten, Artikel 1 bis Artikel 19. Eine Neuheit. In der Paulskirchenverfassung und in der Weimarer Verfassung standen sie jeweils am Ende, und die Bismarcksche nannte sie überhaupt nicht. Es ist eine Reaktion auf die Verbrechen des Dritten Reichs. Damals hieß es »Du bist nichts, dein

Volk ist alles«. Jetzt kommt zuerst der einzelne mit seinen Rechten und dann ab Artikel 20 der Staat. Artikel 1 beginnt mit den beiden Sätzen:

> »Die Würde des Menschen ist unantastbar. Sie zu achten und zu schützen ist Verpflichtung aller staatlichen Gewalt.«

Die Würde des Menschen als oberstes Verfassungsprinzip, aus dem in Absatz 2 die Konsequenz gezogen wird:

> »Das deutsche Volk bekennt sich darum zu unverletzlichen und unveräußerlichen Menschenrechten als Grundlage jeder menschlichen Gemeinschaft, des Friedens und der Gerechtigkeit in der Welt.«

In Artikel 2 und Artikel 3 folgen dann die beiden wichtigsten Grundrechte, das Hauptfreiheitsrecht und das Hauptgleichheitsrecht, denen sich einzelne besondere Grundrechte anschließen, also die Glaubens- und Meinungsfreiheit, das Recht auf den Schutz der Familie, das Schulwesen, die Versammlungs- und Vereinigungsfreiheit, das Briefgeheimnis und die Freizügigkeit, die Freiheit der Berufswahl, die Unverletzlichkeit der Wohnung und das Eigentum, denen allen zum Schluß in Artikel 19 Absatz 4 durch ein »prozessuales Hauptgrundrecht ... die Zähne eingesetzt« (Günter Dürig) werden:

> »Wird jemand durch die öffentliche Gewalt in seinen Rechten verletzt, so steht ihm der Rechtsweg offen«,

was in Artikel 93 ergänzt und präzisiert wird, wo es heißt, das Bundesverfassungsgericht sei zuständig für Entscheidungen

> »über Verfassungsbeschwerden, die von jedermann mit der Behauptung erhoben werden können, durch die öffentliche Gewalt in einem seiner Grundrechte ... verletzt zu sein.«

Keine andere deutsche Verfassung hat jemals so knapp, umfassend und genau den Schutz von Menschenrechten gesichert wie das Grundgesetz. Und die Rechtsprechung des Bundesverfassungsgerichts ist seinem Auftrag besser gerecht geworden, als man es sich 1949 vorstellen konnte, mit vielen Einzelheiten, über die man verschiedener Meinung sein darf.

Es begann übrigens nicht am 12. Juni 1215 auf der Wiese von Runnymede am Themseufer bei Windsor. Die Magna Charta, die König Johann vor den englischen Baronen unterzeichnet hat, ist nicht der Anfang der Geschichte der Menschenrechte, auch wenn dort garantiert wurde, kein freier Mann dürfe verhaftet, gefangengehalten, enteignet, geächtet, verbannt oder sonst zugrunde gerichtet werden ohne ein gesetzmäßiges Urteil des Richters. Es war ein für das Mittelalter typischer Vertrag zwischen dem Feudalherrn und seinen Vasallen. Er war nur zwischen ihnen gültig. Kein Menschenrecht für jedermann. Das brauchte noch einige Zeit. Menschenrechte sind Abwehrrechte des einzelnen gegen die Übermacht des Staates, die erst mit dem Absolutismus entstand.

Also schmückt eine große Perücke den Kopf, in dem sie zum erstenmal gedacht worden sind. Samuel Pufendorf hieß er, war Professor für Naturrecht an der Universität Heidelberg, lebte von 1632 bis 1694, und das Buch hatte den Titel *De iure naturae et gentium,* 1672, *Über das Natur- und Völkerrecht.* Etwas schwerfällig und behäbig erscheint hier zum erstenmal die Würde des Menschen im Recht. *Dignitas humanae naturae,* schrieb er. Die Bürger haben eigene Rechte, die der Fürst zu achten hat: Würde, Leben, Freiheit, Gewissen und Eigentum. Siebzehn Jahre später formulierte John Locke das viel einfacher in der eleganten Sprache eines englischen Philosophen, und einhundert Jahre später erscheinen die Menschenrechte zum erstenmal in einer geschriebenen Verfassung, 1776, nämlich in der von Virginia. George Mason hat sie geschrieben, ein reicher Farmer aus dem Süden der Vereinigten Staaten, der dabei sehr großzügig die Situation seiner eigenen Sklaven übersah:

»Alle Menschen sind von Natur aus gleichermaßen frei und unabhängig und besitzen bestimmte angeborene Rechte, welche sie ihrer Nachkommenschaft durch keinen Vertrag rauben oder mindern können, wenn sie den Status einer Gesellschaft annehmen, und zwar den Genuß des Lebens und der Freiheit und dazu die Möglichkeit, Eigentum zu erwerben und zu besitzen und Glück und Sicherheit zu erlangen.«

Als Thomas Jefferson drei Wochen später die Unabhängigkeitserklärung der Vereinigten Staaten formulierte, hat er auf diesen Text zurückgegriffen. Dreizehn Jahre später, im August 1789, war er amerikanischer Gesandter in Paris und gab Lafayette die Vorlage, auf der die französische Erklärung der Menschenrechte geschrieben wurde, sechs Wochen nach dem Sturm auf die Bastille:

> »Die Menschen werden frei und gleich an Rechten geboren und bleiben es ... Der Endzweck aller politischen Vereinigungen ist die Erhaltung der natürlichen und unabdingbaren Menschenrechte. Diese Rechte sind die Freiheit, das Eigentum, die Sicherheit, der Widerstand gegen Unterdrückung ...«

Das ging durch Europa, mit vielen Rückschlägen, verbreitete sich über die ganze Welt, ohne überall Wirklichkeit zu werden, und ist grausam zugrunde gerichtet worden in unserem Superstaat jener unheilvollen zwölf Jahre. Aber mit der merkwürdigen Perfektion, die man uns nachsagt, haben wir nun seit dem Erlaß des Grundgesetzes in den Entscheidungen des Bundesverfassungsgerichts dazu auch wieder die wohl intensivste Rechtsprechung der Welt. Zum Beispiel

BVerfGE 65.1: **Volkszählungsgesetz**

Im März 1982 beschloß der Bundestag mit den Stimmen aller Parteien ein Gesetz, nach dem ein Jahr später eine Volkszählung durchgeführt werden sollte, mit dem 27. April 1983 als Stichtag. Bald gab es Widerstand, außerhalb des Parlaments, der sich immer mehr ausbreitete und nicht nur zu Boykottaufrufen führte, sondern auch zu Verfassungsbeschwerden, die mit Anträgen auf Erlaß einer einstweiligen Anordnung verbunden waren. Zwei Wochen vor dem Stichtag, die Überraschung war groß, hat das Bundesverfassungsgericht die einstweilige Anordnung tatsächlich erlassen und die Durchführung der Volkszählung bis zur Entscheidung über die Verfassungsbeschwerden ausgesetzt. Diese Entscheidung erging am 15. Dezember 1983. Das Volkszählungsgesetz wurde zum Teil als verfassungsmäßig bestätigt, zum Teil für verfassungswidrig erklärt. Die Volkszählung konnte also endgültig nicht stattfinden. 1985 ist ein neues Gesetz erlassen worden, nach dem eine Volkszählung 1987 stattgefunden hat.

Nach dem Gesetz von 1982 sollten die Bürger gefragt werden nach Name, Anschrift, Geschlecht, Geburtstag, Familienstand, Religion, Staatsangehörigkeit, Herkunft des Lebensunterhalts, Beruf, Ausbildung, Ort der Arbeitsstelle und wie sie dort hinkommen, Arbeitszeit, Art und Größe, Ausstattung und Alter der Wohnung, Höhe der Miete und schließlich, ob sie als Insasse in einer Anstalt leben. Die Angaben sollten nur für statistische Zwecke verwendet und geheimgehalten werden. Davon gab es drei Ausnahmen. Erstens durften Name und Anschrift mit den polizeilichen Melderegistern verglichen und zu deren Berichtigung verwendet werden, der sogenannte »Melderegisterabgleich«, allerdings ohne daß daraus Maßnahmen gegen Meldepflichtige folgen sollten. Zweitens durften Angaben ohne Namen an Bundes- und Länderministerien weitergegeben werden oder an andere Stellen, die die Ministerien dafür benennen. Und drittens war auch erlaubt, solche Einzelangaben ohne Namen an die Gemeinden weiterzugeben, für Zwecke der Regional- oder Gemeindeplanung, des Vermessungswesens und des Umweltschutzes.

Die Verfassungsbeschwerden richteten sich direkt gegen das Gesetz. Das ist an sich nicht möglich, weil sie nach dem Gesetz über das Verfahren vor dem Bundesverfassungsgericht, »erst nach Erschöpfung des Rechtsweges erhoben werden« dürfen. Der normale Weg wäre gewesen, die Anwendung des Gesetzes abzuwarten, also die Aufforderung, den Fragebogen auszufüllen und bei der Verwaltung abzugeben, dann dagegen vor dem Verwaltungsgericht zu klagen und erst nach endgültiger Abweisung dieser Klage die Verfassungsbeschwerde zu erheben. In Ausnahmefällen hatte das Bundesverfassungsgericht sie aber schon früher ohne Vorverfahren zugelassen, und so geschah es auch hier. Sie seien zulässig, weil das Volkszählungsgesetz gegenüber allen Bürgern innerhalb eines sehr kurzen Zeitraumes zu vollziehen ist und deshalb solche Vorverfahren ihren Zweck nicht mehr erfüllen können, der darin besteht, das Bundesverfassungsgericht zu entlasten und ihm die Möglichkeit zu geben, die Meinung der zuständigen Gerichte zu berücksichtigen. Solche Zulässigkeitsfragen spielen im Verfassungsrecht und im Verwaltungsrecht eine große Rolle. Man will damit verhindern, daß die Gerichte übermäßig belastet werden und daß Leute klagen, die mit der Sache nichts zu tun haben. Erst wenn diese Zulässigkeit geklärt ist, befaßt sich ein Gericht mit der eigentlichen Frage, mit der sogenannten Begründetheit, hier also mit dem Problem, ob das Volkszählungsgesetz von 1982 verfassungswidrig in Grundrechte der Bürger eingreift oder nicht.

In Betracht kamen nicht einzelne besondere Grundrechte, sondern nur das allgemeine Hauptfreiheitsrecht des Artikels 2 Absatz 1 des Grundgesetzes:

»Jeder hat das Recht auf die freie Entfaltung seiner Persönlichkeit, soweit er nicht die Rechte anderer verletzt und nicht gegen die verfassungsmäßige Ordnung oder das Sittengesetz verstößt.«

Aus diesem Grundrecht auf persönliche Freiheit, sagt man, ergibt sich das sogenannte allgemeine Persönlichkeitsrecht, und zwar in Verbindung mit der Würde des Menschen in Artikel 1. Es hat unter anderem, wie es in einer früheren Entscheidung des Bundesverfassungsgerichts — im Lebach-Urteil von 1973 (BVerfGE 35.220) — heißt, folgenden Inhalt:

»Jedermann darf grundsätzlich selbst und allein bestimmen, ob und inwieweit andere sein Lebensbild im ganzen oder bestimmte Vorgänge aus seinem Leben öffentlich darstellen dürfen.«

Es ist also eine Art Recht auf Selbstdarstellung, dessen Verletzung nicht wie bei anderen Grundrechten darin besteht, daß der Staat in die Sphäre der privaten Lebensführung eindringt. Der Eingriff in das Grundrecht erfolgt hier außerhalb, und zwar durch Sammeln und Zusammenstellen von Daten, aus denen sich der Staat ein soziales Profil des Bürgers anfertigt, ohne daß dieser zugestimmt hat. Ging es im Lebach-Urteil noch um ein Dokumentarspiel im Fernsehen über ein Verbrechen, den Soldatenmord von Lebach 1969, spricht das Bundesverfassungsgericht jetzt mit dem Blick auf die moderne Datenverarbeitung vom Recht auf informationelle Selbstbestimmung und sagt, es sei besonders schutzbedürftig, weil persönliche Daten inzwischen

»technisch gesehen unbegrenzt speicherbar und jederzeit ohne Rücksicht auf Entfernung in Sekundenschnelle abrufbar sind. Sie können darüber hinaus — vor allem beim Aufbau integrierter Informationssysteme — mit anderen Datensammlungen zu einem teilweise oder weitgehend vollständigen Persönlichkeitsbild zusammengefügt werden, ohne daß der Betroffene dessen Richtigkeit und Verwendung zureichend kontrollieren kann.«

Allerdings ist der Schutz dieses Rechts durch Artikel 1 und 2 des Grundgesetzes nicht unbegrenzt, weil wir in einer staatlichen Gemeinschaft leben, in der man Daten braucht. Für ihre Erhebung durch die Verwaltung ist immer ein Gesetz notwendig, das den Zweck nennen und ihm angemessen sein muß. Auch dürfen Daten nicht einfach auf Vorrat gesammelt werden, nur ausnahmsweise, wenn es — wie hier — für eine Volkszählung geschieht, deren Ergebnisse für eine am Sozialstaatsprinzip orientierte Politik unentbehrlich sind. Das Erhebungsprogramm dürfe dabei nicht zu weit gehen, jedenfalls nicht so weit, daß die Herstellung von Persönlichkeitsprofilen einzelner Bürger möglich wird. Mit anderen Worten, der Staat darf auch bei einer Volkszählung nicht zu viele Fragen stellen. Das sei hier aber auch nicht geschehen. Zwar würden die Lebensbereiche des Arbeitens und Wohnens genauer erfaßt, aber nicht so genau, daß dadurch die Persönlichkeit desjenigen abgebildet würde, der die Fragen beantwortet. Sie gingen jeweils nur so weit, wie es erforderlich ist, den Zweck der Volkszählung zu erreichen, die ein Gesamtbild von Wirtschaft und Gesellschaft liefern soll. Insofern sei alles in Ordnung. Aber in dreierlei Hinsicht gehe das Gesetz zu weit, würde dadurch in unzulässiger Weise in das Grundrecht eingreifen und sei deshalb verfassungswidrig. Das betrifft erstens die mit Namen verbundenen Angaben von Insassen der Anstalten, also von Gefängnissen, Heil- und Pflegeanstalten und so weiter. Hier drohe den Betroffenen die Gefahr einer sozialen Abstempelung. Das Ziel, eine Übersicht über die Belegung von Anstalten zu erhalten, sei legitim. Aber man könne es auch erreichen, indem man die Anstaltsleiter verpflichtet, für den Stichtag einfach nur die Zahl der Insassen zu nennen. Ihre namentliche Erfassung sei nicht erforderlich und deshalb unzulässig.

Zweitens die im Gesetz vorgesehene Weitergabe und Verwendung der Daten für Verwaltungszwecke, also der Melderegisterabgleich und die beiden anderen Möglichkeiten. Daten, die für eine Statistik gesammelt worden sind, müssen so schnell wie möglich von den Namen getrennt — »anonymisiert« — und geheimgehalten werden:

> »Nur unter dieser Voraussetzung kann und darf vom Bürger erwartet werden, die von ihm zwangsweise verlangten Auskünfte zu erteilen.«

Sonst würde sein Recht auf informationelle Selbstbestimmung unzulässig eingeschränkt und auch der Zweck der Volksbefragung gefährdet, indem sich viele gezwungen sähen, falsche Angaben zu machen.

Drittens müsse der Gesetzgeber dafür sorgen, daß die Verwendung von Daten für Verwaltungszwecke noch in anderer Weise ausgeschlossen werde. Man dürfe bei der Befragung nicht Beamte oder Angestellte als Zähler einsetzen, die dadurch in Interessenkonflikte kommen könnten, zum Beispiel Mitarbeiter von Meldestellen oder Finanzämtern. Ebenso sei es unzulässig, wenn Zähler in unmittelbarer Nähe ihrer Wohnung die Fragebögen einsammeln, weil dadurch in der Nachbarschaft die Auskunftsbereitschaft beeinträchtigt werde. Im Gesetz von 1982 war das nicht geregelt und auch insofern das Recht auf informationelle Selbstbestimmung verletzt.

Die Staatsfundamentalnorm des Artikels 20

Nach den Grundrechten der Artikel 1 bis 19 beginnt im Grundgesetz mit dem Artikel 20 der Aufbau des Staates. Sehr komprimiert hat der Parlamentarische Rat in diesem Artikel die elementaren Grundsätze zusammengefaßt, auf denen die Konstruktion der Bundesrepublik Deutschland ruht. Besonders eindrucksvoll ist die Kürze des ersten Absatzes. Neun Worte, sechs Entscheidungen. Artikel 20 Absatz 1:

»Die Bundesrepublik Deutschland ist ein demokratischer und sozialer Bundesstaat.«

Mit »Bundesrepublik Deutschland« sind drei grundlegende Aussagen gemacht. Erstens über den Namen des Staates, zweitens die Entscheidung für seinen republikanischen Charakter und drittens, mit dem Wort Deutschland, der Anspruch auf die Nachfolge des 1871 gegründeten Deutschen Reichs. Im Wort Bundesstaat ist der föderalistische Aufbau festgelegt, und die beiden Adjektive dazwischen enthalten das Demokratiegebot und das Sozialstaatsgebot. Etwas weniger dicht ist der zweite Absatz:

> »Alle Staatsgewalt geht vom Volke aus. Sie wird vom Volke in Wahlen und Abstimmungen und durch besondere Organe der Gesetzgebung, der vollziehenden Gewalt und der Rechtsprechung ausgeübt.«

In zwei Sätzen immerhin noch drei Prinzipien, nämlich der Grundsatz der Volkssouveränität, der repräsentativen Demokratie und der Gewaltenteilung. Im nächsten Absatz kommen schließlich wesentliche Aussagen über Prinzipien des Rechtsstaates. Das Wort selbst, Rechtsstaat, erscheint hier allerdings nicht. Nach der Justizkatastrophe des Dritten Reichs hätte man es ruhig schon mal nennen können. Also der dritte Absatz:

> »Die Gesetzgebung ist an die verfassungsmäßige Ordnung, die vollziehende Gewalt und die Rechtsprechung sind an Gesetz und Recht gebunden.«

Auch wenn einiges fehlt, das Prinzip der parlamentarischen Demokratie zum Beispiel, ist doch fast alles gesagt über den Charakter des Staates der Bundesrepublik. Artikel 20 als Staatsfundamentalnorm. Dies sind seine zehn grundlegenden Aussagen:

1. der Name des Staates,
2. die Volkssouveränität,
3. das Demokratiegebot
4. das Prinzip der repräsentativen Demokratie
5. die republikanische Staatsform,
6. der bundesstaatliche Aufbau,
7. die Gewaltenteilung,

8. das Rechtsstaatsprinzip,
9. das Sozialstaatsprinzip und
10. der Anspruch auf die Identität mit dem Deutschen Reich.

Der Name des Staates. Es gab mehrere Vorschläge. Im Vorentwurf von Herrenchiemsee stand »Bund deutscher Länder«. Das klang dem Parlamentarischen Rat zu sehr nach Staatenbund. Es sollte aber ein Bundesstaat sein. Die CDU schlug deshalb »Deutsche Bundesrepublik« vor und würde sich damit auch durchgesetzt haben, wenn Theodor Heuss nicht einen besseren Vorschlag gemacht hätte, nämlich »Bundesrepublik Deutschland«, womit der Anspruch auf den Fortbestand des Deutschen Reiches besser zum Ausdruck kam. So hat der erste Bundespräsident dem Staat auch seinen Namen gegeben.

Die Volkssouveränität. Souveränität ist ein Begriff aus der Geschichte des absolutistischen Staates. Ihr Erfinder ist Jean Bodin in den *Sechs Büchern über die Republik* von 1576. Er definierte sie als *puissance absolue et perpétuelle d'une république,* als uneingeschränkte und ewige Herrschaft des Monarchen über seine Untertanen. Ein politisches Programm für den modernen Staat gegen mittelalterliche Eigenrechte feudaler Zwischeninstanzen. Souveränität ist also die unbeschränkte Hoheitsgewalt eines Staates nach innen und außen, die es heute — mit Grundrechten und Verwaltungsgerichten — nach innen gar nicht mehr gibt. Im Lauf der Zeit ist sie von der natürlichen Person des Monarchen übergegangen auf die juristische Person des Staates. Da ist sie heute noch, angeblich. Die Zusammensetzung dieses Wortes mit dem Volk war ein anderes politisches Programm, gegen den Monarchen. Volkssouveränität bedeutet, daß der Monarch diese höchste Gewalt nicht als Gnade von Gott, sondern als Auftrag vom Volk erhalten habe, durch einen Herrschaftsvertrag, der einst zwischen beiden geschlossen worden sein soll. Die Konsequenz war ein Widerstandsrecht für den Fall, daß er vertragswidrig handelte. Heute, in einer Demokratie, ist dieser Begriff an sich überflüssig geworden. Aber anscheinend kann man auch den Inhabern unserer Ämter nicht oft genug deutlich machen, wem sie eigentlich verpflichtet sind. Und auch das Widerstandsrecht ist noch von einiger Aktualität.

Das Demokratiegebot. Auch heute noch stehen wir mit unseren Vorstellungen von den Formen eines Staates auf den Schultern des Aristoteles. Um 330 v. Chr. hat er seine *Politik* geschrieben und drei gute und schlechte Staatsformen unterschieden, nämlich Monarchie, Aristokratie und Demokratie mit ihren Mißgeburten Tyrannis, Oligarchie und Pöbelherrschaft. Demokratie ist die Herrschaft des Volkes, also die Herrschaft aller Menschen, und so, wie er sie damals in ihrer klassischen Zeit in Athen erlebt hat, in den einhundert Jahren von Perikles bis Demosthenes, hat sie ihm gar nicht gut gefallen. Mit unserer Lösung heute würde er besser leben können.

Das Prinzip der repräsentativen Demokratie. Unsere Lösung heute. Gegensatz: die direkte Demokratie. In ihr werden Gesetze in der Volksversammlung beschlossen, zu der jeder gehört, und Amtsinhaber werden nicht gewählt und wieder gewählt, sondern durch Los bestimmt und können auch nur einmal im Amt sein. Gesetzgebung durch Volksabstimmungen und Ämterbesetzung durch Losverfahren nach dem Rotationsprinzip, das war die direkte Demokratie im klassischen Athen, die die Entstehung der Macht von Politikern verhindern und die Freiheit aller sichern sollte. Das andere Prinzip der repräsentativen oder mittelbaren Demokratie haben die machtbewußten Römer entwickelt. Ihre Beamten wurden gewählt, nicht ausgelost, und der römische Senat, auf den später das Recht der Gesetzgebung überging, eine Honoratiorenversammlung, war die Vorstufe unserer Parlamente. Niemand hat die Gefahr von Wahlen eindringlicher beschrieben als Jean Jacques Rousseau im *Gesellschaftsvertrag*, 3. Buch, 15. Kapitel:

»Von dem Augenblick an, wo ein Volk sich Vertreter gibt, ist es nicht mehr frei. Es ist nicht mehr.«

Das Grundgesetz hat sich in der Tradition anderer westlicher Länder für die repräsentative Demokratie entschieden, in der nicht das Volk herrscht, sondern eine Gruppe von Spitzenpolitikern verschiedener Parteien. Im Sinne des Aristoteles ist das eher eine Aristokratie als eine Demokratie. »Wahlen« ist das entscheidende Wort in Artikel 20 Absatz 2. Sie müssen sich zwar immer wieder vom Volk bestätigen lassen, aber zwischendurch haben sie durchaus die Macht, mal schnell gegen den Willen der Mehrheit zu entscheiden. Das ist ein wesentliches Merkmal repräsentativer Demokratie. Begründung? Dadurch erreicht man mehr Rationalität und Krontrollierbarkeit. Wir Bürger als Sicherheitsrisiko. Bei Reinhold Zippelius, *Allgemeine Staatslehre*, 10. Auflage 1988, § 23, heißt das Volk dann auch nicht mehr Volk, sondern Masse oder Menge:

> »Wo eine Menschenmenge Entscheidungen zu treffen hat, schlägt deren Zuständigkeit ... sehr leicht in die Entscheidungsmacht politisch aktiver und suggestiver Persönlichkeiten um ... So verwirklicht sich leicht jene Gefahr, die schon Aristoteles beschrieben hat: daß eine umfassende Herrschaft der Menge, die nicht durch Gesetz beschränkt ist, leicht zu einer von Demagogen gelenkten Despotie entartet.«

Die republikanische Staatsform. Betrifft heute nur noch die Besetzung des Amtes eines sogenannten Staatsoberhaupts, das den Staat repräsentiert. Wird es gewählt, spricht man von einer Republik. Wird dagegen durch Erbgang bestimmt, wer den Staat repräsentiert, dann ist es eine Monarchie, wie in England, wo das bekanntlich durchaus mit einer demokratischen Staatsform vereinbar ist. Auch daran hatte Aristoteles noch nicht gedacht.

Der bundesstaatliche Aufbau. Bundesstaaten sind mit ihrer föderalistischen Struktur schwächer als Einheitsstaaten, denn die Macht ist zwischen Bund und Ländern geteilt. Deshalb sind im Dritten Reich und in der DDR die Länder aufgelöst worden. Man wollte den starken Staat. Genau dies wollten die westlichen Alliierten nicht und haben deshalb den Föderalismus der Bundesrepublik zur Bedingung ihrer Gründung gemacht.

Die Gewaltenteilung. Sie geht zurück auf Überlegungen aus dem 17. und 18. Jahrhundert, mit denen man die Macht des absolutistischen Monarchen beschneiden wollte. John Locke nahm ihm die Gesetzgebung und übertrug sie auf das Parlament, wie es in England schon der Fall war. Montesquieu nahm ihm auch noch die Rechtsprechung und ließ ihm nur die Regierung. Seitdem haben wir diese Dreiteilung von Gesetzgebung, Regierung und Justiz. Auch sie dient dazu, die Macht im Staate zu begrenzen, wie der Föderalismus. Immer noch. Aber in der Praxis wird das Prinzip täglich durchbrochen, wenn das Parlament Einzelfälle regelt, die Regierung — mit Rechtsverordnungen — allgemeine Normen erläßt und die Gerichte nicht nur Urteile erlassen, sondern auch Verwaltungsfunktionen übernehmen.

Das Rechtsstaatsprinzip. Der Rechtsstaat, das war die Parole der Liberalen im frühen 19. Jahrhundert. Ein Staat, der nicht tun kann, was er will. Er ist an das Recht gebunden. Das ging gegen die Regierung des Monarchen, deren Eingriffe in Rechte von Bürgern durch unabhängige Gerichte — Verwaltungsgerichte — überprüft werden sollten. Die Majestät des Rechts trat neben die Majestät des Königs, der Justizpalast neben den des Monarchen. Inzwischen ist alles komplizierter geworden. Was ein Rechtsstaat ist, läßt sich schwer in einem Satz beschreiben. Artikel 20 Absatz 3 nennt wesentliche Elemente. Aber das ist nicht alles. Dazu ein Beispiel. Am Anfang der siebziger Jahre tröstete sich die *Frankfurter Allgemeine Zeitung* in einem Kommentar zur Apartheid in Südafrika damit, daß wenigstens alles streng rechtsstaatlich vor sich gehe. Damit wurde dieser Begriff *ad absurdum* geführt. Denn er meint nicht nur die Rechtsform des Verfahrens, sondern auch den Inhalt, zu dem mindestens die Menschenrechte gehören. Also definiert Klaus Stern, *Staatsrecht*, 1. Band, 1977, Seite 616f:

> »Rechtsstaatlichkeit bedeutet Ausübung staatlicher Macht auf der Grundlage von verfassungsmäßig erlassenen Gesetzen mit dem Ziel der Gewährleistung von Freiheit, Gerechtigkeit und Rechtssicherheit.«

Das Sozialstaatsprinzip. Rechtsstaat ist ein Begriff des 19. Jahrhunderts, Sozialstaat ein Prinzip des zwanzigsten. Manche meinen, sie seien unvereinbar. Denn der Rechtsstaat bedeutete den Rückzug des Staates aus der Wirtschaftspolitik, seine Beschränkung auf die Wahrung des formalen Rechts, das ihm Grenzen setzte, die Freiheit des einzelnen garantierte und die Wirtschaft sich selbst überließ, auf daß sie so am besten funktioniere. Damit entstand die soziale Frage, die den Staat im 20. Jahrhundert gezwungen hat, wieder Wirtschafts- und Sozialpolitik zu betreiben. Was das aber im einzelnen bedeutet, ist im Staatsrecht außerordentlich umstritten. Wen wundert es?

Der Anspruch auf Identität mit dem Deutschen Reich. Er war, anders als der Inhalt des Sozialstaatsprinzips, völlig unumstritten, ist aber nun, nach der Vereinigung von Bundesrepublik und DDR, kein Thema mehr.

Die Obersten Staatsorgane

Was ist das nun, diese Bundesrepublik Deutschland? Ein Staat. Aber was ist ein Staat? Eine Herrschaftsordnung, wie gesagt. Ordnung der Herrschaft von Menschen über Menschen, von Regierenden über Regierte. Ist das alles? Nein. Es gibt Schwierigkeiten mit dem Vorstellungsvermögen, weil der König nicht mehr da ist. Man sagt, der Staat sei eine juristische Person. Vor zweihundert Jahren war das noch ein staatsfeindlicher Begriff, diente er doch dazu, der natürlichen Person des Monarchen Befugnisse abzuluchsen. Als dann diese natürliche Person ganz verschwunden war, blieb nur die juristische übrig, mit allen Befugnissen, und jetzt hatte der Begriff die umgekehrte Funktion, war staatsfreundlich, konnte nämlich den Eindruck verwischen, es würde irgend jemand herrschen. Höchstens eben diese juristische Person.

Juristische Personen kommen häufiger vor, nicht nur im Staatsrecht. Im Privatrecht gibt es Vereine oder Kapitalgesellschaften, die GmbH zum Beispiel oder die Aktiengesellschaft, die als selbständige Rechtssubjekte auftreten, eigenes Vermögen haben und vor Gericht klagen oder verklagt werden können. Aber was ist eine juristische Person? Eine Fiktion, sagte Friedrich Carl von Savigny vor einhundertfünfzig Jahren. Eigentlich gibt es sie gar nicht. Man tut nur so. Was im Hinblick auf den Staat eine kühne Behauptung sein dürfte, angesichts von Militär und Polizei, Gerichten und Gefängnissen und der Staatskarossen in der Tagesschau.

Daher die Gegenmeinung, fünfzig Jahre später: die Lehre von der realen Verbandsperson. Otto von Gierke hat sie entwickelt, einer derjenigen, die sich um die Wiederbelebung des alten deutschen Rechts verdient gemacht haben, gegen das römische, das Friedrich Carl von Savigny lehrte. Das römische war individualistisch, das alte deutsche etwas mehr kollektivistisch. Also hatten Gemeinschaften für Otto von Gierke ein eigenes Leben mit einem überindividuellen Willen, als wirkliche Gesamtpersonen, die selbständig durch Organe handeln. Ähnlich wie der einzelne Mensch eine Gesamtheit ist mit einer größeren Zahl von Organen, mit Augen, Mund und Ohren, Händen und Füßen. Solch eine Verbandsperson sei der Staat. Womit die Schwierigkeit auftauchte, zwischen Regierenden und Regierten zu unterscheiden. Das war kaum noch möglich.

Deshalb ist die Staatsrechtslehre heute in mittlere Gefilde entschwebt. Sie drückt sich möglichst unklar aus, neigt eher zur Fiktionstheorie, sieht aber auch, daß der Staat etwas sehr Reales ist, wenn auch keine Verbandsperson. Eine juristische Person? Ja. Aber weiter? Oft wird es so gesehen, daß man ihr alles »zurechnen« kann, was in ihrem Namen geschieht, was immer das sein mag. Und obwohl die Lehre von der realen Verbandsperson längst Geschichte ist, blieb doch die Vorstellung von Organen. Sie paßt eigentlich nicht in diese mittleren Gefilde, wird auch zuweilen als unklarer Begriff kritisiert, steht aber sogar im Grundgesetz. Artikel 20 Absatz 2:

> »Alle Staatsgewalt geht vom Volke aus. Sie wird vom Volke in Wahlen und Abstimmungen und durch besondere Organe der Gesetzgebung, der vollziehenden Gewalt und der Rechtsprechung ausgeübt.«

Regierung, Parlament und Justiz als Organe. Manchmal werden sie sogar als oberste Bundesorgane bezeichnet, nämlich in Artikel 93, der die Aufgaben des Bundesverfassungsgerichts beschreibt, das unter anderem entscheiden soll

»über die Auslegung dieses Grundgesetzes aus Anlaß von Streitigkeiten über den Umfang der Rechte und Pflichten eines obersten Bundesorgans oder anderer Beteiligten, die durch dieses Grundgesetz oder in der Geschäftsordnung eines obersten Bundesorgans mit eigenen Rechten ausgestattet sind«.

Das sind die sogenannten Organstreitigkeiten. Oberste Bundesorgane sind die höchsten Staatsorgane. Wer sie sind, sagt § 63 des Bundesverfassungsgerichtsgesetzes. Es gibt vier: Bundespräsident, Bundestag, Bundesrat und Bundesregierung.

In den fünfziger Jahren kam noch ein fünftes dazu, das Bundesverfassungsgericht. Mehr oder weniger hatte es sich selbst befördert, in einer Denkschrift von 1952. Damals gab es eine fürchterliche Aufregung über seine Entscheidungen zur Wiederaufrüstung, die für den damaligen Justizminister Thomas Dehler ein Anlaß waren zu erklären, das Gericht sei »in einer erschütternden Weise von dem Weg des Rechts abgewichen« und habe »dadurch eine ernste Krise geschaffen«. In Karlsruhe fürchtete man Repressalien, formulierte als Unabhängigkeitserklärung diese Denkschrift und forderte einen eigenen Haushalt, damit der Justizminister, aus dessen Etat das Gericht bisher finanziert wurde, nicht auf die Idee kommen könnte, in erschütternder Weise von dem Weg einer ordentlichen Ausstattung mit Haushaltsmitteln abzuweichen. Dienstherr der Richter war er übrigens auch. Heute haben sie keinen mehr über sich, anders als die Richter der anderen oberen Bundesgerichte. Das Gericht hat im Bundeshaushalt einen eigenen Etatposten und in § 1 des Bundesverfassungsgerichtsgesetzes die Bestätigung erhalten:

»Das Bundesverfassungsgericht ist ein allen übrigen Verfassungsorganen gegenüber selbständiger und unabhängiger Gerichtshof des Bundes.«

Der Hüter der Verfassung

Als das Bundesverfassungsgericht 1983 das Volkszählungsgesetz für verfassungswidrig erklärte, stellte niemand mehr die Frage, ob es sinnvoll ist, daß Richter Gesetze aufheben können, die das Parlament erlassen hat. Darf ein Richter sich über das Parlament stellen und damit zu einer Art Supergesetzgeber werden? Ist es nicht seine Aufgabe, Gesetze anzuwenden, statt sie aufzuheben? Widerspricht das nicht der Gewaltenteilung? Fragen, die seit zweihundert Jahren aktuell sind. Seitdem gibt es den Grundsatz, daß auch das Parlament an die Verfassung gebunden ist, zum Beispiel die Menschenrechte nicht verletzen darf. Seitdem gibt es die Frage, wer das überprüfen soll. Und es gibt eine berühmte Antwort aus einem berühmten Prozeß vor dem Obersten Gerichtshof der Vereinigten Staaten, unter dem Vorsitz seines berühmten Präsidenten John Marshall, am 24. Februar 1803, im Prozeß *Marbury gegen Madison*. John Marshall hat sie selbst geschrieben, in seiner einfachen und wirkungsvollen Sprache

> »Die Kompetenzen des Parlaments sind genau bestimmt und beschränkt, und damit diese Schranken nicht übertreten oder vergessen werden, dazu ist die Verfassung ein schriftliches Dokument. Zu welchem Zweck werden die Kompetenzen beschränkt und zu welchem Zweck wird diese Beschränkung schriftlich fixiert, wenn solche Schranken jederzeit durch diejenigen übertreten werden können, welche in Schranken zu weisen beabsichtigt war? ... Sicherlich betrachteten alle jene, welche geschriebene Verfassungen formuliert haben, diese als das fundamentale und überragende Recht der Nation, und infolgedessen muß die Lehre einer jeden solchen Staatsordnung dahin gehen, daß ein Erlaß des Parlaments, der der Verfassung widerspricht, nichtig ist. Diese Lehre ist wesentlicher Bestandteil einer geschriebenen Verfassung und muß deshalb von diesem Gerichtshof als einer der fundamentalen Grundsätze unserer Gesellschaft betrachtet werden.«

Damals ist viel darüber diskutiert worden. Der wichtigste Einwand lautete, es sei zwar richtig, daß das Parlament an die Verfassung gebunden ist, aber nirgends in der Verfassung sei ausgerechnet den Richtern die Aufgabe übertragen worden, das nachzuprüfen. Umgekehrt würde ja auch keine Überprüfung stattfinden, nämlich dann, wenn die Richter ein Urteil erlassen, das gegen die Verfassung verstößt. Jedenfalls, John Marshall hat sich durchgesetzt, nicht nur in den Vereinigten Staaten. Heute gibt es eine Verfassungsgerichtsbarkeit in den meisten westlichen Ländern. In der Bundesrepublik ist das Bundesverfassungsgericht zu einem Hüter der Verfassung geworden, der mehr Kompetenzen hat und vor dem mehr Prozesse geführt werden als anderswo. Es ist das stärkste Verfassungsgericht der Welt.

»Das Reichsgericht als Hüter der Verfassung« ist die Überschrift eines Aufsatzes von Carl Schmitt aus dem Jahre 1929. In den zwanziger Jahren stritt man sich in Deutschland über die Notwendigkeit einer solchen Verfassungsgerichtsbarkeit, die von der Weimarer Verfassung nicht vorgesehen war. Er meinte, das seien politische Fragen, mit denen Richter überfordert würden, und zitierte einen Satz des französischen Historikers Guillaume Guizot, der einmal gesagt hatte, ein Verfassungsgericht würde die Verrechtlichung der Politik bedeuten und die Politisierung der Justiz. Dabei hätte die Justiz alles zu verlieren und die Politik nichts zu gewinnen. Also, meinte Carl Schmitt, müsse eine politische Instanz über die Einhaltung der Verfassung wachen. Und da der Reichspräsident in seinem Amtseid ohnehin beschwören mußte, die Einhaltung der Verfassung zu garantieren, lag die Lösung auf der Hand. Nicht das Reichsgericht ist der Hüter der Verfassung, sondern der Reichspräsident. Er hat dabei aber in fürchterlicher Weise versagt. Und als man nach dem Krieg aus dem juristischen Alptraum des Dritten Reiches erwachte, war klar, daß für die Zukunft bessere Sicherungen eingebaut werden müßten. Im Verfassungskonvent von Herrenchiemsee waren sich alle einig. Ein Gericht mit möglichst weitreichenden Kompetenzen soll der Hüter der Verfassung sein. Die wichtigsten Verfahren, über die es zu entscheiden hat, sind folgende:

1. Verfassungsbeschwerden,
2. Normenkontrollverfahren,
3. Organstreitigkeiten
4. Bund-Länder-Streitigkeiten,
5. Parteiverbote.

Verfassungsbeschwerden. Sie können von jedermann wegen Grundrechtsverletzungen erhoben werden, aber im Prinzip nur, wenn der Rechtsweg erschöpft ist, also wenn man alle Möglichkeiten vor den normalen Gerichten ausgeschöpft hat. Oft geht es dabei um die Überprüfung der Verfassungsmäßigkeit von Gesetzen, zum Beispiel im Urteil zum Volkszählungsgesetz, und zwar meistens, wenn auf deren Grundlage eine Maßnahme der Verwaltung oder ein Gerichtsurteil ergangen ist. Das Verfahren ist geregelt in den §§ 90–96 des Bundesverfassungsgerichtsgesetzes. Es gibt auch noch ein spezielles Verfahren zur Überprüfung der Verfassungsmäßigkeit von Gesetzen, aber nicht für jedermann:

Normenkontrollverfahren. Es kann nur eingeleitet werden auf Antrag der Bundesregierung, einer Landesregierung, eines Drittels der Mitglieder des Bundestages oder durch die sogenannte Richtervorlage nach Artikel 100 des Grundgesetzes. Bei der Richtervorlage handelt es sich darum, daß ein Gericht ein Gesetz für verfassungswidrig hält, das dort im Prozeß eine Rolle spielt und für das Urteil von entscheidender Bedeutung ist. Dann muß es das Verfahren aussetzen und das Gesetz dem Bundesverfassungsgericht zur Prüfung vorlegen. Die Verfahren sind geregelt in den §§ 76–82 des Bundesverfassungsgerichtsgesetzes.

Organstreitigkeiten. Sie finden statt zwischen obersten Staatsorganen um die Auslegung des Grundgesetzes im Hinblick auf ihre Rechte und Pflichten, also zwischen Bundespräsident, Bundestag, Bundesrat oder Bundesregierung. Wichtig ist, daß auch »Organteile« den Antrag auf Durchführung solcher Verfahren stellen können, zum Beispiel einzelne Fraktionen des Bundestages, die dann als Minderheit Rechte des Gesamtparlaments auch gegen den Willen der Mehrheit geltend machen können: Minderheitenschutz der Opposition als Ausgleich dafür, daß die Gewaltenteilung nicht mehr richtig funktioniert, geregelt in den §§ 63–67 des Bundesverfassungsgerichtsgesetzes.

Bund-Länder-Streitigkeiten. Können bei Meinungsverschiedenheiten über Kompetenzen von Bund und Ländern geführt werden. Antragsberechtigt sind die Bundesregierung und die Landesregierungen. Geregelt in den §§ 68–70 des Bundesverfassungsgerichtsgesetzes.

Parteiverbote. Auf Antrag des Bundestages, des Bundesrates oder der Bundesregierung kann das Bundesverfassungsgericht nach Artikel 21 Absatz 2 des Grundgesetzes Parteien verbieten, die sich gegen die freiheitliche demokratische Grundordnung wenden. Das Verfahren ist geregelt in den §§ 43–47 des Bundesverfassungsgerichtsgesetzes. Die wichtigste Entscheidung war

BVerfGE 5.85: **Das KPD-Verbot**

Zwei Verfahren sind bisher in der Bundesrepublik durchgeführt worden mit dem Ziel des Verbotes einer Partei. Beide wurden 1951 eingeleitet, von der Bundesregierung, am 19. November gegen die rechtsradikale Sozialistische Reichspartei, zwei Tage später gegen die KPD. Während die Richter in Karlsruhe über die SRP ziemlich schnell entschieden und sie im Oktober 1952 verboten haben (BVerfGE 2.1), zögerten sie bei der KPD sehr lang, bis 1956. Neben den Turbulenzen um die hinhaltenden Entscheidungen zur Wiederbewaffnung von 1952 war das der zweite Grund für den Ärger der Regierung Adenauer über das Bundesverfassungsgericht, der dazu führte, daß der Bundestag einige Jahre später die Zahl der Richter in den beiden Senaten um ein Drittel verringerte, von je zwölf auf acht, um die politische Richtung zu verändern, was auch gelang. Grund des Zögerns der Richter ist gewesen, daß manche von ihnen Gemeinsamkeiten mit der KPD im Kampf gegen das Dritte Reich nicht vergessen wollten.

Das Urteil erging am 17. August 1956. Die KPD wurde verboten, weil sie als marxistisch-leninistische Kampfpartei das Ziel verfolge, nach einer gewaltsamen Revolution mit der Diktatur des Proletariats ein totalitäres System aufzubauen, das den Prinzipien einer freiheitlichen demokratischen Grundordnung widerspreche. Ein sehr langes Urteil, auf dreihundert Seiten, viermal so dick wie das gegen die SRP, nach Artikel 21 Absatz 2 des Grundgesetzes:

»Parteien, die nach ihren Zielen oder nach dem Verhalten ihrer Anhänger darauf ausgehen, die freiheitliche demokratische Grundordnung zu beeinträchtigen oder zu beseitigen oder den

Bestand der Bundesrepublik Deutschland zu gefährden, sind verfassungswidrig. Über die Frage der Verfassungswidrigkeit entscheidet das Bundesverfassungsgericht.«

Das Gericht ging dabei auch auf die Frage ein, ob die fundamentale Bedeutung des Grundrechts der politischen Meinungsfreiheit eine Bestimmung wie diese überhaupt zuläßt, ob mit anderen Worten die freiheitliche demokratische Grundordnung

> »nicht damit in einen so unerträglichen Selbstwiderspruch verfällt, daß die beschränkende Bestimmung selbst als ›verfassungswidrig‹ angesehen werden müßte ...«,

zumal auch in anderen westlichen Demokratien solche Verfahren unbekannt seien. Aber die Antwort war schließlich: Nein. Artikel 21 Absatz 2 sei verfassungsrechtlich unangreifbar. Für die Feinde der Freiheit müsse es keine unbedingte Freiheit geben. Das Grundgesetz habe nach den Erfahrungen von Weimar bewußt den Versuch gemacht, das Prinzip der Toleranz mit dem Bekenntnis zu unantastbaren Grundwerten zu verbinden. Dieses Bekenntnis zu einer streitbaren Demokratie sei zulässig und für ein Verfassungsgericht bindend. Womit sich die Frage erhebt, was denn das ist, dieser unantastbare Bereich von Grundwerten, die in Artikel 21 Absatz 2 als freiheitliche demokratische Grundordnung bezeichnet werden.

Diese Frage hatte schon im SRP-Urteil beantwortet werden müssen, und das Gericht hatte dazu gesagt, es sei der elementare Kernbereich der Verfassung, der unverändert bleiben müsse, wie es Artikel 79 des Grundgesetzes vorschreibe. Diese grundlegenden Prinzipien sind

> »die Achtung vor den im Grundgesetz konkretisierten Menschenrechten, vor allem vor dem Recht der Persönlichkeit auf Leben und freie Entfaltung, die Volkssouveränität, die Gewaltenteilung, die Verantwortlichkeit der Regierung, die Gesetzmäßigkeit der Verwaltung, die Unabhängigkeit der Gerichte, das Mehrparteienprinzip und die Chancengleichheit für alle politischen Parteien mit dem Recht auf verfassungsmäßige Bildung und Ausübung einer Opposition«.

Die freiheitliche demokratische Grundordnung. Sie ist nicht die Verfassung als Ganzes mit vielen Einzelregelungen, die man so oder so sehen und auch verändern kann. Die freiheitliche demokratische Grundordnung ist der Kernbereich. Mit dieser Aufzählung. Das war die entscheidende Vorgabe. Und nun wird einfach subsumiert, wie man unter Juristen sagt, das heißt, dieser Kernbereich wird mit dem Parteiprogramm der KPD verglichen und siehe da, sie widersprechen einander. Das Parteiprogramm, beschlossen 1951 in Weimar, das ist der Marxismus-Leninismus, der hier von richtigen deutschen Juristen zusammengefaßt wird zu einem richtigen Sachverhalt auf vierzig Seiten (S. 147–188), sehr übersichtlich und leicht verständlich: die Lehren von Marx und Engels, Lenin und Stalin über Produktionsweisen, Produktivkräfte, Produktionsverhältnisse, Basis und Überbau und das richtige Zitat dazu aus dem Vorwort zur *Kritik der politischen Ökonomie* von Karl Marx, sogar ihre Wechselwirkungen in den Altersbriefen von Friedrich Engels, über Mehrwerttheorie und Klassenkampf, Revolution und Diktatur des Proletariats, Sozialismus und Kommunismus. Nicht schlecht das Ganze, wenn man sich mal schnell einen Überblick verschaffen will. Man kann zum Beispiel lernen, was der Unterschied ist zwischen Sozialismus und Kommunismus und daß ihnen — wie Stalin gesagt hat — »eine ganze historische Epoche« vorhergehen muß, in der das kapitalistische System umgewandelt wird zum Sozialismus, daß diese Übergangszeit genannt wird »Diktatur des Proletariats« und was in ihr geschehen muß, nämlich — jetzt nach Lenin (S. 178) — die Beseitigung des unabsetzbaren Berufsbeamtentums und der Gewaltenteilung von Parlament und Regierung, die Möglichkeit der jederzeitigen Abberufung von Abgeordneten durch ihre Wähler, die Aufhebung der Grundrechte, besonders der Pressefreiheit und der Versammlungsfreiheit und, *last not least,* die Beseitigung des Mehrparteiensystems durch die führende Rolle einer einzigen Partei, weil, jetzt wieder Stalin (S. 188),

> **»die Diktatur des Proletariats nur dann vollkommen sein kann, wenn eine einzige Partei, die Partei der Kommunisten, sie führt, die die Führung nicht mit anderen Parteien teilt noch teilen darf«.**

Naja, und das war's dann. Mit dem Kernbereich unserer Verfassung, wie beschrieben, ist das in der Tat unvereinbar, also verfassungswidrig. Es half der KPD auch nicht, daß sie in der mündlichen Verhandlung immer wieder betont hat, das stünde jetzt alles gar nicht auf der Tagesordnung. Auf der Tagesordnung stehe die Wiedervereinigung, und dafür wollte sie eine »Regierung der nationalen Wiedervereinigung« mit möglichst vielen Parteien. Ändert nichts, sagte das Gericht, denn das Programm des Marxismus-Leninismus bleibt das Fernziel, und das genügt. Mit dem Angriff auf das »Adenauer-Regime« und mit dem Kampf um die Wiedervereinigung wolle man nur die freiheitliche demokratische Grundordnung treffen. Das war der längste Abschnitt des Urteils, diese Auseinandersetzung mit der Wiedervereinigungspolitik der KPD, 140 von 300 Seiten, und er fiel nicht sehr überzeugend aus, was wohl damit zusammenhängt, daß auch die Wiedervereinigungspolitik Adenauers alles andere als überzeugend war.

Parlamentarische Demokratie

Repräsentative Demokratie heißt das Prinzip, nach dem Gesetze nicht vom Volk selbst beschlossen werden, in einer Volksversammlung oder durch Volksabstimmungen, sondern von gewählten Vertretern im Parlament. Das ist das eine, die Frage nach dem Zustandekommen von Gesetzen. Das andere ist die Frage, wer die Regierung bestimmt. Sie wird vom Grundgesetz gelöst nach dem Prinzip der parlamentarischen Demokratie. Es geht um das Verhältnis von Parlament und Regierung.

Man kann es konstruieren wie in den Vereinigten Staaten, wo beide völlig unabhängig voneinander sind, beide vom Volk gewählt werden, jeweils für sich, und damit auf gleicher Stufe stehen. Es gibt Wahlen zum Kongreß, und es gibt die Wahl des Präsidenten. Der Kongreß besteht aus zwei Teilparlamenten, aus dem Repräsentantenhaus als der Vertretung des ganzen Volkes und aus dem Senat als der Vertretung der einzelnen Staaten. Sie werden direkt vom Volk gewählt. Daneben steht die Wahl des Präsidenten, die anders läuft, nicht direkt, sondern indirekt über Wahlmänner. Jeder Einzelstaat wählt eine bestimmte Zahl, und alle zusammen wählen als Wahlmännergremium den Präsidenten, der nicht nur Staatsoberhaupt ist, sondern in erster Linie Regierungschef. Die Väter der amerikanischen Verfassung haben diese Konstruktion gewählt, um die Gewaltenteilung strikt durchzuführen und die Teilung der Macht zu garantieren. Parlament und Regierung sind voneinander unabhängig. Das ist die eine Möglichkeit.

Die andere, unsere Lösung, verknüpft Parlament und Regierung miteinander, und zwar so, daß erst das Volk das Parlament wählt und dann das Parlament die Regierung. Man nennt das parlamentarische Demokratie, und zwar deshalb, weil hier das Parlament eine Schlüsselstellung hat, indem es nicht nur die Gesetze beschließt, sondern auch die Regierung einsetzt und sie kontrolliert. Artikel 63 Absatz 1 des Grundgesetzes:

> »Der Bundeskanzler wird auf Vorschlag des Bundespräsidenten vom Bundestag ohne Aussprache gewählt.«

Wenn er gewählt ist, bestimmt er die Minister, ähnlich wie der amerikanische Präsident, nur daß sie dort noch von dem einen Teilparlament bestätigt werden müssen, vom Senat, während sie hier der Bundespräsident dann automatisch ernennt. Man könnte also das parlamentarische Prinzip bei uns noch ausweiten, indem man vorschreibt, daß die Minister vom Parlament zu bestätigen sind. In einigen Bundesländern ist das von der Verfassung vorgesehen, soll aber abgeschafft werden, weil man meint, das würde die Stellung des Regierungschefs zu sehr schwächen.

Das parlamentarische System ist das ältere. Im 17. und 18. Jahrhundert hat es sich in England entwickelt, und die amerikanische Lösung, die vom Ende des 18. Jahrhunderts stammt, war eine ausdrückliche Kehrtwendung dagegen. Als man sich dort vom Mutterland lossagte, wollte man diese Art von Machtkonzentration bewußt vermeiden, einer Machtkonzentration, die sich in einer parlamentarischen Demokratie ganz einfach dadurch ergibt, daß regelmäßig die stärkste Partei des Parlaments auch die Regierung wählt und dann eben eine Partei sowohl die Politik des Parlaments als auch die der Regierung bestimmt, womit sich die Gewaltenteilung zwischen beiden mehr oder weniger als eine Formalität erweist. Ganz anders in den Vereinigten Staaten. Die Wahlen zum Parlament und die des Präsidenten sind zeitlich teilweise verschoben, und so ist es möglich, daß die eine Partei im Kongreß die Mehrheit hat und die andere die Regierung stellt, die Gewaltenteilung also tatsächlich zu einer Teilung der Macht führt, die den Kompromiß erzwingt, der von den Vätern der amerikanischen Verfassung als die bessere Lösung angesehen wurde, verglichen mit einseitigen Entscheidungen einer Mehrheit, die bei uns üblich sind. Und tatsächlich ist die amerikanische Politik stärker vom Kompromiß geprägt als unsere.

Die Rangordnung der drei Staatsgewalten

Werden Parlament und Regierung jeweils vom Volk gewählt, so haben sie gleichen Rang, wie in den Vereinigten Staaten, wo Präsident und Kongreß in diesem Verhältnis zueinander stehen. Wie aber, wenn nur das Parlament vom Volk gewählt wird und die Regierung vom Parlament? Muß es dann nicht anders sein? Jedenfalls meint man das in England, der Heimat des parlamentarischen Systems, und spricht von *supremacy of parliament*. Nicht bei uns.

> »Das Grundgesetz spricht dem Parlament nicht einen allumfassenden Vorrang bei grundlegenden Entscheidungen zu. Es setzt durch die gewaltenteilende Kompetenzordnung seinen Befugnissen Grenzen. Weitreichende — gerade auch politische — Entscheidungen gibt es der Kompetenz anderer oberster Staatsorgane anheim...«,

schreibt das Bundesverfassungsgericht in einer Entscheidung zum Schnellen Brüter in Kalkar 1978 (BVerfGE 49.89). Warum? Weil deutsches Staatsrecht seit einigen hundert Jahren den Staat in erster Linie als Regierung versteht. Danach kommt eine ganze Zeit gar nichts und dann das Parlament. Noch immer lebt in den Köpfen der deutschen Staatsrechtslehrer der alte Thomas Hobbes mit seinem *Leviathan* von 1651. Der hat so einleuchtend wie angenehm die ganze Macht im Staat dem Monarchen zugeteilt, als Regierung versteht sich. Daß er auch Gesetze erlassen konnte, scheint kaum zu stören. Daraus spricht ein autoritäres Staatsdenken, an der Regierung fixiert. Möglichst stark soll sie sein, und wenn es denn nicht mehr der erste Rang sein kann im Staate, dann wenigstens gleichberechtigt mit dem Parlament. Es gibt aber auch andere historische Gründe, und die kommen aus Frankreich.

Dort hat 1748 Montesquieu seinen *Geist der Gesetze* geschrieben, heute noch ein wichtiges Buch, weil in ihm zum erstenmal die Theorie der Gewaltenteilung erscheint, wie wir sie praktizieren. Für Montesquieu sollte sie eine Machtbalance herstellen, ein Gleichgewicht der Kräfte, was etwas anderes war als bei John Locke sechzig Jahre vorher, der die Gewaltenteilung erfunden hat, aber nur zwischen Parlament und Regierung, ohne die Justiz, und mit *supremacy of parliament,* weil es damals dort schon das parlamentarische System gegeben hat. So denkt jeder vor dem Hintergrund seiner eigenen Situation, auch Montesquieu, der in Frankreich mit einem mächtigen König lebte, den man mit Hilfe von Parlament und Justiz erst einmal ein wenig in die Schranken weisen mußte. Keine Rede vom parlamentarischen System. Also sind alle drei Gewalten gleich.

Wenige Jahre später kam Jean Jacques Rousseau und verkündete in seinem *Gesellschaftsvertrag* den Franzosen radikal die Volkssouveränität, neben der kein Platz mehr war für eine abgewogene Machtbalance zwischen dem König als Regierung und der Gesetzgebung durch das Volk. Sein Modell war unvereinbar mit der Lehre der Gewaltenteilung des Barons von Montesquieu. Jedenfalls hat er das so gemeint. Erst kurz vor der Französischen Revolution kam ein Dritter und hat die beiden doch noch miteinander kombiniert, Emmanuel-Joseph Sieyès in seiner berühmten Schrift *Was ist der dritte Stand?* Damit hat er die Vorstellungen vom demokratischen Staat auf dem Kontinent entscheidend beeinflußt.

Die höchste Souveränität des Volkes, sagt er, entfaltet sich nicht direkt als Gesetzgeber, sondern als Verfassungsgeber. Das Volk tritt auf als verfassunggebende Versammlung, *pouvoir constituant*. Mit der Verfassung setzt es die drei Gewalten ein, wie bei Montesquieu, als *pouvoirs constitués,* als Verfassungsorgane, und nun sind sie gleichberechtigt. Das Volk ist also aus der unmittelbaren Herrschaft herausgenommen, und die Staatsgeschäfte sind seinen Vertretern übertragen, vor denen Rousseau noch gewarnt hatte. Im selben Jahr kam die Revolution. Sieyès war einer ihrer Helden und hat seine Lehre in die Wirklichkeit umgesetzt. Sie hat gewirkt bis in das 20. Jahrhundert.

Auf diese Vorstellungen griff die deutsche Staatsrechtslehre zurück, als 1949 bei uns das parlamentarische System so eingeführt wurde, wie man es in England und Frankreich kannte. So konnte die Regierung als gleichberechtigtes Organ neben dem Parlament bestehen. Aber in den siebziger Jahren raschelte es im Karton. Das Bundesverfassungsgericht schien in die andere Richtung zu gehen mit seiner sogenannten »Wesentlichkeitstheorie«. Danach sollten im Verhältnis von Parlament und Regierung die »wesentlichen« Entscheidungen vom Parlament getroffen werden. Das schien etwas Neues zu sein, eine Wende zur Unterordnung der Regierung unter das Parlament. Es war aber nur die Beseitigung von letzten obrigkeitsstaatlichen Resten bei Eingriffen der Verwaltung in die Grundrechte der Bürger, vor allem in sogenannten »besonderen Gewaltverhältnissen«, Gefängnissen oder Schulen. In der letzten wichtigen Entscheidung zur Wesentlichkeitstheorie, im Kalkar-Beschluß von 1978, hat das Gericht schließlich klargestellt, daß nicht beabsichtigt war, am Rangverhältnis der Gewalten Änderungen vorzunehmen. Montesquieu und Sieyès wurden bestätigt, gegen Rousseau und die Engländer. Die drei Gewalten haben gleichen Rang, auch wenn allein das Parlament vom Volk direkt gewählt wird.

Volksabstimmungen

Darf das Volk auch noch anderes, als Vertreter wählen? Ist mit dem Prinzip der parlamentarischen Demokratie unvereinbar, daß es ab und zu Volksabstimmungen gibt? Ja, sagt die herrschende Meinung der deutschen Staatsrechtslehre, sie sind verfassungswidrig. Zum Beispiel Klaus Stern (*Das Staatsrecht der Bundesrepublik Deutschland*, 1. Band, 2. Auflage 1984, Seite 608):

»Das Grundgesetz ist prononciert antiplebiszitär.«

Auf der anderen Seite, wenn man den Text der Verfassung liest, heißt es im Artikel 20 Absatz 2:

> »Alle Staatsgewalt geht vom Volke aus. Sie wird vom Volke in Wahlen und Abstimmungen und durch besondere Organe der Gesetzgebung, der vollziehenden Gewalt und der Rechtsprechung ausgeübt«;

es werden also auf der anderen Seite die Wahlen im zweiten Satz zwar zuerst genannt und damit zum Ausdruck gebracht, daß die Gesetzgebung durch gewählte Vertreter den Vorrang haben soll, aber danach kommen sie doch noch, die Abstimmungen. Ist das antiplebiszitär? Sind Volksabstimmungen tatsächlich verfassungswidrig? Ja, sagt die herrschende Meinung. Mit »Abstimmungen« seien nur die Volksentscheide nach Artikel 29 des Grundgesetzes gemeint, die notwendig sind zur Bestätigung von Gesetzen des Bundestages über die Neuaufteilung von Gebieten der Bundesländer. Alles andere sei verfassungswidrig. Eine erstaunliche Begründung. Denn erstens sind diese Volksentscheide nach Artikel 29 gar keine Volksabstimmungen im herkömmlichen Sinn, und zweitens, woraus soll sich denn ergeben, daß nur sie gemeint sind? Es gibt einen gewissen Anhaltspunkt. Anders als in den Artikeln 73, 75 und 76 der Weimarer Verfassung findet man im Grundgesetz keine Bestimmungen darüber, wann und wie Volksabstimmungen stattfinden sollen. Aber eindeutig ist das nicht. Das kann man auch in einem normalen Gesetz regeln. Woher weiß also die deutsche Staatsrechtslehre, daß sie verboten sind?

Sie weiß es aus den Beratungen zum Grundgesetz. Bei den Verhandlungen in Herrenchiemsee und im Parlamentarischen Rat ist oft darüber gesprochen worden, und die Mehrheit war immer dagegen. Die Erfahrungen von Weimar hätten gezeigt, daß Volksabstimmungen nichts anderes seien als eine »Prämie auf Demagogie«, wie Theodor Heuss es formuliert hat, von dem im Protokoll des Parlamentarischen Rats am 9. September 1948 sogar noch folgender Satz festgehalten worden ist:

> »Ich meine: *Cave canem,* ich warne davor, mit dieser Geschichte die künftige Demokratie zu belasten.«

Wobei mit dem Hund, vor dem man sich hüten soll, doch eigentlich nur das Volk gemeint sein konnte. Nun gut. Also die Erfahrungen von Weimar. Waren sie wirklich so schlecht? Letztlich haben damals nur zwei Volksabstimmungen stattgefunden, die erste 1926 über die Fürstenenteignung, auf Betreiben der Kommunisten, und die zweite 1929 über den Young-Plan, in Gang gesetzt von Deutschnationalen und Nationalsozialisten, in der Tat mit einiger Demagogie; aber immerhin sind beide gescheitert. Die Erinnerungen in Herrenchiemsee und im Parlamentarischen Rat, sie waren nicht gut. Man traute dem Volk nicht mehr so recht, zumal es gerade vorher zwölf Jahre lang Adolf Hitler zugejubelt hatte. Man meinte auch, die Zeiten seien noch zu unruhig für Volksabstimmungen und zu günstig für Demagogen. Zum Beispiel der Justizminister von Rheinland-Pfalz, Adolf Süsterhenn, bei den Beratungen in Herrenchiemsee am 23. August 1948:

»Ich erinnere an die Gefahr des wiedererwachenden Nationalismus dank der ungeschickten, undemokratischen Politik der Alliierten. Geben wir nun die Möglichkeit, diese Bewegungen durch eine Volksabstimmung direkt ins Leben zu rufen, so setzen wir uns der Gefahr unabsehbarer Erschütterungen aus. Ein agitatorisch geschickt ausgenützter Volksentscheid, daß das verfassungsmäßig gesicherte Berufsbeamtentum abgeschafft werden soll, hätte bei der weit verbreiteten Wut gegen die Bürokratie durchaus die Chance durchzukommen. Hingegen müßte sich die Legislative bei vernünftiger Überlegung sagen, daß ohne ein gesundes Berufsbeamtentum der Staat nicht existieren und das politische Leben nicht gestaltet werden kann.«

Es gab andere Äußerungen, aus der Zentrumspartei und der CDU, aber die allgemeine Tendenz war eindeutig dagegen. Und so bleibt ein Rätsel, wie die »Abstimmungen« dann doch noch in Artikel 20 Absatz 2 hineingekommen sind. Da sind sie nun aber. Das Volk ist politisch reifer geworden, und seit den siebziger und achtziger Jahren bröckelt die herrschende Meinung der deutschen Staatsrechtslehre. Inzwischen gibt es gewichtige Stimmen, die sich in der anderen Richtung äußern. Im Prinzip bleibt es natürlich bei der repräsentativen Demokratie. Gesetze werden vom Bundestag gemacht. Aber, sagen sie, Volksabstimmungen können eine gewisse Ergänzung sein, ein vorsichtiges Korrektiv.

Als sich zum Beispiel 1983 die Mehrheit der Wähler für die Koalition aus CDU/CSU und FDP entschied, weil sie sich von ihr den wirtschaftlichen Aufschwung versprach, spielte im Wahlkampf auch die sogenannte Nachrüstung eine große Rolle, die Stationierung moderner Raketen mit Atomsprengköpfen in der Bundesrepublik. Die Koalition war dafür, die SPD dagegen, die Mehrheit der Wähler auch. Trotzdem haben sie ihre Stimme der Koalition gegeben und nahmen die Pershings und Cruise Missiles in Kauf, weil sie den ökonomischen Aufschwung wollten. Wäre es da nicht sinnvoll gewesen, die Raketen über eine Volksabstimmung zu verhindern? Als vorsichtiges Korrektiv? Nur die Grünen haben das damals vorgeschlagen. Die SPD war noch stramm dagegen. Dann kam 1986 die Reaktorkatastrophe von Tschernobyl, und die liberal-konservative Koalition war nicht bereit, ihre Politik zur Atomenergie zu ändern. Da hat sogar die SPD ihre ablehnende Haltung gegen Volksabstimmungen aufgegeben, was schon einiges heißen will. Wer weiß, zusammen mit dem Bröckeln der herrschenden Meinung bei den Staatsrechtslehrern könnte das eines Tages doch dazu führen, daß noch Volksabstimmungen stattfinden in der Bundesrepublik.

Politische Parteien

»Ich kenne keine Parteien mehr, ich kenne nur Deutsche«, sagte Wilhelm II. in seiner Thronrede am Anfang des Krieges 1914 und entsprach damit einer allgemeinen Stimmung. Politische Parteien als störender Faktor, die Harm verbreiten statt Harmonie. Seit über fünfzig Jahren waren sie bei uns schon Mittelpunkt der parlamentarischen Praxis, aber im öffentlichen Bewußtsein hielten sich uralte Antipathien. Erst in der Weimarer Zeit dämmerte hier und da die Erkenntnis, daß sie auch eine positive Funktion haben könnten, nämlich die Pluralität gegensätzlicher Interessen einzubringen in einen Prozeß der Integration. Nicht so im Staatsrecht. Im Staatsrecht gab es wie bei Bismarck ein

Parlament, das aus einzelnen Abgeordneten besteht, sogenannten Persönlichkeiten, die Vertreter des ganzen Volkes sind und nicht Mitglieder einer Partei. Also waren sie nur ihrem Gewissen verpflichtet, was immer das sein mag, und nicht an Weisungen gebunden. So stand es schon in der preußischen Verfassung von 1850, in der Bismarckschen und in der Weimarer. Parteien wurden im besten Fall nicht zur Kenntnis genommen, oft feindselig aus dem Verfassungsrecht herausgeschrieben. Die Wende kam mit dem Grundgesetz. Es ist die erste deutsche Verfassung, die sie zur Kenntnis nimmt und ihnen an zentraler Stelle einen klaren Auftrag gibt, gleich hinter der Staatsfundamentalnorm des Artikels 20. Artikel 21 Absatz 1:

> »Die Parteien wirken bei der politischen Willensbildung des Volkes mit. Ihre Gründung ist frei. Ihre innere Ordnung muß demokratischen Grundsätzen entsprechen. Sie müssen über die Herkunft und Verwendung ihrer Mittel sowie über ihr Vermögen öffentlich Rechenschaft geben.«

Etwas weiter hinten, im Abschnitt über den Bundestag, steht aber, was man seit über hundert Jahren in allen deutschen Verfassungen lesen kann. In Artikel 38 kennt auch das Grundgesetz keine Parteien mehr, sondern nur noch Deutsche:

> »Die Abgeordneten des Deutschen Bundestages werden in allgemeiner, unmittelbarer, freier, gleicher und geheimer Wahl gewählt. Sie sind Vertreter des ganzen Volkes, an Aufträge und Weisungen nicht gebunden und nur ihrem Gewissen unterworfen.«

1955 hat der Göttinger Staatsrechtler Gerhard Leibholz, Richter am Bundesverfassungsgericht, in einem Vortrag auf diesen Widerspruch hingewiesen und gemeint, man müsse ihn lösen im Geist der neuen Zeit, daß also in Zweifelsfällen der neue Artikel 21 das alte Prinzip des Artikels 38 außer Kraft setze. Das würde zum Beispiel bedeuten, daß ein Abgeordneter sein Mandat verliert, wenn er im Parlament die Partei wechselt. Daraufhin entstand in der deutschen Staatsrechtslehre große Aufregung. Das ging zu weit mit dem »Parteienstaat«. Dabei hatte Leibholz nur die Konsequenz gezogen aus der Meinung des Bundesverfassungsgerichts, das drei Jahre vorher beim Verbot der Sozialistischen Reichspartei auch die Mandate ihrer Abgeordneten kassiert, die Abgeordneten also nicht als Vertreter des ganzen Volkes behandelt hatte, sondern als Mitglieder einer Partei. So waren sie ja auch gewählt worden, nicht wegen ihrer schönen Augen. Ebenso ein Jahr später beim Verbot der KPD.

Leibholz hat sich nicht durchgesetzt. Die Konsequenz aus den beiden Urteilen des Bundesverfassungsgerichts will man nicht wahrhaben. Die deutsche Staatsrechtslehre meint, es gäbe keinen Widerspruch zwischen Artikel 21 und Artikel 38. Sie seien miteinander vereinbar. Ab und zu ist man bereit, gewisse Sanktionen der Parteien gegen Abgeordnete zu akzeptieren, wenn sie sich zu sehr als Vertreter des ganzen Volkes fühlen und etwa gegen den Fraktionszwang verstoßen. Dann dürfen sie deswegen aus der Partei oder Fraktion ausgeschlossen werden, im Sinne von Artikel 21 gegen das Prinzip des Artikels 38. Aber ihr Mandat müssen sie behalten, nach Artikel 38, selbst wenn sie einer anderen Partei beitreten.

Dahinter steht eine bestimmte Auffassung von repräsentativer Demokratie. Ein Repräsentant ist zwar ein Vertreter, aber, wie immer wieder betont wird, nicht ein Vertreter im Sinne des bürgerlichen Rechts, der an Weisungen desjenigen gebunden ist, der ihm den Auftrag gegeben hat. Geht ja auch gar nicht, wenn er — angeblich — alle vertritt. Denn alle wollen etwas anderes. Repräsentative Demokratie ist also abgehoben, abgehobene Herrschaft, will selbst entscheiden, was gut und böse ist, wie der Leviathan des Thomas Hobbes. Mit der Macht ist der Mensch so gern alleine. Wenn es ernst würde mit dem Parteienstaat des Artikels 21, wenn der Abgeordnete in erster Linie Vertreter einer Partei wäre, die von bestimmten Wählerschichten getragen wird und ihnen bestimmte Wahlversprechen gemacht hat, dann könnte man nämlich auf andere Gedanken kommen und sagen, es gibt ein gebundenes Mandat, das nur ausgeübt werden darf im Interesse dieser Wähler und im Sinne dieser Versprechen. Man käme wieder in die Nähe des Volkes. Eine schreckliche Vorstellung, die deutlich macht, welche wichtige Funktion die deutsche Staatsrechtslehre hat.

So bleibt als juristische Konsequenz aus Artikel 21 im wesentlichen nur zweierlei. Zum einen ist anerkannt, daß politische Parteien in sogenannten Organstreitigkeiten vor dem Bundesverfassungsgericht auftreten können. Immerhin. In Artikel 93 des Grundgesetzes heißt es dazu, das Gericht habe zu entscheiden

> »über die Auslegung dieses Grundgesetzes aus Anlaß von Streitigkeiten über den Umfang der Rechte und Pflichten eines obersten Bundesorgans oder anderer Beteiligter, die durch dieses Grundgesetz oder in der Geschäftsordnung eines obersten Bundesorgans mit eigenen Rechten ausgestattet sind«.

Parteien sind keine Staatsorgane, sagt man, nicht Teil des Staates, aber aus der Gesellschaft durch Artikel 21 herausgehoben in den Rang einer »verfassungsrechtlichen Institution« und damit »Beteiligte«, wie es in Artikel 93 heißt, insofern gleichberechtigt mit Regierung, Parlament, Bundesrat oder Bundespräsident, gegen die sie vor dem Verfassungsgericht auftreten können, wenn ihre Rechte beeinträchtigt werden. Ihr Platz ist also in der Mitte, teilweise noch unten, in der Gesellschaft, und teilweise schon oben, im Staat. Einerseits sind sie gesellschaftliche Vereinigungen von Bürgern, nichtrechtsfähige Vereine wie andere auch, andererseits haben sie Verfassungsrang und erfüllen öffentliche Aufgaben. Daraus ergeben sich, als zweite juristische Konsequenz des Artikels 21, Regeln zu der Frage, woher denn eigentlich das Geld kommen soll, das sie für ihre Arbeit brauchen, vom Staat oder aus der Gesellschaft? Dazu gibt es eine Reihe von Entscheidungen des Bundesverfassungsgerichts. Die letzte ist

BVerfGE 73.40: **Parteispenden**

Wie finanzieren Parteien ihre Arbeit? Sie bekommen ihr Geld aus drei Quellen. Aus den Beiträgen ihrer Mitglieder, privaten Spenden und staatlichen Zuschüssen. Die Mitgliedsbeiträge reichen bei weitem nicht aus. Private Spenden und staatliche Zuschüsse sind im Lauf der Zeit immer wichtiger geworden, und für beide hat das Bundesverfassungsgericht schon ziemlich früh enge und feste Grenzen gezogen, 1958 und 1966.

Es fing an mit dem Urteil von 1958 zu privaten Spenden (BVerfGE 8.51). Bis dahin konnte man sie in voller Höhe als Sonderausgaben von der Steuer absetzen. Wegen der Steuerprogression führte das zu Ungerechtigkeiten. Jemand, der viel Geld hat, spart sehr viel mehr als einer mit geringem Einkommen. Der Reiche zahlt etwa fünfzig Prozent Steuer auf sein Einkommen, ein anderer nur etwa zwanzig. Gibt jeder tausend Mark an eine Partei, kostet das den Reichen mit der Steuerersparnis tatsächlich nur 500 Mark, den anderen aber 800 Mark. Durch die Steuerprogression würde also die politische Meinung des Reichen prämiert. Und das, sagt das Bundesverfassungsgericht, verstößt gegen den Gleichheitssatz, gegen Artikel 3 des Grundgesetzes. Übrigens in doppelter Weise. Denn es würden dadurch diejenigen Parteien besonders begünstigt, die regelmäßig höhere Spenden von den Unternehmen erhalten. Seitdem konnte man Parteispenden nur noch in Höhe von 600 Mark jährlich als Sonderausgaben absetzen. Von 1958 bis 1983.

Da hier ein Riegel vorgeschoben war, wurde die staatliche Finanzierung immer wichtiger, wurden die direkten Zuschüsse des Staates an die Parteikassen immer größer, die sich die Parteien im Parlament übrigens selbst genehmigten, bis auch hier das Bundesverfassungsgericht eingeschritten ist, mit dem Urteil von 1966 (BVerfGE 20.56). Die Zuschüsse in der bisherigen Form wurden verboten. Nur noch die Erstattung von Wahlkampfkosten war erlaubt. Denn, so sagte das Gericht, die Parteien sind zwar eine verfassungsrechliche Institution, aber keine Staatsorgane. Sie sind Vereinigungen von Bürgern. Also sollen diese Bürger sie dann auch in erster Linie selbst finanzieren, aus der Gesellschaft. Vom Staat gibt es seitdem nur die Erstattung der Wahlkampfkosten, alle vier Jahre, nach dem Anteil der Stimmen.

Damals, 1966, muß angefangen haben, was 1982 mit der Flick-Affäre ans Tageslicht gekommen ist: der illegale Umweg über sogenannte Spendenwaschanlagen. Als die staatlichen Zuschüsse in der bisherigen Form ausblieben, dachte man wieder an die Spenden. Aber die Unternehmer zögerten, konnten sie doch das Geld seit 1958 nicht mehr von der Steuer absetzen. Also wurde ihnen von den Politikern geraten, es an andere gemeinnützige Organisationen zu überweisen, die oft — als staatsbürgerliche Vereinigungen — zu diesem Zweck gegründet wurden und von denen sie dann ihre Spendenbescheinigungen erhielten, die ihnen die fünfzig Prozent Steuerersparnis brachten. Die gemeinnützigen Organisationen gaben das Geld an die Parteikassen weiter, für die es von vornherein bestimmt war. Viele Hundert Millionen Mark, unter Umgehung der Steuer.

Jahrelang ist das gutgegangen. Finanzämter und Finanzminister drückten beide Augen zu, bis 1982 alles bekannt wurde. Jetzt war auch dieser Weg verbaut. Wieder waren die Parteikassen in Bedrängnis. Spenden aus der Industrie, jetzt noch? Nachdem Hunderte von Strafverfahren gegen Parteispender liefen und im übrigen nur 600 Mark jährlich von der Steuer abgesetzt werden konnten? Da kam nicht viel zusammen.

Also mußte etwas geschehen. Also hat man 1983 das Einkommensteuergesetz und das Parteiengesetz geändert, und zwar so, daß Parteispenden wieder fast in voller Höhe als Sonderausgaben von der Steuer abgesetzt werden konnten, nicht mehr nur bis zu 600 Mark im Jahr, begrenzt allein auf fünf Prozent des Jahreseinkommens oder zwei Promille des Jahresumsatzes. Natürlich kannte man das Urteil des Bundesverfassungsgerichts von 1958, das übrigens noch zweimal ausdrücklich bestätigt worden war, in gleichlautenden Urteilen von 1968 und 1979. Das sollte jetzt nicht mehr gelten? Die Parteien meinten, man könne sich darüber hinwegsetzen, wenn man einen der beiden Gründe für das Verbot von damals beseitigte. Ein Grund war, daß reiche Bürger durch die Steuerprogression in ihrer politischen Einflußnahme begünstigt würden. Den wollte man nicht beseitigen. Wohl aber den anderen, daß es nämlich auch gegen den Gleichheitsgrundsatz verstoße, wenn dadurch einige Parteien in besonderer Weise begünstigt werden, und zwar diejenigen, die regelmäßig höhere Spenden von Unternehmern erhalten. Deshalb führte man 1983 im Parteiengesetz — in § 22a — einen sogenannten Chancenausgleich ein, der vom Staat gezahlt wird, kompliziert berechnet, an die benachteiligten

Parteien. Damit war man eigentlich wieder bei der direkten staatlichen Finanzierung, die 1966 verboten worden war. Das störte die Parteien nicht. Die Gelder konnten erstmal wieder fließen. Man ließ es darauf ankommen.

Natürlich ist auch diese Änderung des Einkommensteuergesetzes und des Parteiengesetzes von 1983 vor dem Bundesverfassungsgericht angegriffen worden, von der Partei der »Grünen« mit einer sogenannten Organstreitigkeit und von einem Steuerzahler mit einer Verfassungsbeschwerde. Das Gericht hat 1986 entschieden und die Neuregelung im wesentlichen bestätigt. Nur die Verfassungsbeschwerde brachte einen kleinen Teilerfolg.

Die »Grünen« wurden abgewiesen, weil sie als Partei nach der Einführung des Chancenausgleichs nicht mehr benachteiligt seien. Die direkte staatliche Finanzierung, die das bedeute, verstoße auch nicht gegen die Prinzipien des Urteils von 1966, weil sie ja voraussetze, daß Spenden aus der Gesellschaft gekommen seien, eben nur an andere Parteien.

Auch die Verfassungsbeschwerde sei nur zum Teil begründet. Die politische Meinung des reichen Bürgers werde kaum noch begünstigt, weil seine Spende durch den Chancenausgleich zur Folge habe, daß auch die anderen Parteien einen finanziellen Vorteil hätten. Allerdings gebe ihm die Steuerprogression die Möglichkeit, mit größeren Spenden in höherem Maße als andere Einfluß zu nehmen auf die Aktivitäten einer Partei. Das verstoße gegen das Gleichheitsprinzip. Deshalb reiche eine prozentuale Grenze nicht aus. Es müsse eine absolute sein. Also ein für alle Steuerpflichtigen gleicher Höchstbetrag:

> »Der Höchstbetrag ist im Hinblick auf die im Deutschen Bundestag vertretenen Parteien zu bestimmen, die durch ihre Repräsentanten in Parlament und Regierung wie als Opposition unmittelbar an der für alle Bürger verbindlichen staatlichen Willensbildung beteiligt sind. Unter diesem Blickpunkt hält der Senat eine steuerliche Begünstigung von Spenden bis zu 100000 DM noch für verfassungsrechtlich zulässig, eine darüber hinausgehende Förderung jedoch mit dem Grundsatz der gleichen Teilhabe der Bürger an der politischen Willensbildung nicht mehr für vereinbar.«

In eiligen Worten wird hier ohne Begründung jene majestätische Gleichheit der Gesetze behauptet, die schon Anatol France bewundert hat, als er schrieb, sie würde den Reichen wie den Armen in gleicher Weise verbieten, unter den Brücken zu schlafen, auf der Straße zu betteln und Brot zu stehlen. Nun dürfen wir also alle in gleicher Weise jährlich 100000 Mark an eine Partei geben. Das Gericht hat sich mit unnachahmlicher Wendigkeit an den beiden Urteilen von 1958 und 1966 vorbeigemogelt. Sich winden wie ein Aal? Verglichen mit dem Gezappel der Richter im Urteil ist dieses Tier ein Muster an Geradlinigkeit. Und warum das Ganze? Man machte sich existentielle Sorgen um einige Parteien, die sich inzwischen daran gewöhnt hatten, daß ihnen Jahresetats mit Millionenbeträgen zur Verfügung stehen.

Der Bund und die Länder

Die Bundesländer leben nicht in buntscheckiger Mannigfaltigkeit als individuell eigenständige Territorien, jedenfalls nicht im alten Bundesgebiet, wo sie mehr oder weniger zufällige Neuschöpfungen der Alliierten gewesen sind, Teile der drei westlichen Besatzungszonen. Nur Bayern, Bremen und Hamburg machten eine Ausnahme, jetzt auch noch Thüringen, Sachsen und Mecklenburg. Zum großen Teil sind alte Traditionen gebrochen. Preußen zum Beispiel ist ganz verschwunden. Auf der anderen Seite, ein Bundesland ist kein Regierungsbezirk. Es ist ein richtiger Staat, kann sogar in Ausnahmefällen völkerrechtliche Verträge mit auswärtigen Regierungen schließen und steht im Prinzip gleichberechtigt neben dem Gesamtstaat, der nur einen größeren Umfang hat und andere Aufgaben.

Wie im Gesamtstaat gibt es in jedem Bundesland eine Verfassung und drei Staatsgewalten, also Parlament, Regierung und Justiz. Wenn man die Kompetenzen dieser drei Gewalten mit denen des Bundes vergleicht, läßt sich das Verhältnis der Länder zum Bund am besten beschreiben. Das Grundgesetz hat alles geregelt. An sich sollen überall die Länder das Übergewicht haben. Artikel 30:

»Die Ausübung der staatlichen Befugnisse und die Erfüllung der staatlichen Aufgaben ist Sache der Länder, soweit dieses Grundgesetz keine andere Regelung trifft oder zuläßt.«

Der Parlamentarische Rat hatte den Bund zwar etwas stärker gemacht, als den Alliierten lieb war. Aber auch nach seiner Meinung, wie in Artikel 30 formuliert, sollte das Übergewicht bei den Ländern liegen. Die Verfassungswirklichkeit heute sieht ganz anders aus. Alles hat sich zugunsten des Bundes verschoben. Sehen wir uns das im einzelnen an.

Im Bereich der Gesetzgebung, Artikel 70, sollte das meiste von den Länderparlamenten geregelt werden:

»Die Länder haben das Recht der Gesetzgebung, soweit dieses Grundgesetz nicht dem Bunde Gesetzgebungsbefugnis verleiht.«

Tatsächlich hat sich dieses Verhältnis von Regel und Ausnahme völlig umgekehrt. Tatsächlich regelt der Bundestag heute fast alles allein. Den Länderparlamenten sind nur Restbestände geblieben. Der Grund? In einem großen Land ist die Einheitlichkeit der Lebensverhältnisse eine entscheidende Bedingung für Schnelligkeit und Effektivität von Wirtschaft, Verkehr und Technik und damit eine Voraussetzung des Wohlstands. Diese Einheitlichkeit erreicht man nur durch eine einheitliche Gesetzgebung, also mit der des Bundestages. Juristisch wurde sie möglich durch eine großzügige Interpretation der auf Artikel 70 folgenden Einzelvorschriften des Grundgesetzes, die das Bundesverfassungsgericht gebilligt hat. Bei den Restbeständen der Länder, zum Beispiel im Polizei- und Baurecht, wurde die Einheitlichkeit dadurch hergestellt, daß sie sich in gemeinsamen Beratungen auf Musterentwürfe einigten, die jedes Länderparlament für sich als Gesetz beschlossen hat.

Nur im Bereich der Verwaltung ist das Übergewicht der Länder geblieben. Der Bund erläßt die Gesetze. Die Länder führen sie aus. Sie führen sie aus mit ihrer Verwaltung, bei der das Grundgesetz unterscheidet zwischen »eigener« Verwaltung und Auftragsverwaltung. Ist es eine Auftragsverwaltung, haben die Bundesministerien gegenüber der Länderverwaltung ein Weisungsrecht. Sonst nicht. Immer sind es Behörden der Länder, nur nicht bei Bahn und Post und mit einigen wenigen anderen Ausnahmen, für die es eine bundeseigene Verwaltung gibt. Aber selbst diese letzte Domäne der Länder, die Verwaltung, blieb nicht ganz verschont vom zunehmenden Einfluß des Bundes. Auch hier hat man wieder eine Ausnahme zur Regel gemacht. Der Bundestag kann nämlich — nach Artikel 84 Abs. 1 und Artikel 85 Abs. 1: ausnahmsweise — in seinen Gesetzen Vorschriften machen für die Art und Weise der Einrichtung dieser Landesbehörden, die die Gesetze ausführen sollen. So geschieht es jetzt meistens. Allerdings hat das — nach der Rechtsprechung des Bundesverfassungsgerichts — zur Folge, daß das Gesetz mit seinem gesamten Inhalt dann nur wirksam wird, wenn der Bundesrat seine Zustimmung gibt, selbst wenn es sich um Angelegenheiten der ausschließlichen Gesetzgebung des Bundes handelt, bei denen er eigentlich vom Bundestag überstimmt werden könnte. Dadurch ist der Einfluß des Bundesrats auf die Gesetzgebung des Bundes sehr viel stärker geworden, als es vom Grundgesetz vorgesehen war. Ein Ausgleich für den Verlust, den die Länder bei ihren Verwaltungskompetenzen erlitten haben.

Bei der Rechtsprechung ist es wie mit der Gesetzgebung. An sich soll nach Artikel 92 das Schwergewicht bei den Gerichten der Länder liegen, die den größten Teil der Arbeit leisten:

> »Die rechtsprechende Gewalt ist den Richtern anvertraut; sie wird durch das Bundesverfassungsgericht, durch die in diesem Grundgesetz vorgesehenen Bundesgerichte und durch die Gerichte der Länder ausgeübt.«

Aber tatsächlich hat die Rechtsprechung der Bundesgerichte einen sehr großen Einfluß auf die tägliche Arbeit an den Gerichten der Länder, die zwar theoretisch anders entscheiden können, es aber praktisch nicht tun. Außerdem sind es fast ausschließlich Bundesgesetze, die sie anzuwenden haben. Also ist der Spielraum für eine selbständige Entwicklung der Rechtsprechung in den Ländern gleich Null. Allenfalls im politischen Strafrecht gibt es hier und da unterschiedliche Tendenzen.

Die Dominanz des Bundes ist insgesamt unübersehbar. Trotzdem sind die Länder durch ihre größere Nähe zum

Bürger und durch den zunehmenden Einfluß des Bundesrates ein beachtliches Gegengewicht in der Balance der politischen Kräfte. Wie vom Grundgesetz gewollt, funktioniert der Föderalismus der Bundesrepublik im Sinne einer Gewaltenteilung. In ihrer alten Form war diese Gewaltenteilung ja weitgehend bedeutungslos geworden, weil in der parlamentarischen Demokratie Regierung und Parlamentsmehrheit politisch identisch sind. Die Mehrheit im Bundesrat kann anders aussehen. Außerdem gibt es durchaus Interessengegensätze zwischen der Bundesregierung und der Mehrheit im Bundestag einerseits und solchen Landesregierungen auf der anderen Seite, die von denselben Parteien gebildet werden, so daß die Existenz des Bundesrates auch in diesem Falle eine Machtbalance zur Folge hat, die an die Stelle der klassischen Gewaltenteilung getreten ist.

Haushalt und Finanzen

Die Entstehung des modernen Staates war verbunden mit neuen Formen seiner Finanzierung. Seitdem gibt es regelmäßige Steuern und staatliche Kreditaufnahme, heute die wichtigsten Einnahmequellen. Das Finanzwesen des Staates ist im Grundgesetz weit hinten geregelt, in den Artikeln 104a bis 115. Auch wenn es noch so wichtig ist, man wollte nicht gleich mit der Tür ins Haus fallen. Außerdem sind die Finanzen in einem Bundesstaat ein sehr kompliziertes Regelwerk, für das man vorher den Rahmen der Kompetenzen von Bund und Ländern beschreiben mußte. Erst wenn man weiß, wer was zu tun hat, kann entschieden werden, wie das zu finanzieren ist. Also stehen die Finanzen am Ende. Dabei gilt als Grundsatz nach Artikel 109 Absatz 1:

> »Bund und Länder sind in ihrer Haushaltswirtschaft selbständig und voneinander unabhängig.«

Die Verteilung der Einnahmen ist in Artikel 106 geregelt. Einige stehen nur dem Bund zu, andere nur den Ländern, und die wichtigsten werden geteilt. Der Bund allein erhält zum Beispiel die Zölle, also die Abgaben auf Importe in das Bundesgebiet, die Länder erhalten die Kraftfahrzeugsteuer.

Einkommenssteuer und Umsatzsteuer werden zwischen Bund und Ländern geteilt, die Umsatzsteuer nach einem Schlüssel, der zwischen Bundestag und Bundesrat jeweils ausgehandelt werden muß. Daneben gibt es für finanzschwache Länder einen Ausgleich, mit dem erreicht werden soll, daß die Lebensverhältnisse im Bundesgebiet einheitlich sind. Er ist in Artikel 107 geregelt, als »horizontaler« zwischen reichen und armen Ländern und als »vertikaler« von seiten des Bundes.

An sich darf der Staat nur so viel Geld ausgeben, wie er einnimmt. Für den Bundeshaushalt ist das vorgeschrieben in Artikel 110 Absatz 1:

> »Der Haushaltsplan ist in Einnahme und Ausgabe auszugleichen.«

Ein Satz, der sich auf dem Papier sehr gut liest und in der Praxis ganz anders funktioniert, weil zu den Einnahmen auch das gehört, was der Staat sich durch Kredite beschafft. Zu den Einnahmen zählen also auch die Schulden. Für sie gibt es zwar eine Begrenzung in Artikel 115 Absatz 1 Satz 2:

> »Die Einnahmen aus Krediten dürfen die Summe der im Haushaltsplan veranschlagten Ausgaben für Investitionen nicht überschreiten«,

aber was Investitionen sind, weiß man bis heute nicht genau. Nach Meinung der Bundesregierung zählen dazu sogar Stipendien für Studenten nach dem BAFöG. Sie seien Investitionen für die Zukunft. Juristisch läßt sich vieles begründen, und so haben sich die Schulden der Bundesrepublik in den letzten zwanzig Jahren mehr als verzehnfacht. Grund ist eine Neuorientierung der Finanzpolitik am Ende der sechziger Jahre. Vorher stiegen die Einnahmen des Staates durch das Wirtschaftswunder kontinuierlich. Man machte keine Schulden, sondern sammelte sogar Reserven. Dann kam 1966 der erste Einbruch, eine kurze Wirtschaftskrise, die der Grund gewesen ist für die Bildung der großen Koalition aus CDU/CSU und SPD. Ihr Wirtschaftsminister war Karl Schiller. Er bekämpfte die Krise durch eine sogenannte antizyklische Wirtschaftspolitik, die in den zwanziger Jahren von dem englischen Nationalökonomen John Maynard Keynes erfunden wurde. Mittel dieser Politik war der Staatshaushalt, mit dem seitdem ein zu heiß laufender Boom gebremst oder eine zu schwache Konjunktur wieder angekurbelt werden soll. Zu diesem Zweck änderte man 1967 das Grundgesetz, das nun dem Staat in Artikel 109 Absatz 2 den Auftrag gibt:

> »Bund und Länder haben bei ihrer Haushaltswirtschaft den Erfordernissen des gesamtwirtschaftlichen Gleichgewichts Rechnung zu tragen.«

Im selben Jahr erließ man das Stabilitätsgesetz, das dieses Ziel genauer formuliert, das sogenannte magische Viereck aus stabilen Preisen, Vollbeschäftigung, ausgeglichener Handelsbilanz und Wirtschaftswachstum. Die Krise von 1966/67 konnte man damit in den Griff bekommen. Als aber in den siebziger Jahren Arbeitslosigkeit und Preissteigerungen gemeinsam auftraten, da funktionierten sie nicht mehr, die Rezepte von Lord Keynes, und seitdem weiß niemand mehr, wie man die Forderung des Artikels 109 Absatz 2 eigentlich erfüllen soll. Geblieben ist der grundlegende Wandel der Funktion eines staatlichen Haushalts. Früher diente er nur der Finanzierung des staatlichen Apparates. Seit 1967 hat er auch wirtschaftspolitische Aufgaben zu erfüllen. Globalsteuerung nennt man das seitdem.

Der innere und der äußere Notstand

»Souverän ist, wer über den Ausnahmezustand entscheidet«, schrieb Carl Schmitt kurz vor dem Ende der Weimarer Zeit in der ihm eigenen Mischung aus Präzision und Zynismus mit dem Blick auf den Reichspräsidenten, dem die Verfassung im Notverordnungsrecht des Artikels 48 die Macht eines Monarchen gegeben hatte, dessen politischer Spielraum aber durch die Ergebnisse der Reichtagswahlen immer enger geworden war. Zum Schluß wußte er sich nicht mehr anders zu helfen, als denjenigen zum Reichskanzler zu ernennen, der neben den Kommunisten einer der Gründe gewesen war für die ausufernde Anwendung dieses Instruments, mit dem er ihm nach dem Reichstagsbrand — durch die Notverordnung zum Schutze von Volk und Staat — die bereits aufgeschlossene Tür zum totalen Staat auch noch sperrangelweit öffnete, indem er die wichtigsten Grundrechte suspendierte und so die Einrichtung von Konzentrationslagern legalisierte. Man hatte also Erfahrungen mit dem Notstandsrecht in Deutschland. Und deshalb hat sich der Parlamentarische Rat ganz entschieden geweigert, davon irgend etwas in das Grundgesetz zu übernehmen.

Als dann aber 1954 der Deutschlandvertrag geschlossen wurde, kam das Thema doch wieder auf die Tagesordnung. In diesem Vertrag hatten sich nämlich die Westalliierten Notstandsrechte vorbehalten, bis die Bundesrepublik sie im Grundgesetz regeln würde, und nun wollten die Mächtigen dieses Landes doch wieder richtig souverän sein und über den Notstand verfügen. Es begann eine lange Diskussion. Eine weit ausgreifende Anti-Notstands-Kampagne entstand, von den Gewerkschaften bis zur jungen außerparlamentarischen Opposition der studentischen Protestbewegung. Alle drei oder vier Jahre legte ein Bundesinnenminister einen neuen Entwurf auf den Tisch, und 1968 war es soweit. Die große Koalition beschloß im Bundestag die Notstandsgesetze, bisher die umfangreichste Ergänzung des Grundgesetzes, mit einer unübersichtlichen Fülle von Einzelregelungen an den verschiedensten Stellen, vorn bei den Grundrechten, in der Mitte bei den Staatsorganen, hinten mit einem neuen Abschnitt und dazu noch mehrere Einzelgesetze außerhalb der Verfassung, ein Kompromiß, der gegenüber den ersten Entwürfen teilweise entschärft worden war. Die Befürchtungen der Notstandsgegner, so etwas würde auch angewendet, wenn es erst einmal zur Verfügung steht, haben sich bisher — gottseidank — als unbegründet erwiesen.

Man unterscheidet zwischen innerem und äußerem Notstand. Der äußere Notstand ist der Kriegsfall. Er setzt voraus einen Angriff von außen mit Waffengewalt, ist im wesentlichen in einem neuen Abschnitt des Grundgesetzes geregelt, in den Artikeln 115a bis 115l, und gekennzeichnet durch eine Konzentration der Kräfte auf einen starken Zentralstaat, in dem wichtige Länderkompetenzen auf den Bund übertragen und Grundrechte eingeschränkt werden können, zum Beispiel die Berufsfreiheit durch Dienstverpflichtungen, nicht allerdings die politischen Freiheitsrechte, Meinungs- und Pressefreiheit, Versammlungs- und Vereinigungsfreiheit. Es gibt eine Art Notparlament, Gemeinsamer Ausschuß genannt, aus 48 Vertretern von Bundestag und Bundesrat, geregelt in Artikel 53 a, und genaue Regeln für die Feststellung und Beendigung dieses äußeren Notstands.

Beim inneren ist das ganz anders. Weder ist er genau definiert, noch gibt es klare Regeln für Anfang und Ende. Das ist der heikelste Punkt. Es geht um Unruhen, Aufruhr, Aufstände, Bürgerkrieg. Die wichtigsten Vorschriften findet man in Artikel 87a Absatz 4 und in Artikel 91, jeweils mit der Formulierung

> »Zur Abwehr einer drohenden Gefahr für den Bestand oder die freiheitliche demokratische Grundordnung des Bundes oder eines Landes . . .«

In diesen Fällen kann die Bundesregierung die ganze Polizeigewalt im Lande an sich ziehen und Bundesgrenzschutz und Bundeswehr gegen »militärisch bewaffnete« politische Gegner einsetzen, allerdings nicht — wie in der Weimarer Republik — Grundrechte außer Kraft setzen. Auch darf sie dabei nicht gegen Streikende vorgehen. So steht es ausdrücklich in Artikel 9 Absatz 3, hineingeschrieben auf Druck der Gewerkschaften, obwohl manche Konservative gerade den Streik als den gefährlichsten Notstand bezeichnet hatten. Daneben gibt es ähnliche Vorschriften für Naturkatastrophen oder größere technische Unglücksfälle.

Nimmt man alles zusammen, ist der Unterschied zu Weimar immer noch deutlich. Wir haben es nicht mit einer Generalklausel wie im damaligen Artikel 48 zu tun, sondern mit einem komplizierten Netz von Einzelvorschriften, und im heikelsten Fall, dem inneren Notstand, ist wenigstens keine Einschränkung von Grundrechten möglich, sondern nur eine Erweiterung von Befugnissen der Regierung, deren Ausübung wie jeder normale Polizeieinsatz von den Verwaltungsgerichten nach den üblichen Regeln überprüft werden kann, auf Notwendigkeit und Angemessenheit. Wobei man allerdings ergänzen sollte, daß Verwaltungsgerichte bisher nicht allzu viele Gelegenheiten hatten, in außergewöhnlichen Situationen Mannesmut vor Fürstenthronen zu beweisen. Die wenigen bekannten Fälle sind nicht gerade Anlaß zu großem Optimismus.

Es gibt nämlich solche Fälle. Regierungsstellen der Bundesrepublik haben in außergewöhnlichen Situationen schon rechtswidrig in Grundrechte eingegriffen, ohne daß dies von den Gerichten ausreichend korrigiert worden ist. In allen Fällen hat die Regierung sich auf ein Notstandsrecht berufen, und zwar nicht auf ein im Grundgesetz geregeltes, sondern auf das des § 34 des Strafgesetzbuches:

»Wer in einer gegenwärtigen, nicht anders abwendbaren Gefahr für Leben, Leib, Freiheit, Ehre, Eigentum oder ein anderes Rechtsgut eine Tat begeht, um die Gefahr von sich oder einem anderen abzuwenden, handelt nicht rechtswidrig, wenn bei Abwägung der widerstreitenden Interessen, namentlich der betroffenen Rechtsgüter und des Grades der ihnen drohenden Gefahren, das geschützte Interesse das beeinträchtigte wesentlich überwiegt. Dies gilt jedoch nur, soweit die Tat ein angemessenes Mittel ist, die Gefahr abzuwenden.«

Es waren der »Lauschangriff« auf Klaus Traube, Abhörmaßnahmen gegen Verteidiger und Angeklagte im Gefängnis von Stammheim und drei Wochen Kontaktsperre ohne Gesetz gegen Mitglieder der Roten Armee Fraktion in verschiedenen Gefängnissen nach der Entführung von Hans Martin Schleyer, alles vor dem Hintergrund allgemeiner Erregung über terroristische Gewaltaktionen. Sie zeigen, daß im Fall eines inneren Notstands entgegen der Absicht derjenigen, die 1968 die Vorschriften im Grundgesetz formuliert haben, doch Grundrechtseingriffe zu befürchten sind, gegen die es keinen ausreichenden Schutz vor den Verwaltungsgerichten geben wird. Ohne daß hier über Sinn oder Unsinn der Begründung solcher Maßnahmen mit § 34 des Strafgesetzbuches räsoniert werden soll. Die Meinungen der Juristen sind dazu durchaus geteilt.

Widerstand und ziviler Ungehorsam

Aus dem Notstandsrecht ergeben sich Sondervollmachten für den Staat, die sich letztlich gegen Bürger richten. Widerstandsrecht und ziviler Ungehorsam haben die umgekehrte Richtung. Sie sollen in Ausnahmefällen Sonderrechte für den Bürger begründen, gegen den Staat. Beim zivilen Ungehorsam ist das juristisch sehr problematisch, nicht beim Widerstandsrecht.

Das Widerstandsrecht steht sogar im Grundgesetz. Als die Beratungen der Notstandsgesetze 1968 wieder schwierig wurden, kam man auf die Idee, der SPD die Zustimmung dadurch zu erleichtern, daß als Ausgleich für die Sonderrechte zugunsten des Staates gleichzeitig ein Ausnahmerecht zugunsten der Bürger in die Verfassung geschrieben wurde. Denn Notstandsrechte — das war die Argumentation ihrer Gegner — können leicht zum Staatsstreich von oben mißbraucht werden. Deshalb steht das Widerstandsrecht heute sogar als letzter — vierter — Absatz in der Staatsfundamentalnorm des Artikels 20:

> »Gegen jeden, der es unternimmt, diese Ordnung zu beseitigen, haben alle Deutschen das Recht zum Widerstand, wenn andere Abhilfe nicht möglich ist.«

Es ist ein Grundrecht, das gewaltsame Aktionen von Bürgern gegen solche Staatsorgane rechtfertigt, die grundlegende Verfassungsprinzipien beseitigen wollen. Juristisch ist das ohne Probleme, aber praktisch muß man sich fragen, was das soll. War der Widerstand erfolgreich, braucht man hinterher keine große Rechtfertigung. Sie wird erst wichtig, wenn der Widerstand gescheitert ist. Dann nützt sie aber nichts mehr, denn inzwischen haben die anderen den Rechtsstaat längst beseitigt. Es gibt manche Beispiele in der Geschichte. »Feuer breitet sich nicht aus, hast du Minimax im Haus«, war früher eine weit verbreitete Reklame für einen Feuerlöscher. Realisten ergänzten sie mit dem Vers »Minimax ist großer Mist, wenn man nicht zu Hause ist«. Das juristische Risiko des Widerstands ist sehr klein, das tatsächliche sehr groß.

Beim zivilen Ungehorsam ist es eher umgekehrt. Er ist eine Art kleiner Widerstand. Er zielt nicht ins Zentrum der Macht, stellt nicht die Existenz eines Staates in Frage, der sich von seiner rechtmäßigen Form entfernt hat, sondern greift ihn nur in einer Randzone an, um ihn zu zwingen,

Einzelheiten seiner Politik zu ändern. Es geht nicht um grundlegende Verfassungsprinzipien, sondern um andere höhere Werte, den Frieden zum Beispiel oder die natürlichen Lebensgrundlagen. Deshalb kommt Artikel 20 Absatz 4 als Rechtfertigung auch nicht in Betracht.

Die juristische Diskussion zum zivilen Ungehorsam erreichte ihren Höhepunkt in den Jahren 1983 und 1984, als die Friedensbewegung sich mit Protestaktionen gegen den Nachrüstungsbeschluß der NATO wendete, mit Sitzblockaden vor den Stationen der neuen Raketen. Vorher drehte sie sich um den Stromzahlungsboykott gegen Atomkraftwerke, später kam der Volkszählungsboykott dazu.

Ziviler Ungehorsam bewegt sich prinzipiell im Bereich des Unrechts. Immer ist er mit Gesetzesverstößen verbunden, die sich vom Widerstand auch dadurch unterscheiden, daß sie nicht gewaltsam begangen werden. Ziviler Ungehorsam ist gewaltfrei. Historisch beginnt er mit dem Steuerboykott des Amerikaners David Henry Thoreau. Der lebte in Concord in Massachusetts, hatte seine Kopfsteuer nicht bezahlt, begründete das mit seiner prinzipiellen Abneigung gegen die Sklavenpolitik der Regierung, landete dafür 1846 eine Nacht im Gefängnis und schrieb dann 1849 einen Essay, der nach seinem Tod unter dem Titel *Civil Disobedience* bekannt geworden ist. Diesen Begriff übernahm Mahatma Gandhi für seine Politik des gewaltfreien Widerstands in Südafrika und Indien. Seit den fünfziger Jahren prägte er die Bürgerrechtsbewegung gegen die Rassentrennung in den Vereinigten Staaten, und seit dem Ende der siebziger Jahre kennt man ihn auch in der Bundesrepublik durch Protestaktionen gegen Umweltzerstörung und Hochrüstung.

Gibt es ein Recht auf zivilen Ungehorsam? Die juristische Antwort ist wohl nein. Es sind Gesetzesverletzungen, die von den Protestierenden meistens so gewollt sind, weil ihr Protest sonst nicht die beabsichtigte öffentliche Aufmerksamkeit finden würde. Gesetzesverletzungen sind Gesetzesverletzungen. Einen allgemeinen Rechtfertigungsgrund für den zivilen Ungehorsam gibt es nicht, statt dessen aber viele Überlegungen von Juristen, die auf unterschiedliche Weise zu verschiedenen Lösungen kommen. Die beste ist die folgende (Uwe Laker, *Ziviler Ungehorsam*, 1986):

Ziviler Ungehorsam ist die Wahrnehmung des Grundrechts der Meinungsfreiheit im Sinne des Artikels 5 des Grundgesetzes, der im ersten Absatz die Formen dieses Grundrechts allgemein beschreibt, um dann in Absatz 2 zu ergänzen:

> »Diese Rechte finden ihre Schranken in den Vorschriften der allgemeinen Gesetze, den gesetzlichen Bestimmungen zum Schutze der Jugend und in dem Recht der persönlichen Ehre.«

Man nennt so etwas einen Gesetzesvorbehalt. Das Grundrecht steht unter dem Vorbehalt der allgemeinen Gesetze. Und diese Gesetze sind es, gegen die die Protestierenden verstoßen. Insofern können sie ihr Grundrecht eigentlich nicht wahrnehmen. Aber, das ist der entscheidende Gedanke, diese Gesetze stehen in einer Wechselwirkung mit dem Grundrecht. Einerseits schränken sie das Grundrecht ein, andererseits hat auch das Grundrecht Folgen für ihre Anwendung. Sie müssen im Geist dieses Grundrechts ausgelegt werden. So kommt man zu einer Abwägung, die in Ausnahmefällen ergeben kann, daß ein allgemeines Gesetz bei einer Aktion zivilen Ungehorsams nicht anzuwenden ist. Dabei fällt auf der einen Seite ins Gewicht das Interesse des Staates an der Einhaltung seiner Gesetze, die rechtsstaatliche Ordnung, und auf der anderen Seite das Interesse des Bürgers, gegen schwerwiegende Fehlentwicklungen zu protestieren. Ziviler Ungehorsam ist nur dann gerechtfertigt, wenn der Protest wichtiger ist als die rechtsstaatliche Ordnung. Sehr oft werden unsere Gerichte das wohl kaum durchgehen lassen. Ordnung muß sein.

Also bleibt richtig, was der Erfinder dieser Form des politischen Protests geschrieben hat, David Henry Thoreau in seinem Essay von 1849:

> »Unter einer Regierung, die jemanden ungerecht ins Gefängnis wirft, ist das Gefängnis der richtige Platz für einen gerechten Mann.«

Sein Freund Ralph Waldo Emerson soll ihn am nächsten Morgen im Gefängnis besucht und gefragt haben: »Henry, warum bist du hier?« Seine Antwort soll gewesen sein: »Waldo, warum bist du nicht hier?«

Abschied vom Staat?

Der moderne Staat, entstanden im 17. und 18. Jahrhundert, scharf abgegrenzt von der Gesellschaft, er hat sich im Laufe der Zeit nicht unbeträchtlich verändert, und manche konservative Kritiker meinen, es gäbe ihn nicht mehr. Er sei gar nicht mehr da. Wir lebten in einer anderen Welt. So zum Beispiel Ernst Forsthoff, der darüber 1971 eine Schrift veröffentlicht hat unter dem Titel *Der Staat der Industriegesellschaft*.

Mit der Entwicklung der modernen Technik habe sich für den Staat die Notwendigkeit ergeben, sich wieder in die Wirtschaft einzumischen. Das beginnt im ersten Weltkrieg mit der Rationierung und Verteilung kriegswichtiger Rohstoffe. Daneben hat sich eine Vielzahl von Organisationen gebildet, die selbständige Machtinstrumente geworden seien und sich in die Herrschaft des Staates eingemischt hätten. »Selbständige Willensträger«, wie er sie nennt. Dazu gehören nicht nur Länder und Gemeinden, sondern etwa die Organisation der Sozialversicherung, die Bundesbahn, die Bundesbank, und — besonders gefährlich — die Verbände der Wirtschaft, Unternehmerverbände, Gewerkschaften. Damit sei der Gegensatz von Staat und Gesellschaft zwar nicht völlig aufgehoben, aber es gebe jetzt Verschränkungen, sehr enge Verschränkungen zwischen Staat und Gesellschaft, nicht mehr den schönen alten Dualismus, in dem der Staat allein so mächtig war. Es ist fast wieder wie im buntscheckigen Durcheinander des Mittelalters. Und es kommt für Ernst Forsthoff noch anderes dazu. Zunächst das, was man Daseinsvorsorge nennt. Dieses heute im Verwaltungsrecht allgemein gebräuchliche Wort ist seine eigene Erfindung, von 1938, in einem Buch über staatliche Verwaltung. Daseinsvorsorge ist die wirtschaftliche Tätigkeit des Staates für die technischen Grundbedürfnisse der Menschen von heute, also die Versorgung mit Wasser, Gas und Elektrizität, die öffentlichen Verkehrsmittel und die Gesundheitsversorgung zum Beispiel. Damit hat der Staat etwas übernommen, was früher nur in der Gesellschaft stattgefunden hat: er hat Betriebe gegründet und wirtschaftliche Tätigkeiten entfaltet. Dazu kommen die staatlichen Sozialleistungen, die soziale Umverteilung, wie Forsthoff das nennt, das Sozialversicherungswesen, Zahlungen an Rentner und Arbeitslose, die Sozialhilfe und die Ausbildungsbeihilfen für Studenten und Schüler. Auch hier wird wieder etwas vom Staat getan, was früher nur in der Gesellschaft stattfand, im Rahmen der Familie, der Verwandtschaft, des Betriebes, oder eben gar nicht. Staat und Gesellschaft rutschen also noch enger zusammen. Diese neuen Aufgaben, meint Forsthoff, sind immer wichtiger geworden und haben die alten ehrwürdigen in den Hintergrund gedrängt. Man ist fast nur noch mit den wirtschaftlichen Eckdaten beschäftigt, von denen das alles abhängt, nicht mehr mit Politik im eigentlichen Sinn. Das ist kein Staat mehr. Das ist nur noch ein »Technokonstrukt« (*Der Staat der Industriegesellschaft*, 1971, Seite 78f., 81):

> »Daseinsvorsorge ist Bedarfsbefriedigung. Ihre Notwendigkeit nimmt in dem Maße zu, in dem die Daseinsführung an technische Vorkehrungen gebunden ist. Das hat die Katastrophe des Stromausfalls in New York vor einigen Jahren eindrucksvoll gezeigt. Die Verfassung ist die Form eines Volkes, die es zu politischem Handeln befähigt. Politisches Handeln kann nicht frei von Risiken sein. Politisch handeln kann nur derjenige, der in der Lage und bereit ist, Risiken auf sich zu nehmen. Die Daseinsvorsorge hat die Marge der vertretbaren politischen Risiken drastisch eingeengt und sie wird das weiter tun, je mehr die Daseinsvorsorge an den technischen Fortschritt gebunden sein wird. Die Daseinsvorsorge steht im Widerspruch zur politisch verstandenen Verfassung. Sie wirkt entpolitisierend...
>
> Mit der Bindung an das Bruttosozialprodukt als Maßstab der Umverteilung und den Notwendigkeiten der Daseinsvorsorge hat die Bundesrepublik sich Sachzwängen unterworfen, welche die innere Souveränität des Staates aufheben.«

Mit anderen Worten, es gibt immer mehr Staatsaufgaben. Der Staatshaushalt wird immer größer. Aber das bedeutet nicht, daß der Staat stärker wird. Im Gegenteil. Er wird schwächer, wie ein gemästeter und beschnittener Hahn, ein Kapaun, fett und schlapp, nicht mehr schmal und drahtig und bereit zum Kampf. Ernst Forsthoffs großes Vorbild, Carl Schmitt, der bekannteste Staatsrechler der Hitlerzeit, hat 1963 dazu geschrieben, im Vorwort zur Neuauflage eines Buches von 1928, *Der Begriff des Politischen:*

> »Der europäische Teil der Menschheit lebte bis vor kurzem in einer Epoche, deren juristische Begriffe ganz vom Staate her geprägt waren und den Staat als Modell der politischen Einheit voraussetzten. Die Epoche der Staatlichkeit geht jetzt zu Ende. Darüber ist kein Wort mehr zu verlieren.«

Kein Wort mehr zu verlieren. Nun haben wir eben ein Technokonstrukt. Auf der anderen Seite, das sieht auch Ernst Forsthoff, es hat seine Vorteile, ist zum Beispiel außerordentlich stabil, jedenfalls in normalen Zeiten, weil die existentiellen Interessen die Menschen heute viel enger an den Staat binden als früher, durch die Daseinsvorsorge und die soziale Umverteilung. Aber was ist in der Krise, fragt er. Und was ist mit so allgemeinen Aufgaben wie dem Umweltschutz? In diesem Technokonstrukt, sagt er, gibt es doch fast nur noch Einzelinteressen, die sich durchsetzen, Interessen der Verbände, der Gewerkschaften, der Unternehmer, der Bauern, der Parteien, die ineinander und mit dem Staat verschränkt sind. Kein starker Staat mehr, der das Gesamtinteresse wahrnehmen könnte: Einer für alle, alle für einen. Folgendes hat er schon 1960 geschrieben, in einem Aufsatz über »Die Bundesrepublik Deutschland« in der Zeitschrift *Merkur:*

> »Es gibt Interessen, die so allgemein sind, daß sie nicht nur keinen gesellschaftlichen Patron finden können, sondern sogar die gesellschaftlichen Patrone entgegenstehender partikularer Interessen gegen sich haben. Das aktuelle Beispiel dafür ist das Interesse der Allgemeinheit an der Reinigung von Wasser und Luft von industrieller Verschmutzung. Es liegt in der Struktur der Bundesrepublik als Staat begründet, daß die Realisationschancen dieses Interesses in keinem Verhältnis zu der ihm allgemein zugestandenen Dringlichkeit steht. Dafür käme als Patron nur die öffentliche Meinung als soziale und politische Macht in Betracht. Offenbar aber reichen die Faktoren der öffentlichen Meinungsbildung in der Bundesrepublik, etwa im Unterschied zu den Vereinigten Staaten, nicht aus, um öffentliche Meinung als eine politische Macht hervorzubringen. Daraus ergibt sich die Tatsache, daß die Realisationschance eines Interesses, so-

bald es so allgemein ist, daß es die Grenzen der gesellschaftlichen Patronage übersteigt, geringer ist als die Chance begrenzter Interessen, die einen Patron finden.«

Was ist die Lösung? Nun, für Ernst Forsthoff ist es eigentlich ganz klar. Nur ein Staat, der wieder stark geworden ist, wird in der Lage sein, diese Bedrohung durch die Technik zu meistern. Nur ein Staat, der wieder schlank geworden ist, befreit von der sozialen Umverteilung und möglichst auch von der Daseinsvorsorge, die man ja privaten Unternehmern anvertrauen könnte. Mit einer Regierung, die nicht mehr der extremen Kontrolle durch das Bundesverfassungsgericht ausgesetzt ist, das immer nur auf die Einhaltung von Grundrechten sieht und nicht auf die Staatsraison. Einer für alle. Alle für einen.

Ernst Forsthoff ist 1974 gestorben. Er hat nicht mehr erlebt, daß dann eine breite ökologische Bewegung entstanden ist, in Bürgerinitiativen und mit einer neuen ökologischen Partei, die 1983 sogar in den Bundestag einziehen konnte. Er hat nicht mehr erlebt, daß nun alle Großen der Politik anfingen, den Umweltschutz als Aufgabe der Zukunft zu beschwören, von Willy Brandt bis zu Franz Josef Strauß. Es hätte ihn vermutlich sehr erstaunt, daß es nicht so sehr der Staat war, der das in Gang gebracht hat, sondern die Bürger selbst, die Gesellschaft. Unser Technokonstrukt scheint also in noch höherem Maße lebensfähig zu sein, als selbst er es angenommen hat. Wir brauchen ihn nicht, den starken Staat. Er kann ruhig noch ein bißchen mehr mit der Gesellschaft zusammenrücken.

Literatur

Ein gutes Lehrbuch ist Konrad Hesse, *Grundzüge des Verfassungsrechts der Bundesrepublik Deutschland*, 18. Auflage 1990. Der wichtigste Kommentar: Maunz-Dürig, *Grundgesetz, Kommentar*, 4 Bände, 7. Auflage 1991. Das wichtigste Handbuch: Josef Isensee, Paul Kirchhof, *Handbuch des Staatsrechts*, bisher 5 Bände, 1987 ff.; darin zum Beispiel, im ersten Band, sehr anschaulich zur Entstehung des Grundgesetzes Reinhard Mußgnug, S. 219-258. Zum »Hüter der

Verfassung«: Gerhard Robbers, *Die historische Entwicklung der Verfassungsgerichtsbarkeit*, in: *Juristische Schulung* 1990, Seite 257–263. Zu den Volksabstimmungen: Claus-Henning Obst, *Chancen direkter Demokratie in der Bundesrepublik Deutschland*, Dissertation, Gießen 1986. Über die Erfahrungen mit direkter Demokratie in Weimar: Otmar Jung, *Volksgesetzgebung*, 2 Bde., 1990. Der Vortrag von Gerhard Leibholz, 1955, über den Widerspruch zwischen Artikel 21 und Artikel 38 des Grundgesetzes und die Rolle der Parteien in: Gerhard Leibholz, *Das Wesen der Repräsentation und der Gestaltwandel der Demokratie im 20. Jahrhundert*, 3. Auflage, 1966, Seite 211–248. Das Zitat von Forsthoff im *Merkur* 1960, in: Ernst Forsthoff, *Rechtsstaat im Wandel, verfassungsrechtliche Abhandlungen 1954–1973*, 2. Auflage 1976, Seite 6f.

3. KAPITEL
Privatrecht

Bürgerliches Recht, Zivilrecht, Privatrecht: das alles bedeutet dasselbe, nämlich das Recht der Bürger untereinander, das Recht der Verträge, des Eigentums, des Schadensersatzes, das Familienrecht und das Erbrecht. An seinem Anfang steht der einzelne und sein

Eigentum

> »Nicht das Eigentum hat die menschliche Ungleichheit erzeugt, sondern es ist aus der ewigen menschlichen Ungleichheit entstanden.«

So ein deutscher Jurist, liberalkonservativ, in einer Rede vor dem Deutschen Rechtstag am 27. November 1893. Der preußische Finanzminister Johannes von Miquel hat damit etwas formuliert, das ungefähr dem entspricht, was auch heute noch liberale oder konservative Juristen sagen würden, wenn man sie auf jenes Problem ansprüche, mit dem Jean-Jacques Rousseau 1754 provozierend Alarm geschlagen hatte, in seinem *Diskurs über den Ursprung und die Gründe der Ungleichheit unter den Menschen:*

> »Der erste, der ein Stück Land eingezäunt hatte und sich herausnahm zu sagen: ›Das ist mein‹ und Leute fand, die so dumm waren, das zu glauben, er ist der wahre Gründer der bürgerlichen Gesellschaft gewesen. Wieviele Verbrechen, Kriege, Morde, Leiden und Schrecken würde einer dem Menschengeschlecht erspart haben, hätte er die Pfähle herausgerissen oder den Graben zugeschüttet und seinesgleichen zugerufen: ›Hört bloß nicht auf diesen Betrüger. Ihr seid verloren, wenn ihr vergeßt, daß die Früchte allen gehören und die Erde niemandem!‹«

Historisch und politisch mag das für manchen interessant sein. Juristen finden es nicht so wichtig. Für sie ist Eigentum ein Menschenrecht, ein Naturrecht, das sich aus der Natur des Menschen ergibt und in der Verfassung garantiert ist, in Artikel 14 des Grundgesetzes, mit einigen Einschränkungen:

> »Das Eigentum und das Erbrecht werden gewährleistet. Inhalt und Schranken werden durch die Gesetze bestimmt. Eigentum verpflichtet. Sein Gebrauch soll zugleich dem Wohle der Allgemeinheit dienen.«

Wenn sie etwas weiter denken, dann ist ihnen schon bewußt, daß Staat und Gesellschaft der Bundesrepublik, ihre politische und wirtschaftliche und juristische Ordnung in erster Linie darauf gegründet sind. Das Eigentum als Garant bürgerlicher Freiheit, wie schon von Immanuel Kant formuliert. In der Sprache des Bundesverfassungsgerichts (im 24. Band seiner *Entscheidungen*, Seite 389):

> »Das Eigentum ist ein elementares Grundrecht, das in einem inneren Zusammenhang mit der Garantie der persönlichen Freiheit steht. Ihm kommt im Gesamtgefüge der Grundrechte die Aufgabe zu, dem Träger des Grundrechts einen Freiheitsraum im vermögensrechtlichen Bereich sicherzustellen und ihm damit eine eigenverantwortliche Gestaltung des Lebens zu ermöglichen.«

Juristen, die etwas weiter denken, wissen also auch, warum das Privatrecht bei uns eine so große Rolle spielt, nicht nur in der Ausbildung von Jurastudenten an der Universität, die damit beginnt, während Strafrecht und öffentliches Recht dahinter deutlich zurücktreten. Weil eben das Privatrecht letztlich das Recht des privaten Eigentums ist. Aber eigentlich ist Eigentum für sie ein technischer Begriff, für den es technische Regeln gibt, an unauffälliger Stelle im Bürgerlichen Gesetzbuch, in den §§ 903 bis 1011.

Sicher, das Privatrecht ist das gesamte Recht der Bürger untereinander. Und es gibt dort auch Bereiche, die mit dem Eigentum weniger eng verwachsen sind. Das Familienrecht zum Beispiel, als wichtigstes. Entgegen einer weit verbreiteten Meinung, die auf Henry Lewis Morgan und Friedrich Engels zurückgeht, hat die Familie weder ihren Ursprung im Privateigentum noch heute dort ihren Dreh- und Angelpunkt. Sie ist ganz einfach die Verbindung einer Frau und eines Mannes mit ihren Kindern. Das hat es immer gegeben und wird es immer geben, auch ohne Privateigentum. Aber im übrigen beherrscht das Eigentum tatsächlich das gesamte bürgerliche Recht, gemeinsam mit seinem Zwilling, dem Vertrag.

Wenn man nämlich versucht, die von manchen oft genüßlich gezeichnete Vielfalt und Komplexität des bürgerlichen Rechts in seine elementaren Bestandteile aufzulösen und dann die wichtigsten zu nennen, dann sind es diese beiden.

Und dazu kommt ein dritter, das Rechtssubjekt. Jeder Mensch ist ein Rechtssubjekt, und das bedeutet, es kann Eigentum haben und Verträge abschließen. Das ist die Dreifaltigkeit des bürgerlichen Rechts, das Grundgesetz des täglichen Funktionierens einer liberalen Wirtschaftsgesellschaft. Rechtssubjekt, Eigentum, Vertrag. Dabei sind Rechtssubjektivität und Vertrag dem Eigentum untergeordnet, denn es bestimmt ihre Funktion. Jeder Vertrag hat hier seinen Ort, auch wenn er nicht unmittelbar auf den Erwerb von Eigentum gerichtet ist wie der Kauf, der Prototyp unseres Vertragsrechts. Das gilt selbst für den Dienstvertrag, in dem davon gar nicht die Rede ist. Eigentlich regelt er nur Arbeit und Lohn. Regelmäßig ist er aber davon abhängig, daß der Arbeitgeber das Eigentum hat an Betriebsmitteln und an der Betriebsstelle, wo gearbeitet werden soll, und daß er das Eigentum an den Produkten erwirbt, die dort hergestellt werden. Der Dienstvertrag ist wie ein Ring, der um die Mitte des Eigentums gelegt wird. Rechtssubjektivität schließlich, das dritte Element, ist eine leere Hülse, wenn sie nicht ergänzt wird durch Eigentum und Vertrag.

Die Regeln zum Eigentum sind im Bürgerlichen Gesetzbuch, wie gesagt, etwas versteckt. Sie handeln davon, wie man Eigentum erwirbt, überträgt, wie es geschützt wird und daß man bei Grundstücken ausnahmsweise auch den Nachbarn gewisse Rechte zugestehen muß, zum Beispiel einen Notweg. Der erste Paragraph beschreibt sogar ziemlich klar und deutlich das Wesen des Eigentums. § 903:

> »Der Eigentümer einer Sache kann, soweit nicht das Gesetz oder Rechte Dritter entgegenstehen, mit der Sache nach Belieben verfahren und andere von jeder Einwirkung ausschließen.«

Juristen nennen es ein Herrschaftsrecht. Sie meinen damit die »Beziehung einer Person zu einer Sache im Sinne einer absoluten Beherrschung« (Fritz Baur). Das ist natürlich Unsinn und lenkt vom eigentlichen Problem ab. Denn Herrschaft ist institutionalisierte Macht. Und Macht ist die Möglichkeit, auf den Willen anderer Einfluß zu nehmen. Das ist bei Sachen nicht möglich. Es geht beim Eigentum auch gar nicht um das Verhältnis einer Person zu einer

Sache, sondern um ihr Verhältnis zu anderen Personen, im Hinblick auf diese Sache. Da ist § 903 BGB viel deutlicher.

Im übrigen spielt dieser Paragraph juristisch keine große Rolle. Er ist auch in mancher Beziehung überholt, weil Gesetze und Gerichte inzwischen die in Artikel 14 des Grundgesetzes angeordnete Sozialbindung vielfach durchgesetzt haben. In der juristischen Praxis sind andere Vorschriften wichtiger, nämlich die technischen Regeln, zum Beispiel zum Schutz des Eigentums.

Wie kann man das Eigentum eines andern verletzen? Nun, indem man die Sache beschädigt, sie ihm wegnimmt oder sonst irgend etwas mit ihr macht, das ihn stört. Also gibt es Vorschriften über Schadensersatz wegen Beschädigung, die Herausgabe von Sachen und Unterlassung von Störungen, §§ 823, 985, 1004 BGB.

Bei der Herausgabe spielt jene schon im ersten Kapitel beschriebene Unterscheidung von Eigentum und Besitz eine Rolle. Eigentümer ist der, dem eine Sache von Rechts wegen zugeordnet ist, dem sie rechtlich gehört. Besitzer ist derjenige, der sie nur tatsächlich in den Händen hat. Man spricht auch von rechtlicher und tatsächlicher Innehabung. § 985 BGB:

> »Der Eigentümer kann vom Besitzer die Herausgabe der Sache verlangen.«

Natürlich nicht immer. Hat der Eigentümer sein Haus an einen anderen vermietet, dann ist der Mieter zwar nur Besitzer, muß aber nicht herausgeben, solange ein Mietvertrag besteht. § 986 BGB:

> »Der Besitzer kann die Herausgabe der Sache verweigern, wenn er ... dem Eigentümer gegenüber zum Besitze berechtigt ist.«

Neben dem Herausgabeanspruch steht der Anspruch auf Beseitigung oder Unterlassung von Störungen. § 1004:

> »Wird das Eigentum in anderer Weise als durch Entziehung oder Vorenthaltung des Besitzes beeinträchtigt, so kann der Eigentümer von dem Störer die Beseitigung der Störung verlangen. Sind weitere Beeinträchtigungen zu besorgen, so kann der Eigentümer auf Unterlassung klagen.«

Er kann zum Beispiel klagen, wenn jemand gegen seinen Willen über sein Grundstück läuft. Letzte Vorschrift zum Schutz des Eigentums, gleichzeitig auch gegen andere Schädigungen, § 823 Absatz 1 BGB:

> »Wer vorsätzlich oder fahrlässig das Leben, den Körper, die Gesundheit, die Freiheit, das Eigentum oder ein sonstiges Recht eines anderen widerrechtlich verletzt, ist dem anderen zum Ersatze des daraus entstehenden Schadens verpflichtet.«

Damit ist der Schutz des Eigentums perfekt. Aber der Teufel steckt im Detail. Es gibt ungezählte Einzelprobleme zu jedem der drei Paragraphen. Der Kommentar von Palandt, der schon im ersten Kapitel erwähnt wurde, braucht allein für den § 1004 fünf eng bedruckte Seiten, voller Abkürzungen nicht nur für die dort zitierte juristische Literatur und die Angabe von Gerichtsentscheidungen. Und er ist, vom Verlag so genannt, ein Kurzkommentar. Es gibt auch ausführlichere.

Nehmen wir einen einfachen Fall zum § 985. Damit sind wir im sogenannten Eigentümer-Besitzer-Verhältnis, einem Bereich, der von den Studenten immer als besonders schwierig angesehen und gefürchtet wird. EBV sagen sie dazu. Oft sind es juristische Probleme, bei denen drei Personen beteiligt sind:

> Eigentümer E leiht seinem Freund F sein Auto, das beschädigt und von F in die Werkstatt des W gegeben wird. Dann hat F kein Geld, um die Reparatur zu zahlen. Kann E von W den Wagen nach § 985 BGB herausverlangen, ohne die Kosten zahlen zu müssen, die F ohne sein Wissen veranlaßt hat?

Bei drei Personen machen Juristen sich meistens eine Skizze mit kurzen Notizen über das jeweilige Verhältnis:

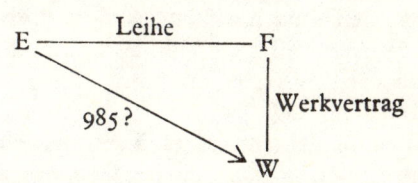

```
        Leihe
E ─────────────── F
  \               │
   \              │ Werkvertrag
  985?            │
     \            ↓
      ─────────→  W
```

E ist Eigentümer. W ist Besitzer des Wagens. Also kann E von W nach § 985 Herausgabe verlangen, wenn W dem E gegenüber nicht nach § 986 zum Besitz berechtigt ist. Eine

Berechtigung zum Besitz könnte sich allenfalls aus dem Vertrag über die Reparatur des Autos ergeben. Es ist ein sogenannter Werkvertrag. Dieser Vertrag ist aber nur zwischen F und W geschlossen worden. Er ist für E nicht bindend, weil darüber weder vor noch nach der Beschädigung gesprochen worden ist. Also kann E von W nach § 985 den Wagen herausverlangen, ohne daß § 986 entgegensteht. Der zwischen F und W geschlossene Werkvertrag geht ihn nichts an. Trotzdem muß er die Kosten zahlen, nicht weil er dazu vertraglich verpflichtet wäre, sondern nach den Vorschriften über Verwendungsersatz im Eigentümer-Besitzer-Verhältnis. § 994 BGB:

> »Der Besitzer kann für die auf die Sache gemachten notwendigen Verwendungen von dem Eigentümer Ersatz verlangen.«

Diese Regel wird ergänzt durch eine zweite, die ebenfalls den Besitzer schützen soll. § 1000 BGB:

> »Der Besitzer kann die Herausgabe verweigern, bis er wegen der ihm zu ersetzenden Verwendungen befriedigt wird.«

Eine einfache Lösung mit klaren Vorschriften. Aber das ist nicht unbedingt typisch für das Eigentumsrecht. Es gibt auch sehr komplizierte, mit dem Höhepunkt in § 929 BGB:

> »Zur Übertragung des Eigentums an einer beweglichen Sache ist es erforderlich, daß der Eigentümer die Sache dem Erwerber übergibt und beide darüber einig sind, daß das Eigentum übergehen soll.«

Es sieht ganz einfach aus, ist aber die komplizierteste Regelung, die es auf der Welt gibt, sozusagen Weltrekord in juristischer Abstraktion. Unser berühmtes Abstraktionsprinzip. Man muß es kennen, um zu wissen, was deutsche Rechtswissenschaft leisten kann.

Liest man den Text des § 929 nämlich etwas genauer, dann stellt man fest, daß etwas fehlt. Es fehlt die Erwähnung des Grundes für den Eigentumserwerb. Eigentum wird ja nicht einfach zum Spaß übertragen. Es gibt immer einen Erwerbsgrund. Meistens ist es Kauf, manchmal auch Schenkung, Tausch oder ähnliches. Der Normalfall ist der Kaufvertrag. Ich vereinbare mit jemanden, daß ich ihm ein Bild für fünftausend Mark verkaufe. Dann bringt er irgendwann das Geld, und ich gebe ihm das Bild. Damit ist die

Sache erledigt. Aber was ist, wenn wir beim Kaufvertrag einen Fehler gemacht haben? Das kommt durchaus vor. Der eine oder andere hat sich geirrt, die Einigung war nicht in Ordnung, oder der Vertrag verstößt gegen irgendwelche Vorschriften und ist unwirksam. Wer ist Eigentümer des Bildes? Der Käufer. Trotz Unwirksamkeit des Kaufvertrages. Ist das nicht toll? Wir haben uns nämlich nach § 929 BGB darüber geeinigt, daß er Eigentümer werden soll. So wie es im Gesetz steht. Daß wir dabei an einen Kaufvertrag gedacht haben, davon steht dort nichts. Der Kaufvertrag oder ein anderer Erwerbsgrund ist dort bewußt nicht genannt. Die Übereignung ist auch ohne ihn wirksam. Sie ist losgelöst vom Kaufvertrag. Loslösen heißt lateinisch *abstrahere*, und abstrakt bedeutet losgelöst. Unsere Übereignung ist abstrakt, unabhängig von der Wirksamkeit des Kaufvertrages.

Natürlich muß der Käufer das Bild zurückgeben. Dafür gibt es dann besondere Vorschriften, im sogenannten Bereicherungsrecht. Aber erst einmal ist er Eigentümer geworden, was sehr unangenehm sein kann, wenn er in Konkurs fällt. Der Konkurs ist ein Prüfstein für eigentumsrechtliche Fragen. Wenn er eintritt, bin ich nämlich auf die Konkursquote beschränkt und erhalte regelmäßig noch nicht einmal zehn Prozent des Wertes. Dagegen könnte ich das Bild an mich nehmen, wenn ich Eigentümer geblieben wäre, wie es in fast allen anderen Rechtsordnungen der Fall ist.

Das ist also unser Abstraktionsprinzip, ein Höhepunkt juristischer Akrobatik. Wie wir dazu gekommen sind? Kurz gesagt, es ist erfunden worden von einem der bedeutendsten Juristen des 19. Jahrhunderts, von Friedrich Carl von Savigny. Damals hatte es eine gewisse Berechtigung. Inzwischen ist es überholt.

Damals nämlich konnte ein Käufer nicht Eigentümer einer Sache werden, die dem Verkäufer nicht gehört. Es gab keinen gutgläubigen Erwerb. Den hat, am 1. Januar 1900, erst das Bürgerliche Gesetzbuch eingeführt, um den Handel mit Waren zu erleichtern, in § 932:

»Durch eine nach § 929 erfolgte Veräußerung wird der Erwerber auch dann Eigentümer, wenn die Sache dem Veräußerer nicht gehört, es sei denn, daß er ... nicht in gutem Glauben ist.«

Bis dahin hat ein uralter Satz des römischen Rechts gegolten: »Niemand kann mehr Recht übertragen, als er selber hat.« Verbunden mit dem damals geltenden Kausalitätsprinzip, ebenfalls römisches Recht, brachte er Schwierigkeiten für den zunehmenden Warenverkehr, und zwar aus folgendem Grund:

War zum Beispiel ein Kaufvertrag zwischen einem Fabrikanten und einem Großhändler unwirksam, so wurde der Großhändler nicht Eigentümer der gelieferten Waren. Denn das Kausalitätsprinzip bedeutete, daß man nur Eigentum erwirbt, wenn der Vertrag wirksam ist. Kaufvertrag und Eigentumserwerb sind kausal miteinander verbunden. Also kamen auch die Einzelhändler in Gefahr, an die der Großhändler inzwischen weitergeliefert hatte. Auch sie waren nicht Eigentümer der Sachen geworden, weil der Großhändler es nicht war. »Niemand kann mehr Recht übertragen, als er selber hat.« Theoretisch konnte der Fabrikant die Sachen von ihnen herausverlangen, als Eigentümer, und sie waren ihr Geld los, wenn der Großhändler es ihnen nicht zurückzahlen konnte. Wenn sie sichergehen wollten, mußten sie sich immer genau informieren, ob der Vertrag zwischen Fabrikant und Großhändler wirksam war. Nur dann hatte der Großhändler selbst Eigentum erworben und an sie übertragen. Solche Nachforschungen sind schwierig und kosten Zeit. Insofern war das von Savigny erfundene Abstraktionsprinzip sinnvoll. Nun war der Eigentumserwerb des Großhändlers unabhängig von seinem Kaufvertrag mit dem Fabrikanten, abstrakt. Die Einzelhändler konnten bei ihm in Ruhe und ohne Zeitverlust einkaufen.

Als dann aber mit dem Bürgerlichen Gesetzbuch der gutgläubige Erwerb eingeführt wurde, in § 932, und der alte Satz nicht mehr galt, »niemand kann mehr Recht übertragen, als er selber hat«, war das Abstraktionsprinzip überflüssig geworden. Jetzt konnten die Einzelhändler auch Eigentum an solchen Waren erwerben, die dem Großhändler nicht gehörten, sofern sie gutgläubig waren. Das Abstraktionsprinzip war nur noch eine doppelte Sicherung, überflüssig und überholt. Trotzdem ist es vom BGB in

§ 929 einbalsamiert worden und gilt bis heute. Vielleicht, weil es so schön kompliziert ist.

Kauf

Urbild des Vertrages, ehrwürdig und alt, bestimmt er noch immer das Leben der Menschen. Immer noch ist der Kauf der Prototyp aller anderen Verträge, der sich täglich millionenfach ereignet, mehr als alle anderen zusammen. Um 200 n. Chr. schrieb der berühmte römische Jurist Julius Paulus, *Digesten*, 18. Buch, 1. Titel, 1. Fragment:

> »Der Kauf hat seinen Ursprung im Tausch. Denn früher gab es nicht das Münzgeld wie heute und wurde nicht das eine Ware und das andere Preis genannt, sondern jeder tauschte, was er gerade brauchte, gegen das, was er gerade nicht brauchte. Wie es meistens so ist, daß der eine zuviel hat, was dem anderen fehlt. Aber es trifft sich nicht immer so leicht, daß auch ich etwas habe, was du haben willst, wenn du etwas hast, was ich brauche. Deshalb hat man sich einen Stoff ausgesucht, der von allen immer als wertvoll angesehen wird und diese Schwierigkeiten des Tausches einfach dadurch beseitigt, daß eine bestimmte Menge davon jeweils den richtigen Gegenwert darstellt. Dieser Stoff wird in einer staatlichen Münze geprägt, und das Eigentum und sein Nutzen ergeben sich nicht so sehr aus seiner stofflichen Natur, sondern vielmehr aus seinem zahlenmäßigen Betrag. Und nun wird auch nicht mehr beides Ware genannt, sondern das andere ist der Preis.«

Ganz richtig ist das nicht, was er schreibt. Denn das erste Geld wurde um 700 v. Chr. in Kleinasien geprägt, angeblich vom reichen König Kroisos — Krösus — in Lydien. Der Kauf ist aber sehr viel älter. Schon im dritten Jahrtausend findet er sich bei den Sumerern in Mesopotamien, und auch in Ägypten gab es ihn schon um diese Zeit. Der »ausgesuchte Stoff« war Gold oder Silber. Man hat es nur damals noch nicht geprägt, sondern gewogen. Zweitausend Jahre lang gab es dann nur den Barkauf. Die Griechen kannten schon den Distanzkauf, und die Römer haben den Konsensualkauf erfunden. Damit war der heutige Prototyp entstanden.

Beim Barkauf fallen Vertrag und Erfüllung zeitlich zusammen. Man einigt sich über Ware und Preis, die Ware wird übergeben und der Preis bezahlt. Alles ist sofort erledigt, wie heute noch bei den Geschäften des täglichen Lebens. Anders beim Distanzkauf. Hier einigt man sich zuerst nur über Ware und Preis, dann vergeht einige Zeit, und schließlich wird erfüllt, also die Ware geliefert und der Preis gezahlt. Zwischen Kaufvertrag und Erfüllung liegt eine zeitliche Distanz. Deshalb Distanzkauf. In Griechenland war er allerdings nur wirksam, wenn eine Anzahlung gegeben worden war, die *arrha*. Erst die Römer haben um 100 v. Chr. dem Käufer eine Klage auf die Lieferung der Sache auch dann zugebilligt, wenn man sich bloß geeinigt hatte. Das brauchte noch nicht einmal schriftlich zu geschehen. Die Einigung allein genügte, der Konsens; daher Konsensualvertrag. Damit hatten sie zum erstenmal in der Geschichte des Rechts den Vertrag auf seinen juristischen Begriff gebracht. Er ist die Einigung der beiden Parteien. Ein Mann, ein Wort.

Wenn Vertrag und Erfüllung zeitlich auseinanderfallen, liegt es nahe, diese beiden Abschnitte auch begrifflich zu unterscheiden. Heute spricht man von Verpflichtungsgeschäft und Erfüllungsgeschäft. Der Kaufvertrag ist das Verpflichtungsgeschäft. Er verpflichtet die beiden, das zu tun, was sie versprochen haben. Der Käufer muß den Kaufpreis zahlen, der Verkäufer die Sache liefern. § 433 BGB:

> »Durch den Kaufvertrag wird der Verkäufer einer Sache verpflichtet, dem Käufer die Sache zu übergeben und das Eigentum an der Sache zu verschaffen ... Der Käufer ist verpflichtet, dem Verkäufer den vereinbarten Kaufpreis zu zahlen und die gekaufte Sache abzunehmen.«

Verpflichtung hieß im römischen Recht *obligatio*. Deshalb spricht man noch heute vom obligatorischen Geschäft oder einer Obligation. Der Gegensatz dazu ist das Erfüllungsgeschäft, also die Übereignung von Kaufsache und Geld. Beides geschieht nach § 929 BGB, wie schon beim Eigentum beschrieben, durch Einigung und Übergabe, abstrakt:

> »Zur Übertragung des Eigentums an einer beweglichen Sache ist erforderlich, daß der Eigentümer die Sache dem Erwerber

übergibt und beide darüber einig sind, daß das Eigentum übergehen soll.«

Friedrich Carl von Savigny. Man muß sich also noch einmal einigen. Zuerst, im Kaufvertrag, einigt man sich, wie von § 433 beschrieben. Der Käufer verpflichtet sich zu zahlen. Der Verkäufer verpflichtet sich zu liefern. Das ist das eine, das Verpflichtungsgeschäft, der obligatorische Vertrag. Dann, wenn erfüllt wird, muß man sich noch einmal einigen. Noch ein Vertrag. Nämlich der des § 929. Weil mit ihm das Eigentum an einer Sache übertragen wird, einem Ding, nennt man ihn einen dinglichen Vertrag. Er hat zum Inhalt, daß der Verkäufer — meistens stillschweigend — zum Käufer sagt, hier hast du das Ding. Es ist jetzt dein Eigentum. Und der Käufer sagt, ebenso stillschweigend, einverstanden, das ist jetzt meins. Dann wird die Sache noch übergeben. Und nun ist der Käufer Eigentümer, nach § 929 BGB.

Um dem Ganzen die juristische Krone aufzusetzen, kommt noch zweierlei hinzu. Das eine ist schon beschrieben, beim Eigentum: das Abstraktionsprinzip. Die Übereignung nach § 929 BGB ist auch dann wirksam, wenn der Kaufvertrag unwirksam ist. Mit anderen Worten, der dingliche Vertrag ist unabhängig von der Wirksamkeit des obligatorischen Vertrages. Und zweitens ist es beim Kauf nicht nur ein einziger dinglicher Vertrag. Es sind zwei, nämlich einer bei der Übereignung der Kaufsache und einer bei der Übereignung des Geldes. So daß wir es beim Kauf nach deutscher rechtswissenschaftlicher Erkenntnis insgesamt mit drei Verträgen zu tun haben, einem obligatorischen Vertrag nach § 433 BGB und zwei dinglichen Verträgen nach § 929 BGB. Wenn ich am Montag morgens zum Zeitungskiosk gehe und den *Spiegel* mit 4,50 DM bezahle, vier Markstücken und fünf Groschen, sind es genaugenommen sogar elf Verträge. Ein Kaufvertrag, obligatorisch. Und zehn Übereignungsverträge, dinglich, nämlich über jeweils einen *Spiegel*, vier Markstücke und fünf Groschen. Die dinglichen sind natürlich alle abstrakt. Wer will nun noch widersprechen, wenn jemand kommt und meint, die Rechtswissenschaft sei eine Kunst, mit Worten, die niemand versteht, etwas zu sagen, was jeder weiß?

Die Römer waren ja auch keine schlechten Juristen. Vielleicht die besten, die die Welt gesehen hat. Für sie war der Kauf ein einziger Vertrag. Auch mit 4,50 DM beim *Spiegel*. Für sie hatte man sich sozusagen im obligatorischen Kaufvertrag schon gleichzeitig darauf verständigt, daß das Eigentum übergehen soll, wenn die Sache dann später dem Käufer gegeben wird. Deshalb war die römische Übereignung auch kausal, also unwirksam, wenn der Kaufvertrag unwirksam war. Noch einmal jener berühmte römische Jurist Julius Paulus (D. 41. 1. 31 pr.):

>»Niemals überträgt die bloße Übergabe das Eigentum, sondern nur, wenn ein Kauf oder ein anderer rechtfertigender Grund *(iusta causa)* vorhanden ist, dessentwegen die Übergabe erfolgt.«

Nun versteht man vielleicht auch, warum das Jurastudium heute als schwierig gilt. Wenn man so etwas wie die drei Verträge beim Kauf und das Abstraktionsprinzip im Hörsaal erklärt, ist es wie im Verhältnis von römischem Recht zu deutscher Rechtswissenschaft beim Kauf des *Spiegel* am Montagmorgen: einmal genügt nicht. Erst elfmal ist ausreichend. Oder, um es mit Walter Benjamin zu sagen, die Wissenschaft ist eine Kuh. Sie macht Muh. Ich sitze im Hörsaal und höre zu.

Im übrigen gibt es beim Kauf Probleme, die wirklich welche sind. Die wichtigsten sind drei. Gefahrtragung, Rechtsmängelhaftung, Sachmängelhaftung.

Bei der Gefahrtragung geht es um die Frage, ob der Käufer den Preis zahlen muß, wenn die Sache in der Zeit zwischen dem Abschluß des Vertrages und der Erfüllung zerstört wird oder verlorengeht, ohne daß der Käufer oder der Verkäufer das verschuldet hat. Wer trägt die »Gefahr« für den Untergang der Sache? — um es juristisch zu formulieren. Und die Antwort lautet, grundsätzlich der Verkäufer. Wenn er die Sache nicht liefern kann, kriegt er auch kein Geld. Der Käufer braucht nicht zu zahlen, § 446 BGB. Wenn ich also am Montag ein Auto kaufe, es am Mittwoch bezahlen und abholen will und am Dienstag ein Fremder heimlich damit wegfährt und es zu einem Totalschaden kommt, dann ist der Vertrag sozusagen hinfällig. Ich kriege kein Auto, behalte aber mein Geld. Den Schaden hat der Verkäufer. Das Auto ist weg, und er kann von mir nichts verlangen. Er trägt die »Gefahr«. Wichtigste Ausnahme: der Versendungskauf, also wenn man sich Sachen von anderswo schicken läßt. Gehen sie unterwegs verloren oder werden sie beim Transport beschädigt oder zerstört, so muß man zahlen, auch wenn man die Sache nicht bekommt, § 447. Ab Versendung trägt der Käufer die Gefahr, weil das BGB von dem etwas altmodischen Standpunkt ausgeht, daß er an sich zum Geschäft des Verkäufers gehen und sich die Sache dort abholen müßte. Wenn ihm der Verkäufer das abnimmt, soll das dann zu Lasten des Käufers gehen. Hat der Verkäufer allerdings Ersatzansprüche gegen die Post, die Bahn oder eine Versicherung, muß er sie dem Käufer abtreten.

Die Rechtsmängelhaftung hat heute keine große Bedeutung mehr. Allenfalls im Kunsthandel hört man ab und zu, es sei ein gestohlenes Bild gekauft und dann wieder an den Eigentümer zurückgegeben worden. Dann hat der Käufer einen Ersatzanspruch gegen den Verkäufer, der für diesen »Rechtsmangel« einstehen muß, auch wenn er schuldlos gehandelt hat. In vielen Fällen, wenn fremde Sachen verkauft werden, erwirbt der Käufer trotzdem Eigentum, nämlich dann, wenn der frühere Eigentümer sie irgendwann einmal freiwillig weggegeben, zum Beispiel verliehen und nicht wiederbekommen hat. Im Gegensatz zum römischen Recht, das bei uns noch vor einhundert Jahren gegolten hat, gibt es seit 1900 im BGB, wie gesagt, den gutgläubigen Erwerb. § 932:

> »Durch eine nach § 929 erfolgte Veräußerung wird der Erwerber auch dann Eigentümer, wenn die Sache nicht dem Veräußerer gehört, es sei denn, daß er zu der Zeit, zu der er nach diesen Vorschriften das Eigentum erwerben würde, nicht in gutem Glauben ist ... Der Erwerber ist nicht in gutem Glauben, wenn ihm bekannt oder infolge grober Fahrlässigkeit unbekannt ist, daß die Sache nicht dem Veräußerer gehört.«

Grobe Fahrlässigkeit bedeutet besonders großen Leichtsinn. Aber sonst, auch wenn man nicht richtig aufpaßt, also nur »fahrlässig« handelt, und die Sache nicht gestohlen ist, dann erwirbt man Eigentum an fremden Sachen. So bleibt wenig Raum für die alte Rechtsmängelhaftung, die juristisch einige logische Probleme aufwirft, im Ergebnis aber dann, wenn sie eingreift, zu einem Schadensersatzanspruch führt oder einfach zur Rückzahlung des Kaufpreises.

Von größerer Bedeutung ist allein die Sachmängelhaftung. Welche Rechte hat der Käufer, wenn die Sache nicht in Ordnung ist? Der Plattenspieler funktioniert nicht, die Kupplung des neuen Autos macht beim Schalten *klack* und den Fahrer nervös, die Schuhsohle löst sich nach drei Tagen, und die Äpfel sind von außen frisch, aber innen faul. Im alten deutschen Recht hieß es »Augen auf, Kauf ist Kauf«. Man konnte nichts machen. Der Kauf blieb wirksam. Das BGB hat dagegen die Regelung des römischen Rechts übernommen. Sie ist über zweitausend Jahre alt. Das Prinzip ist formuliert in § 459:

> »Der Verkäufer einer Sache haftet dem Käufer dafür, daß sie ... nicht mit Fehlern behaftet ist, die den Wert oder die Tauglichkeit zu dem gewöhnlichen oder dem nach dem Vertrag vorausgesetzten Gebrauch aufheben oder mindern.«

Die Rechte des Käufers heißen dann Wandelung oder Minderung. Wandelung bedeutet Rücktritt vom Vertrag. Der Käufer bringt die Sache zurück, und der Verkäufer muß ihm sein Geld wiedergeben. Ein Gutschein reicht nicht aus. Man kann das Geld verlangen. Auch »Nachbesserung« ist nur möglich, wenn sie besonders vereinbart ist, zum Beispiel in allgemeinen Geschäftsbedingungen. Bei der Minderung kann der Käufer die Sache behalten und einen Teil des Preises zurückverlangen, nämlich die Wertminderung. Ob gewandelt oder gemindert werden soll, das kann der Käufer frei entscheiden. Beides ist völlig unabhängig von einem Verschulden des Verkäufers, eine Garantiehaftung, die das Gesetz für jeden Kaufvertrag angeordnet hat, mit einer Frist von einem halben Jahr. Danach kann man nichts mehr machen. Dann ist, juristisch gesprochen, der Anspruch verjährt.

Bei Verschulden des Verkäufers gibt es für Sachmängel sogar Schadensersatzansprüche, ebenso, wenn er bestimmte Eigenschaften zugesichert hat. In allgemeinen Geschäftsbedingungen oder im Vertrag kann man Sonderregelungen vereinbaren. Sind die allgemeinen Geschäftsbedingungen für den Käufer sehr ungünstig, können sie unwirksam sein, nach dem Gesetz über Allgemeine Geschäftsbedingungen von 1977. Und schließlich, auch das haben die alten Römer noch nicht gekannt, gibt es heute sogar Schadensersatzansprüche gegen die Fabriken, außerhalb des Kaufvertrages, also nicht gegen den Verkäufer. Das ist die sogenannte Produzentenhaftung für Schäden aus fehlerhaften Produkten, ohne daß man den Fabriken ein Verschulden nachweisen muß. Dazu mehr beim Delikt.

Vertrag

Unsere politische, wirtschaftliche und juristische Ordnung hat ihre Grundlage im Privateigentum, das ergänzt und vervollständigt wird durch den Vertrag. Das Eigentum ist die ruhende Grundlage, der Vertrag ein damit verbundener Hebel, dessen Bewegungen unser tägliches Leben organisieren. Niemand hat bisher ausgerechnet, wie viele Verträge es sind, die wir in einem Menschenalter schließen. Wenn man eine Zeitung kauft oder Blumen, im Supermarkt war oder beim Bäcker, einen Handwerker ruft oder zum Arzt oder Anwalt geht, in ein Taxi steigt oder den Omnibus nimmt, jedesmal ist es ein Vertrag. Mindestens genauso wichtig sind die längerfristigen Vereinbarungen über Arbeitsverhältnisse, Wohnung, Versicherungen oder, oft für sehr lange Zeit, die Eheschließung. Auch sie ist ein Vertrag. Nimmt man alle zusammen, werden es in einem Leben schon hunderttausend sein.

Man kann sogar sagen, dies sei es, was den Menschen vom Affen trennt, der Vertrag als ein Prinzip von Mensch zu Mensch, das Gesellschaft begründet. Es ist nicht jener Gesellschaftsvertrag, den die Philosophen der Aufklärung meinten, sondern der Tausch. Der französische Anthropologe Marcel Mauss hat ihn als elementares Phänomen entdeckt und Gegenseitigkeit genannt, Reziprozität. In seinem *Essai sur le don* von 1924 beschreibt er mit umfangreichem ethnologischen Material, wie der Gabentausch in Stammesgesellschaften neben der Verwandtschaft als wichtigstes Ordnungsprinzip funktioniert. Dadurch beziehen sich Menschen aufeinander, wird Gesellschaftlichkeit hergestellt in einer Art täglich erneuerten Gesellschaftsvertrages ohne Staat. Allerdings gibt es einige nicht unwesentliche Unterschiede zum Vertrag des bürgerlichen Rechts. Dort tauscht man Gaben, gibt, um zu geben, oder hilft sich in Notzeiten mit Lebensmitteln und erhält erst in unbestimmter Zeit etwas zurück. Es ist ein Tausch von Gebrauchswerten, bei dem man sehr darauf achtet, daß das eine auch wirklich genausoviel wert ist wie das andere. Der Vertrag bei uns ist dagegen ein sehr formales Instrument. Bei ihm kommt es nur darauf an, ob man sich auf irgend etwas geeinigt hat. Der Inhalt ist egal. Kein Gericht darf nachprüfen, ob Leistung und Gegenleistung im Gleichgewicht eines gerechten Preises stehen. Die bloße Abrede genügt. Dort herrscht das materielle Äquivalenzprinzip, hier das formelle Konsensprinzip. Trotzdem: Die Reziprozität ist das Modell unseres Vertrages. Und wie wir mit unseren Ahnen manches gemeinsam haben, so auch der Vertrag mit der Reziprozität. Die Einigung zum Beispiel. Sie war von Anfang an dabei, nicht so hart und formal wie heute, sondern stiller und geschmeidiger. Aber sie war dabei. Und damals wie heute kommt sie dadurch zustande, daß diejenigen, die da miteinander umgehen, das gleiche wollen. Entscheidend ist die Übereinstimmung im Willen.

Der Vertrag ist also die Verwandlung des Willens in Recht. Sie findet statt, wenn sich der Wille des einen mit dem Willen des anderen zu einer gemeinsamen Absicht zusammenfindet, und zwar aus doppeltem Grund. Zum einen, weil man sich geeinigt hat. Das allein genügt aber nicht. Zum anderen deshalb, weil diese Einigung vom Recht mit rechtlicher Wirkung versehen wird, anerkannt wird als Grund für den Eintritt von Rechtswirkungen. Warum diese Anerkennung? Weil des Menschen Wille nicht nur sein Himmelreich ist, sondern Ausdruck seiner Freiheit. Artikel 2 Absatz 1 des Grundgesetzes:

> »Jeder hat das Recht auf freie Entfaltung seiner Persönlichkeit, soweit er nicht die Rechte anderer verletzt und nicht gegen die verfassungsmäßige Ordnung oder das Sittengesetz verstößt.«

Im Vertrag haben wir, wenn alles gutgeht, die Möglichkeit, unser Leben frei zu gestalten, wie wir es wollen, im Kleinen wie im Großen, frei von allen Zwängen der Tradition, der Verwandtschaft, der sozialen Herkunft.

Mit dem Vertrag macht man es selbst, was und wie man es will, mit wem und wann man will — wenn alles gutgeht. Denn so richtig hat dieses Idealmodell noch nie funktioniert, die Gesellschaft von Freien und Gleichen, die Adam Smith und Immanuel Kant und die anderen Liberalen im Kopfe hatten gegen feudale Reste und absolutistische Strukturen im 18. und 19. Jahrhundert. Wie sollte es auch? Zwar waren am Ende alle Menschen frei von rechtlichen Besonderheiten, und gleich vor dem Gesetz waren sie auch, aber nicht gleich und frei. Das war das Problem. Bis heute ist es nicht befriedigend gelöst. Zur Freiheit eines Vertrages gehört materielle, soziale, wirtschaftliche Freiheit und Gleichheit, nicht nur die rechtliche, die rein formal ist. Wenn der eine ein Fabrikant ist, dem es gutgeht, und der andere ein armer Teufel, der um jeden Preis eine Beschäftigung sucht, und wenn es kein Arbeitsrecht gibt, keinen Tarifvertrag und keine Vollbeschäftigung, wie sieht das Ergebnis eines Vertrages dann aus? Es ist ein Diktat, nicht Abbild einer Willensübereinstimmung.

Juristisch ist es übrigens gar nicht der Wille allein. Im 19. Jahrhundert kam noch die Erklärung dazu, so daß ein Vertrag heute nicht nur durch Willensübereinstimmung zustande kommt, sondern durch übereinstimmende Willenserklärungen. Wille und Erklärung ergeben die Willenserklärung. Der Wille ist das innere Element, die Erklärung das äußere. Wenn man mit einem anderen verhandelt, kommt der innere Wille in mancherlei Weise nach außen zum Vorschein, als gesprochenes oder geschriebenes Wort, als Nicken oder in anderen Zeichen und manchmal sogar durch Schweigen. Diese äußere Erscheinung des Willens ist seine Erklärung. Sie muß ihm nicht immer entsprechen. Das führt zu Mißverständnissen. Man verspricht sich, verschreibt sich, drückt sich mißverständlich aus. Was ist dann? Kommt es auf den Willen an oder auf die Erklärung? Ein Beispiel:

> Jemand will eine Maschine kaufen und verhandelt darüber am Telefon. Der Verkäufer bietet sie ihm für fünfzigtausend Mark an. Der andere hört nicht richtig hin und versteht fünfzehn-

tausend. Das ist ein günstiges Angebot, denkt er und sagt: »Ja, zu diesem Preis nehme ich sie.« Die Maschine wird geliefert, und bald kommt auch die Rechnung. In ihr steht der Preis von fünfzigtausend.

Wenn man die Wirksamkeit nur vom Willen abhängig macht, dann ist hier kein Vertrag zustande gekommen. Denn der Verkäufer wollte 50 000 Mark haben, der Käufer nur 15 000 Mark zahlen. Also gab es keine Willensübereinstimmung und damit keinen Vertrag. Dann braucht der andere die Maschine nicht zu nehmen und auch nicht zu bezahlen. Der Transport hin und zurück geht zu Lasten des Verkäufers.

Anders, wenn es auf die Erklärung ankommt. Der eine hat »50000« und der andere »ja« gesagt. Wenn man der Meinung ist, ein Vertrag solle schon dadurch zustande kommen, daß die Erklärungen übereinstimmen, dann haben die beiden in unserem Fall einen Kaufvertrag zum Preis von 50000 Mark abgeschlossen. Dann muß der Käufer zahlen.

Im 19. Jahrundert, bei den Beratungen zum BGB, gab es zwei Lager. Die einen hielten die erste, die anderen die zweite Lösung für richtig. Das war der Streit zwischen »Willenstheorie« und »Erklärungstheorie«. Das BGB hat einen Kompromiß gefunden. Es sagt, erst einmal kommt es auf die Erklärungen an, »Erklärungstheorie«. Liegen übereinstimmende Willenserklärungen vor, dann kommt ein Vertrag zustande. Aber letztlich ist doch der Wille die Grundlage des Vertrages, »Willenstheorie«. Deshalb kann derjenige, der sich geirrt hat, davon wieder loskommen, durch eine sogenannte Anfechtung. Er kann anfechten, wenn sein Wille nicht mit dem übereinstimmt, was er erklärt hat. Jedenfalls in den wichtigsten Fällen, wie hier. Damit wird der Vertrag hinfällig. Aber er muß dem anderen den Schaden ersetzen, der ihm dadurch entstanden ist, daß er sich auf sein Wort verlassen hat. Man nennt das Vertrauensschaden. Er wäre in unserem Fall mit den Frachtkosten hin und zurück anzusetzen. §§ 119 Abs. 1, 122 Abs. 1 BGB:

»Wer bei der Abgabe einer Willenserklärung über deren Inhalt im Irrtum war oder eine Erklärung dieses Inhalts überhaupt nicht abgeben wollte, kann die Erklärung anfechten, wenn anzunehmen ist, daß er sie bei Kenntnis der Sachlage und bei verständiger Würdigung des Falles nicht abgegeben haben würde.«

»Ist eine Willenserklärung ... auf Grund der §§ 119, 120 angefochten, so hat der Erklärende ... den Schaden zu ersetzen, den der andere ... dadurch erleidet, daß er auf die Gültigkeit der Erklärung vertraut.«

Das ist also die Lösung unseres Falles. Es ist ein Kaufvertrag zustande gekommen. Der Käufer kann ihn aber wegen Irrtums anfechten. Er muß es schnell tun, »unverzüglich«, wie es in § 121 BGB heißt. Wenn er das macht, ist der Vertrag unwirksam. Der Käufer braucht den Preis nicht zu zahlen, muß allerdings dem Verkäufer seine Unkosten ersetzen.

Warum dieser Umweg? Dahinter steht die Überlegung, daß auf der einen Seite der Wille die Substanz von Verträgen ausmacht. Die Freiheit. Auf der anderen Seite soll man sich aber auch auf das verlassen können, was andere sagen oder schreiben. Man soll dadurch keinen überflüssigen Schaden erleiden. Die Sicherheit des Warenverkehrs. Im 19. Jahrhundert entstand die moderne Massengesellschaft. Auch im Handel wußte man nicht mehr genau, mit wem man es zu tun hatte, und konnte nicht immer einschätzen, was der andere wirklich meinte, wie früher in der Gemeinschaft des Dorfes oder der kleinen Stadt. Wollte man die Geschäfte nicht durch übermäßige Vorsichtsmaßnahmen oder Nachfragen belasten, mußte man sich was einfallen lassen zum »Schutz des Verkehrs«. So entstand die Willenserklärung, die Anfechtung und die Verpflichtung zum Schutz des Vertrauensschadens, im Interesse der Schnelligkeit des Umsatzes.

So viel zu dem, was Juristen Willensmängel nennen. Nicht nur der Irrtum gehört dazu. Und Anfechtung ist auch nicht die einzige Lösung. Manchmal sind Erklärungen von vornherein unwirksam, von Kindern zum Beispiel, oder wenn jemand entmündigt oder geisteskrank ist. Dann gilt auch nicht, was man gesagt und gewollt hat. Dieser Wille wird von vornherein nicht anerkannt, weil er nicht richtig wollen kann. Das ist das Problem der sogenannten Geschäftsfähigkeit.

Dann gibt es noch einen inzwischen ziemlich großen Bereich, in dem man nicht so wollen darf, wie man will. Nämlich dort, wo tatsächliche Gleichheit der Parteien nicht gegeben, die wirtschaftliche Überlegenheit des einen über den anderen so groß ist, daß er ihm die Bedingungen diktieren kann. Wo also nicht Vereinbarung den Vertrag ausmacht, sondern Hilflosigkeit. Das Problem der Vertragsfreiheit.

»Schrankenlose Vertragsfreiheit zerstört sich selbst. Eine furchtbare Waffe in der Hand des Starken, ein stumpfes Werkzeug in der Hand des Schwachen, wird sie zum Mittel der Unterdrückung des Einen durch den Anderen, der schonungslosen Ausbeutung geistiger und wirtschaftlicher Übermacht. Das Gesetz, welches mit rücksichtslosem Formalismus aus der freien rechtsgeschäftlichen Bewegung die gewollten oder als gewollt anzunehmenden Folgen entspringen läßt, bringt unter dem Schein einer Friedensordnung das *bellum omnium contra omnes* in legale Formen. Mehr als je hat heute auch das Privatrecht den Beruf, den Schwachen gegen den Starken, das Wohl der Gesamtheit gegen die Selbstsucht des Einzelnen zu schützen.«

Niemand hat es besser formuliert als Otto von Gierke 1889 in diesem Vortrag über *Die soziale Aufgabe des Privatrechts*. Aber das BGB hat nicht auf ihn gehört. Als es elf Jahre später in Kraft trat, war es der Kodex einer hemmungslosen Vertragsfreiheit, aalglatt, eiskalt. Äußerlich hat sich daran bis heute sehr wenig geändert. Das BGB sieht noch fast genauso aus wie damals. Aber das täuscht. Man hat es von außen her geändert, durch neue und andere Gesetze.

Das ging sogar ziemlich schnell. Schon im ersten Weltkrieg kam der erste Einbruch, im Mietrecht. Wohnungen wurden knapp, weil die Bautätigkeit nachließ. Schon damals entwickelte man dafür drei Instrumente, die dann immer wieder eine Rolle spielten: Wohnraumbewirtschaftung, Preisregulierung, Kündigungsschutz. Dazu kam in der Weimarer Zeit das Arbeitsrecht. Unser ganzes Arbeitsrecht ist nichts anderes als ein riesiges Instrumentarium zur Einschränkung der Vertragsfreiheit des BGB im Bereich des sogenannten Dienstvertrages der §§ 611–630. Nach dem letzten Krieg übernahmen wir von den Amerikanern die Kartellgesetzgebung. Bis dahin war Deutschland das Eldorado der Monopole, Kartelle und Trusts. Nun durften die Unternehmen sich nicht mehr »frei« zusammenschließen, wie sie wollten, und Marktabsprachen waren auch verboten. Deshalb nannte Ludwig Erhard seine Marktwirtschaft sozial, wegen des Gesetzes gegen Wettbewerbsbeschränkungen von 1957, mit dem das Besatzungsrecht abgelöst wurde. Nun sollten die Preise auch für den kleinen Mann erträglich bleiben durch einen Markt, der nicht mehr in der Hand einiger weniger großer Unternehmen war. Schließlich ging man auch zum Angriff über auf die allgemeinen Geschäftsbedingungen, das »selbstgeschaffene Recht der Wirtschaft«, wie es Hans Großmann-Doerth in einem Buch von 1933 genannt hat. Allgemeine Geschäftsbedingungen gelten deshalb, weil sie sozusagen in freier Vereinbarung von Unternehmen zum Inhalt jedes einzelnen Vertrages mit ihren Kunden gemacht werden, schematisch zwar, aber die Kunden lassen sich darauf ein, und deshalb gilt die Vereinbarung. Zunächst waren es die Gerichte, die immer mehr dazu übergingen, einzelne solcher Klauseln für unwirksam zu erklären, bis dann das Ganze 1976 in einem Gesetz geregelt wurde, im Gesetz über die Allgemeinen Geschäftsbedingungen.

Neben dem Eigentum ist der Vertrag ein Kernelement bürgerlicher Freiheit. Der Wille des einzelnen und die Freiheit der Verträge: *Hoc volo, sic iubeo, sit pro ratione voluntas*. Juvenal in der Sechsten Satire. Das will ich, das ist mein Befehl — statt eines vernünftigen Grundes mein Wille. Sicherlich, es ist manches gemildert. Die Vertragsfreiheit des BGB wurde nicht unerheblich eingeschränkt. Aber per Saldo? Man kann wahrhaftig nicht sagen, das Übel sei an der Wurzel gepackt. Noch immer gilt, was Roger Garaudy 1955 in seinem Buch über die Freiheit etwas kürzer formuliert hat als Otto von Gierke: Unsere Freiheit ist die Freiheit eines freien Fuchses in einem freien Hühnerstall. Die Probleme sind eher größer geworden. In einem ganz anderen Sinn geht es jetzt um Füchse und Hühner. Kaum hat man das soziale einigermaßen in den Griff bekommen, ist nun das ökologische Problem über uns hereingebrochen. Die Kernelemente bürgerlicher Freiheit produzierten noch andere Kernelemente, im Privateigentum und mit der Vertragsfreiheit von Nukem und Alkem, RWE und Siemens, bei Hoffmann La Roche und Hoechst und Bayer, in Seveso und Bhopal. *Sit pro ratione voluntas*.

Delikt

Hier sind wir im ältesten Bereich des Rechts. Es geht um Schadensersatz wegen Verletzungen oder Beschädigungen. Schon lange bevor es Verträge gab, hat es deswegen Streit gegeben, um Körperverletzungen, Diebstahl, Beschädigungen von Sachen, Beleidigungen, Ehebruch, auch schon vor der Entstehung des Staates. Entweder hat man gewaltsam Rache gesucht oder — sehr viel häufiger — über einen Ausgleich verhandelt, meistens in Beratungen von Verwandtschaftsgruppen oder Dorfgemeinschaften. Der Ausgleich bestand in der Leistung von Gütern, Vieh oder Nahrungsmitteln, Kleidung oder Waffen, später auch Edelmetall oder Geld. Es waren Bußen, deren Wert regelmäßig höher gewesen ist als der angerichtete Schaden, so daß der Täter gleichzeitig einen Denkzettel und der Verletzte eine Genugtuung erhielt. Denn vor der Entstehung des Staates gab es kein Strafrecht. Es war ein Privatstrafrecht, das sich später geteilt hat in ein staatliches Strafrecht auf der einen Seite und ein privates Deliktrecht auf der anderen, in dem nun statt erhöhter Bußen nur noch der reine Schadensersatz zu leisten ist. Wenn heute zum Beispiel jemand eine Körperverletzung oder einen Diebstahl begeht, hat er mit zwei Prozessen zu rechnen. Einmal muß er vor das Strafgericht. Dort erwartet ihn eine Geldstrafe oder Gefängnis. Zum anderen kann der Verletzte oder Bestohlene gegen ihn vor dem Zivilgericht auf Schadensersatz klagen, in seltenen Ausnahmefällen sogar noch auf Buße, zum Beispiel auf Schmerzensgeld bei Körperverletzungen (§ 847 BGB).

Wichtigste Vorschrift ist der § 823 Abs. 1 BGB, der schon beim Eigentum erwähnt worden ist:

> »Wer vorsätzlich oder fahrlässig das Leben, den Körper, die Gesundheit, die Freiheit, das Eigentum oder ein sonstiges Recht eines anderen widerrechtlich verletzt, ist dem anderen zum Ersatze des daraus entstehenden Schadens verpflichtet.«

Wie abstrakt unser heutiges Recht ist, sieht man daran, daß wir von einer Verletzung des Eigentums sprechen. Konkret geht es regelmäßig um die Beschädigung von Sachen. Am Auto wird ein Kotflügel eingedrückt, ein Kleid wird zerrissen, ein Glas fällt auf den Boden. Die Beschädigung der

Sache ist eine Verletzung des Eigentums. Es ist im Grunde eine reine Formalität. Aber die konkrete Beschädigung muß erst einmal in die abstrakte Sprache des Bürgerlichen Gesetzbuches übersetzt werden, bevor dessen Vorschrift angewendet werden kann. Bei den Rechtsgütern davor ist das immerhin noch sehr deutlich, also bei Leben, Körper, Gesundheit und Freiheit. Aber was ist ein sonstiges Recht? Es wird als letztes genannt, nach dem Eigentum. Also sind es eigentumsähnliche Rechte, die das Gesetz meint, zum Beispiel das geistige Eigentum im Patent- oder Urheberrecht. Auch der Name gehört dazu, der verletzt wird, wenn man ihn unbefugt gebraucht.

Neben dieser Vorschrift des § 823 Abs. 1 gibt es noch viele andere. Dieser Abschnitt im BGB über sogenannte »unerlaubte Handlungen« hat dreißig Paragraphen. Die Einzelheiten sind nicht so wichtig, wohl aber das Prinzip, das ihnen gemeinsam ist. Man haftet nur für Schäden, die man schuldhaft angerichtet hat, vorsätzlich oder fahrlässig, wie es schon im § 823 Abs. 1 heißt. Vorsätzlich bedeutet das gleiche wie absichtlich. Man weiß, daß man eine Sache beschädigt, und will es auch. Anders bei der Fahrlässigkeit. Man will es nicht, paßt aber nicht auf, ist leichtsinnig, unaufmerksam, achtlos. In der Sprache des BGB, § 276 Absatz 1 Satz 2:

> »Fahrlässig handelt, wer die im Verkehr erforderliche Sorgfalt außer acht läßt.«

Wenn ich vorsichtig zwischen den engen Regalen eines Supermarktes gehe und ein Glas streife, das am äußersten Rand steht und auf den Boden fällt, dann kann ich nichts dafür. Keine Fahrlässigkeit, kein Schadensersatz. Wenn es ordentlich in der Mitte steht und ich werfe es herunter, weil ich zu schnell nach einer Weinflasche dahinter greife, dann ist das fahrlässig und der Wert zu ersetzen.

Von diesem Prinzip des BGB gibt es wichtige Ausnahmen, zum Beispiel bei der sogenannten Tierhalterhaftung des § 833 Satz 1:

> »Wird durch ein Tier ein Mensch getötet oder der Körper oder die Gesundheit eines Menschen verletzt oder eine Sache beschädigt, so ist derjenige, welcher das Tier hält, verpflich-

tet, dem Verletzten den daraus entstandenen Schaden zu ersetzen.«

Von Verschulden ist nicht die Rede. Der Halter des Tieres kann sich völlig korrekt verhalten haben. Allein die Tatsache genügt, daß er es längere Zeit bei sich hatte. Er muß noch nicht einmal Eigentümer sein. Entsteht ein Schaden, hat er ihn zu ersetzen. Warum? Man nennt so etwas Gefährdungshaftung, im Gegensatz zum Verschuldensprinzip. Man haftet, weil man eine Gefahr geschaffen hat. Tiere gelten als gefährlich, weil sie — mindestens manchmal — unberechenbar sind. Auch das ist eine alte Regel. Es gab sie schon im Recht der Antike, bei Griechen, Römern und Germanen. Im Grunde ist sie uralt. In den Zeiten vor der Antike, in vorstaatlichen Gesellschaften, mußte man regelmäßig für jede Schädigung ohne Verschulden einstehen. Der Grund läßt sich nennen. Je gefährlicher das Leben erscheint, desto schärfer sind Regelungen für Schadenshaftung, und in Stammesgesellschaften findet man häufig ein allgemeines Gefühl von Unsicherheit. Erst allmählich hat sich im Deliktsrecht das Verschuldensprinzip durchgesetzt. Und auch heute kommen die meisten Schadensersatzansprüche wieder ohne Verschulden zustande. Es blieb nicht bei § 833.

Das Deliktsrecht gehört zu jenen Teilen des Privatrechts, die sich in der letzten Zeit am meisten verändert haben, neben denjenigen Bereichen des Vertragsrechts, die durch die Einschränkung der Vertragsfreiheit aus sozialen Gründen umgebildet worden sind, also Arbeits- und Mietrecht, und neben dem ständigen Hin und Her im Eherecht. Beim Deliktsrecht liegen die Gründe in der Entwicklung der modernen Technik mit ihren Gefährdungen. Schon damals, als das BGB in Kraft trat, gab es seit fast dreißig Jahren das erste Gesetz dieser Art, das Reichshaftpflichtgesetz von 1871 für den Betrieb von Eisenbahnen. Sie waren die ersten technischen Anlagen, die als besonders gefährlich galten. Deshalb hafteten Eisenbahnunternehmer auch für Schäden ohne Verschulden. Das führte zu jener berühmten Definition des Reichsgerichts im ersten Band seiner Entscheidungen, mit der geklärt wurde, daß auch eine kleine Feldbahn eine Eisenbahn sei im Sinne von § 1 des Reichshaftpflichtgesetzes (RGZ 1.252, im ersten Kapitel). Später kamen andere Gesetze dazu. Das nächste war das Kraftfahrzeuggesetz von 1909. Heute heißt es Straßenverkehrsgesetz, und unverändert gibt es die Bestimmung des § 7:

> »Wird bei dem Betrieb eines Kraftfahrzeugs ein Mensch getötet, der Körper oder die Gesundheit eines Menschen verletzt oder eine Sache beschädigt, so ist der Halter des Fahrzeugs verpflichtet, dem Verletzten den daraus entstehenden Schaden zu ersetzen.«

Vergleicht man das mit dem Text des § 833 BGB, so sieht man, es ist alles fast Wort für Wort übernommen. Nur »derjenige, der das Tier hält«, wurde zum »Halter des Fahrzeugs«. In Verbindung mit der dann eingeführten Pflichtversicherung für Autofahrer bedeutete dies eine Sozialisierung von Kraftfahrzeugschäden. Über die Versicherungsgebühren werden sie bis heute gleichmäßig auf alle Fahrer verteilt. Dagegen waren nicht nur Autofabrikanten Sturm gelaufen, sondern auch die Liberalen, die hier das Prinzip von Freiheit und Verantwortung verraten sahen.

Inzwischen sind viele andere Gesetze gefolgt. Heute gibt es die Gefährdungshaftung für Flugzeuge, Gas-, Elektrizitäts- und Atomkraftwerke, bei der Lagerung radioaktiver Stoffe, für schädliche Wirkungen von Arzneimitteln und die Verunreinigung von Gewässern durch die Industrie.

Neben diesen Spezialgesetzen steht eine andere Entwicklung, die von den Gerichten in Gang gesetzt und durch immer neue Urteile vorangetrieben worden ist. Das findet man ja oft. Wenn der Gesetzgeber nichts tut, müssen die Gerichte reagieren, und zwar durch eine Veränderung in der Anwendung der alten Gesetze. Auch hier ging es um eine Gefährdung, nämlich um die der Verbraucher durch fehlerhafte Industrieprodukte, zum Beispiel durch Konstruktionsfehler bei Autos oder — einer der letzten Fälle — explodierende Limonadenflaschen. Besonders akut wurde das Problem Anfang der sechziger Jahre in der Contergan-Affäre, als Mißbildungen bei Neugeborenen auftraten, die durch den Gebrauch dieses Schlafmittels während der Schwangerschaft verursacht worden waren. Seitdem beschäftigt man sich intensiv mit diesem Problem der sogenannten Produzentenhaftung. Es gab einen großen Prozeß, ein Strafverfahren gegen die Verantwortlichen des pharmazeutischen Unternehmens. Das Verfahren wurde eingestellt, als man sich außerhalb des Gerichts auf eine Abfindungszahlung an die geschädigten Kinder geeinigt hatte. Eine klare juristische Lösung war das natürlich nicht. Für Medikamente kam sie 1976 mit der Gefährdungshaftung des § 84 im Arzneimittelgesetz. Aber was war mit den anderen Fällen?

Der erste stammt schon aus dem Jahre 1912. Damals hatte sich eine Frau in einer Apotheke ein Glas Brunnensalz gekauft, in der Originalpackung der Fabrik »Salzburger Oberbrunnen«. Im Salz waren feine Glassplitter. Dadurch erlitt sie innere Verletzungen mit dauernden Gesundheitsschäden, also ähnlich wie ein kleiner Junge, der vor einigen Jahren durch die Splitter einer explodierenden Limonadenflasche fast ganz erblindet ist.

Juristen stehen hier vor einem doppelten Problem. Erstens geht es um die Frage, wo die Grundlage zu finden ist für solche Schadensersatzansprüche, deren Ursachen dem Gesetzgeber des Bürgerlichen Gesetzbuches noch nicht bewußt waren. Und zweitens besteht für den Geschädigten die Schwierigkeit, irgend jemandem ein Verschulden nachzuweisen. Nach den Vorschriften des BGB ist das meistens notwendig, in der Praxis aber kaum zu leisten, weil man nur selten Einblick erhält in die Produktionsvorgänge größerer Fabriken.

Zuerst zum Problem der Grundlage für solche Ansprüche. Schon in der Mitte des 2. Jahrhunderts n. Chr. hat der römische Jurist Gaius dazu folgendes geschrieben, in seinem weitverbreiteten Anfängerlehrbuch, den *Institutiones*, im 3. Band, § 88:

> »*Omnis enim obligatio vel ex contractu nascitur vel ex delicto.*«
> Deutsch: »Denn jede Verpflichtung entsteht entweder aus Vertrag oder aus Delikt.«

So geht man auch heute noch vor bei solchen Schadensfällen. Zuerst untersucht man, ob es einen Anspruch aus Vertrag gibt. Dann prüft man deliktische Ansprüche. Die aus Vertrag sind günstiger, weil hier die Haftung für das

Verschulden von Mitarbeitern für den Geschädigten vorteilhafter ist.

Nehmen wir den Fall der Frau mit dem Salzburger Oberbrunnen. Einen Vertrag hat sie nur mit dem Apotheker. Also kann sie auch nur gegen ihn vertragliche Ansprüche haben. Es ist ein Kaufvertrag über den Erwerb dieser Flasche Brunnensalz. Daraus könnten sich Schadensersatzansprüche ergeben, wenn ihn ein Verschulden träfe. Aber ihm kann man keinen Vorwurf machen. Er hat weder vorsätzlich noch fahrlässig gehandelt, kann unmöglich alle von den Herstellern gelieferten und verschlossenen Gläser dieser Art öffnen und untersuchen, ob mit dem Inhalt irgend etwas nicht in Ordnung ist. Das gehört nicht zu der »im Verkehr erforderlichen Sorgfalt«. Der wahre Schuldige sitzt in der Fabrik. Aber mit der hat die Frau keinen Vertrag geschlossen. Allenfalls der Apotheker, nämlich dann, wenn er das Salz direkt von der Fabrik gekauft hat und nicht ein Großhändler dazwischengeschaltet war. Allgemein gesprochen: Vertragsbeziehungen zwischen dem Verbraucher und dem Hersteller gibt es in der Regel nicht. Man hat oft versucht, sie über künstliche Brücken herzustellen, mit viel juristischem Scharfsinn. Vergebens. Inzwischen hat man es aufgegeben. Einen vertraglichen Schadensersatzanspruch hat die Frau nicht.

Bleibt das Delikt. Damals, 1912, hat die Frau Glück gehabt. Der Betrieb in Salzburg war klein und überschaubar, hatte nur wenige Mitarbeiter. Und es ist dem Fabrikanten nicht gelungen, den sogenannten Entlastungsbeweis zu führen. Also mußte er Schadensersatz zahlen. Das ist eine komplizierte und völlig verfehlte Spezialvorschrift für die Haftung bei Fehlern von Mitarbeitern, in § 831 BGB, die nur in ganz seltenen Fällen zum Erfolg führt. Wenn der Unternehmer sich dadurch entlasten kann, daß er beweist, er habe alle Mitarbeiter sorgfältig ausgewählt und überwacht, dann braucht er nicht zu zahlen. Dieser Beweis gelingt meistens, und zwar paradoxerweise gerade bei größeren Betrieben. Die brauchen nämlich nur den sogenannten »dezentralisierten Entlastungsbeweis« zu führen. Das heißt, der Unternehmer haftet nur für Verschulden bei der Auswahl oder Überwachung des leitenden Personals, also etwa für den Personalchef und den leitenden Ingenieur. Mehr wollen ihm die Gerichte seit über achtzig Jahren nicht zumuten, obwohl im Gesetz selbst, in § 831 BGB, davon überhaupt nicht die Rede ist. Deshalb denkt man in letzter Zeit auch wieder darüber nach, ob man diese Praxis der Gerichte, die die großen Unternehmen ungerechtfertigt begünstigt, nicht doch wieder ändern sollte, zum Beispiel, indem man den Unternehmer auch verantwortlich macht für fehlerhafte Organisation. Seiner ganzen Anlage nach paßt der § 831 nämlich nur für kleinere Handwerksbetriebe. Er ist ein Biedermeierparagraph, ungeeignet für eine moderne Industriegesellschaft. Damals hatte die Frau Glück. Später konnte man ähnliche Fälle mit dieser Vorschrift nicht mehr lösen. Und die Fälle häuften sich. Man mußte eine andere Lösung finden. Das geschah 1968, im

BGHZ 51.91: Hühnerpest-Fall

Es war einmal ein deutscher Hühnerhof. Der Tierarzt kam und impfte gegen Hühnerpest. Einige Tage später brach sie aus. Viertausend Hühner. »Jedes legt noch schnell ein Ei, und dann kommt der Tod herbei.« Der Impfstoff hatte das Unheil angerichtet, war nicht richtig sterilisiert. Aber warum? Und wer hatte das verschuldet? Das konnte nicht aufgeklärt werden. In einem staatlichen Institut war der Stoff geprüft worden und dann abgefüllt im Betrieb des Herstellers in handelsübliche Gefäße, und zwar von Hand. Dabei konnte der Fehler passiert sein. Man wußte das nicht genau. Eine maschinelle Abfüllung wäre sicherer gewesen. Aber auch die andere Methode war an sich völlig ausreichend.

Der Eigentümer der Hühner klagte gegen den Hersteller des Impfstoffs auf Schadensersatz, und im Prozeß hatte die Firma für den Leiter ihrer Virus-Abteilung und alle dort beschäftigten Mitarbeiter den Entlastungsbeweis erbracht. Deshalb war eine Verurteilung nach § 831 nicht möglich. Die Entscheidung des Bundesgerichtshofes: Die Firma muß trotzdem zahlen. Und zwar nach § 823 Abs. 1, der seitdem als Grundlage für die Produzentenhaftung anerkannt ist:

> »Wer vorsätzlich oder fahrlässig das Leben, den Körper, die Gesundheit, die Freiheit, das Eigentum oder ein sonstiges Recht eines anderen widerrechtlich verletzt, ist dem anderen zum Ersatze des daraus entstehenden Schadens verpflichtet.«

Also die Hauptvorschrift des Deliktsrechts. Auf den ersten Blick ist das verblüffend. Zwar hatte die Firma den Schaden verursacht. Aber im Gesetz wird ein Verschulden vorausgesetzt, Vorsatz oder Fahrlässigkeit. Und das konnte man ihr nicht nachweisen. Die Sache war ja ungeklärt. Aber wenn Juristen Lösungen finden wollen, können sie das auch. Kommt Zeit, kommt Rat, kommt Attentat. Das Attentat auf die Vorschrift des § 823 Abs. 1 BGB bestand darin, daß man hier für die Fälle der Produzentenhaftung eine sogenannte Beweislastumkehr eingeführt hat.

Normalerweise muß immer derjenige alles beweisen, für den die Anwendung eines Gesetzes günstig ist. Wer Schadensersatz fordert, muß beweisen, daß der andere ihn geschädigt hat und daß dies vorsätzlich oder fahrlässig war. Das ist der allgemeine Grundsatz des Beweisrechts, der nirgendwo in einem Gesetz formuliert, aber allgemein anerkannt ist. Davon gibt es einige Ausnahmen. Das BGB sagt manchmal in einzelnen Vorschriften, der andere müsse beweisen, daß er nicht schuldhaft gehandelt habe. Es sind Fälle, in denen es dem Geschädigten erfahrungsgemäß außerordentlich schwerfällt, Vorgänge aufzuklären, die sich in dem etwas entfernteren Bereich des anderen abgespielt haben. Genauso ist es hier auch, sagt der Bundesgerichtshof. Der entscheidende Satz im Urteil:

> »Wird jemand bei bestimmungsgemäßer Verwendung eines Industrieerzeugnisses dadurch an einem der in § 823 Abs. 1 BGB geschützten Rechtsgüter geschädigt, daß dieses Produkt fehlerhaft hergestellt war, so ist es Sache des Herstellers, die Vorgänge aufzuklären, die den Fehler verursacht haben, und dabei darzutun, daß ihn daran kein Verschulden trifft.«

Die Ursachen dafür, daß die Vorgänge im einzelnen nicht aufgeklärt werden können, sagt das Gericht, liegen im Bereich des Produzenten. Also ist es richtig und zumutbar, daß er das Risiko trägt, wenn diese Aufklärung nicht möglich ist.

Wenn man die Vorschrift des § 823 Abs. 1 in ihrem Wortlaut vergleicht mit dem Ergebnis der Entscheidung des Bundesgerichtshofes, dann ist eigentlich alles in Ordnung. Ein Verschulden bleibt erforderlich. Und regelmäßig wird da irgend jemand im Bereich des Produzenten auch fahrlässig gehandelt haben. Nur muß man das jetzt nicht mehr beweisen. Am Wortlaut wird nicht gerüttelt. Aber letztlich? Letzlich läuft es seitdem darauf hinaus, daß die Hersteller von Industrieprodukten ohne Verschulden haften. Denn den Gegenbeweis werden sie kaum je führen können. So hat man aus der Vorschrift eigentlich ihr Gegenteil gemacht. Im Grunde ist sie die Hauptvorschrift der Verschuldenshaftung beim Delikt. Für Industrieprodukte bildet sie seitdem die Grundlage einer Gefährdungshaftung ohne Verschulden. Dahinter steht der Gedanke, daß unser Leben durch die massenweise Herstellung von Industrieprodukten nicht unwesentlich gefährdet wird. Also soll die Industrie auch zahlen, wenn was passiert. Das ist die Kunst der Juristen. Steht im Gesetz »vorsätzlich oder fahrlässig«, können sie daraus eine Gefährdungshaftung machen. Johann Wolfgang von Goethe:

> »Wohl erfunden, klug ersonnen,
> Schön gebildet, zart vollbracht,
> So von jeher hat gewonnen
> Künstler kunstreich seine Macht.«

Allgemeines Persönlichkeitsrecht

Noch etwas ist zu berichten von der Entwicklung des Deliktrechts in letzter Zeit. Man hat ein neues Recht erfunden. Das kommt nicht häufig vor bei Juristen. Es heißt allgemeines Persönlichkeitsrecht und hängt eng zusammen mit dem Hauptfreiheitsrecht des Grundgesetzes in Artikel 2,

> »Jeder hat das Recht auf freie Entfaltung seiner Persönlichkeit, soweit er nicht die Rechte anderer verletzt und nicht gegen die verfassungsmäßige Ordnung oder das Sittengesetz verstößt«,

der entstanden ist als Reaktion auf die Erfahrungen mit dem totalen Staat des Dritten Reiches. »Du bist nichts. Dein

Volk ist alles.« Wie die Rechtsgeschichte so spielt, ist es 1954 erfunden worden für einen der höchsten Repräsentanten dieses Hitler-Reiches. Es ging um die allgemeine Persönlichkeit des Dr. Hjalmar Schacht, der einen Prozeß führte gegen die damals noch liberale *Welt am Sonntag* und ihn gewonnen hat, weil der Bundesgerichtshof zu dem Ergebnis kam, in § 823 Abs. 1 BGB fände sich auch ein allgemeines Persönlichkeitsrecht, das kurz zuvor von einem der bedeutendsten Juristen der Bundesrepublik entdeckt worden war, Hans Carl Nipperdey, dem man ebenfalls nicht vorwerfen kann, er sei untätig gewesen in jener Zeit, die Dr. Schacht erlebt hat als Hitlers Reichsbankpräsident, Wirtschaftsminister und Minister ohne Geschäftsbereich. Ein ehemaliger Naziminister und ein ehemaliger Nazijurist, multipliziert vom Bundesgerichtshof im 13. Band seiner Entscheidungen auf Seite 334, und es entsteht ein durchaus sinnvolles Rechtsinstitut. Minus mal minus gibt plus.

Die Vorgeschichte ist schnell erzählt. Nachdem Hjalmar Schacht im Nürnberger Kriegsverbrecherprozeß freigesprochen worden war und noch einige andere Schwierigkeiten überstanden hatte mit Entnazifizierungsprozessen der deutschen Nachkriegsjustiz, hat er 1951 in Hamburg ein Bankhaus eröffnet. Dazu erschien in der Zeitung ein kritischer Artikel unter der Überschrift »Dr. Hjalmar Schacht und Co. — Politische Betrachtung anläßlich der Gründung eines neuen Bankhauses«. Der Bankier schickte ein Schreiben mit der Forderung auf Gegendarstellung von Behauptungen, die seiner Meinung nach unrichtig waren. Das wurde von der Redaktion gekürzt und als Leserbrief veröffentlicht. Der Bankier war empört. In seinem ganzen Leben hatte er noch nie einen Leserbrief geschrieben, und er wollte es auch in Zukunft nicht tun, denn eine Bitte um Veröffentlichung ist etwas grundsätzlich anderes als die Geltendmachung eines Rechtsanspruchs auf Gegendarstellung, sozusagen als Befehl. Dazu kam noch, daß die Redaktion entstellende Kürzungen vorgenommen hatte. Also klagte Schacht auf Schadensersatz, der hier dadurch geleistet werden sollte, daß die *Welt am Sonntag* die Behauptung zu widerrufen hatte, er habe einen Leserbrief geschrieben mit diesem Inhalt.

Das juristische Problem lag nun darin, daß ein solcher Anspruch auf Schadensersatz an sich nicht zu begründen war. Leben und Freiheit, Körper, Gesundheit und Eigentum von Dr. Schacht waren nicht verletzt, und auch eine andere Vorschrift kam nicht in Betracht, der zweite Absatz des § 823:

> »Die gleiche Verpflichtung« (zum Ersatz des Schadens) »trifft denjenigen, welcher gegen ein den Schutz eines anderen bezweckendes Gesetz verstößt.«

Die Schutzgesetzverletzung. Sogenannte Schutzgesetze finden sich zum Beispiel im Strafrecht. Zwei kamen hier in Frage: Beleidigung und üble Nachrede, § 185 und § 186 des Strafgesetzbuches. Wenn man jemanden beleidigt und er hat dadurch zusätzlich auch noch einen wirtschaftlichen Schaden, muß man nicht nur mit Strafverfolgung rechnen, sondern kann auch vor einem Zivilgericht auf Schadensersatz verklagt werden. § 823 Abs. 2 BGB in Verbindung mit § 185 StGB, sagt man juristisch. Aber Beleidigung und üble Nachrede sind etwas Ehrenrühriges. Und ehrenrührig war es nicht, wenn die *Welt am Sonntag* öffentlich den Eindruck erweckte, Dr. Schacht hätte einen Leserbrief geschrieben. Bitte statt Befehl. Für einen Herrenmenschen mochte das schwer zu ertragen sein. Aber die Bonner Republik war rheinisch-jovial geworden, ein Leserbrief nicht mehr ehrenrührig. Auch die Kürzungen nicht.

Also mußte man einen anderen Weg gehen und erfand das allgemeine Persönlichkeitsrecht. Schon um die Jahrhundertwende hatten einige Juristen gemeint, daß es so etwas gebe. Aber die Mehrheit und die Gerichte waren immer anderer Auffassung. 1952, in seinem *Lehrbuch zum Bürgerlichen Recht*, befand Hans Carl Nipperdey, mit ihm sei die neue Zeit (1. Band, Seite 293):

> »Diese Ansicht kann nicht aufrechterhalten werden, da die Rechtslage eine andere geworden ist. Das Grundgesetz erklärt die Würde des Menschen für unantastbar ... Nach Artikel 2 des Grundgesetzes hat jeder das Recht auf freie Entfaltung seiner Persönlichkeit ... Diese Bestimmungen binden nicht nur die Staatsgewalt, sondern auch die Rechtsgenossen.«

Aus den Volksgenossen waren jetzt Rechtsgenossen geworden, und sie hatten ein neues Recht. Der Bundesgerichtshof sah es genauso, und § 823 Abs. 1 machte es ihm einfach. Denn dort heißt es »das Eigentum oder ein sonstiges Recht«. Also ein sonstiges Recht. Wer es verletzt, ist zum Schadensersatz verpflichtet.

Es ist ein wenig schwierig, genau zu beschreiben, was das eigentlich ist, dieses allgemeine Persönlichkeitsrecht. Allgemein kann man sagen, es sei ein Recht auf Achtung der Privatsphäre eines Menschen, zu der auch sein Ansehen in seiner persönlichen Umgebung gehört. Und anders als bei der Beleidigung und der üblen Nachrede des Strafgesetzbuches, die über § 823 Abs. 2 in das Zivilrecht hineinreichen, genügt schon das fahrlässige Eindringen in diesen Bereich. Vorsatz ist nicht erforderlich. Denn wir bewegen uns im Rahmen des § 823 Abs. 1, und da heißt es »vorsätzlich oder fahrlässig«.

Sehr viel leichter ist es, einzelne Fälle zu nennen, in denen dieses Recht verletzt wird. Wie zum Beispiel den des Dr. Hjalmar Schacht. Der Bundesgerichtshof hat damals gesagt, eine Verletzung des allgemeinen Persönlichkeitsrechts sei es, wenn man Briefe oder sonstige private Aufzeichnungen eines anderen ohne seine Zustimmung veröffentlicht, aber auch, wenn eine Veröffentlichung nicht die individuelle Form hat, die der Verfasser seinen Aufzeichnungen für die Veröffentlichung gegeben hat. Deshalb mußte die *Welt am Sonntag* die Behauptung widerrufen, Schacht hätte einen Leserbrief geschrieben, der auch noch diesen gekürzten Inhalt gehabt habe. Das war das erste Urteil dazu. Inzwischen sind unzählige andere gefolgt.

Das neue Recht verdankt seine Existenz übrigens nicht so sehr der wiederauferstandenen Freiheit in der Verfassung der Bundesrepublik, wie Hans Carl Nipperdey und der Bundesgerichtshof meinten, sondern eher der Entwicklung der modernen Technik, die diese Freiheit mit ihren Massenmedien bedroht. Die meisten Urteile zum allgemeinen Persönlichkeitsrecht gehören hierher. Meistens sind es Leute, die sich zur Wehr setzen gegen Berichte über ihre Privatsphäre. Wenn sie gewinnen, haben sie nicht nur ein Recht auf Widerruf, wie Dr. Schacht. Einige Jahre später ist der Bundesgerichtshof mit einer sensationellen Entscheidung noch einen Schritt weiter gegangen. Man kann auch

Schmerzensgeld verlangen. Das war 1958, im sogenannten Herrenreiter-Fall, der Fortsetzung des Bankier-Falles von 1954. Vom Herrenmenschen zum Herrenreiter. 26. Band der *Entscheidungen des Bundesgerichtshofes in Zivilsachen*, Seite 349.

Wieder ist es ein vermögender Mann gewesen, ein Brauereidirektor in Köln, der eingegriffen hat in die Rechtsgeschichte der Bundesrepublik Deutschland, und zwar, weil man ihm noch ein anderes Vermögen nachsagte. Und das kam so. Er beschäftigte sich nicht nur beruflich mit der Herstellung von Bier, sondern auch privat mit dem Reiten von Pferden, hat an Turnieren teilgenommen und wurde, wahrscheinlich öfter als dieses eine Mal, photographiert, wie er kraftvoll mit dem Tier ansetzte zum Sprung über eine Hürde im Grünen. Dieses Bild hat die Firma Okasa benutzt, die bekannt ist für die Herstellung von Präparaten zur Stärkung der sexuellen Potenz. Sie warb damit in großen Anzeigen, auf Plakaten und in Illustrierten, ohne ihn vorher zu fragen. Einiges wird er schon zu hören bekommen haben in seiner Bekanntschaft, vielleicht auch Anerkennendes, von dem er wohl nur nicht wußte, ob es ernst gemeint sei. Jedenfalls klagte er gegen die Firma auf Schadensersatz, und er hat den Prozeß gewonnen.

Natürlich ist das ein Eingriff in sein allgemeines Persönlichkeitsrecht gewesen. Das war jetzt nicht mehr die Frage. Das Problem war nur, wo war sein Schaden? Schaden im Sinne des § 823 Abs. 1 BGB, das ist ein rein wirtschaftlicher Begriff. Ökonomisch hatte er keine Einbußen. Vielleicht ging sein Bier sogar besser als vorher. Sein Schaden war, wie man juristisch sagt, immateriell. Man hat sich über ihn lustig gemacht, und er wird sich unwohl gefühlt und geärgert haben, nicht nur, wenn er sich wieder an Springturnieren beteiligte. Für solche Fälle gibt es eine ausdrückliche Vorschrift, den § 253 BGB:

> »Wegen eines Schadens, der nicht Vermögensschaden ist, kann Entschädigung in Geld nur in den durch das Gesetz bestimmten Fällen gefordert werden.«

Damals gab es zwei Fälle im BGB, heute noch einen dritten, im Reisevertragsrecht, für verdorbene Urlaubszeit. Der eine Fall in § 1300, das berühmte Kranzgeld, das eine Frau noch heute fordern kann, wenn sie »unbescholten« war, ihrem Verlobten »die Beiwohnung gestattet« hat und er danach die Verlobung wieder auflöst. Merkvers für Jurastudenten: »Der Heilige Geist ist baß verwundert, Maria klagt aus dreizehnhundert.« Der kam nicht in Frage, auch nicht der andere, § 847, das Schmerzensgeld:

> »Im Falle der Verletzung des Körpers oder der Gesundheit sowie im Falle der Freiheitsentziehung kann der Verletzte auch wegen des Schadens, der nicht Vermögensschaden ist, eine billige Entschädigung in Geld verlangen.«

Doch, sagte der Bundesgerichtshof 1958. Der Brauereidirektor kann nach dieser Vorschrift Schmerzensgeld verlangen. Zehntausend Mark mußte die Firma zahlen und die Prozeßkosten, eine Entscheidung, die zwar gerecht ist, im Hinblick auf den Wortlaut des § 847 aber nicht unproblematisch. Es war keine Körperverletzung, und eingesperrt hatte man ihn auch nicht.

Aber hier setzte das Gericht an, bei der Einsperrung. Mit einer Analogie. Man kann ein Gesetz analog anwenden, wenn es zwar nach seinem Wortlaut nicht paßt, wohl aber nach seinem Sinn, griechisch: *logos*. Analogie bedeutet sinngemäße Anwendung, vom griechischen *analogos*: sinngemäß. Wenn der Gesetzgeber an diesen Fall gedacht hätte, sagt man, würde er ihn genauso geregelt haben. Das sagte auch der Bundesgerichtshof 1958 zu § 847. Wenn die Firma Okasa in die Entscheidungsfreiheit des Herrenreiters darüber eingreift, ob sie sein Bild in ihrem Zusammenhang veröffentlichen darf oder nicht, dann sei das genauso zu bewerten, wie wenn sie in seine körperliche Bewegungsfreiheit eingegriffen, auf deutsch: ihn eingesperrt hätte. Denn das allgemeine Persönlichkeitsrecht ist ein Freiheitsrecht.

Es gab manchen Protest dagegen in der juristischen Literatur. Im Namen der Freiheit der Firma. Inzwischen ist er leiser geworden. Der Bundesgerichtshof hat sich mit seiner Rechtsprechung durchgesetzt. Die Vergütung ist heute manchmal etwas höher, wegen der Geldentwertung seit dreißig Jahren. In krassen Fällen sind auch schon mal zwanzigtausend Mark zugesprochen worden.

Bereicherungsrecht

Juristen denken sich nicht viel bei diesem Wort, hören nicht seine Ironie inmitten einer Gesellschaft, die, ja wie soll man sagen ... Jedenfalls ist das Bereicherungsrecht, Spaß beiseite, ein rein technischer Begriff. Es ist geregelt in den §§ 812 bis 822 BGB. Dort hat es auch eine Überschrift, die etwas genauer ist und nicht ganz so irreführend für den normalen Menschenverstand. »Ungerechtfertigte Bereicherung« heißt es da. Am wichtigsten ist § 812 Abs. 1 Satz 1:

> »Wer durch die Leistung eines anderen oder in sonstiger Weise auf dessen Kosten etwas ohne rechtlichen Grund erlangt, ist ihm zur Herausgabe verpflichtet.«

Wohlgemerkt: ohne rechtlichen Grund. Und das heißt in erster Linie, das Bereicherungsrecht ist ein juristischer Mechanismus zur Rückabwicklung fehlgeschlagener Verträge. Wie zum Beispiel in dem Fall aus dem Vertragsrecht. Man erinnert sich (unter dem Stichwort Vertrag):

> Jemand will eine Maschine kaufen und verhandelt darüber am Telefon. Der Verkäufer bietet sie ihm für fünfzigtausend Mark an. Der andere hört nicht richtig hin und versteht fünfzehntausend. Das ist ein günstiges Angebot, denkt er und sagt: »Ja, zu diesem Preis nehme ich sie.« Die Maschine wird geliefert, und bald darauf kommt auch die Rechnung. In ihr steht der Preis von fünfzigtausend.

Was ist mit der Maschine? Wem gehört sie? Dem Käufer. Sie wurde ihm geliefert, übergeben, und man war sich einig, daß er Eigentümer werden soll.

Nun merkt der Käufer, daß er sich geirrt hat, und ficht den Vertrag an. Das kann er, wie gesagt, nach § 119 BGB. Dann ist der Kaufvertrag unwirksam. Und was ist jetzt mit der Maschine? Wem gehört sie nun? Immer noch dem Käufer. Der Fehler liegt im Kaufvertrag. Die Übereignung muß man davon unterscheiden. Sie ist abstrakt. § 929 BGB, in dem der Grund für die Übereignung nicht genannt wird:

> »Zur Übertragung des Eigentums an einer beweglichen Sache ist es erforderlich, daß der Eigentümer die Sache dem Erwerber

> übergibt und beide darüber einig sind, daß das Eigentum übergehen soll.«

Kann der Käufer die Maschine behalten? Nein, er muß sie zurückgeben. Das merkwürdige Ergebnis des Abstraktionsprinzips wird wieder ausgeglichen durch das Bereicherungsrecht. Das Bereicherungsrecht ist sozusagen der technische Ausgleich für das Abstraktionsprinzip. Denn jetzt, wo der Kaufvertrag unwirksam ist, fehlt der »rechtliche Grund« für diesen Erwerb. Also hat der Verkäufer einen Anspruch auf Rückübereignung der Maschine nach § 812 Abs. 1 Satz 1:

> »Wer durch die Leistung eines anderen oder in sonstiger Weise auf dessen Kosten etwas ohne rechtlichen Grund erlangt, ist ihm zur Herausgabe verpflichtet.«

So einfach ist das, wenn man es einmal verstanden und nicht wieder vergessen hat. Schwierig wird es erst bei drei Personen. Der eine sagt dem anderen, er solle einem Dritten etwas geben. Eine Anweisung. Der andere macht das auch. Weil er meint, er würde es dem einen schulden. Und dann stellt sich heraus, daß irgend etwas nicht stimmt. Der andere schuldete dem einen nichts oder der eine nicht dem Dritten. Wer kann was von wem verlangen? Bei dieser Frage fährt nicht nur Jurastudenten ein Schreck in die Glieder. Leistungskondiktion im Dreiecksverhältnis heißt das interessante Thema. Dazu gleich mehr im Elektroherde-Fall.

Merkwürdigerweise findet sich hier im Bereicherungsrecht noch etwas ganz anderes, nämlich Ausgleich in ganz anderen Fällen, nicht nur für fehlgeschlagene Verträge. Übliches Beispiel:

> Mieter M verirrt sich in den Kohlenkeller seines Nachbarn N, hält ihn für seinen eigenen, nimmt zwei Eimer Briketts und verheizt sie in seinem Ofen.

Hier gibt es keinen Vertrag zwischen M und N. Trotzdem kann N von M den Wert der Kohlen verlangen, nach § 812 Abs. 1 Satz 1, weil der sie ohne rechtlichen Grund auf Kosten des anderen erlangt hat. Man nennt das eine Eingriffskondiktion. Im Gegensatz zur Leistungskondiktion, wobei Kondiktion nur ein anderer Ausdruck ist für den

Bereicherungsanspruch. Die Leistungskondiktion ist der Anspruch auf Rückabwicklung fehlgeschlagener Verträge, also etwa der des Verkäufers auf Rückübereignung der gelieferten Maschine. Er hatte sie geleistet, was bedeutet, daß er sie ihm bewußt gegeben hat. Anders die Briketts. Die hat M von N nicht durch dessen Leistung erhalten, sondern durch eigenen Eingriff. Das ist in § 812 Abs. 1 Satz 1 umschrieben mit den Worten »in sonstiger Weise«:

> »Wer durch die Leistung eines anderen oder in sonstiger Weise auf dessen Kosten etwas ohne rechtlichen Grund erlangt, ist ihm zur Herausgabe verpflichtet.«

Die versehentliche Wegnahme und der Verbrauch der Briketts sind ein Eingriff in das Eigentum des N. Man sieht, das ist etwas ganz anderes als die Leistungskondiktion. Die gehört zum Vertragsrecht. Die Eingriffskondiktion ist Haftung für Eingriffe in fremde Rechte. Gebrauch oder Verbrauch fremder Sachen oder Rechte, so lautet die juristische Formel. Das gehört ins Deliktrecht. Es handelt sich um eine Haftung ohne Verschulden, wie bei der Gefährdungshaftung. Aber sie erstreckt sich nicht auf einen Schadensersatz, der sich nach dem Vermögen des Geschädigten richtet, sondern nur auf Herausgabe dessen, was im Vermögen des Schädigers noch vorhanden ist. N hat die Kosten für zwei Eimer Briketts gespart. Dieser Wert ist noch in seinem Vermögen. Das muß er herausgeben.

Bleibt noch eine Merkwürdigkeit. Warum sind zwei so völlig verschiedene Fälle wie Leistungskondiktion und Eingriffskondiktion, Vertragsrecht und Deliktrecht, in einer einzigen Vorschrift des BGB gemeinsam geregelt? Und noch dazu in einem einzigen Satz? Nun, die Erklärung ist einfach. Damals, bei der Abfassung des BGB im 19. Jahrhundert, hat man den Unterschied noch nicht so klar gesehen. Zuweilen schläft auch Homer. Erst später, seit den dreißiger Jahren, ist das besser verstanden und geklärt worden, von Walter Wilburg und Ernst von Caemmerer, beide Schüler Ernst Rabels, der wohl der bedeutendste deutsche Jurist dieses Jahrhunderts gewesen ist. 1963 ist das dann auch vom Bundesgerichtshof anerkannt und damit »herrschende Meinung« geworden. Das war:

BGHZ 40.272: **Elektroherde-Fall**

Es ging um 19 Elektroherde und 20 Warmwasserspeicher. Eines Tages wurden sie auf eine Baustelle geliefert, von einer Großhandelsfirma. Die verlangte Bezahlung von dem Grundstückseigentümer. Der weigerte sich, wurde verklagt und hat den Prozeß gewonnen. Es war nämlich noch jemand anderes im Spiel. Eine Elektroinstallationsfirma.

Das ist also solch ein gefürchtetes Dreiecksverhältnis. Nennen wir die Großhandelsfirma G, den Eigentümer des Wohnblocks E und die Elektroinstallationsfirma F. Im einzelnen hatte sich das Ganze so abgespielt, daß E zuerst der Firma F den Auftrag gegeben hat, in seinem Neubau die elektrischen Leitungen zu legen, Lampen anzubringen und eben jene 19 Elektroherde und 20 Warmwasserspeicher. Man nennt so etwas einen Werklieferungsvertrag. Er ist zwischen E und F geschlossen worden. Darauf wandte sich F an G, wollte dort die Geräte kaufen. G war auch grundsätzlich bereit zu liefern, allerdings nur unter besonderen Bedingungen. F ist nämlich in finanziellen Schwierigkeiten gewesen, und G wußte das. Deshalb vereinbarten sie, daß der Kaufvertrag nicht zwischen ihnen geschlossen werden sollte, sondern direkt zwischen der Großhandelsfirma und dem Grundstückseigentümer. Der hatte Geld. F sollte nur eine Provision erhalten. Also schickte G an E eine »Auftragsbestätigung«.

```
            Lieferung
    G ─────────────────── E
    │                    ╱
    │                   ╱
 Kein Kaufvertrag      ╱
    │              Werklieferungsvertrag
    │            ╱
    │          ╱
    F ──────╱
```

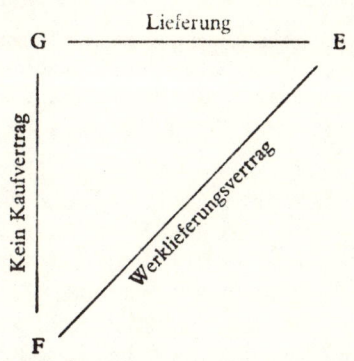

Aber die wurde von E wieder an G zurückgeschickt. Das geht mich nichts an, schrieb er zurück. Ich habe meinen

Vertrag mit der Firma F. Mit euch habe ich nichts zu tun. Trotzdem lieferte G die 19 Elektroherde und 20 Warmwasserspeicher auf die Baustelle. Dort wurden sie von einem Monteur der Firma F in Empfang genommen und der Lieferschein von ihm unterschrieben. Er hat sie auch noch in den Wohnungen aufgestellt, eingebaut und angeschlossen. Dann passierte, was die Großhandelsfirma G vorausgesehen hatte. Die Elektroinstallationsfirma F fiel in Konkurs. Und nun verlangte G von E die Zahlung von 10000 Mark für die Geräte. So viel zum Sachverhalt des Elektroherde-Falls.

Zu seinem juristischen Problem noch einige Vorüberlegungen. Wie ist es mit den Vertragsbeziehungen zwischen den dreien? Ziemlich einfach. Zwischen E und F gibt es einen Werklieferungsvertrag, nach dem F verpflichtet ist, dem E die Elektroherde zu besorgen und zu installieren. Zwischen E und G ist kein Vertrag zustande gekommen, denn das hat E ausdrücklich abgelehnt. Auch nicht zwischen G und F, weil das von G abgelehnt wurde. Und wie ist es mit dem Eigentum an den Geräten? Eine Übereignung nach § 929 hat wohl nicht stattgefunden. Sie sind in anderer Weise Eigentum des E geworden, nämlich nach § 946 BGB:

> »Wird eine bewegliche Sache mit einem Grundstück dergestalt verbunden, daß sie wesentlicher Bestandteil des Grundstücks wird, so erstreckt sich das Eigentum an dem Grundstück auf diese Sache«.

Was wesentliche Bestandteile sind, ergibt sich aus § 94 BGB:

> »Zu den wesentlichen Bestandteilen eines Grundstücks gehören die mit dem Grund und Boden fest verbundenen Sachen, insbesondere Gebäude ... Zu den wesentlichen Bestandteilen eines Gebäudes gehören die zur Herstellung des Gebäudes eingefügten Sachen.«

Alles ein wenig kompliziert, aber eindeutig. Da ein Wohngebäude heute ohne Herd und Warmwasser unvollständig ist, sind die Geräte »zur Herstellung eingefügt« und damit auf diese Weise Eigentum des E geworden. So weit die Vorüberlegungen. Nun zum eigentlichen juristischen Problem.

G hat gegen E keinen vertraglichen Anspruch auf Bezahlung der Geräte, etwa nach § 433 Abs. 2 aus dem Kaufvertrag:

»Der Käufer ist verpflichtet, dem Verkäufer den vereinbarten Kaufpreis zu zahlen . . .«,

denn ein Vertrag wurde zwischen den beiden nicht geschlossen. Bleibt nur ein Bereicherungsanspruch nach § 812 Abs. 1 Satz 1:

»Wer durch die Leistung eines anderen oder in sonstiger Weise auf dessen Kosten etwas ohne rechtlichen Grund erlangt, ist ihm zur Herausgabe verpflichtet«.

Eine Leistunsgkondiktion? G hat die Geräte auf die Baustelle des E geliefert. Ohne rechtlichen Grund, denn ein Kaufvertrag bestand zwischen den beiden nicht. Also kommt eine Leistungskondiktion ohne weiteres in Frage. Nein, sagt der Bundesgerichtshof, G hat keine Leistungskondiktion gegen E. Warum nicht? Nun kommt eine sehr formalistische Argumentation, hinter der aber durchaus vernünftige Überlegungen zur Interessenlage stehen.

Zuerst die formalistische Argumentation. G hat an E die Geräte nicht »geleistet«. Eine Leistung im Sinne des § 812 Abs. 1 hat zwei Voraussetzungen. Erstens muß man dem anderen etwas gegeben, gezahlt oder sonst irgend etwas für ihn getan haben. Das war hier der Fall. Zweitens muß das zum Zweck der Erfüllung eines Vertrages geschehen. Und das war hier nicht der Fall, sagt der Bundesgerichtshof. Zwar wollte G durchaus diesen Zweck verfolgen, denn offensichtlich ging die Großhandlung bei der Lieferung davon aus, der Vertrag sei mit E geschlossen. Aber für E sah das ganz anders aus. Für E bestand der Vertrag mit F. Dieser Vertrag sollte für ihn erfüllt werden, und zwar von F. G war dabei aus der Sicht des E nur als Hilfsperson tätig, die ihm gegenüber keine eigenen Zwecke erfüllte. Und in solchen Irrtumsfällen, wenn G und E jeweils verschiedene Vorstellungen haben, dann entscheidet eben die Sicht des Empfängers. Die sogenannte Lehre vom Empfängerhorizont. E konnte nicht davon ausgehen, daß G ihm die Geräte geliefert hat, um damit einen Vertrag zu erfüllen, der zwischen ihnen geschlossen worden sein könnte. Das hatte er ja ausdrücklich abgelehnt. Also war das keine Leistung des G an E.

Nun die vernünftigen Überlegungen dahinter. Der Fehler ist bei G passiert. Die Großhandelsfirma ist gemeinsam mit F vom normalen Verfahren abgewichen und hat dann noch nicht einmal das Protestschreiben des E richtig zur Kenntnis genommen. Also soll sie auch das Risiko des Konkurses der F tragen. Denn darum geht es. Wenn E nämlich, was wahrscheinlich ist, die Geräte bei F schon bezahlt hat, müßte er jetzt ein zweites Mal zahlen und hätte keine Chance, sein Geld von F wiederzukriegen, allenfalls die Konkursquote in Höhe von wenigen Prozenten.

So weit, so gut. Es gibt für G aber noch eine zweite Möglichkeit: eine Eingriffskondiktion. Wenn man auf diese Weise sein Eigentum nach § 946 BGB verliert, daß die Sachen im Grundstück eines anderen eingebaut werden, dann ist das ein Eingriff des Grundstückseigentümers in das bisherige Eigentum an diesen Sachen. Deshalb bestimmt § 951:

> »Wer infolge der Vorschriften der §§ 946 bis 950 einen Rechtsverlust erleidet, kann von demjenigen, zu dessen Gunsten die Rechtsänderung eintritt, Vergütung in Geld nach den Vorschriften über die Herausgabe einer ungerechtfertigten Bereicherung fordern«.

Danach hätte G gegen E eine Eingriffskondiktion »in sonstiger Weise«, wie es in § 812 Abs. 1 Satz 1 vorgesehen ist? Nein, sagt der Bundesgerichtshof. Aus den gleichen vernünftigen Überlegungen. Mit der formalistischen Begründung: Eine Eingriffskondiktion auf Geleistetes ist nicht möglich. Hier gilt die Lieferung der Elektrogeräte ja als Leistung der F. Das war eine Leistung im Rahmen eines wirksamen Vertrages. Der darf nicht wieder aufgerissen werden. Deshalb darf ein Dritter keine Eingriffskondiktion haben. G soll sich gefälligst an F wenden. Gegen sie hat er einen Ausgleichsanspruch. Die Einzelheiten sind jetzt nicht so wichtig, denn dieser Anspruch besteht ohnehin nur in Höhe der Konkursquote.

Das ist er also, der berühmte Elektroherde-Fall, etwas kompliziert, zugegeben. Aber das mußte auch mal sein. Er sollte einen Eindruck geben von den Höhenflügen juristischer Argumentation, die im übrigen selbst von manchen Juristen nicht mehr verstanden werden. Außerdem ist das Urteil in letzter Zeit wieder kritisiert worden, besonders die

Lehre vom Empfängerhorizont und der Satz, daß eine Eingriffskondiktion auf Geleistetes nicht möglich sei. Das Urteil ist nämlich nur dann richtig, wenn E tatsächlich die Geräte bei F schon bezahlt hat, was man wohl annehmen kann. Für diesen Fall gibt es aber eine viel einfachere Lösung. Man könnte nämlich sagen, eine Leistungskondiktion der Firma G gegen E sei gegeben. Denn G hat damit einen Vertrag erfüllen wollen, hat damit einen Zweck verfolgt, der die Lieferung auch zur Leistung macht. Und wenn E schon an F gezahlt hat, ist er nicht mehr bereichert, braucht deshalb auch nichts mehr zurückzuzahlen. Das ist nämlich eine nicht unwichtige Vorschrift im Bereicherungsrecht, § 818 Abs. 3 BGB:

> »Die Verpflichtung zur Herausgabe oder zum Ersatze des Wertes ist ausgeschlossen, soweit der Empfänger nicht mehr bereichert ist.«

Wie auch immer, die Vorstellung »Bereicherungsrecht« ist hiermit beendet.

Miete, Dienstvertrag, Werkvertrag

Immer geht es um Leistungen gegen Geld. Insofern sind alle drei letzlich nur Spielarten des Kaufvertrages. Die Miete zum Beispiel. Wenn ich ein Haus miete, zahle ich ein Entgelt und bleibe drin, solange es vereinbart ist. Gebrauchsüberlassung auf Zeit, heißt das juristisch. Wie ist es beim Kauf? Da geht das Haus über in mein Eigentum, für alle Ewigkeit, wenn ich sie denn erlebe. Der Unterschied sind fünf oder fünfzig Jahre. Was ist also die Miete? Letztlich nichts anderes als Kauf auf Zeit. So könnte man es juristisch konstruieren. Das tut man aber nicht, denn das darf es nicht geben, Eigentum auf Zeit. Um Himmels willen! Statt dessen legen wir großen Wert auf das Eigentum des Vermieters, auch wenn der Vertrag noch läuft. Das war schon für die alten Römer wichtig, und insofern hat sich wenig geändert. Selbst der hochmoderne Leasing-Vertrag ist nichts anderes als eine ordinäre Miete, mit etwas ungünstigeren Bedingungen, wenn man von den Vorteilen für diejenigen absieht, die damit ihre Steuern senken.

Die drei Verträge sind geregelt im BGB. Bei der Miete wird dafür gezahlt, daß jemand eine Sache zum Gebrauch überläßt. Beim Dienstvertrag geht es um Entgelt für Arbeit. Es wird nach Zeit bezahlt, mit Stunden- oder Monatslohn. Ähnlich, aber etwas anders, ist es beim Werkvertrag. Auch hier soll jemand für einen anderen etwas tun, ein Haus bauen, einen Anzug reinigen oder ein Auto reparieren. Aber es ist ein Vertrag nur über dieses eine »Werk«. Wie lange er dafür braucht, ist seine Sache. Wichtig ist nur, daß etwas fertig wird, ein Haus gebaut, ein Anzug gereinigt oder das Auto repariert. Juristisch formuliert man, daß beim Dienstvertrag zeitlich bemessene Dienste geschuldet sind und beim Werkvertrag ein Erfolg.

Für Millionen von Arbeitnehmern ist der Dienstvertrag an sich nur in zwanzig Paragraphen des BGB geregelt, von § 611 bis § 630. Je weniger Vorschriften, um so größer die Vertragsfreiheit. Aber hier ist das eine Täuschung. Viel wichtiger sind die unzähligen Regeln des Arbeitsrechts, die seit 1918 außerhalb des BGB entwickelt wurden. Dazu im einzelnen später, im siebten Kapitel.

Am wenigsten hat sich verändert beim Werkvertrag. Er ist sozial nicht so prekär. Nur das Reisevertragsrecht ist 1979 ergänzt worden, nachdem Pauschalreisen und Urlaub für die große Masse der Menschen immer mehr Bedeutung bekommen hatten. Man hat das ganz vernünftig gemacht, mit manchem Schutz für den kleinen Mann, in elf Paragraphen von § 651a bis § 651k BGB.

Nirgends ist die Vertragsfreiheit des BGB sozial so gefährlich wie beim Dienstvertrag und beim Mietvertrag. Nirgendwo ist die Gefahr so groß wie hier, daß der wirtschaftlich Stärkere dem Schwächeren die Bedingungen diktiert und seine Lebensbedingungen auf das Existenzminimum reduziert. So war es im 19. Jahrhundert, mit unendlicher Not und unendlichem Leid der Arbeiter, auch noch um 1900, als das BGB in Kraft trat, das nichts dagegen unternommen hat. Die Lage änderte sich mit dem ersten Weltkrieg, zuerst im Mietrecht, noch während des Krieges, dann im Arbeitsrecht, nach dem Krieg. Im Arbeitsrecht ist dieser Prozeß der sozialen Sicherung bisher weiter gediehen, weil die Arbeitnehmer mit den Gewerkschaften ziemlich wirksame Interessengruppen haben. Das Verhältnis zwischen Starken und Schwachen, Unternehmern und Arbeitnehmern ist ungefähr ausgeglichen, die Vertragsfreiheit des BGB weitgehend beseitigt.

Im Mietrecht ging das nicht so gut, aus dem einfachen Grund, daß es hier nicht so mächtige Interessengruppen gibt. Mietervereine sind schwach. Sie haben kein Streikrecht. Wohnen muß man immer, arbeiten nicht. So sind die schlimmsten Auswüchse nur von Staats wegen gemildert worden, zuerst in Kriegszeiten, als der Wohnraum noch knapper wurde als vorher, und allmählich als dauerndes soziales Programm. Es ist bei weitem noch nicht befriedigend erfüllt. Eine entscheidende Wende kam erst in der zweiten Hälfte dieses Jahrhunderts, ein kleines Wunder, das die sozialliberale Koalition vollbracht hat. Kaum jemand hat es gemerkt. 1974 wurde zum erstenmal eine wichtige soziale Verbesserung direkt in das BGB übernommen, in § 564b, der den Vermietern eine ihrer schärfsten Waffen nahm, die Kündigung. Seitdem können nur noch Mieter den Vertrag auflösen, der für sie so wichtig ist. Der Vermieter hat ein Kündigungsrecht nur noch in drei Ausnahmefällen. Er kann kündigen, wenn der Vermieter seine vertraglichen Pflichten nicht erfüllt, zum Beispiel die Miete nicht zahlt, zweitens bei Eigenbedarf und drittens bei Änderung der wirtschaftlichen Verwertung, also etwa bei Abbruch und Neubau.

Mieterhöhungen waren vorher oft so gelaufen, daß der Vermieter den Vertrag kündigte und den Abschluß zu neuen Bedingungen anbot. Das war die sogenannte Änderungskündigung. Sie ist nicht mehr möglich. Statt dessen gibt es ein kompliziertes Verfahren mit komplizierten Voraussetzungen, einen Kompromiß zwischen den gegensätzlichen Interessen der Parteien dieser sozialliberalen Koalition bei der Neuregelung von 1974. Mit umfangreichen Regelungen, nicht im BGB, sondern außerhalb, im »Gesetz zur Regelung der Miethöhe«. Nur unter bestimmten Bedingungen kann die Miete erhöht werden, höchstens um 10% jährlich und nur unter Berufung auf einen offiziellen Mietspiegel oder auf eine entsprechend hohe Miete bei drei anderen vergleichbaren Wohnungen im gleichen Ort. Der

Mieter kann die Zustimmung verweigern. Dann muß der Vermieter vor dem Amtsgericht klagen und beweisen, daß die Voraussetzungen für die Erhöhung erfüllt sind.

Inzwischen ist es für die Vermieter wieder etwas einfacher geworden. Eine der ersten Maßnahmen der neuen liberalkonservativen Koalition war die sogenannte Staffelmiete. Im Herbst 1982 ist Helmut Schmidt gegangen. Und noch im Dezember des gleichen Jahres hat man sie in das Miethöhegesetz eingebaut, durch ein Gesetz mit der schönen Bezeichnung »zur Erhöhung des Angebots an Mietwohnungen«. Bei Neuvermietungen können Hauseigentümer seitdem verlangen, daß im Vertrag für die nächsten zehn Jahre jeweils im voraus feste Mieterhöhungen vereinbart werden, im Namen der Freiheit und »zur Erhöhung des Angebots an Mietwohnungen«.

Darlehen, Bürgschaft, Pfandrechte

Ob ein Minus oder Plus auf dem Konto bei der Bank, das ist juristisch gleichgültig, nämlich in beiden Fällen ein Darlehen, entweder von der Bank an den Kunden oder umgekehrt. Nimmt man noch die große Zahl derjenigen Verträge dazu, in denen Darlehen bewilligt werden, die man auch so bezeichnet und im einzelnen regelt, mit Laufzeit und Zinsen, dann wird deutlich, daß dieser juristisch unkomplizierte Vertrag tatsächlich eine außerordentlich große Rolle spielt. Er ist sehr alt, als Geschäft mit zeitlich aufgeschobener Wirkung der älteste überhaupt, älter als der Kauf, der zunächst nur als Barkauf bekannt war. Man findet ihn schon auf sumerischen Urkunden des 3. Jahrtausends v. Chr. Das BGB braucht dafür nur fünf Paragraphen (§§ 607 bis 610). Der wichtigste steht weiter vorn, § 138 Abs. 1:

»Ein Rechtsgeschäft, das gegen die guten Sitten verstößt, ist nichtig.«

Der Wucher spielt heute besonders beim Darlehen eine Rolle, meistens von sogenannten Teilzahlungsbanken. Sie geben Kredit auch an weniger sichere Kunden und lassen sich dieses Risiko teuer bezahlen. Manchmal zu teuer. Der

Vertrag ist dann unwirksam, und der Kunde hat Glück im Unglück. Zinsen braucht er dann gar nicht zu zahlen, kann aber das Darlehen für die vereinbarte Zeit behalten.

Für den Wucher gibt es an sich eine spezielle Vorschrift, im zweiten Absatz desselben § 138, den man aber seit einiger Zeit nicht mehr anwendet, weil er eine vorsätzliche »Ausbeutung« voraussetzt, die schwer zu beweisen ist. Also löst man das Problem heute nach Absatz 1, als allgemeine Sittenwidrigkeit, verwendet die dafür übliche Formel, daß sittenwidrig ist, was dem Anstandsgefühl aller billig und gerecht Denkenden widerspricht, und sagt, diesem Anstandsgefühl würden Ratenkreditverträge unter bestimmten Bedingungen widersprechen. Wann die Wuchergrenze erreicht ist? Dazu gibt es eine umfangreiche Rechtsprechung. Man findet sie im Palandt zu § 138 (Anmerkung 2.b). Faustregel ist, das Doppelte des marktüblichen Zinssatzes darf nicht überschritten werden, auch wenn man die Nebenkosten dazurechnet, wie Bearbeitungs- oder Auskunftsgebühren und Vermittlungsprovision.

Juristisch kompliziert ist das ganze Drumherum, das Recht der Sicherheiten für solche und andere Schulden. Es gibt zwei Grundformen, seit uralten Zeiten: Bürgschaft und Pfand. Die eine als Sicherheit durch eine andere Person, die andere mit Sachen.

Die Bürgschaft ist gefährlicher. Denn oft gibt der Bürge sein Wort nur aus persönlicher Sympathie und eher nebenbei, ohne ernsthaft damit zu rechnen, daß er wirklich selbst zahlen muß. »Bürgschaft — schon ist Unheil da«, ein Sprichwort im alten Griechenland, angeblich von einem der Sieben Weisen, Thales von Milet. Deshalb verlangt das BGB die Schriftform, damit man besser merkt, daß es mal ernst werden kann. § 766:

> »Zur Gültigkeit des Bürgschaftsvertrages ist schriftliche Erteilung der Bürgschaftserklärung erforderlich.«

Anders beim Pfand. Das ist sowieso schon weg. Man muß es nämlich dem Gläubiger geben, § 1205:

> »Zur Bestellung des Pfandrechts ist erforderlich, daß der Eigentümer die Sache dem Gläubiger übergibt und beide darüber einig sind, daß dem Gläubiger das Pfandrecht zustehen soll.«

Ein Pfand gibt dem Gläubiger das Recht, die Sache zu verkaufen und sich aus dem Erlös das zu nehmen, was ihm der Schuldner nicht gezahlt hat. Das BGB kennt also nur das sogenannte Faustpfand. Aber die Weisheit der Juristen hat es geschafft, neue Wege zu gehen. Es gibt heute Bürgschaften ohne Schriftform und Pfandrechte ohne Übergabe. Wie man das macht? Ganz einfach. Man muß nur ein neues Wort finden. Recht ist Sprache.

Eine Bürgschaft ohne Schriftform ist zum Beispiel der Schuldbeitritt. Manche nennen es auch Schuldmitübernahme. Im BGB wird man diese Worte vergeblich suchen. Es ist eine neue Konstruktion, die aber allgemein anerkannt ist. Zum Beispiel sagt Herr X einer Bank: »Na gut, ich komme für die Schulden von Herrn Ypsilon auf.« Das ist an sich der typische Fall einer Verpflichtung als Bürge. Wenn er es nur sagt, und nicht schreibt, ist die Bürgschaft nach § 766 unwirksam. Der Bank kann jedoch geholfen werden, mit der Annahme, das sei ein Schuldbeitritt. Für den ist die Schriftform nicht notwendig, sagt man. Es ist nämlich möglich, diesen Satz des Herrn X auch so zu verstehen, daß er in anderer Weise neben Herrn Y für diese Schulden haften will, und zwar genauso wie dieser, als Schuldner, nicht als Bürge. Ein minimaler Unterschied.

Theoretisch ist es so, daß der Schuldner in erster Linie verpflichtet ist und der Bürge nur hilfsweise, in zweiter Linie. Aber praktisch kann man in den meisten Fällen auch gleich den Bürgen zur Zahlung auffordern. Wenn er sich »selbstschuldnerisch« verpflichtet hat, was fast immer gefordert wird. Mit anderen Worten, der Schuldbeitritt ist das gleiche wie eine selbstschuldnerische Bürgschaft, nur ohne die Hürde des § 766. Eine Schriftform ist nicht notwendig. Statt eines Schuldners und eines Bürgen hat die Bank jetzt einfach zwei Schuldner. Wegen der Umgehung des § 766 haben Juristen hier allerdings doch ein schlechtes Gewissen. Deshalb sagt man, der Schuldbeitritt sei grundsätzlich nur möglich bei einem eigenen sachlichen Interesse des X. Ein rein persönliches, wie bei der Bürgschaft, genügt nicht. Wenn also X zum Beispiel Mieter im Haus des Y ist und verhindern will, daß es von der Bank zwangsversteigert wird, dann hat er ein eigenes wirtschaftliches Interesse an der Begleichung der Schuld des Y, und seine Erklärung ist wirksam. Die Bank kann von ihm das Geld verlangen.

Wie man die Regeln für die Bürgschaft mit dem Schuldbeitritt umgehen kann, so ist es beim Pfandrecht möglich mit dem Sicherungseigentum. Wenn ich meinem Gläubiger ein wertvolles Bild verpfänden will, es aber nicht nach § 1205 BGB aus der Hand geben, sondern bei mir zu Hause an der Wand hängen lassen möchte, dann brauche ich es ihm nur zur Sicherung zu übereignen. Zwar ist an sich auch für die Übereignung eine Übergabe notwendig, nach § 929. Aber anders als beim Pfandrecht gibt es hier noch eine zweite Möglichkeit. Nach § 930, das sogenannte Besitzkonstitut:

> »Ist der Eigentümer im Besitze der Sache, so kann die Übergabe dadurch ersetzt werden, daß zwischen ihm und dem Erwerber ein Rechtsverhältnis vereinbart wird, vermöge dessen der Erwerber den mittelbaren Besitz erlangt.«

Das ist sehr juristisch formuliert, aber leicht zu erklären. Ich bin Eigentümer des Bildes. Der Gläubiger will das Eigentum erwerben. Dann brauche ich mit ihm nur zu verabreden, er soll es haben, aber bei mir zu Hause lassen, indem er es mir leiht. Die Leihe ist dann das Rechtsverhältnis, »vermöge dessen der Erwerber den mittelbaren Besitz erlangt«, das sogenannte Besitzkonstitut. Es bedeutet nur, daß ich das Bild weiter bei mir habe, in meinem Besitz, unmittelbar. Diesen Besitz habe ich aber jetzt als Vertreter des Gläubigers, der ihn auf diese Weise »mittelbar« erworben hat und dadurch Eigentümer geworden ist, und zwar Sicherungseigentümer, was bedeutet, daß er mir das Eigentum zurückübertragen muß, wenn die Schuld bezahlt ist.

Es geht auch umgekehrt. Zum Beispiel beim Kauf, wenn der Käufer noch nicht zahlt, aber die Sache schon haben will. Wie kann sich der Verkäufer sichern? Er braucht nur bei der Übergabe zu sagen, daß er sich das Eigentum vorbehält. Das ist der Eigentumsvorbehalt, der sogar im Gesetz vorgesehen ist. § 455 BGB:

> »Hat sich der Verkäufer einer beweglichen Sache das Eigentum bis zur Zahlung des Kaufpreises vorbehalten, so ist im Zweifel

anzunehmen, daß die Übertragung des Eigentums unter der aufschiebenden Bedingung vollständiger Zahlung des Kaufpreises erfolgt und daß der Verkäufer zum Rücktritt von dem Vertrage berechtigt ist, wenn der Käufer mit der Zahlung in Verzug kommt.«

Auch hier ist der Verkäufer als Gläubiger durch das Eigentum gesichert, ohne die Sache in der Hand zu haben.

Man sieht, der § 1205 BGB spielt im praktischen Rechtsleben kaum eine Rolle, außer für diejenigen, die bei den Banken keinen Kredit haben und in die Leihhäuser gehen. Da wird das Pfandrecht tatsächlich noch durch Übergabe der Sache begründet, wie das Gesetz es befiehlt. Ähnlich ist es bei der Pfändung durch den Gerichtsvollzieher. Sie ist wohl die häufigste Form des Faustpfands. Er nimmt die Sache mit sich oder klebt ein Pfandsiegel, den Kuckuck. Das ist in der Zivilprozeßordnung geregelt, in § 808. Dadurch entsteht ein Pfändungspfandrecht. Seine »Rechtsnatur« ist heiß umstritten, also die Frage, ob es dasselbe ist wie ein privates Pfandrecht nach dem BGB oder eine staatliche Maßnahme. Die meisten meinen, die Wahrheit würde in diesem Fall dort liegen, wo sie öfter zu finden ist, in der Mitte.

Für größere Kredite gibt es die Sicherung an Grundstücken. Die sogenannten Grundpfandrechte, Hypothek und Grundschuld. Ein weites Feld, das viele ungern betreten. Es gilt als schwierig. Der Unterschied zwischen Hypothek und Grundschuld, sagt das BGB, besteht darin, daß die Hypothek eng mit der Schuld verbunden ist, die sie sichern soll. Die Grundschuld nicht. An sich ist jedes Pfandrecht davon abhängig, daß es solch eine Schuld gibt. Man nennt das Akzessorietät. Gibt es die Forderung nicht, entsteht auch kein Pfandrecht. Erlischt die Schuld, dann hört das Pfandrecht auf zu sein. Die Grundschuld bleibt bestehen, auch ohne Schuld. So steht es im Gesetz. Aber letztlich ist das Augenwischerei. Natürlich wird sie regelmäßig zur Sicherung bestellt. Nur ist sie erst einmal in ihrer juristischen Existenz unabhängig von der Schuld. Es geht dabei letztlich um eine Frage der Beweislast. Wenn es Streit gibt, braucht der Gläubiger bei der Grundschuld nicht zu beweisen, daß die Schuld noch offen ist. Anders bei der Hypothek. *That's all.* Im übrigen sind beide Pfandrechte ohne Besitz. Entscheidend ist, daß sie im Grundbuch eingetragen sind. Und hier liegt einer der Gründe dafür, daß viele dieses weite Feld nicht gern betreten. Denn da gibt es manche komplizierte Regeln, im

Grundbuch

Zum Beispiel ist es nicht so wie beim Einwohnermeldeamt. Wer dort nicht verzeichnet ist, kann trotzdem noch unter den Lebenden sein. Beim Grundbuch gilt die Regel, *quod non est in actis, non est in mundo*. Was nicht in den Akten steht, das gibt es auch draußen nicht. Man kann sogar einen Schritt weiter gehen und Georg Christoph Lichtenberg zitieren, der einmal über solche Kompendien geschrieben hat:

> »Ein etwas vorschnippischer Philosoph, ich glaube Hamlet, Prinz von Dänemark, hat gesagt: Es gebe eine Menge Dinge im Himmel und auf der Erde, wovon nichts in unseren Compendiis steht. Hat der einfältige Mensch, der bekanntlich nicht recht bei Trost war, damit auf unsere Compendia der Physik gestichelt, so kann man ihm getrost antworten: Gut, aber dafür stehn auch wieder eine Menge von Dingen in unseren Compendiis, wovon weder im Himmel noch auf Erden etwas vorkömmt.«

Das Grundbuch nämlich kann unrichtig sein, zum Beispiel jemanden als Eigentümer eines Grundstücks nennen, der es in Wirklichkeit gar nicht ist. Dann ist es aber nicht wie in der Physik, sondern eher religiös. Man darf daran glauben. Es gibt einen öffentlichen Glauben des Grundbuchs. Wer auf die Richtigkeit der unrichtigen Eintragung vertraut und mit demjenigen Geschäfte macht, der da eingetragen ist als Eigentümer von Grund und Boden, der wird geschützt. Er kann zum Beispiel gutgläubig Eigentum erwerben oder eine Hypothek oder Grundschuld, und der wahre Eigentümer hat das Nachsehen. Hätte er sich doch vorher um die Berichtigung der Fehleintragung kümmern können.

Das Grundbuch ist also eine sehr wichtige Einrichtung. Es wird geführt beim jeweiligen Amtsgericht. Wer ein berechtigtes Interesse hat, darf es einsehen. Es gibt wohl wenig Behörden, bei denen so exakt gearbeitet wird. Und es gibt kaum ein Rechtsgebiet, das so ausgefeilt geregelt ist. Das Gesetz dazu ist die Grundbuchordnung von 1897. Hier ist die Welt noch in Ordnung. Es hat sich wenig geändert seitdem. Das Prinzip ist einfach, formuliert in § 873 Abs. 1 BGB:

> »Zur Übertragung des Eigentums an einem Grundstück, zur Belastung eines Grundstücks mit einem Rechte sowie zur Übertragung oder Belastung eines solchen Rechts ist die Einigung des Berechtigten und des anderen Teiles über den Eintritt der Rechtsänderung und die Eintragung der Rechtsänderung in das Grundbuch erforderlich, soweit nicht das Gesetz ein anderes vorschreibt.«

Das ist das Prinzip »Einigung und Eintragung«, wie man es als Schlagwort im Kopf hat. Eine Parallele zu § 929, der die Übereignung von beweglichen Sachen regelt. Dort heißt es »Einigung und Übergabe«. Bei beweglichen Sachen muß man sich also einigen und die Sache übergeben. Dann wird der andere Eigentümer. Bei Grundstücken muß man sich einigen und das Ganze eintragen lassen. Im Vordergrund steht also die Einigung, die Privatautonomie, der freie Wille der Parteien, die Freiheit, hier wie dort. Und dann kommt bei normalen Sachen die Übergabe dazu, als äußerer Akt, und bei Grundstücken die Eintragung im Grundbuch. Das ist alles. Und alles abstrakt, unabhängig von der Wirksamkeit des Kaufvertrages oder anderer Verträge, die da noch eine Rolle spielen, streng nach Friedrich Carl von Savigny.

Dieser große Mann der deutschen Rechtsgeschichte kannte das Grundbuch übrigens noch nicht. Er ist 1861 gestorben. In Preußen, wo er gelebt hat und sogar Minister war, ist man erst 1872 zum Grundbuchsystem übergegangen. So lange galt dort noch römisches Recht, das keinen Unterschied kannte für die Übereignung von Grundstücken und beweglichen Sachen. Sie mußten übergeben werden, beide. Bei Grundstücken hieß das, der alte Eigentümer mußte mit dem neuen auf das Land gehen und ihm sagen, hier hast du es. Damit waren Besitz und Eigentum übergegangen.

Dabei sind die Römer sogar die ersten gewesen, die schon einmal ein Grundbuch erfunden haben, aber nur für ihre Kolonialverwaltung in Ägypten, nachdem sie dort das Privateigentum an Grund und Boden eingeführt hatten. Alle Urkunden über Grundstücke wurden an zentraler Stelle gesammelt, aber die Eintragung war nicht wie bei uns Voraussetzung für den Erwerb des Eigentums. Wahrscheinlich hatte das Ganze nur Kontrollfunktion. Im 4. Jahrhundert n. Chr. ist es auch wieder verschwunden. Erst in den deutschen Städten des Mittelalters hat es wieder ähnliches gegeben, zuerst in Köln im 12. Jahrhundert. Das breitete sich allmählich aus, wurde dann aber gestoppt durch das Eindringen des römischen Rechts nach Deutschland, die Rezeption im 14. und 15. Jahrhundert. Im Untergrund einzelner Landesrechte blieben aber solche Ämter bestehen, mit verschiedenen Systemen, bis man in Preußen 1872 die neue Regelung einführte, perfekt, exakt. Das wurde im Deutschen Reich dann im BGB und in der neuen Grundbuchordnung übernommen. Seitdem ist bei uns im Grundstückswesen alles in Ordnung. Quadratisch, praktisch, gut.

BGHZ 20.88: **Dittmann-Anhänger**

Ob es wohl Juristen gibt, die sagen können, was ein Dittmann-Anhänger ist? Im berühmten Urteil des Bundesgerichtshofs von 1956, dem er seinen Namen gegeben hat, erfährt man noch, ein Zweiachsenanhänger sei es gewesen, Baujahr 1952, und die Fahrgestellnummer. Mehr nicht. So ist es oft. Ein guter Jurist zeichnet sich dadurch aus, daß er immer richtige Entscheidungen trifft über Dinge, von denen er keine Ahnung hat. Ein größerer Anhänger wird es also gewesen sein, mit vier Rädern, und inzwischen nicht mehr unter den Lebenden. Rechtsgeschichte hat er gemacht, indem er Anlaß war für die Entstehung eines anderen Rechts, damals genauso neu wie zwei Jahre vorher das Allgemeine Persönlichkeitsrecht des Dr. Hjalmar Schacht, der ein Anhänger gewesen war von Adolf Hitler.

Ein bürgerliches Drama in vier Akten. Im ersten ist 1952 das Fahrzeug verkauft worden, vom Verkäufer V an den

Käufer K. Der Kaufpreis wurde in Raten gezahlt und der Anhänger übergeben unter dem Vorbehalt des Eigentums, wie es in § 455 vorgesehen ist. K war ein Kaufmann, aber wohl nicht erfolgreich. Er hatte Schulden. Einer seiner Gläubiger war G_1. Der wurde unruhig. Deshalb einigte sich K mit ihm 1953 auf den zweiten Akt, eine Sicherungsübereignung nach § 930 BGB.

>»Als Ausgleich für das im Jahre 1952 von Herrn G_1 erhaltene bare Darlehen von DM 5000,— übereigne ich heute an den Genannten meinen Dittmann-Zweiachsenanhänger, Fahrgestellnummer 2624, Baujahr 1952. Herrn G_1 ist bekannt, daß ich auf den Hänger noch einen Kaufpreisrest zu bezahlen habe. Das Eigentum wird daher erst mit Bezahlung des Restbetrages für Herrn G_1 voll wirksam. Es wird vereinbart, daß der vorläufig in meinem Besitz bleibende Hänger von mir für Geschäftszwecke weiter benutzt wird.«

So schrieben sie in einer Vereinbarung. Die Raten waren noch nicht ganz bezahlt, da kam G_2, ein zweiter Gläubiger. Der hatte gegen K geklagt, auf Zahlung, und den Prozeß gewonnen, den Gerichtsvollzieher geschickt und den Anhänger pfänden lassen. Der dritte Akt, 1954. Nun war ein Pfändungspfandrecht im Spiel, gemäß § 808 der Zivilprozeßordnung. Dann, im gleichen Jahr der vierte und letzte Akt, zahlte G_1 die letzte Rate an V und klagte gegen G_2 auf Freigabe der Pfändung nach § 771 Zivilprozeßordnung, in dem es heißt:

>»Behauptet ein Dritter, daß ihm an dem Gegenstand der Zwangsvollstreckung ein die Veräußerung hinderndes Recht zustehe, so ist der Widerspruch gegen die Zwangsvollstreckung im Wege der Klage bei dem Gericht geltend zu machen, in dessen Bereich die Zwangsvollstreckung erfolgt.«

Man nennt sie Drittwiderspruchsklage. G_1 wird als Dritter bezeichnet, weil an der Pfändung zunächst nur K und G_2 beteiligt waren. Nun ist er auch dabei, als Dritter, der behauptet, er habe »ein die Veräußerung hinderndes Recht«, nämlich das Eigentum an diesem Fahrzeug. Die letzte Rate sei gezahlt, der Eigentumsvorbehalt des V habe sich erledigt, und nun gehöre er ihm, der Dittmann-Anhänger mit zwei Achsen, dem Baujahr 1952 und der Fahrgestellnummer 2624. So ist es oft. Jemand läßt eine Sache bei seinem

Schuldner pfänden. Dann kommt ein Dritter und sagt, sie gehört aber mir. Wenn es stimmt, muß die Pfändung aufgehoben werden.

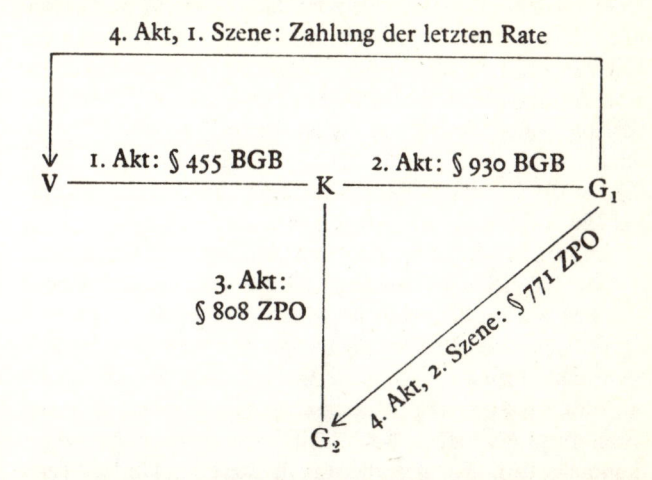

4. Akt, 1. Szene: Zahlung der letzten Rate

```
        1. Akt: § 455 BGB        2. Akt: § 930 BGB
V ─────────────────── K ─────────────────── G₁
                      │                  ╱
                   3. Akt:            ╱  § 771 ZPO
                   § 808 ZPO       ╱
                      │         ╱  4. Akt, 2. Szene:
                      │      ╱
                     G₂
```

Wenn es stimmt. Das war hier die juristische Frage, auf die es zwei juristische Antworten gab. Zum einen konnte man sagen, im entscheidenden zweiten Akt sei K noch gar nicht zur Weitergabe berechtigt gewesen, damals, als er mit G_1 die Sicherungsübereignung vereinbarte. Damals war V noch Eigentümer, nicht er. Seine Berechtigung entstand erst im letzten Akt, als die letzte Rate gezahlt wurde. Jetzt konnte diese Übereignung wirksam werden. Aber, und nun kommt eine bei Juristen sehr beliebte Argumentation. Die logische Sekunde. Sie sieht so schön präzise aus. Hier im letzten Akt tritt sie auf, und immer, wenn sie erscheint, ist es unwahrscheinlich, daß das Gericht sich nicht irrt. G_1 kann nämlich das Eigentum nicht gleich von V erwerben, sagt man, sondern nur auf dem Umweg über K, der für eine logische Sekunde Eigentümer werden muß, um es auf G_1 übertragen zu können. Und jetzt schnappt die Falle zu, die G_2 inzwischen mit seiner Pfändung aufgestellt hat. In dieser logischen Sekunde. Jetzt entsteht ein Pfändungspfandrecht des G_2, weil K Eigentümer wurde, und dann erst geht das Eigentum über auf G_1, aber belastet mit dem Pfändungspfandrecht, also zu spät. Eine logische Sekunde zu spät. Deshalb muß die Drittwiderspruchsklage des G_1 abgewiesen werden. Als das Pfändungspfandrecht entstand, war K Eigentümer. Es sei denn — eine Variante dieser ersten Antwort — man nimmt an, V würde mitspielen und wäre in dieser logischen Sekunde bereit gewesen, das Eigentum direkt auf G_1 zu übertragen, unter Umgehung der mit der Pfändung infizierten Person des K. Was zum Beispiel schon dann schwierig ist, wenn V von dem Ganzen nichts weiß. Also auch mit dieser Variante meistens ohne Erfolg für G_1. So hatte das alte Reichsgericht immer entschieden, noch in den vierziger Jahren.

Anders der Bundesgerichtshof seit 1956. Er ergriff die zweite Möglichkeit. Seitdem sagt man, im entscheidenden zweiten Akt sei K berechtigt gewesen. Er habe das Recht, dasjenige auf G_1 zu übertragen, was er durch seine bisherigen Zahlungen an V schon als Erwerbsaussicht hatte, etwas eigenes, nämlich ein Anwartschaftsrecht. Das war das Stichwort, ein neues Recht. Dieses Anwartschaftsrecht konnte er dem G_1 zur Sicherung übertragen. Und als dann die letzte Rate gezahlt wurde, sei daraus automatisch Eigentum von G_1 geworden, ohne einen »Durchgangserwerb« des K in jener logischen Sekunde dieses vierten Akts. Also konnte die Pfändung des G_2 in diesem Moment auch nicht mehr in irgendeinen Vermögensgegenstand des K eingreifen. Und G_1 hatte Erfolg mit seiner Drittwiderspruchsklage. Er konnte ihn behalten, seinen Dittmann-Anhänger.

Der Bundesgerichtshof hat damals so entschieden, weil er meinte, mit seinen Zahlungen an V habe K sich schon einen gewissen Vermögenswert geschaffen. Den müsse man anerkennen. Eine typische Fünfziger-Jahre-Entscheidung. Damals war Kredit das A und O im Aufbau des Wirtschaftswunders. Solche Vermögenswerte sollte man schnell wieder für neue Kredite nutzen können. Seitdem gibt es das Anwartschaftsrecht als ein neues Recht, das genauso behandelt wird wie das Eigentum. Es sei sein »wesensgleiches Minus«, sagt man, also fast dasselbe wie das Eigentum, das auch genauso übertragen wird, aber doch nicht ganz dasselbe, solange der Eigentumsvorbehalt des Verkäufers noch wirksam ist. Man sieht es räumlich. Je mehr der Käufer gezahlt hat, desto größer ist der Umfang seines Anwartschaftsrechts.

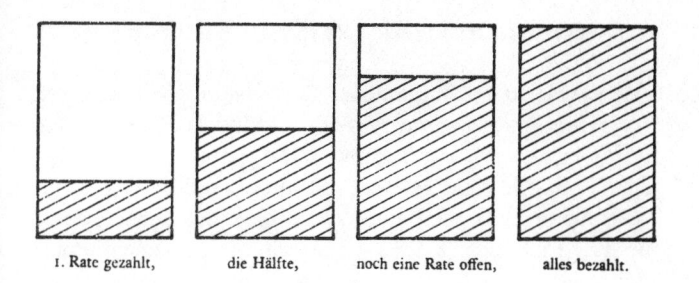

1. Rate gezahlt,   die Hälfte,   noch eine Rate offen,   alles bezahlt.

Ähnlich wie auf einem der ersten Bilder des berühmten Malers Kuno Klecksel:

»Hier thront der Mann auf seinem Sitze
und ißt zum Beispiel Hafergrütze.
Der Löffel führt sie in den Mund,
Sie rinnt und rieselt durch den Schlund,
Sie wird, indem sie weiterläuft,
Sichtbar im Bäuchlein angehäuft. —
So blickt man klar, wie selten nur,
Ins innre Walten der Natur.«

Ehe und Familie, Männer und Frauen

Vier Kernelemente bürgerlichen Rechts sind schon benannt: Rechtssubjekt, Eigentum, Vertrag, Delikt. Hier ist nun das fünfte und letzte, die Familie. Die Lebensgemeinschaft einer Frau und eines Mannes mit ihren Kindern.

Bis heute lebt in den Köpfen von Gebildeten jene Lehre, die Friedrich Engels 1884 verbreitet hat in seinem Buch *Der Ursprung der Familie, des Privateigentums und des Staates,* mit den Viehherden und dem Privateigentum der Männer, mit der Monogamie und dem Patriarchat, und wie jeweils das eine das andere zur Folge gehabt habe, als die Menschen in grauer Vorzeit allmählich übergegangen sind zur Seßhaftigkeit. Ab und zu ist man ja in der Wissenschaft etwas weiter als in der Allgemeinbildung. Dies hier ist so ein Fall. Seit langem haben Ethnologen die Familie beobachtet und beschrieben, auch in Gesellschaften ohne Privateigentum und ohne Staat. Sie ist sehr viel älter als beide und wird sicherlich auch überleben, wenn es diese beiden eines Tages nicht mehr geben sollte. Vorerst ist sie freilich elementarer Bestandteil des Bürgerlichen Gesetzbuches, geregelt in etwa sechshundert Paragraphen, deren Inhalt allerdings starken Schwankungen ausgesetzt war seit seinem Inkrafttreten am 1. Januar 1900. Das hängt zusammen mit der uralten Frage, wie es denn so geht im Verhältnis von Männern und Frauen. In der Familie waren sie eingesperrt, die Frauen, nicht nur von den Vätern des BGB. Sie sind es ja sogar manchmal heute noch. Selbst der Bundesgerichtshof hat sich da ein Denkmal gesetzt, 1953, im 11. Band seiner Entscheidungen, im Anhang auf Seite 65:

> »Was die Menschen- und Personenwürde angeht, so sind Mann und Frau völlig gleich; und das muß streng in allem Recht zum Ausdruck kommen. Streng verschieden sind sie aber nicht nur im eigentlich Biologisch-Geschlechtlichen, sondern auch in ihrer seinsmäßigen, schöpfungsmäßigen Zueinanderordnung zu sich und dem Kind in der Ordnung der Familie, die von Gott gestiftet und daher für den menschlichen Gesetzgeber undurchbrechbar ist. Die Familie ist nach der Schöpfungsordnung eine streng ihrer eigenen Ordnung folgende Einheit; Mann und

Frau sind ›ein Fleisch‹. An diesen Urtatbestand (außerhalb des ehewirtschaftlichen Bereichs) Rechtsformen gesellschaftlicher Art herantragen zu wollen, ist widersinnig. Innerhalb der strengen Einheit der Familie sind Stellung und Aufgabe von Mann und Frau durchaus verschieden. Der Mann zeugt Kinder; die Frau empfängt, gebiert und nährt sie und zieht die Unmündigen auf. Der Mann sichert, vorwiegend nach außen gewandt, Bestand, Entwicklung und Zukunft der Familie; er vertritt sie nach außen; in diesem Sinne ist er ihr ›Haupt‹. Die Frau widmet sich, vorwiegend nach innen gewandt, der inneren Ordnung und dem inneren Aufbau der Familie. An dieser fundamentalen Verschiedenheit kann das Recht nicht doktrinär vorübergehen, wenn es nach der Gleichberechtigung der Geschlechter in der Ordnung der Familie fragt.«

Davon haben wir uns ein wenig entfernt. Seit 1976 gibt es ein Familienrecht, das es etwas ernster meint mit der Gleichheit von Frauen und Männern. Es war ein langer Weg. Wie lang, das zeigt zum Beispiel der alte § 1354, der erst 1957 durch das Gleichberechtigungsgesetz aufgehoben worden ist:

»Dem Manne steht die Entscheidung in allen das gemeinschaftliche eheliche Leben betreffenden Angelegenheiten zu; er bestimmt insbesondere Wohnort und Wohnung.«

Auch das stand bis 1957 noch im BGB, § 1358:

»Hat sich die Frau einem Dritten gegenüber zu einer von ihr in Person zu bewirkenden Leistung verpflichtet, so kann der Mann das Rechtsverhältnis kündigen, wenn er auf seinen Antrag von dem Vormundschaftsgericht dazu ermächtigt worden ist. Das Vormundschaftsgericht hat die Ermächtigung zu erteilen, wenn sich ergibt, daß die Tätigkeit der Frau die ehelichen Interessen beeinträchtigt.«

Die ehelichen Interessen waren die des Mannes. Mit anderen Worten, der Frau war jede Berufstätigkeit verboten, es sei denn, ihr Mann hätte sie erlaubt.

Gegen solche und ähnliche Regelungen waren Frauenverbände schon damals Sturm gelaufen — Anlaß zu kurzer amüsierter Heiterkeit bei den Männern im Reichstag. Man hatte gut lachen. Von Wählerinnen war das Parlament nicht abhängig. Das Frauenwahlrecht kam erst 1918. In der Weimarer Verfassung von 1919 stand immerhin jener Artikel 109:

>»Männer und Frauen haben grundsätzlich dieselben staatsbürgerlichen Rechte und Pflichten.«

Aber »grundsätzlich« bedeutet bei Juristen immer, daß Ausnahmen möglich sind. Also wurde nichts daraus. Es gab zwar manche Reformvorschläge von Frauenverbänden. Doch dann kamen die Nazis, deren Frauenpolitik noch konservativer war als die der Kaiserzeit. 1949 brachte das Grundgesetz endlich den einfachen und eindeutigen Satz des Artikels 3 Absatz 2:

>»Männer und Frauen sind gleichberechtigt.«

Elisabeth Selbert hatte ihn formuliert, eine Sozialdemokratin im Parlamentarischen Rat, gegen den Widerstand konservativer Männer. Eigentlich gab es nun keine Ausflüchte mehr. Das Familienrecht mußte umgeschrieben werden, und das Grundgesetz hatte dafür eine Frist gegeben, bis 1953. Die wurde nicht eingehalten. Erst 1957 kam das Gleichberechtigungsgesetz. Es war völlig unzureichend. Eine seiner Bestimmungen wurde zwei Jahre später vom Bundesverfassungsgericht aufgehoben, weil sie nicht vereinbar war mit Artikel 3 Abs. 2 des Grundgesetzes. Es ging um den berühmten Stichentscheid des Vaters bei der Erziehung der Kinder in § 1628 BGB:

>»Können sich die Eltern nicht einigen, so entscheidet der Vater; er hat auf die Auffassung der Mutter Rücksicht zu nehmen.«

Es dauerte noch einmal zwanzig Jahre, die APO kam und die neue Frauenbewegung, und dann wurde unter der sozialliberalen Koalition endlich ein Familienrecht beschlossen, das dem Grundgesetz weitgehend entsprach. 1976, im Gesetz zur Reform des Ehe- und Familienrechts.

Nun leben wir in einer Partnerschaftsehe. Der Patriarch ist tot, es lebe der Chauvi. Juristisch ist eigentlich alles in Ordnung. Es gibt zwar noch einen gemeinsamen Familiennamen. Das kann der des Mannes sein oder der Frau. Der andere darf seinen Geburtsnamen voranstellen. Ein wenig verräterisch war allerdings noch § 1355 Absatz 2 Satz 2:

>»Treffen sie keine Bestimmung, so ist Ehename der Geburtsname des Mannes.«

Das wurde erst 1991 für verfassungswidrig erklärt. Den alten § 1354 gibt es schon längst nicht mehr. Statt dessen heißt es jetzt in § 1356:

> »Die Ehegatten regeln die Haushaltsführung in gegenseitigem Einvernehmen.«

Alles ist möglich. Er kocht und wäscht und kümmert sich um die Kinder. Oder beide. Oder sie. Die elterliche Gewalt heißt nicht mehr elterliche Gewalt, sondern elterliche Sorge, und man soll jetzt bei der Erziehung auch auf die Kinder Rücksicht nehmen. § 1626 Abs. 2:

> »Bei der Pflege und Erziehung berücksichtigen die Eltern die wachsende Fähigkeit und das wachsende Bedürfnis des Kindes zu selbständigem verantwortungsbewußtem Handeln. Sie besprechen mit dem Kind, soweit es nach dessen Entwicklungsstand angezeigt ist, Fragen der elterlichen Sorge und streben Einvernehmen an.«

Erstaunliche Änderungen gab es im Scheidungsrecht und beim Unterhalt. Beides wurde vom Verschulden gelöst. Ein wichtiger Schritt auf dem Weg der Gleichstellung von Frauen. Beides ist ja eng miteinander verbunden. Mit der Trennung entsteht für die Frau regelmäßig die Frage, wovon sie leben soll. Oft ist es doch so, daß er das Geld verdient. Wenn er gehen will, kann er jederzeit gehen. Aber sie? Sie konnte es jedenfalls nicht, wenn der Unterhalt verbunden war mit der Frage des Verschuldens. Ganz abgesehen davon, daß die Fixierung des Verschuldens auf einzelne Handlungen ohnehin unsinnig ist. Wenn er sich einer anderen Frau zuwendet oder sie sich einem neuen Mann, dann hat das auch immer Gründe im gemeinsamen Zusammenleben der letzten Jahre. An einem allein liegt es selten.

Also wird seit 1976 geschieden, wenn eine Ehe zerrüttet ist. Zerrüttungsprinzip statt Verschuldensprinzip, § 1565 Abs. 1 BGB:

> »Eine Ehe kann geschieden werden, wenn sie gescheitert ist. Die Ehe ist gescheitert, wenn die Lebensgemeinschaft der Ehegatten nicht mehr besteht und nicht erwartet werden kann, daß die Ehegatten sie wiederherstellen.«

Dafür gibt es dann gesetzliche Vermutungen in § 1566: wenn sie ein Jahr getrennt leben und beide die Scheidung wollen. Oder nach drei Jahren, auch wenn einer widerspricht. Das wirft einige Probleme auf bei der Frage, was denn das eigentlich bedeute: getrennt leben. Lebt man schon getrennt, wenn man noch in der gleichen Wohnung ist, sich aber meidet? Oder wenn sie noch seine Wäsche wäscht? Zwei Seiten ausführlicher Kommentar bei Palandt zu § 1567, aus dem man lernen kann, daß auch hier die sozial Schwachen juristisch nicht unbedingt im Vorteil sind.

Erstaunlich schließlich die Regelung des Unterhalts beim Getrenntleben und nach der Scheidung. Wenn der eine oder die andere ein Kind betreut, zu alt ist oder krank, in der Ausbildung oder arbeitslos, dann kann man Unterhalt verlangen, unabhängig vom Verschulden. Wie gesagt, das ist nicht mehr als recht und billig. Aber man soll nicht glauben, die männlichen Oberlandesgerichtsräte hätten sich ohne weiteres damit abgefunden. Gleich waren sie da und haben ein Schlupfloch entdeckt, den § 1579 BGB. Am schnellsten waren die Hamburger.

§ 1579 regelt Ausnahmefälle. Der Unterhaltsanspruch kann gekürzt werden oder wegfallen, wenn die Ehe sehr kurz war, oder wenn einer gegen den anderen ein Verbrechen begangen oder seine eigene Bedürftigkeit mutwillig herbeigeführt hat, oder wenn, so hieß es damals, »ein anderer Grund vorliegt, der ebenso schwer wiegt wie die in den Nummern 1 bis 3 aufgeführten Gründe.« Da hamses, Herr Ramses. Das Oberlandesgericht Hamburg im Jahr nach dem Erlaß des Gesetzes, 1977 (*Familienrechtszeitschrift* 1978, Seite 118):

> »Ein Verwirkungsgrund, der ebenso schwer wiegt wie die anderen drei, liegt dann vor, ›wenn ein Ehegatte mutwillig aus einer — durchschnittlich verlaufenen — Ehe ausgebrochen ist und mit einem anderen Partner in einer außerehelichen Verbindung lebt, aber gleichwohl Unterhalt von dem verlassenen Ehegatten verlangt. Der bisherige Ehegatte ist insbesondere nicht verpflichtet, eine neue Lebensgemeinschaft seines geschiedenen — bzw. von ihm getrennt lebenden — Ehegatten mit zu finanzieren.«

Natürlich handelte es sich um eine Frau. Natürlich bekam sie kein Geld. Natürlich zogen alle anderen Gerichte nach, und so wurde es »herrschende Meinung«. Später, 1986, hat dann die liberalkonservative Koalition vorsichtshalber in diesem Sinn auch noch das Gesetz geändert. Nun steht es fast wörtlich drin, als Ziff. 6, in § 1579. So kam das Verschuldensprinzip doch wieder in das Unterhaltsrecht, 1977 durch die Hintertür, 1986 durch den Haupteingang. Es klingt ja auch so plausibel.

Gleich oder ungleich, das ist auch im Ehegüterrecht die Frage. Das BGB in der Fassung von 1900, § 1363:

> »Das Vermögen der Frau wird durch die Eheschließung der Verwaltung und Nutznießung des Mannes unterworfen.«

Seit dem Gleichberechtigungsgesetz von 1957 heißt es dort:

> »Die Ehegatten leben im Güterstand der Zugewinngemeinschaft, wenn sie nicht durch Ehevertrag etwas anderes vereinbaren.«

Der Ausdruck täuscht. Die Zugewinngemeinschaft ist keine Gütergemeinschaft, sondern bedeutet Gütertrennung, die am Ende der Ehe abgeschlossen wird mit einem Zugewinnausgleich, bei Scheidung oder Tod. Gütertrennung ist diejenige Regelung, die der Gleichheit von Mann und Frau am besten entspricht. Jeder behält, was er am Anfang der Ehe hatte oder nicht hatte. Aber eine Frau ist wirtschaftlich benachteiligt, wenn sie den Haushalt führt. Also muß der Gewinn aus der Zeit der Ehe geteilt werden, weil Haushaltsführung und Erwerbstätigkeit gleich zu bewerten sind. Abgerechnet wird zum Schluß. Das ist eine faire Regelung, aber es blieb noch ein Rest, der nicht geregelt war, die Alterssicherung. Wenn sie Hausfrau war und er das Geld verdiente und sie ließen sich scheiden, dann behielt er seine Versorgungsansprüche völlig unverändert, und sie hatte nichts, allenfalls einen Unterhaltsanspruch gegen ihn, aber keine Rente, wenn er starb. Seit der Reform von 1976 ist diese Lücke geschlossen. Jetzt gibt es eine Abfindung auch bei der Rente, den Versorgungsausgleich in § 1587. Die Rente wird verteilt, im Scheidungsurteil, das ein Umbuchungsverfahren in Gang setzt bei Rentenversicherungsanstalten und im öffentlichen Dienst.

Nichteheliche Kinder und Lebensgemeinschaften

Das war kein gutes Jahr für konservative Familienrechtler. Ohnehin ist die Zeit schwer genug gewesen, 1969, auf dem Höhepunkt einer Protestbewegung der außerparlamentarischen Opposition. Zwanzig Jahre hatte man hinhaltenden Widerstand geleistet gegen den Auftrag des Grundgesetzes in Artikel 6 Absatz 5:

> »Den unehelichen Kindern sind durch die Gesetzgebung die gleichen Bedingungen für ihre leibliche und seelische Entwicklung und ihre Stellung in der Gesellschaft zu schaffen wie den ehelichen Kindern.«

Das war, fast wörtlich, die Wiederholung von Artikel 121 der Weimarer Reichsverfassung, mit dem man ebenfalls fünfzehn Jahre hatte leben können, ohne daß irgend etwas geschah. Und Adolf Hitler hatte natürlich erst recht keinen Grund, der heiligen Familie dadurch etwas anzutun, daß er die unehelichen Kinder befreite von ihrer gesellschaftlichen Herabsetzung als Bankert, Bastard oder Mantelkind. Sicherlich, einige liberale Juristen wurden langsam unruhig in den fünfziger und sechziger Jahren. Aber die konservative Mehrheit verkündete ungerührt, Artikel 6 Absatz 5 sei ein Programmsatz, der den Gesetzgeber zu gar nichts verpflichte. Allen voran Professor Friedrich Wilhelm Bosch an der Universität Bonn, ausgezeichnet durch das Komturkreuz des Sankt-Gregorius-Ordens mit Stern, sozusagen als Zweigstelle des erzbischöflichen Ordinariats in Köln. 1986 kam sogar noch das Große Bundesverdienstkreuz dazu. Es war auch außerordentlich hilfreich, daß das Grundgesetz hier keinen Termin genannt hatte, anders als bei der Gleichberechtigung von Frauen und Männern.

Im Januar 1969 war es aus mit der Ruhe. Das Bundesverfassungsgericht war anderer Meinung. Wenn ihr nicht endlich etwas tut, sagte es in seiner Entscheidung, die veröffentlicht wurde im 25. Band auf Seite 167, dann ist Artikel 6 Absatz 5 unmittelbar geltendes Recht. Zwanzig Jahre sind genug. Dann müssen die Gerichte die Sache eben selbst in die Hand nehmen. Frist: Ende der Legislaturperiode in diesem Jahr, also 19. Oktober. Am 19. August hat der Bundestag ein Gesetz erlassen »über die rechtliche Stellung der nichtehelichen Kinder«.

Man bemerke den Unterschied. Aus unehelichen waren jetzt sogar schon nichteheliche geworden. Das wichtigste war erst einmal die Beseitigung einer Diskriminierung der Mütter. Sie erhielten jetzt endlich selbst die elterliche Sorge und nicht automatisch das Jugendamt vor die Nase gesetzt als Vormund für ihr Kind. Die Kinder sind seitdem nicht nur mit ihrer Mutter verwandt, sondern auch mit ihrem Vater. Das heißt in erster Linie, sie haben auch ihm gegenüber das volle Erbrecht. Halt, stopp! Doch nicht ganz. Dem Umfang nach schon. Aber wenn der Vater noch eine richtige Familie hatte, dann kann man ihr nicht zumuten, nach seinem Tod eine Gemeinschaft von Erben zu sein, in der als Mitglied jener Fehltritt vom Papa erscheint. Also wird das nichteheliche Kind ausgezahlt, mit einem sogenannten Erbersatzanspruch nach § 1934a BGB. Finanziell wird es regelmäßig dasselbe sein.

Und die Rechte der nichtehelichen Väter? Sie bleiben ziemlich beschränkt. Es gibt für sie ein Erbrecht, wenn das Kind vor ihnen stirbt, sogar ohne Erbersatzanspruch. Aber sonst? Unterhalt müssen sie zahlen wie früher auch. Das Sorgerecht hat die Mutter, die auch allein bestimmen kann, ob sie das Kind sehen dürfen oder nicht. Hier geht es um das in letzter Zeit oft besprochene Umgangsrecht. Es wird wohl nicht lange dauern, dann wird auch dies gesetzlich geregelt, zugunsten der Väter. Das hängt zusammen mit einem Ärgernis für konservative Juristen. Es gibt nämlich noch mehr Nichteheliches seit einigen Jahren: die nichtehelichen Lebensgemeinschaften.

1972 gab es ungefähr 300000 Männer und Frauen in der Bundesrepublik, die zusammen lebten, ohne verheiratet zu sein. Zehn Jahre später, 1982, war es schon über eine Million. Warum heiraten die nicht? Manche meinen, das sei die allmähliche Auflösung der Ehe durch die Liebe. Vielleicht haben sie recht. Überall in westlichen Ländern beobachtet man diese rapide Zunahme »wilder Ehen«. Ein Zeichen von Sittenverfall ist das sicher nicht. Es spricht wohl tatsächlich eher dafür, daß die Liebe jetzt wichtiger geworden ist für das Zusammenleben und daß man sich die Möglichkeit erhalten will, schnell auseinanderzugehen, wenn man sich nicht mehr liebt. Außerdem sind Frauen freier geworden, müssen nicht mehr so schnell wie möglich einen Mann finden, was früher für sie oft die einzige Versorgungsmöglichkeit gewesen ist.

Nach dem letzten Krieg fing es an mit den »Onkelehen« von Kriegerwitwen, denen die Rente gestrichen worden wäre, wenn sie wieder geheiratet hätten. Der Boom kam in den siebziger Jahren. Damals fiel auch der Kuppeleiparagraph, 1974, in der allgemeinen Liberalisierung des Sexualstrafrechts. Vermieter und Hoteliers liefen seitdem nicht mehr Gefahr, daß sie vor Gericht gezogen würden, wenn sie Wohnungen oder Zimmer überließen an Unverheiratete. Das war nun Vergangenheit, ebenso wie die ständige Rechtsprechung der Gerichte über Testamente, in denen Frauen als Erbinnen eingesetzt waren, mit denen der Mann zusammengelebt hatte, ohne verheiratet zu sein. Die Wende kam 1970, mit einem Urteil des Bundesgerichtshofes im 53. Band seiner Entscheidungen. Seit 1980 häuft sich die juristische Literatur zu den nichtehelichen Lebensgemeinschaften. Die meisten Probleme entstehen bei der Auflösung. Wer bleibt in der Wohnung? Wie ist es mit dem Unterhalt und mit den Sachen, die man gemeinsam angeschafft hat? Welche Rechte hat der Vater des Kindes? Konservative Juristen verhalten sich ganz formalistisch. Sie nehmen die Gemeinschaft überhaupt nicht zur Kenntnis und lösen das Ganze nach den allgemeinen Regeln, als wären da zwei ganz zufällig zusammengekommen, die überhaupt nichts miteinander gemein hätten. Zum Beispiel Professor Bosch in Bonn. Andere meinen, man solle die Regeln über die Ehe analog anwenden. Und die meisten lavieren in der Mitte herum, Methode Stange im Nebel. Auch in den Gerichtsentscheidungen gibt es noch ein großes Durcheinander. Nur die staatliche Verwaltung weiß, was sie zu tun hat. Einiges steht nämlich schon im Gesetz, im Sozialhilfegesetz zum Beispiel oder im Arbeitsförderungsgesetz. Wenn eine Frau Sozialhilfe beantragt oder Arbeitslosengeld, und sie lebt mit einem Mann zusammen, der ein Einkommen hat, dann wird die nichteheliche Lebensgemeinschaft wie eine Ehe behandelt. Sein Einkommen muß sie sich anrechnen lassen, wie eine verheiratete Frau, ohne daß er die entsprechende Steuervergünstigung erhält, die er dann eigentlich auch beanspruchen könnte. Das Leben ist eben hart, aber ungerecht. Und im übrigen wird es noch eine ganze Weile dauern, bis sich zur Lösung der anderen Fragen die nichteheliche Lebensgemeinschaft zu einem Rechtsinstitut mit festen und gerechten Regeln entwickelt hat. Vielleicht ist das auch ganz gut so. Für die Liebe. Immerhin gibt es schon die Entscheidung von 1970 zum

BGHZ 53.369: Geliebtentestament

Ein Mann war verheiratet und blieb es bis an sein Lebensende. Eines Tages verließ er seine Frau, aber die Ehe wurde nicht geschieden, wahrscheinlich weil er sich nach dem damals geltenden Schuldprinzip nicht scheiden lassen konnte, wenn er der Schuldige war und seine Frau der Scheidung widersprach. Bis zu seinem Tod lebte er mit einer anderen Frau zusammen, etwa zwanzig Jahre lang, die er deswegen auch nicht heiraten konnte. Eine nichteheliche Lebensgemeinschaft aus Gründen des Familienrechts. Das gab es damals oft. Die Lebensgefährtin eines solchen Mannes wurde in der juristischen Literatur nicht nur als »Geliebte« bezeichnet. Manchmal hieß sie sogar »Mätresse«.

Schon 1948 hatte er ein Testament gemacht, in dem er sie als Alleinerbin einsetzte. Dieses Testament griff die Ehefrau nach seinem Tod an. Denn wäre er ohne Testament gestorben, würde sie zu drei Vierteln seine Erbin geworden sein. Das letzte Viertel wäre an seine beiden Geschwister gegangen. Verständlich, daß ihnen das Testament ein Dorn im Auge war. Allerdings gibt es eine gewisse Sicherung für nahe Angehörige, wenn Testamente von der gesetzlichen Regelung abweichen, nämlich den sogenannten Pflichtteil. Nach § 2303 erhalten sie immerhin die Hälfte des gesetzlichen Erbteils. Nahe Angehörige, das sind die Kinder des Verstorbenen, sein Ehegatte und seine Eltern, also nicht die Geschwister. Die Ehefrau dagegen war gesichert. Sie konnte von der Lebensgefährtin ihres Mannes drei

Achtel der Erbschaft herausverlangen. Aber das genügte ihr nicht. Sie wollte drei Viertel, und die Geschwister wollten den Rest. Also gingen sie vor Gericht und sagten, das Testament sei ungültig, nach § 138 Absatz 1 BGB:

> »Ein Rechtsgeschäft, das gegen die guten Sitten verstößt, ist nichtig.«

Sie konnten sich dabei auf die ständige Rechtsprechung des Bundesgerichtshofes berufen. Der hegte eine starke Abneigung gegen »wilde Ehen« und hatte oft genug gesagt, daß »der geschlechtliche Verkehr zwischen unverheirateten Personen als sittenwidrig angesehen« werden müsse. Also auch ein Testament, in dem der eine die andere nach solchem Treiben zur Erbin macht, denn das sei nur die Entlohnung für solchen Verkehr und sonst gar nichts. Wie auf der Straße, ein Dirnenlohn. Es gab viel Widerspruch in der juristischen Literatur. Denn über das Feingefühl beim Urteil über die Liebe konnte man sich streiten, ebenso wie über die Logik des Zusammenhangs von »Geschlechtsverkehr« und Testament und darüber, daß da sonst gar nichts anderes eine Rolle spielte. Aber die Gerichte blieben dabei. Immer ging es darum, daß die Ehefrauen der Männer das Testament angriffen, ihre Kinder oder Geschwister, manchmal sogar Vettern und Kusinen. Die Lebensgefährtinnen gingen leer aus. Fang nie was mit Verwandtschaft an, sieh lieber dir die Landschaft an. Bis der Bundesgerichtshof diese Rechtsprechung eines Tages ähnlich aufgab wie jener Mann damals in den vierziger Jahren seine Frau. Das war 1970, in der Entscheidung über sein Testament von 1948.

Um das Ergebnis vorwegzunehmen: Die Ehefrau bekam ihre drei Viertel. Aber die Geschwister verloren den Prozeß. Ein Viertel der Erbschaft durfte die Lebensgefährtin des Mannes behalten. Das war, verglichen mit der Rechtsprechung vorher, ein sensationeller Erfolg.

Der Bundesgerichtshof tat so, als hätte sich an seinen Prinzipien nichts geändert. Er blieb bei seinem Feingefühl und veränderte auch kaum die Logik. Nur die Beweislast. Bis heute wird »der geschlechtliche Verkehr zwischen unverheirateten Personen als sittenwidrig angesehen«. Und wenn man jemandem dafür ein Vermögen zuschanzt, dann ist das

Testament nach § 138 Absatz 1 BGB unwirksam. Aber, und darin liegt das Neue, es könnte ja sein, daß es nicht der Geschlechtsverkehr allein war. Von Liebe ist in der Entscheidung nicht die Rede. Aber der Bundesgerichtshof hält es jetzt immerhin für möglich, daß ein solches »Verhältnis nicht ausschließlich von der Sexualsphäre beherrscht wurde«, zwanzig Jahre lang. Und daß »andere, achtenswerte Beweggründe bei der Errichtung des Testaments im Vordergrund standen«. Donnerwetter! Und wenn das der Fall ist, dann ist das Testament gültig, sofern nicht, und nun kommt wieder eine Einschränkung, sofern nicht diejenigen zurückgesetzt werden, zu denen der Verstorbene in einem engen familienrechtlichen Verhältnis gestanden hat, also Ehefrauen und Kinder. Man könnte ja sagen, sie erhalten ihr Pflichtteil. Dafür gibt es die Regelung des § 2303. Aber der Bundesgerichtshof ist anderer Meinung. Das Testament bleibt insofern sittenwidrig, also auch, wenn die nichteheliche Lebensgemeinschaft »nicht ausschließlich von der Sexualsphäre beherrscht wurde«. Das verstößt, meint der Bundesgerichtshof noch heute, gegen das Anstandsgefühl aller billig und gerecht Denkenden. So definieren Juristen, was die guten Sitten ausmacht und — als Verstoß dagegen — sittenwidrig ist. Nun gut, das ging zugunsten der Ehefrau. Ohne Beweislastumkehr. Drei Achtel waren sittenwidrig. Drei Viertel entsprachen den guten Sitten.

Aber immerhin durfte die Lebensgefährtin dieses Mannes das letzte Viertel behalten. Insoweit blieb sein Testament gültig. Das ging gegen die Geschwister. Auf dem Feld von Ehe, Familie und Verwandtschaft waren sie etwas weiter entfernt als die Ehefrau und hätten deshalb den Prozeß nur gewonnen, wenn sie in der Lage gewesen wären zu beweisen, daß es wirklich einzig und allein das sittenwidrige Eine war, für das die Erbeinsetzung im Testament als Gegenleistung erbracht wurde, und daß andere, achtenswerte Gründe dabei keine Rolle gespielt haben. Zum Beispiel einfach eine gewisse Zuneigung ihres Bruders gegenüber dieser Frau. Das war das eigentlich Neue, diese Umkehr der Beweislast. Bisher mußte immer die Lebensgefährtin beweisen, daß die böse Vermutung nicht stimmt, was kaum möglich war. Jetzt ist es umgekehrt. Die anderen haben den Beweis dafür zu bringen, daß es nur das Eine war, was noch schwieriger ist und ihnen hier auch nicht gelang. Das war der Grund dafür, daß sich zum erstenmal eine Frau nach einer nichtehelichen Lebensgemeinschaft als Erbin gegen die Verwandtschaft durchgesetzt hat. Zu einem Viertel.

Woran man wieder einmal sieht, wie wichtig im praktischen Rechtsleben die Regeln für die Beweislast sind. Man kann auch lernen, welche juristische Bedeutung Ehe und Familie haben und wie schnell dann manches andere sittenwidrig ist — immerhin drei Viertel des ganzen Testaments —, und wofür konservative Familienrechtler ihre Orden kriegen. Trotzdem, die nichteheliche Lebensgemeinschaft war ein wenig rehabilitiert. Selbst für den Bundesgerichtshof kann sie nun ein Verhältnis sein, das nicht ausschließlich von der Sexualsphäre beherrscht wird. Und noch etwas kann man lernen aus diesem Fall. Nämlich das Wichtigste über die Grundstrukturen im

Erbrecht

Zum einen geht es um die Frage, ob es eine eigene Kategorie darstellt im Zusammenhang der Elemente des Zivilrechts, die schon beschrieben wurden: Rechtssubjekt, Eigentum, Vertrag, Delikt, Familie. Zum anderen, eng damit zusammenhängend, um den Gegensatz von Testament und gesetzlichem Erbrecht mit der dazugehörenden Notbremse, dem Pflichtteil. Zunächst zum einen.

Wie man am Beispiel des Geliebtentestaments sehen kann, ist das Erbrecht das Feld des Eigentums und der Freiheit, darüber auch von Todes wegen zu verfügen. Es gibt aber einen Zaun darum. Die Freiheit ist eingeschränkt durch Familie und Verwandtschaft. Mit anderen Worten, das Erbrecht ist nichts anderes als die Kombination der beiden Elemente Eigentum und Familie. Es ist kein selbständiger Bereich, obwohl er im BGB, im fünften Buch, mit fast fünfhundert Paragraphen fast genauso ausführlich geregelt ist wie das Familienrecht mit seinen sechshundert Paragraphen im vierten Buch.

Nun zum anderen. Dem Gegensatz von Freiheit und Bindung des Eigentums entspricht im Erbrecht das Nebeneinander — und Gegeneinander — von Testament und gesetzlichem Erbrecht. Das Testament ist Ausdruck der Freiheit. Das gesetzliche Erbrecht mit der Ergänzung durch den Pflichtteil repräsentiert die Bindung. In der Geschichte des Rechts ist es interessant zu beobachten, wie die verschiedenen gesellschaftlichen Ordnungen damit umgehen. Man kann im Grunde schon mit einem Blick sehen, wie die ganze soziale Ordnung beschaffen ist. Mit einem Blick auf das Erbrecht. Kennt eine Gesellschaft das Testament oder kennt sie es nicht? Wenn ja, dann spielt das Privateigentum dort eine entscheidende Rolle. Dann ist die Vermutung berechtigt, daß diese Ordnung weniger sozial organisiert ist als eine andere, in der es das Testament nicht gibt und statt dessen nur das gesetzliche Erbrecht. Griechen und Römer im Altertum, zum Beispiel. In Griechenland gab es kein Testament. Die Römer, diese Apostel des Privateigentums, die kannten es natürlich, und schon in der frühesten Zeit, die wir im Recht erkennen können, im Zwölftafelgesetz des 5. Jahrhunderts v. Chr., Tafel fünf, dritter Abschnitt:

»*Uti legassit super pecunia tutelave suae rei, ita ius esto.*«

»Was er im Testament bestimmt über sein Vermögen und seine Leute, so soll es Recht sein.«

Das BGB hat sich auf die Seite der Römer gestellt. Interessanterweise beginnt es allerdings mit dem gesetzlichen Erbrecht.

Im gesetzlichen Erbrecht gibt das BGB eine Regelung, die es im Normalfall für die beste Lösung hält, angemessen und gerecht. Sie hat eine doppelte Funktion. Zunächst gilt sie immer dann, wenn jemand kein Testament gemacht hat. Außerdem greift sie manchmal über das Pflichtteilsrecht korrigierend ein, wenn jemand in seinem Testament zu weit davon abgewichen ist.

Die gesetzliche Regelung sieht so aus, daß in erster Linie die Kinder des Verstorbenen erben sollen. Wenn die nicht mehr leben, dann die Enkel oder Urenkel. § 1924 Abatz 1:

> »Gesetzliche Erben der ersten Ordnung sind die Abkömmlinge des Erblassers.«

Das Gesetz spricht von verschiedenen Ordnungen. Wenn in der ersten keine Erben vorhanden sind, dann kommen die der zweiten. § 1925 Absatz 1:

> »Gesetzliche Erben der zweiten Ordnung sind die Eltern des Erblassers und deren Abkömmlinge.«

Und so weiter, mit der dritten, vierten und den folgenden Ordnungen, bis in die entfernte Verwandtschaft, und zwar immer in der Weise, daß die jeweils nähere Ordnung die anderen ausschließt und innerhalb einer Ordnung auch nur diejenigen Erben werden, die in der Stufenfolge an der nächsten Stelle stehen. Kinder zum Beispiel schließen die Enkel aus.

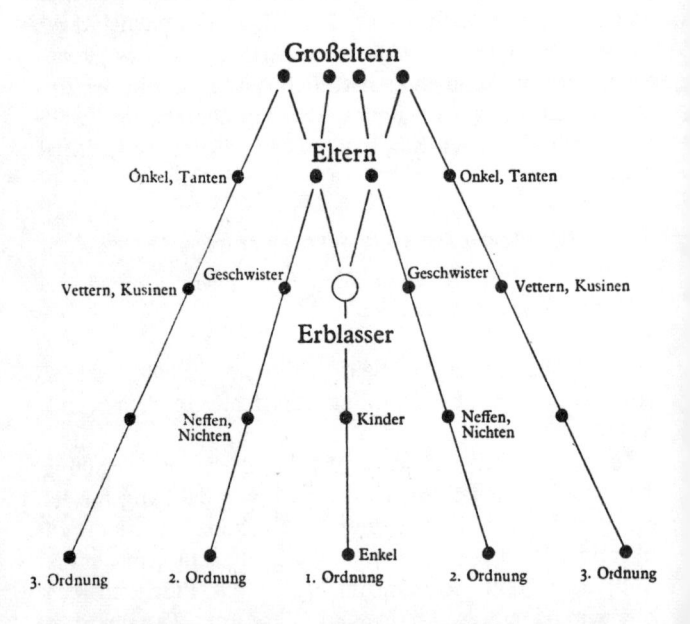

Die ersten drei Ordnungen der gesetzlichen Erbfolge

Daneben steht das Erbrecht des Ehegatten, geregelt in § 1931. Neben den Kindern steht ihm ein Viertel der Erbschaft zu, neben Eltern, Großeltern oder Geschwistern des Verstorbenen die Hälfte, und wenn nur andere Erben der dritten Ordnung vorhanden sind, dann erhalten Ehegatten die ganze Erbschaft. Außerdem gibt es noch eine Erhöhung im Rahmen der Zugewinngemeinschaft, sozusagen eine Pauschale für den Fall, daß die Ehe durch den Tod des anderen beendet wird, Nach § 1371 ist das ein Viertel der Erbschaft. So kamen die drei Viertel der Ehefrau im Fall des Geliebtentestaments bei BGHZ 53.369 zustande.

Neben den Geschwistern ihres Mannes stand ihr nach § 1931 erst einmal die Hälfte zu. Dann gab es noch das Viertel aus der Zugewinngemeinschaft nach § 1371.

Im Gegensatz dazu steht das Testament, die freie Verfügung. Eigenhändig geschrieben, Angabe von Ort und Zeit, Tag, Monat, Jahr und Unterschrift mit Vor- und Nachnamen (§ 2247). Hierorts, den Heutigen. Als Erben kann man einsetzen, wen man will; und die Erbeinsetzung kann man dadurch praktisch wieder ganz oder teilweise aufheben, daß man Nacherben einsetzt, Vermächtnisse anordnet oder Testamentsvollstrecker ernennt.

Am mildesten ist meistens noch die Einsetzung eines Nacherben. Das ist derjenige, der beim Tod des Erben den Nachlaß haben soll. Der Erbe heißt nun Vorerbe, darf nichts verschenken und Grundstücke nicht verkaufen. Auch kann er über diesen Teil seines Vermögens kein eigenes Testament mehr machen.

Mit einem Vermächtnis wird der Erbe verpflichtet, anderen einzelne Sachen zu geben oder Geld zu zahlen. Ich werde zum Beispiel Alleinerbe eines Vermögens von 200000 DM, muß aber als Vermächtnis meinen drei Brüdern je 50000 DM zahlen, 10000 Mark an meinen Sohn und ein wertvolles Bild an das Museum der Stadt geben. Was bleibt?

Ein Testamentsvollstrecker wird manchmal nur ernannt, um die Teilung durchzuführen, wenn es mehrere Erben gibt. Meistens aber verwaltet er den Nachlaß anstelle der Erben, für eine nicht unbeträchtliche Vergütung. Bis zu dreißig Jahre kann das dauern und manchmal bedeutet es, daß der Erbe solange gar nichts erhält.

Gegen solche und ähnliche Übertreibungen gibt es die Sicherung durch das Pflichtteilsrecht. Die Notbremse. Geschützt sind aber nicht alle gesetzlichen Erben, sondern nur Kinder und Kindeskinder und die Eltern und Ehegatten desjenigen, der das Testament gemacht hat. Sind sie als Erben übergangen worden, können sie den Pflichtteil verlangen. Das ist die Hälfte des gesetzlichen Erbteils, § 2303. Diese Hälfte muß ihnen in jedem Fall völlig frei zur Verfügung stehen, auch wenn sie Erben geworden sind, also ohne Nacherben, Vermächtnisse oder Testamentsvollstrecker. Hier steht die Bindung der Familie gegen die Freiheit des Eigentums.

Natürliche und juristische Personen

Ob auch eine Aktiengesellschaft erben kann? Ein Blick ins Gesetz fördert die Rechtskenntnis. § 1923 Absatz 1, am Anfang des Erbrechts:

> »Erbe kann nur werden, wer zur Zeit des Erbfalls lebt.«

Wie ist also die Antwort? Nun, die Antwort lautet, ja, sie kann erben. Sie lebt zwar nicht, ist aber genauso eine Rechtsperson wie jeder Mensch, über den im ersten Paragraphen des BGB beherzigenswerte Worte formuliert sind, § 1:

> »Die Rechtsfähigkeit des Menschen beginnt mit der Vollendung der Geburt.«

Rechtsfähigkeit, lernen die Studenten, ist die Fähigkeit, Träger von Rechten und Pflichten zu sein. Jeder Mensch kann Eigentum haben, Gläubiger eines anderen sein und damit Inhaber einer Forderung oder, umgekehrt, Schulden haben und damit in der Pflicht stehen gegen den, der das Geld von ihm fordern kann. Das alles gehört zu seiner Rechtsfähigkeit, das Konto auf der Bank und die Möglichkeit, irgendwann mal was zu erben. Genauso die Aktiengesellschaft. Auch sie ist rechtsfähig und hat oft sogar mehrere Konten bei mehreren Banken. Sie ist genauso eine Rechtsperson wie der Mensch. Man spricht von natürlichen und juristischen Personen. Der Mensch ist die natürliche Person. Die Aktiengesellschaft ist eine juristische Person.

§ 1923 hat mit seiner Formulierung nur an die natürliche Person gedacht, »lebt«. Juristische Personen sollten jedoch nicht ausgeschlossen sein, wie sich aus anderen Vorschriften des Erbrechts ergibt. Auch eine Stadt ist eine juristische Person. Man kann sie als Erbin einsetzen oder ihr ein Vermächtnis hinterlassen, zum Beispiel ein Bild für ihr Museum. Ebenso die Aktiengesellschaft.

Allgemeine Begriffe

Manche sind schon genannt und erläutert worden, wie die Willenserklärung, die natürlichen und juristischen Personen, die Rechtsfähigkeit und die Geschäftsfähigkeit. Ein weiterer wichtiger Begriff ist der Anspruch. § 194 BGB:
> »Das Recht, von einem anderen ein Tun oder ein Unterlassen zu verlangen (Anspruch), unterliegt der Verjährung.«

Eine sogenannte Legaldefinition, also die Definition eines Begriffs in einem Gesetz, was nicht oft vorkommt. Der Anspruch ist danach das Recht, von einem anderen ein Tun oder Unterlassen zu verlangen. Wenn sich jemand von mir hundert Mark geliehen hat, habe ich einen Anspruch auf Rückzahlung aus Darlehen. Wenn mir jemand meinen Kater Murr verletzt, habe ich einen Anspruch auf Schadensersatz, aus Delikt. Wenn ihn jemand wegnimmt, habe ich Anspruch auf Herausgabe, aus dem Eigentum. Heute nimmt das juristische Denken hier seinen Ausgang. Wenn es Konflikte gibt, was kann wer von wem warum verlangen? Hat er einen Anspruch?

Der Begriff ist verhältnismäßig neu. Bernhard Windscheid hat ihn erfunden, einer der Großen der Rechtswissenschaft des 19. Jahrhunderts, 1851, in einem Buch über die römische *actio*. *Actio* heißt Klage. Bis dahin hatte man immer gefragt: Mit welcher Klage kann der eine gegen den anderen vorgehen? Das war vom Prozeß her gedacht, vor dem staatlichen Gericht. So etwas nennt man aktionenrechtliches Denken. Heute sind wir etwas friedlicher und versuchen, das bürgerliche Recht zu verstehen, ohne an das Gericht zu denken. Sozusagen rein gesellschaftlich, ohne den staatlichen Prozeß. Das Bürgerliche Gesetzbuch ist das eine, die Zivilprozeßordnung das andere. Im aktionenrechtlichen Denken waren sie eine Einheit.

Der Anspruch ist also etwas, das außerhalb der Gerichte existiert, von Mensch zu Mensch. Dabei hat man eine Zweiteilung im Kopf, wenn man vom Familienrecht und Erbrecht einmal absieht, wo es ja auch Ansprüche gibt, auf Unterhalt, Auszahlung eines Pflichtteils oder Vermächtnisses und so weiter. Man hat die Zweiteilung im Kopf, daß es Ansprüche gibt, die sich nur gegen bestimmte Personen richten, gegen einen bestimmten Schuldner, und andere, die gegen jedermann möglich sind. Wer immer mir meinen Kater Murr wegnimmt, der muß ihn mir wiedergeben. Aber das Darlehen von hundert Mark ist eine sehr persönliche Angelegenheit zwischen mir und dem, der es von mir bekommen hat. Man unterscheidet zwischen dinglichen und obligatorischen Ansprüchen. Kater Murr ist dinglich, das Darlehen obligatorisch. Dinglich, weil es einen Anspruch aus dem Eigentum an Dingen ist. Obligatorisch kommt von *obligatio*. Das ist das alte römische Wort für Schuld.

Der Unterschied zeigt sich zum Beispiel bei der Verjährung. Dingliche Ansprüche haben meistens die normale Verjährungsfrist des § 195, dreißig Jahre — wenn dann der Kater noch leben sollte. Obligatorische Ansprüche verjähren oft schneller, in zwei, drei oder vier Jahren oder noch schneller. In zwei Jahren verjährt zum Beispiel der Anspruch auf Zahlung des Kaufpreises für die Lieferung von Waren durch Kaufleute, in drei Jahren ein Anspruch auf Schadensersatz wegen Verletzung des Katers Murr, in vier Jahren der Anspruch auf Zahlung von Zinsen für ein Darlehen, wenn welche vereinbart sind.

Der Anspruch ist deshalb so wichtig für die juristische Arbeit, weil er eine Art Schema darstellt für die Prüfung von Streitfragen. Erst einmal versucht man zu sortieren, welche verschiedenen Ansprüche des einen gegen den anderen in Frage kommen, und des anderen gegen den einen. Dann prüft man für jeden einzelnen dieser Ansprüche, ob seine Voraussetzungen erfüllt sind oder nicht. Nach einem uralten Spruch, in dem es noch actio heißt. *Quae sit actio? An sit actio fundata?* Welcher Anspruch kommt in Frage? Und ist er begründet?

Über die Wichtigkeit anderer Begriffe mag man sich streiten. Das Rechtsgeschäft etwa ist im Grunde nichts anderes als der Vertrag und die Willenserklärung. Das Rechtsverhältnis nichts weiter als die juristische Beziehung zwischen Personen. Oder die Unterscheidung zwischen objektivem und subjektivem Recht: Sie erinnert an die Kunst, mit Worten, die niemand versteht, etwas zu sagen, was jeder weiß. Das Wort Recht kann eben verschiedenes bedeuten. Objektives Recht ist die Summe aller Rechtsnormen, sagt man: die Rechtsordnung. Also Gesetze, Rechtsvorstellungen, Gewohnheitsrecht, Richterrecht. Das subjektive Recht ist die Berechtigung des einzelnen. Mein Eigentum am Kater Murr oder der Anspruch auf Rückzahlung der einhundert Mark — das ist mein Recht. Professionell formuliert im alten Standardwerk von Enneccerus und Nipperdey, *Allgemeiner Teil des bürgerlichen Rechts*, 14. Auflage 1952, § 72:

»Dem objektiven Recht als der Rechtsordnung stellen wir das subjektive Recht, die Berechtigung, gegenüber. Das subjektive Recht ist begrifflich eine Rechtsmacht, die dem einzelnen durch die Rechtsordnung verliehen ist, seinem Zwecke nach ein Mittel zur Befriedigung menschlicher Interessen.«

Das ist der Unterschied zwischen objektivem und subjektivem Recht. Was bringt's? Sagen wir lieber noch einiges zur Grundlage des Ganzen, also über

Das Bürgerliche Gesetzbuch und sein System

Als das Kaiserreich 1871 gegründet wurde, war Deutschland ein Bundesstaat mit unterschiedlichen Gesetzen in den einzelnen Ländern. Nur im Strafrecht wurde sofort gehandelt, mit dem einheitlichen Reichsstrafgesetzbuch von 1871. Im bürgerlichen Recht war es schwieriger. Die Konservativen wollten die gewachsene Vielfalt erhalten. Das Zentrum fürchtete die allgemeine Einführung der Zivilehe. Nur die Liberalen drängten — nicht nur im Interesse von Handel und Industrie — auf mehr bürgerliche Freiheit, zum Beispiel im Vereinswesen. Sie haben es schließlich geschafft, nach fünfundzwanzig Jahren, langen Vorarbeiten, mehreren Kommissionen und viel Kritik und Verzögerung. 1896 wurde das BGB vom Reichstag beschlossen, gegen die Stimmen der Sozialdemokraten, die nicht nur ein besonderes Arbeitsvertragsgesetz verlangten, sondern auch die Stellung der Frauen im Familienrecht verbessern wollten. Am 1. Januar 1900 ist es in Kraft getreten, ein typisches Produkt des 19. Jahrhunderts, ein Männergesetz, technisch perfekt, unsozial oder — vornehmer ausgedrückt — »ein Spätwerk des Liberalismus« (Thilo Ramm).

Die technische Perfektion und der unsoziale Charakter des Gesetzes beruhen auf einer Entwicklung, die das Recht in Deutschland seit dem Ende des Mittelalters dadurch genommen hat, daß sich in zunehmendem Maße antikes römisches Recht ausbreitete, im Unterricht an den Universitäten, in der juristischen Literatur und in der Rechtsprechung der Gerichte. Das kam aus Oberitalien, wo deutsche Juristen schon im 12. und 13. Jahrhundert studiert hatten. Ein erstaunlicher Vorgang, diese »Rezeption« des römischen Rechts. Die einen erklären ihn als rein geistigen Prozeß der »Verwissenschaftlichung des deutschen Rechtslebens« (Franz Wieacker) und sehen die Ursache allein in der wissenschaftlichen Überlegenheit des alten römischen Rechts. Andere machen ökonomische Ursachen dafür verantwortlich; Friedrich Engels zum Beispiel, in einem Brief an Karl Kautsky (26. Juni 1884). Danach ist

> »das Römische Recht vollendetes Recht der einfachen Warenproduktion, d.h. also der vorkapitalistischen, die aber auch die Rechtsverhältnisse der kapitalistischen Periode meist einschließt. Also grade, was unsere Städtebürger bei ihrem Aufkommen brauchten und im heimischen Gewohnheitsrecht nicht fanden«.

Er wird wohl recht haben. Ihren Höhepunkt erreichte diese Entwicklung im 19. Jahrhundert, im sogenannten Pandektenrecht. Das römische Recht war überliefert im *Corpus Iuris Civilis* und seinem wichtigsten Teil, den *Digesten*, in dem Auszüge aus den Schriften römischer Juristen gesammelt sind. Das griechische Wort für die Digesten ist *Pandekten*. Und so nannten sich die Lehrbücher des römischen Rechts im 19. Jahrhundert, zum Beispiel das erfolgreichste von Bernhard Windscheid, *Lehrbuch des Pandektenrechts*.

Man hatte zwar einzelne Landesgesetze. Sie waren aber stark überlagert durch dieses Pandektenrecht. Insofern gab es doch eine gewisse Rechtseinheit, seit fünfhundert Jahren. Römisches Recht hieß vorher Gemeines Recht, nämlich das allgemeine, das überall galt, im Gegensatz zu örtlichen Besonderheiten.

In diesen Pandektenrechtslehrbüchern hatte sich seit dem Beginn des Jahrhunderts noch etwas anderes Allgemeines durchgesetzt: der Allgemeine Teil. In ihm war jeweils am Anfang ein Lehrgebäude von allgemeinen Begriffen aufgebaut, die das ganze Recht bestimmen, und von allgemeinen Regeln, die man sozusagen vor die Klammern setzen konnte. Natürliche und juristische Personen, Rechtsfähigkeit und Geschäftsfähigkeit, Rechtsgeschäft und Rechtsverhältnis, die Willenserklärung und ihre Unwirksamkeit, und so weiter. Dann kamen in vier Abschnitten die konkreten Teile. Erst das Sachenrecht, also das Eigentum mit seinen Abspaltungen, dann das Schuldrecht mit Vertrag und Delikt und schließlich das Familien- und das Erbrecht. Das war das sogenannte Pandektensystem, sein Charakteristikum dieser Allgemeine Teil vorweg, vor die Klammer gezogen, und in der Klammer die vier anderen Teile. Dieses System hat das BGB übernommen. Es ist eingeteilt in fünf Bücher. Das erste ist der Allgemeine Teil. Dann folgen Schuldrecht, Sachenrecht, Familienrecht und Erbrecht.

Übersetzt in die fünf Elemente des Bürgerlichen Rechts bedeutet das folgendes: Der Allgemeine Teil enthält Vorschriften über das Rechtssubjekt und — sehr allgemein — über Eigentum und Vertrag. Thema des Schuldrechts sind Vertrag und Delikt. Das Sachenrecht regelt das Eigentum und seine Nebenrechte. Das Familienrecht ist das einzige Buch des BGB, das sein Thema klar benannt hat. Und das Erbrecht verbindet Familien- und Eigentumsfragen.

Das Problem liegt im Allgemeinen Teil mit seinen allgemeinen Begriffen. Er bringt ein Maximum an juristischer Abstraktion mit sich. Das ist bedenklich aus vielen Gründen. Nicht nur, weil seine Begriffe für den normalen Menschen unverständlich sind. Geht nicht alle Sprachgewalt vom Volke aus? Es handelt sich auch um ein Problem der Gerechtigkeit.

Juristische Abstraktion hat manche Gründe für sich. Manchmal erhöht sie die Berechenbarkeit von Recht. Außerdem beruht sie auf dem Prinzip der Gleichheit. Gleichheit und Freiheit, das sind große Errungenschaften, und die eine ist nicht denkbar ohne die andere. Aber man kann alles auf die Spitze treiben und damit *ad absurdum* führen. Das widerfährt dem Prinzip der Gleichheit mit der juristischen Abstraktion. Wenn man nämlich von allen Besonderheiten absieht und Regeln aufstellt, die für alles in gleicher Weise gelten sollen, dann kommt man unweigerlich in Gefahr, über Unterschiede hinwegzugehen, die vielleicht doch nicht so ganz unwichtig sind. Es macht eben einen Unterschied, ob Gary Cooper sich für zwei Jahre bei Paramount verpflichtet oder der Angestellte A ganz frei einen Dienstvertrag abschließt mit dem Fabrikanten F. Formale Gleichbehandlung von materiell Ungleichem kann höchste Ungleichheit bedeuten und damit höchste Ungerechtigkeit.

Man war sehr stolz im Pandektenrecht auf die Präzision der abstrakten Begriffe im Allgemeinen Teil — und ist es nicht selten heute noch. Aber da stolpert man oft über seine eigenen Beine. Auf den Millimeter genau? Das ist in den Naturwissenschaften möglich und in der Technik, aber nicht im Recht. Sorgfalt statt Subtilität, das ist die Tugend des Juristen. Kaltblütige Logik macht vielleicht Eindruck, ist aber häufig nur höherer Blödsinn oder nichtssagend oder beides. Wie in jener Geschichte vom Freiballon mit dem amtlichen Kennzeichen KL 23403. Die Ballonfahrer hatten sich verirrt, landeten schließlich irgendwo weit abgetrieben auf einem freien Feld und fragten den vorübergehenden Landgerichtsrat L: »Würden Sie uns bitte sagen, wo wir sind?« Die präzise Antwort: »Im Korb eines abgetriebenen Freiballons mit dem Kennzeichen KL 23403.«

Literatur

Will man sich genauer über das Privatrecht informieren, muß man Kommentare zum BGB nehmen oder Lehrbücher über seine einzelnen Teile lesen. Der am meisten benutzte

Kommentar ist der *Palandt*. Er erscheint jedes Jahr neu (51. Auflage 1992). Ein gutes und kurzes Lehrbuch zum Allgemeinen Teil: Bernd Rüthers, *Allgemeiner Teil des BGB*, 8. Auflage 1991. Das beste zum Schuldrecht: Karl Larenz, *Lehrbuch des Schuldrechts*, 2 Bände, 13. und 14. Auflage 1986/87. Sehr übersichtlich, mit Grundbuchrecht: Fritz Baur, Rolf Stürmer, *Lehrbuch des Sachenrechts*, 16. Auflage 1992. Schließlich: Wilfried Schlüter, *BGB Familienrecht*, 5. Auflage 1991; Hans Brox, *Erbrecht*, 13. Auflage 1991.

4. KAPITEL
Strafrecht

Tat und Tatbestand

Es ist ein altes Lied, seit über viertausend Jahren. Wenn — dann. Wenn du nicht hören willst, dann mußt du fühlen. Schon 1750 v. Chr. im babylonischen *Codex Hammurabi*, zum Beispiel § 22:

> »Wenn jemand etwas geraubt hat und man ihn ergreift, dann soll er getötet werden.«

Die Todesstrafe haben wir inzwischen abgeschafft. Auch drückt man sich heute nicht mehr so verständlich aus wie damals. Aber im Grunde ist es dasselbe. Wenn — dann. Der Raub ist heute geregelt in § 249 des Strafgesetzbuches:

> »Wer mit Gewalt gegen eine Person oder Anwendung von Drohungen mit gegenwärtiger Gefahr für Leib oder Leben eine fremde bewegliche Sache einem anderen in der Absicht wegnimmt, sich dieselbe rechtswidrig zuzueignen, wird mit Freiheitsstrafe nicht unter einem Jahr bestraft.«

Man nennt das einen Tatbestand. Er sagt, was verboten ist. Wer es dennoch tut, wird bestraft. Auch die Höhe der Strafe wird genannt, der Strafrahmen. Bei Raub mindestens ein Jahr. Die allgemeine Höchststrafe, auch hier, liegt bei fünfzehn Jahren. Und Aufgabe des Juristen ist es festzustellen, ob das, was jemand getan hat, den Tatbestand des Gesetzes erfüllt. Wenn ja, wird er bestraft. Wenn nicht, bleibt er straffrei. Tat und Tatbestand müssen sich decken. Es ist an sich so einfach. Aber es ist oft so schwer.

Wenn ich den Stall des Kaninchens im Garten eines anderen öffne und es hoppelt davon, ist das ein Diebstahl? Nein, denn ich habe es mir nicht angeeignet. Ist es eine Sachbeschädigung? Auch nicht. Ein Tier ist zwar, juristisch gesehen, eine Sache, aber ich habe ihm nichts getan. Im Gegenteil. Es ist jetzt ganz zufrieden in der freien Natur. Also habe ich mich nicht strafbar gemacht. Das ist verhältnismäßig einfach. Ein strafrechtlicher Tatbestand ist nicht erfüllt. Der Eigentümer des Kaninchens kann von mir nur zivilrechtlich Schadensersatz verlangen.

Aber wie ist es, wenn Herr Müller seinen Nachbarn erschießen will, ihn nur leicht verletzt, die Wunde im Krankenhaus behandelt werden muß, wo ein Feuer ausbricht und der

Mann verbrennt? Nun ist es schon komplizierter. »Wer einen Menschen tötet...«, heißt es in § 212 StGB zum Totschlag. Hat Herr Müller getötet? Die Strafrechtler streiten sich. Einige sagen ja, andere nein. Einige sagen, Töten sei die Verursachung des Todes eines anderen. Also hat Herr Müller getötet, denn sein Schuß war eine Ursache des Todes seines Nachbarn. Die anderen meinen, das könne man so nicht sagen. Entscheidende Ursache sei der Brand, und damit habe er nichts zu tun. Es gehöre nicht zum normalen Risiko einer Schußverletzung, daß das Krankenhaus abbrennt. Deshalb sei ihm der Tod hier nicht zuzurechnen. Also hat er nicht getötet. Das Lustige ist, daß trotzdem beide zum selben Ergebnis kommen, wie so oft bei juristischen Streitigkeiten. Es geht nur um die Begründung, die für Juristen wichtiger ist als das Ergebnis. Wenn man mit einer richtigen Begründung zum falschen Ergebnis kommt, dann gilt das als größere Leistung. Mit der falschen Begründung zum richtigen? Das zählt nicht. Hier gibt es zwei richtige Begründungen und dasselbe Ergebnis. Herr Müller wird nicht wegen vollendeten Totschlags verurteilt. Weil er nicht getötet hat, sagen die einen. Er hat zwar getötet, sagen die anderen, aber der Vorsatz fehlt. Der gehört nämlich auch noch dazu. Auch nach dieser Ansicht war es also nicht ein vollendeter vorsätzlicher Totschlag, ebensowenig wie für jene, die meinen, er habe überhaupt nicht getötet; es sei nur der Versuch gewesen. Herr Müller kann nur wegen versuchten Totschlags verurteilt werden, und das heißt, die Strafe kann milder sein als beim vollendeten, muß es aber nicht. § 23 StGB. Warum der Vorsatz fehlt? Ganz einfach. Vorsätzlich handelt, wer weiß und will, was geschieht. Herr Müller wollte seinen Nachbarn erschießen, wußte aber nicht, daß er verbrennen würde. Das war eine zu starke Abweichung von dem, was er sich vorgestellt hatte. Also kein Vorsatz. So viel zu Herrn Müller und dem verbrannten Nachbarn.

Im übrigen heißt es immer Tatbestandsmäßigkeit, Rechtswidrigkeit, Schuld. Denn es muß noch hinzukommen, daß die Tat rechtswidrig und schuldhaft ist, damit ein Angeklagter verurteilt werden kann. Tatbestandsmäßigkeit allein genügt nicht. Rechtswidrig ist eine Handlung regelmäßig, wenn sie tatbestandsmäßig ist, zum Beispiel wenn jemand einen anderen getötet hat. Nur ausnahmsweise kann diese Rechtswidrigkeit wegfallen, wenn man nämlich einen sogenannten Rechtfertigungsgrund hat. Der wichtigste ist die Notwehr. Und schließlich muß der Täter schuldhaft gehandelt haben.

Was das bedeutet, darüber gibt es noch keine Einigkeit. Gehört der Vorsatz mit dazu, oder ist die Schuld ein Vorwurf, der dem Täter unabhängig davon gemacht wird? So sieht es die finale Handlungslehre. Vorsatz und Handlung faßt sie im Tatbestand zu einer Einheit zusammen; daher auch ihr Name. Anders die kausale Lehre, die Handlung und Vorsatz trennt. Handlung ist für sie nur Verursachung. Die finale Handlungslehre, die vom Bonner Strafrechtler Hans Welzel schon in der Nazi-Zeit entworfen worden ist, hat den Vorteil, daß man klarer über die Frage der Schuld nachdenken und damit der Person des Angeklagten besser gerecht werden kann, statt nur auf den Vorsatz zu sehen. Das ganze Problem der sozialen Ursachen von abweichendem Verhalten könnte auf diese Weise viel besser behandelt werden, was man allerdings auch im Rahmen der finalen Handlungslehre nicht richtig tut. Die kausale Handlungslehre ist ein typisches Produkt des 19. Jahrhunderts. An den Universitäten hat sie kaum noch Anhänger. Hier hat sich Hans Welzel weitgehend durchgesetzt. Nur die Gerichte urteilen noch nach dem alten Schema, ohne sich allerdings zum Theorienstreit klar zu äußern.

Ob kausale oder finale Handlungslehre, das ist letzten Endes gar nicht so wichtig. Wichtig ist die politische Bedeutung, die der Tatbestand ganz allgemein hat. Sie liegt darin, daß er die Voraussetzungen für die Verurteilung eines Bürgers ziemlich klar beschreibt und damit richterliche Willkür weitgehend ausgeschlossen wird. Artikel 103 Absatz 2 des Grundgesetzes:

> »Eine Tat kann nur bestraft werden, wenn die Strafbarkeit gesetzlich bestimmt war, bevor die Tat begangen wurde.«

Nulla poena sine lege, keine Strafe ohne Gesetz. Das ist die politische Funktion des Tatbestands. Dafür ein letztes Beispiel. Wenn jemand ein fremdes Ruderboot unbefugt wegnimmt, um damit eine oder zwei Stunden herumzufahren und es dann wieder zurückzubringen, hat er sich damit strafbar gemacht? Ein Diebstahl liegt nicht vor, weil er es nicht endgültig wegnehmen will. Aber vielleicht ein sogenannter Gebrauchsdiebstahl? § 248 b des Strafgesetzbuches:

> »Wer ein Kraftfahrzeug oder ein Fahrrad gegen den Willen des Berechtigten in Gebrauch nimmt, wird mit Freiheitsstrafe bis zu drei Jahren oder mit Geldstrafe bestraft ...«

Ein Ruderboot ist ein Ruderboot und kein Auto und auch kein Fahrrad. Die Tat entspricht nicht dem Tatbestand. Er kann nicht bestraft werden, obwohl das Ganze für den Eigentümer des Bootes genauso ärgerlich sein kann wie für den eines Autos oder Fahrrads.

Dogmatik und Strafe

Man versteht also, warum im Strafrecht so genau auf den Tatbestand gesehen wird. Oder anders ausgedrückt: warum man so viel Scharfsinn darauf verwendet, das begriffliche Instrumentarium zu verfeinern, die sogenannte Dogmatik. Schließlich geht es um die Frage, ob ein Bürger bestraft wird. *Nulla poena sine lege*, keine Strafe ohne Gesetz. Allerdings wird dabei immer übersehen, daß ein Strafgesetz aus zwei Teilen besteht: Es legt nicht nur den Tatbestand, sondern auch die Rechtsfolge fest. Und beim zweiten Teil, der Rechtsfolge, ist man dann bemerkenswert großzügig. Erst wird mit dem Elektronenmikroskop der Tatbestand geprüft und danach die Strafe mit dem Suppenlöffel zugeteilt. Rechtsfolge beim Totschlag ist zum Beispiel eine Freiheitsstrafe von fünf bis fünfzehn Jahren, beim Versuch sogar von zwei bis fünfzehn. Aber wo sind nun die Regeln, aus denen sich ergibt, ob Herr Müller zu zwei, fünf oder fünfzehn Jahren oder irgendwo dazwischen verurteilt wird? Über Fragen der Dogmatik des Tatbestandes sind Bibliotheken geschrieben worden mit juristischem Scharfsinn von höchster Präzision. Aber was Herrn Müller am meisten interessiert, das ist die Rechtsfolge. Wie lange muß er hinter Gittern sitzen?

Das Regal ist klein, in dem man etwas über Strafzumessung findet, und der Befund vernichtend. *Nothing*, wenn man genauer hinsieht. Nichts darüber, ob zwei, drei oder vier Jahre. Im Gegenteil. An den Universitäten wird den Studenten sogar ausdrücklich gesagt, dazu dürften sie sich in ihren schriftlichen Gutachten nicht äußern. Es geht nur um den Tatbestand, nicht um die Rechtsfolge. Ausführlich müssen sie begründen, warum Herr Müller nicht getötet, sondern es nur versucht hat. Kausalitätstheorie, Zurechnungstheorie, Vorsatz bei Kausalabweichung und so weiter. Und das alles kann Herr Müller dann in seiner Zelle nachlesen, was er juristisch gemacht hat, bitte schön. Umfassend und präzise darf er sich darüber informieren — wenn ihm jemand hilft, die Sprache zu verstehen. Will er aber wissen, wie hoch die Strafe ausfallen wird, dann erfährt er nichts Genaues. Schweiß von Generationen zu Fragen der Dogmatik, und wenn es ans Eingemachte geht, wird über den Daumen gepeilt. So ist das mit der Rechtswissenschaft, einer erstaunlichen Kombination von höchster Rationalität *en détail* und tiefster Irrationalität *en gros*.

Natürlich gibt es gewisse Maßstäbe unter denen, die bei Gerichten arbeiten. Natürlich weiß man ungefähr, was zu erwarten ist. So wie man im Antiquitätenhandel die Preise kennt, wo es auch keine festen Regeln gibt. Aber erstens sind es nur Erfahrungswerte, die sich rational nicht begründen lassen, zweitens kommt es oft vor, daß von ihnen abgewichen wird, und drittens ist überhaupt nicht einzusehen, wieso man dann davor mit solcher Präzision arbeiten soll. Nehmen wir nur Diebstahl, Unterschlagung oder Betrug. Die muß man als Jurist genau auseinanderhalten. Manchmal geht es um Sekunden und Millimeter. Aber bei der Strafzumessung ist das plötzlich alles völlig egal. Der Strafrahmen ist ohnehin derselbe. Wenn man an einer Tankstelle umsonst getankt hat und man wird zum zweitenmal erwischt, dann gibt es sechs oder sieben Monate mit Bewährung. Beim erstenmal reicht eine Geldstrafe, völlig gleichgültig, ob es Diebstahl war, Unterschlagung oder Betrug.

Diebstahl, Unterschlagung und Betrug

Mein alter Nachbar hat eine schöne alte Vase, die sehr wertvoll ist, mehrere tausend Mark. Ich möchte sie gern haben. Eines Tages macht er eine Reise und gibt mir den Wohnungsschlüssel, damit ich seine Blumen gieße. Wenn ich ihm jetzt die Vase einfach wegnehme, dann ist das ein Diebstahl: Wegnahme einer fremden Sache in Zueignungsabsicht, § 242 StGB. Wenn er sie mir vor langer Zeit geliehen und das offensichtlich vergessen hat, und ich sie eines Tages in meinen Schrank stelle, ganz nach hinten, um sie zu behalten, dann ist das eine Unterschlagung: Aneignung einer fremden Sache, die man schon bei sich hat, § 246 StGB. Wenn ich ihm sage, ich möchte die Vase kaufen, und er mich fragt, was sie wert ist, worauf ich bewußt die Unwahrheit sage: »Vielleicht hundert Mark«, wenn wir uns dann auf diesen Preis einigen und er mir die Vase gibt, dann ist das ein Betrug: vorsätzliche Täuschung zum Schaden eines anderen, § 263 StGB.

Hinter diesen juristischen Unterscheidungen stehen verschiedene Stufen der Intensität des Zugriffs. Im ersten Fall, Diebstahl, hat sich der Dieb die Sache ganz allein genommen. Im zweiten Fall, Unterschlagung, ist sie — aus welchen Gründen auch immer — schon nicht mehr da, wo sie eigentlich hingehört. Wer sie unterschlägt, handelt im eigenen Bereich. Im dritten Fall, Betrug, gibt der Eigentümer sie sogar freiwillig auf. Jetzt ist es kein Nehmen mehr, sondern ein Geben, das nur deshalb nicht in Ordnung ist, weil der Geber getäuscht wurde.

So weit, so gut. Aber der juristische Teufel steckt im Detail. Nehmen wir nur die ausgiebige Diskussion, die seit 1980 über das Tanken ohne Bezahlung geführt wird, also über die Frage, was das ist, wenn jemand sich an einer Selbstbedienungsstation den Tank füllt und dann einfach wegfährt, ohne zu zahlen: Diebstahl, Unterschlagung, Betrug?

Die Antwort hängt erst einmal davon ab, wie man das Tanken im Zivilrecht beurteilt. Erwirbt man das Eigentum am Benzin schon dann, wenn man es in den Tank laufen läßt, oder erst, wenn man an der Kasse bezahlt? Wenn man nämlich sofort Eigentümer wird, dann ist es keine fremde Sache mehr, sondern meine eigene. Und eigene Sachen kann man weder stehlen noch unterschlagen. Dann kommt also nur ein Betrug in Frage. Wenn man aber erst an der Kasse Eigentümer wird und vorher wegfährt, dann nimmt man eine fremde Sache mit. Also Diebstahl oder Unterschlagung.

Die juristischen Meinungen sind geteilt. Nach den normalen Regeln des BGB müßte man eigentlich sagen, das Eigentum wird sofort erworben, beim Tanken, nicht erst an der Kasse. Das ist das heilige Abstraktionsprinzip des § 929 BGB. Der Erwerb des Eigentums ist weder von der Wirksamkeit des Kaufvertrages noch von der Bezahlung abhängig. Also käme man zum Betrug.

Ein Betrug ist es aber nur dann, wenn man von vornherein vorhatte, auf die Tankstelle zu fahren, dort zu tanken und nicht zu zahlen. Es ist wie bei der Zechprellerei. Man geht in ein Lokal und bestellt und kann oder will nicht zahlen. Der Kellner nimmt die Bestellung entgegen und bringt das Gewünschte. Man hat ihn getäuscht, weil man so getan hat, als wolle man zahlen. Sonst hätte er ja auch nichts gebracht. Es ist eine Täuschung, und er hat den Schaden. Also ist es ein Betrug. Wenn man sich dagegen erst beim Essen überlegt, daß da so viel los ist und daß man günstig unbemerkt verschwinden könnte, ohne zu zahlen, dann ist das nicht strafbar, kein Betrug. Der entscheidende Zeitpunkt ist die Bestellung. Da würde in diesem Fall niemand getäuscht. Ebenso ist es bei der Tankstelle. Auch der Tankwart gibt die Zapfsäulen allgemein nur frei, weil er an die Zahlungsbereitschaft glaubt; sonst würde er sofort einschreiten. Also macht man sich strafbar, Betrug, wenn man da hinfährt und von vornherein die Absicht hat, nicht zu zahlen. Wenn man sich das aber erst hinterher überlegt, nachdem man das Benzin schon im Tank hat, dann ist es so, wie in allen anderen Fällen, wo man ohne Betrugsabsicht etwas kauft und mitnimmt, und später nicht zahlen will. Es ist nicht strafbar, wenn man sich weigert, seine Schulden zu bezahlen. Ein großer Teil der Fälle könnte also nicht bestraft werden und, noch schlimmer, eine schreckliche Vorstellung für die

Kollegen vom Strafrecht, möglicherweise kämen auch alle diejenigen ohne Strafe davon, die später, wenn sie erwischt worden sind, einfach behaupten, sie hätten sich das erst nach dem Tanken überlegt, und denen vor Gericht das Gegenteil nicht bewiesen werden kann.

Das ist der Grund, warum einige Professoren des Strafrechts und einige Gerichte zivilrechtlich den anderen Weg gehen. Sie umgehen das Abstraktionsprinzip des § 929 BGB, indem sie annehmen, jeder Tankwart würde für die Übereignung des Benzins stillschweigend die Bedingung machen, daß es auch bezahlt wird. Also ein unsichtbares Schild an allen Tankstellen: »Die Ware bleibt bis zur vollständigen Bezahlung unser Eigentum.« So käme man zu Diebstahl oder Unterschlagung, je nachdem. Wenn man von Anfang an die Absicht hat, nicht zu zahlen, dann ist es ein Diebstahl. Entschließt man sich dazu erst später, dann unterschlägt man das fremde Benzin, das man schon im Tank hat.

Alles hängt also davon ab, wie man den Eigentumserwerb zivilrechtlich konstruiert. Macht man es nach den normalen Regeln des BGB, wird man viele nicht verurteilen können. Nimmt man eine stillschweigende Bedingung an, ist es ein Diebstahl oder eine Unterschlagung. Die Gerichte schwanken noch. Ein Oberlandesgericht hat nach den normalen Regeln des BGB entschieden, ein anderes anders. Eine endgültige Antwort des Bundesgerichtshofes steht noch aus. 1983 hat er jemanden wegen Betruges verurteilt, bei dem man annehmen konnte, daß er von vornherein nicht zahlen wollte, und sehr kunstvoll haben sich die Richter dabei um die Lösung des zivilrechtlichen Problems herumgedrückt (*Neue Juristische Wochenschrift* 1983, Seite 2827). Irgendwann werden sie sich entscheiden müssen.

Schwierigkeiten gibt es nicht nur bei der äußeren Abgrenzung der drei Tatbestände. Begibt man sich in die innere Logik, dann geht es erst richtig los. Nehmen wir nur den Diebstahl. Wie ist es zum Beispiel, wenn ich meinem alten Nachbarn in seiner Abwesenheit nicht die schöne alte Vase wegnehme, sondern das Sparbuch, schnell ein paar hundert Mark abhebe und es ihm gleich wieder hinlege? Ein strafbarer Diebstahl ist es nur, wenn man eine Sache endgültig wegnimmt. Bringt man sie wieder zurück, ist es regelmäßig nur ein strafloser Gebrauchsdiebstahl. Also, wie ist es? Eigentlich ist das Buch ja wieder da. Es fehlt allerdings das Wichtigste, nämlich das Guthaben von ein paar hundert Mark. Also haben Juristen die sogenannte Sachwerttheorie entwickelt. Die Substanz des Sparbuchs, das Papier und den Einband, die habe ich mir nicht angeeignet, sondern wieder zurückgebracht, wohl aber den Sachwert, nämlich das in ihm verkörperte Sparguthaben. Das genügt. Es handelt sich um einen strafbaren Diebstahl.

Nun vergeht einige Zeit. Der alte Herr ist wieder auf Reisen, und inzwischen gibt es die moderne Technik, nämlich Geldautomaten bei Banken und Sparkassen. Ich nehme ihm also nicht das Sparbuch weg, sondern kurz mal die Scheckkarte, weil er natürlich sorgfältig genug gewesen ist, sie so aufzubewahren, daß daneben auch die Geheimnummer notiert war. Ich hebe mit ihr zwei oder -dreimal vierhundert Mark ab und lege sie wieder zurück. Ein Diebstahl? Oder anders gefragt: Was ist der durch eine Scheckkarte verkörperte Sachwert? Ist es der jeweilige Kontostand? Nein, das geht nicht. Auf den Stand des Kontos kommt es nicht an, weil man es mit Scheckkarte und Automat ohne weiteres überziehen kann. Also kein Diebstahl der Scheckkarte, sondern nur eine Gebrauchsanmaßung. Die ist ausnahmsweise wieder strafbar, nach § 263 a StGB als Computerbetrug, weil man 1986 schnell ein Gesetz gemacht hat, um diese Lücke zu schließen. Freiheitsstrafe bis zu fünf Jahren oder Geldstrafe.

Das ist übrigens derselbe Strafrahmen wie beim Diebstahl, der Unterschlagung und beim normalen Betrug, und man fragt sich natürlich, was die komplizierten Abgrenzungen sollen, mit denen man die juristischen Bibliotheken füllt, wenn es doch für alles dieselbe Strafe gibt. Die alten Römer haben *furtum* gesagt, Diebstahl, aber Unterschlagung und Betrug gehörten dazu. Es war alles ein und dasselbe: Diebstahl, wie im mittelalterlichen Recht. Die begriffliche Unterscheidung, mit jeweils einigen Paragraphen, kam erst im 19. Jahrhundert in den neuen Strafgesetzbüchern auf, die damals überall in Deutschland erlassen wurden, weil man genauer als vorher die gesetzlichen Voraussetzungen formulieren wollte, unter denen ein Bürger bestraft werden soll. Fortan sollte das Rechtsstaatsprinzip gelten, und der neue Grundsatz *nulla poena sine lege:* keine Strafe ohne — genaues — Gesetz. Deshalb auch diese präzise Begrifflichkeit. Im Grunde ein gutes und sinnvolles Prinzip. Es bleibt allerdings ziemlich nutzlos, wenn man hinterher bei der Strafzumessung nur kurz über den Daumen peilt.

Versuch, Rücktritt, Tätige Reue

Warum wird eigentlich schon der Versuch bestraft? Es ist doch noch gar nichts passiert. Bleiben wir bei meinem alten Nachbarn. Wenn ich in seiner Abwesenheit an die Kommode gehe, mir sein Sparbuch nehme, um ein paar hundert Mark abzuheben, dabei aber sehe, daß nichts mehr auf dem Konto ist, und es gleich wieder ganz friedlich in die Schublade zurücklege, dann habe ich mich schon strafbar gemacht. Versuchter Diebstahl, Freiheitsstrafe bis zu fünf Jahren oder Geldstrafe. Warum?

Ja, sagen die Gelehrten, das macht der böse Wille. Das ist die »subjektive Theorie«. Nein, meinen andere, das ist unmöglich. Die Gedanken sind frei. Der böse Wille allein ist niemals strafbar. Wir haben kein Gesinnungsstrafrecht. Und deshalb sagen die anderen, es sei die Gefährdung. Immerhin sei das Eigentum meines Nachbarn in ziemlicher Gefahr gewesen. Sie ist der Grund für die Strafbarkeit des Versuchs. Das ist die »objektive Theorie«. Unsinn, erwidern die Vertreter der subjektiven Theorie. Es wird ja auch der untaugliche Versuch bestraft, der völlig ungefährlich ist. Wer an einer Frau, die tatsächlich nicht schwanger ist, mit harmlosen Kopfschmerztabletten eine Abtreibung versucht, macht sich strafbar (*Entscheidungen des Reichsgerichts in Strafsachen,* 34. Band, Seite 217). Die Gefährdung kann es also nicht sein. Ergebnis: Weder die eine noch die andere Theorie gibt eine ausreichende Grundlage. Und deshalb hat man sie kombiniert, zur »gemischten subjektiv-objektiven Theorie«. Der Versuch wird bestraft, weil der verbrecherische Wille durch eine Handlung nach außen getreten ist und durch die gewollte Gefährdung von Rechtsgütern zu einer Erschütterung des Rechtsbewußtseins führen kann. Herrschende Meinung, die zum Ausdruck kommt in § 22 StGB:

> »Eine Straftat versucht, wer nach seiner Vorstellung von der Tat zur Verwirklichung des Tatbestandes unmittelbar ansetzt.«

Eine bemerkenswerte Logik, die weder die eine noch die andere Erklärung akzeptiert, um sie dann in ihrer Kombination als ausreichende Grundlage für die Bestrafung von Menschen anzusehen. Doch zur Strafe für diejenigen, die sich mit dieser Logik zufriedengeben, kommt es nun zu neuen Schwierigkeiten. Es erhebt sich nämlich die Frage, wann denn nun im einzelnen Fall ein Täter »zur Verwirklichung des Tatbestandes unmittelbar ansetzt«, wie es im Gesetz heißt. Anders formuliert: Wo ist die Grenze zwischen strafloser Vorbereitungshandlung und strafbarem Versuch?

Man unterscheidet drei verschiedene Abschnitte im zeitlichen Ablauf einer Straftat: Vorbereitung, Versuch, Vollendung. Nehmen wir an, jemand will auf einer Tankstelle nicht ohne Geld zu Benzin, sondern mit der Pistole zu Geld kommen. Er besorgt sich Waffe und Munition, die obligatorische Strumpfmaske, ein falsches Kennzeichen für sein Auto und fährt los. Strafbar? Nein, das gehört alles noch zur Vorbereitung. Unterwegs sieht er sich diese und jene Tankstelle genauer an, um die günstigste Gelegenheit auszukundschaften. Immer noch nicht strafbar. Aber jetzt wird es ernst. Es ist dunkel geworden, er hat eine einsame Tankstelle am Stadtrand gefunden und fährt vor die Tür des Kassenraums. Man muß sich das wie in einem Film vorstellen, den man bei jeder einzelnen Sequenz anhalten kann, jeweils mit der Frage, wann der strafbare Versuch beginnt. Also er hält an und will aussteigen. Hat er jetzt schon unmittelbar zur Verwirklichung des Tatbestandes — Raub — angesetzt? Nein, sagen die Strafrechtler. Nun nimmt er die Pistole aus dem Handschuhfach und entsichert sie. Er zieht sich die Strumpfmaske über das Gesicht. Jetzt? Nein, immer noch nicht. Dann macht er die Tür auf und steigt aus, geht auf die Kassentür zu, die Pistole in der Hand. Ist das schon ein strafbarer Versuch? Könnte man vielleicht sagen. Nun öffnet er die Tür, ein Klingelton wird ausgelöst, und er betritt den Kassenraum, während der Tankwart im Hinterzimmer vor dem Fernseher sitzt. Wenn jetzt auf der Straße ein Streifenwagen der Polizei vorbeifährt, ihn da sieht und sofort festnimmt, hat er sich schon wegen eines Raubversuchs strafbar gemacht? Auch darüber könnte man sich noch streiten.

Es gibt dafür verschiedene Formeln, die versuchen, etwas präziser zu sein als der Wortlaut des § 22 StGB. Um 1900 hat der Münchner Professor Reinhard Frank geschrieben, der Versuch beginne mit denjenigen Handlungen, »die vermöge ihrer notwendigen Zusammengehörigkeit mit der Tatbestandshandlung für die natürliche Auffassung als deren Bestandteil erscheinen«. Die Franksche Formel. Ist also das Betreten des Kassenraums mit Pistole und Maske in Abwesenheit des Tankwarts schon ein Teil des geplanten Raubs, der gewaltsamen Wegnahme des Geldes aus der Kasse? Das muß man wohl sagen, besonders wenn man noch eine andere Formel nimmt, nämlich diejenige, die der Bundesgerichtshof meistens verwendet. Danach begeht einen strafbaren Versuch, wer »Handlungen vornimmt, die nach seinem Tatplan der Erfüllung eines Tatbestandsmerkmals unmittelbar vorgelagert sind und in die Tatbestandshandlung unmittelbar einmünden«. Der sogenannte zeitlich-räumliche Zusammenhang, der jetzt ja schon sehr eng ist. Am einfachsten ist es immer mit jener Formulierung, die unser höchstes Gericht seit einiger Zeit auch verwendet. Der Täter muß der Meinung sein, »jetzt geht es los«. Dann ist es ein strafbarer Versuch. Aber hat er sich das nicht spätestens schon beim Aussteigen gesagt? Wie auch immer, jedenfalls beginnt der Versuch, wenn der Tankwart erscheint, unser Mann die Pistole auf ihn richtet, »Hände hoch« sagt und in die Kasse greift. Jetzt hilft nur noch § 24 Absatz 1 Satz 1 StGB.

>»Wegen Versuchs wird nicht bestraft, wer freiwillig die weitere Ausführung der Tat aufgibt oder deren Vollendung verhindert.«

Wenn er also den Streifenwagen der Polizei in seinem Rücken noch nicht gesehen hat, sich jetzt noch eines besseren besinnt, die Pistole wieder einsteckt, zum Tankwart sagt:

»Tut mir leid, mein Herr, ich habe mich geirrt und wünsche einen angenehmen Abend«, sich umdreht, den Raum verläßt und jetzt der Polizei in die Arme läuft, dann kann er wegen eines Raubversuchs nicht bestraft werden. Das war ein Rücktritt vom Versuch. Wenn man es freiwillig macht, drückt das Gesetz ein Auge zu. Wann ist es freiwillig? Auch dafür gibt es noch eine Franksche Formel, die von Studenten die »Franksche Frühlingsformel« genannt wird. Der Täter muß sich nämlich sagen: »Ich will nicht, obwohl ich kann.« Und er darf sich nicht sagen: »Ich kann nicht, obwohl ich will.«

Es gibt sogar einige Fälle, in denen das Gesetz ein Auge zudrückt, wenn die Straftat nicht nur versucht, sondern schon vollendet ist. Bei der Brandstiftung zum Beispiel. § 310 StGB, man nennt das tätige Reue:

> »Hat der Täter den Brand, bevor derselbe entdeckt und ein weiterer als der durch die bloße Inbrandsetzung bewirkte Schaden entstanden war, wieder gelöscht, so wird er nicht wegen Brandstiftung bestraft.«

Noch einmal zurück zum Versuch und zur Frage, warum man ihn eigentlich bestraft. Es ist doch noch gar nichts passiert, und die »gemischt-subjektiv-objektive Theorie« ist in der Tat von zweifelhafter Logik. Wenn man allerdings an den Tankstellenräuber denkt, schon im Kassenraum, die Pistole in der Hand, den Tankwart vor sich, »Hände hoch«, und nun kommt als Retter die Polizei, soll man ihn dann einfach laufenlassen, nur weil das Geld noch in der Kasse ist? Es gibt noch ein anderes Argument, stets sehr beliebt: Das haben wir schon immer so gemacht! In diesem Fall seit 1532, nämlich seit der *Constitutio Criminalis Carolina*, der *peinlich gerichts ordnung* Kaiser Karls des Fünften, die die Bibel des deutschen Strafrechts bis in das 19. Jahrhundert war. Artikel 178:

> »Item so sich jemandt eyner missethatt mit etlichen scheinlichen wercken, die zu volnbringung der missethatt dienstlich sein mögen, understeht, unnd doch an volnbringung der selben missethatt durch andere mittel, wider seinen willen verhindert würde, solcher böser will, darauß etlich werck, als obsteht volgen, ist peinlich zu straffen.«

Mord und Totschlag

Im März 1976 beschloß das Schwurgericht am Landgericht in Verden an der Aller, einen Mordprozeß auszusetzen und mit einer sogenannten Richtervorlage das Bundesverfassungsgericht in Karlsruhe anzurufen, nach Artikel 100 des Grundgesetzes:

> »Hält ein Gericht ein Gesetz, auf dessen Gültigkeit es bei der Entscheidung ankommt, für verfassungswidrig, so ist das Verfahren auszusetzen und ... die Entscheidung des Bundesverfassungsgerichtes einzuholen.«

Es hielt den Mordparagraphen des Strafgesetzbuches für verfassungswidrig, und zwar im wesentlichen aus zwei Gründen. Zum einen argumentierte das Gericht, die vorgeschriebene lebenslange Freiheitsstrafe zerstöre den Menschen, verändere seine Persönlichkeit, degradiere ihn zum Objekt und verletze damit seine in Artikel 1 des Grundgesetzes geschützte Würde. Zum anderen sei das Nebeneinander des Mordparagraphen § 211 und des § 212, in dem der einfache Totschlag geregelt ist, unerträglich. Beides könne man oft nur sehr schwer unterscheiden. Im ersten Fall müsse die zerstörerische lebenslange Freiheitsstrafe verhängt werden, im zweiten könne das Gericht je nach der Schwere der Tat bei der Strafe zwischen fünf und fünfzehn Jahren abstufen. Sehr ähnliche oder fast gleich gelagerte Fälle würden also zu völlig verschiedenen Urteilen führen. Das sei ein Verstoß gegen den Gleichheitsgrundsatz in Artikel 3 des Grundgesetzes.

Damit begann eine Diskussion, die bis heute nicht beendet ist, über Mord und Totschlag und über die lebenslange Freiheitsstrafe. Eine Diskussion, in der sich vieles kompliziert ineinander verschachtelte, Geschichte, Politik und juristische Dogmatik. Fangen wir mit der Geschichte an.

Die eigentlichen Anfänge unseres Strafrechts liegen im Mittelalter. Vorher, im Stammesrecht der Germanen, war eine Tötung nur eine private Verletzung von privaten Rechten. Sie führte entweder zu privater Rache oder — meistens — zu privatem Schadensersatz, sogenannter Buße,

Manngeld, Wergeld, Blutgeld oder wie es sonst noch genannt wird. So ist es immer in Gesellschaften ohne Staat. Es gibt keine Gerichte, und das Ganze wird einfach unter den unmittelbar Beteiligten ausgehandelt, meistens zwischen den Verwandten von Täter und Opfer. Es gab aber wohl schon bei den Germanen einige wenige Fälle, in denen die Gesamtheit des Stammes sich angesprochen fühlte, die Allgemeinheit als verletzt angesehen wurde und nicht nur die Verwandten. Dann entschied die Versammlung des Stammes. Zum Beispiel dann, wenn die Tötung verheimlicht und der private Ausgleich verhindert worden war. Das sah man als verächtlich an. Man nannte es Mord und bestrafte es mit dem Tode. So steht der Mord am Anfang unseres Strafrechts — und bis heute in seinem Zentrum.

Der normale Totschlag blieb bis weit in das Mittelalter eine private Angelegenheit der Verwandten. Der Mord veränderte allmählich seinen Charakter. Das hing zusammen mit der Entstehung von Kriminalität nach der Gründung neuer Städte und der Entwurzelung der ländlichen Bevölkerung, mit dem Auftreten der »landschädlichen Leute«, von Bettlern, Gaunern, Gauklern, Spielleuten, Nichtseßhaften. Mord war nun nicht mehr so sehr die verheimlichte Tötung, sondern die heimliche, mit Hinterlist und Heimtücke, die von diesen Leuten drohte. Am Ende des Mittelalters veränderte sich das noch einmal, unter dem Einfluß des römischen Rechts. Es wurde etwas abstrakter formuliert und hieß nun *fursetz*, Vorbedacht, das Ränkeschmieden im Gegensatz zu plötzlicher Handlung aus Jähheit und Zorn. So unterschied die *Constitutio Criminalis Carolina* von 1532 zwischen Mord und Totschlag. Der Mörder wurde grausam mit dem Rad getötet, bei Totschlag gab es Enthauptung mit dem Schwert. Im 18. und 19. Jahrhundert wurde aus dem *fursetz* der Carolina die Überlegung als Kriterium des Mordes. Bis 1941 stand in § 211 des Strafgesetzbuches:

> »Wer vorsätzlich einen Menschen tötet, wird, wenn er die Tötung mit Überlegung ausgeführt hat, wegen Mordes mit dem Tode bestraft.«

Für Totschlag gab es nach § 212 Zuchthaus nicht unter fünf Jahren. So viel zur Geschichte. Nun zur Politik.

Das Peinliche an der Diskussion der letzten Jahre ist nämlich, daß unser Mordparagraph in seiner heutigen Formulierung aus dem Dritten Reich stammt. Er ist 1941 als Gesetz des Führers erlassen worden. Mitverfasser war Roland Freisler, einer der schlimmsten Juristen jener Zeit, der später als brüllendes Ungeheuer den Prozeß gegen die Attentäter vom 20. Juli 1944 geführt hat. Natürlich wird sein Name in der Diskussion heute weiträumig umfahren, was manche Verrenkungen notwendig und die Argumentation noch schwieriger macht, zumal dieser Roland Freisler bei der Unterscheidung von Mord und Totschlag in mancher Hinsicht auch noch vernünftiger war als unser Bundesgerichtshof mit seiner Rechtsprechung bis heute.

Zum einen geht es um die Frage der lebenslangen Freiheitsstrafe und um ihre zerstörerische Wirkung. Für die Nationalsozialisten war das kein Thema. Für sie gab es bei Mord die Todesstrafe, und so sollte es immer bleiben. Die Bundesrepublik hat sie mit ihrem Grundgesetz abgeschafft und an ihre Stelle das Lebenslang gesetzt. Die Kritik daran ist sehr alt, wurde in den sechziger Jahren lauter und erreichte ihren Höhepunkt im Vorlagebeschluß des Landgerichts Verden. Das Bundesverfassungsgericht entschied ein Jahr später, 1977. Nach dem gegenwärtigen Stand der wissenschaftlichen Erkenntnisse, sagte es, könne nicht festgestellt werden, daß der Vollzug der lebenslangen Freiheitsstrafe zu irreparablen Schäden psychischer oder physischer Art führe. Also keine Verletzung der Menschenwürde. Aber der Gesetzgeber müsse dafür sorgen, daß die Gefangenen nach angemessener Frist zur Bewährung entlassen werden können. Der Bundestag tat das 1981. Seitdem beträgt die Frist 15 Jahre.

Das andere ist der Wortlaut des § 211. Bis 1941 war es die Überlegung, die eine Tötung zum Mord machte. Seitdem gilt, was Roland Freisler mitformulierte, bis heute. Nur die Todesstrafe wurde geändert:

»Der Mörder wird mit lebenslanger Freiheitsstrafe bestraft. Mörder ist, wer aus Mordlust, zur Befriedigung des Geschlechtstriebs, aus Habgier oder sonst aus niedrigen Beweggründen, heimtückisch oder grausam oder mit gemeingefährlichen Mitteln oder um eine andere Straftat zu ermöglichen oder zu verdecken, einen Menschen tötet.«

Die alte »Überlegung« war keine ideale Lösung, und es war an sich nicht unvernünftig, die »niedrigen Beweggründe« deutlicher zu machen. Aber schon am Anfang ist auch der neue Text sehr problematisch. »Mörder ist, wer...« Sonst wird im Strafgesetzbuch immer die Tat beschrieben: »Wer einen Menschen tötet«, »Wer eine fremde bewegliche Sache wegnimmt«, »Wer eine Schwangerschaft abbricht«. Hier ist ein Täter genannt. Der Mörder. In demselben Gesetz von 1941 ist die Todesstrafe für zwei andere Täter eingeführt worden, für den »gefährlichen Gewohnheitsverbrecher« und für den »Sittlichkeitsverbrecher«. Den Verfassern des Gesetzes ging es also nicht nur um die Bewertung der Tat, sondern auch um die Bestrafung der Gesinnung des Täters. Täterstrafrecht statt Tatstrafrecht. Und im Hintergrund existierte auch die Vorstellung, es gäbe bestimmte kriminologische oder biologische Verbrechertypen. Für den Mörder ist das allerdings von Roland Freisler ausdrücklich abgelehnt worden. Trotzdem, es gab solche Vorstellungen, der Wortlaut erinnert an sie, er paßt nicht mehr in unsere Zeit und kann zu Mißverständnissen führen. Man muß ihn ändern.

Wichtiger ist die Formulierung der einzelnen Mordmerkmale. Zum Beispiel die Heimtücke, die in der Praxis der Gerichte wohl die größte Rolle spielt. Was ist das? Die juristische Formel dafür lautet, sie sei die »bewußte Ausnutzung der Arg- und Wehrlosigkeit des Opfers«. Im einzelnen Fall bedeutet das wieder Millimeterarbeit. Millimeterarbeit, die darüber entscheidet, ob wegen Mord oder Totschlag verurteilt wird, ob die Strafe lebenslang ist oder zeitlich begrenzt. Eine gute Illustration gibt der »Brei-Fall«. 1955 ist er vom Bundesgerichtshof entschieden worden. Eine junge Mutter hatte ihr drei Wochen altes Baby getötet. Sie fürchtete um ihre Ehe, weil ihr Mann den Verdacht hatte, das Kind stamme aus einem Ehebruch. Er wollte sich scheiden lassen. Sie dachte an Selbstmord und tötete schließlich das Kind, indem sie Schlaftabletten in seinen Brei mischte. Mord oder Totschlag? Der Bundesgerichtshof sagte, es kommt drauf an. Wenn die Tabletten bitter schmecken und von ihr mit dem Brei vermischt wurden, um diesen Geschmack zu überdecken, dann war von ihr »der natürliche Abwehrinstinkt des Kindes ausgeschaltet«. Heimtücke, Mord, lebenslang. Wenn nicht, dann hätte das Kind sie auch so genommen. Keine Heimtücke, Totschlag und eine zeitliche Freiheitsstrafe, bei der man ihre sehr schwierige psychische Situation berücksichtigen kann. Bei § 211 ist das nicht möglich.

Das ist es, was das Landgericht Verden 1976 mit seiner Vorlage meinte, als es sagte, fast gleich gelagerte Fälle würden zu völlig verschiedenen Verurteilungen führen. Der Gleichheitsgrundsatz der Verfassung sei verletzt. Millimeter entscheiden die Differenz von lebenslang bis zu zwei oder drei Jahren. Ein sinnloses Sezieren mit Begriffen. Man hat es oft genug kritisiert. Das Bundesverfassungsgericht meinte dazu in seinem Urteil 1977, der Gleichheitsgrundsatz sei nicht verletzt, wenn man mit solchen Begriffen vorsichtig umgehe und in Grenzfällen nur wegen Totschlags verurteile, nicht wegen Mordes. Juristisch gesprochen: wenn man die Mordmerkmale restriktiv auslegt. Man nennt so etwas dann verfassungskonforme Auslegung. Aber im Grunde ist seitdem der Gesetzgeber aufgefordert, die Unterscheidung entweder ganz abzuschaffen oder sie besser zu formulieren. Er hat bis heute nicht reagiert. Aber der Bundesgerichtshof hat 1981 einen Ausweg gefunden, im

BGHSt 30.105: Türkenmord-Fall

Im März 1979 tötete der türkische Angeklagte seinen türkischen Onkel, der ein Jahr vorher seine Frau vergewaltigt hatte. Die Ehe des Angeklagten war dadurch zerstört, denn seine Frau nahm ihm übel, daß es jemand aus seiner Familie war, der das getan hatte. Sie wollte sich scheiden lassen, und später versuchte sie sich umzubringen. An jenem Tag im März 1979 trafen sich die beiden Männer auf der Straße. Der Onkel verhöhnte den Neffen, protzte mit der Vergewaltigung seiner Frau, sagte, er werde auch ihn »vögeln« und umbringen. Der ging nach Hause, nahm eine Pistole, sagte seiner Frau, er werde den Onkel jetzt endlich erschießen, ging zu dem Lokal, wo er ihn vermutete, traf ihn dort auch, wie er mit drei anderen Karten spielte, grüßte, stellte sich an die Theke, war sich bewußt, daß der Onkel keinerlei Angriff von ihm erwartete, zog die Pistole, schoß auf ihn und traf ihn tödlich. Das Schwurgericht beim Landgericht Münster hat den Angeklagten wegen Mordes zu lebenslanger Freiheitsstrafe verurteilt. Der Bundesgerichtshof hat das Urteil 1981 aufgehoben und gesagt, es sei zwar ein Mord gewesen, aber er müsse milder bestraft werden.

Das geht an sich nicht. Denn der Mordparagraph hat eine starre Regelung. Es gibt nur eine Strafe, lebenslang. Keine mildernden Umstände. Deshalb hatte das Bundesverfassungsgericht 1977 gesagt, man müsse die Mordmerkmale restriktiv auslegen und möglichst wegen Totschlags bestrafen, dessen Strafmaß beweglich ist. Das war hier aber nicht so einfach. Denn der Angeklagte hatte die Arglosigkeit seines Onkels ausgenutzt. Der saß mit den anderen ruhig beim Kartenspiel und ahnte nichts, was dem Angeklagten, wie er vor Gericht sagte, auch »durchaus recht« war. Er hatte also heimtückisch gehandelt, wie es in § 211 steht, denn das ist die bewußte Ausnutzung der Arg- und Wehrlosigkeit des Opfers. So definiert man das immer. In der strafrechtlichen Literatur war zwar schon öfter vorgeschlagen worden, man solle in solchen extremen Fällen annehmen, der Täter habe nicht heimtückisch gehandelt, weil die besondere Verwerflichkeit fehle, wenn man so verzweifelt ist wie dieser türkische Angeklagte. Also keine Heimtücke, kein Mord, nur Totschlag. Man nennt das »negative Typenkorrektur«. Das war es wohl auch, was das Bundesverfassungsgericht im Auge hatte, die restriktive Auslegung. Aber der Bundesgerichtshof wollte diesen Weg nicht gehen.

Der Weg war ihm zu ungenau. Für die »besondere Verwerflichkeit« und die Extremfälle gebe es keine festen Maßstäbe. Die Rechtsprechung werde dann zu unsicher und ungleichmäßig. Also nicht negative Typenkorrektur, sondern »Rechtsfolgenlösung«. Es sei zwar ein Mord, aber die Rechtsfolge dürfe nicht lebenslange Freiheitsstrafe sein. Auch wenn es im Gesetz so steht. Die lebenslange Freiheitsstrafe in solchen Fällen widerspreche dem verfassungsrechtlichen Grundsatz der Verhältnismäßigkeit. Das Bundesverfassungsgericht habe 1977 gesagt, mit der lebenslangen Freiheitsstrafe müsse man vorsichtig umgehen. Das sei von Verfassungs wegen geboten. Also solle die Strafe für Mord bei außergewöhnlichen Umständen nach § 49 des Strafgesetzbuches gemildert werden. Der Fall dieses türkischen Angeklagten sei so einer, in dem man das machen müsse.

Es gibt nämlich im Strafgesetzbuch einige Straftaten, die Milderungsmöglichkeiten haben, für die § 49 dann die genaueren Regeln gibt. Dort wird gesagt, daß zum Beispiel an die Stelle der lebenslangen eine Freiheitsstrafe von mindestens drei Jahren tritt. Nur: das muß in dem betreffenden Paragraphen ausdrücklich vorgesehen sein, und beim Mord hat der Gesetzgeber das ganz bewußt nicht getan. Macht nichts, sagt der Bundesgerichtshof, § 49 ist trotzdem anwendbar. Man nennt so etwas eine Analogie. Sie soll nur bei außergewöhnlichen Umständen möglich sein. Wörtlich:

> Durch eine notstandsnahe, ausweglos erscheinende Situation motivierte, in großer Verzweiflung begangene, aus tiefem Mitleid oder aus ›gerechtem Zorn‹ auf Grund einer schweren Provokation verübte Taten können solche Umstände aufweisen, ebenso Taten, die in einem vom Opfer verursachten und ständig neu angefachten zermürbenden Konflikt oder in schweren Kränkungen des Täters durch das Opfer, die das Gemüt immer wieder heftig bewegen, ihren Grund haben.«

Man muß sich auszudrücken zu verstehen zu können. Aber was gemeint ist, dürfte klar sein.

Die Strafrechtswissenschaft war mit dieser Entscheidung überhaupt nicht einverstanden. Es gab lauten Protest. Das Urteil sei gegen das Gesetz ergangen, *contra legem*. Was rechtstechnisch an sich erlaubt ist. Von »objektiver Rechtsbeugung« war die Rede, ein Vorwurf, der noch weiter geht. Nur wenige haben zugestimmt, und der Bundestag, der seit der Entscheidung des Bundesverfassungsgerichts von 1977 aufgefordert war, endlich etwas zu tun, hat bis heute nicht reagiert. Insofern war die Entscheidung des Bundesgerichtshofes schon sinnvoll. Wenigstens ist der türkische Angeklagte von damals inzwischen längst wieder entlassen. Mit einem lebenslangen Urteil hätte er mindestens fünfzehn Jahre in der Haftanstalt bleiben müssen.

Rechtswidrigkeit und Schuld

Tatbestandsmäßigkeit, Rechtswidrigkeit und Schuld: das ist das Schema, nach dem deutsche Juristen seit einhundert Jahren prüfen, ob jemand sich strafbar gemacht hat. Seine Handlung muß dem Tatbestand eines Strafgesetzes entsprechen und rechtswidrig sein, und er muß schuldhaft gehandelt haben. Sozusagen drei Teile einer einheitlichen Konstruktion, ähnlich einem dreigliedrigen Altar mit zwei Seitenflügeln. Der Tatbestand in der Mitte als Hauptsache, rechts und links die Rechtswidrigkeit und die Schuld als notwendiges Beiwerk. Sind alle drei vorhanden, klappt man sie zusammen, das Päckchen ist komplett, wird mit der Strafe verschnürt, und nun hat es der Täter zu tragen.

Die beiden Seitenflügel sind erst vor einhundert Jahren auseinandergeschnitten worden. Erst seitdem unterscheidet man ausdrücklich zwischen Rechtswidrigkeit und Schuld, indem man sagt, die Rechtswidrigkeit sei das Unwerturteil über die Tat und die Schuld der Vorwurf gegenüber dem Täter. Objektive Rechtswidrigkeit der Tat und subjektive Schuld des Täters. Jedesmal geht es darum, daß die eine oder die andere in bestimmten Ausnahmefällen nicht gegeben ist und deshalb der Täter nicht bestraft werden kann. Deshalb sind diese Voraussetzungen im Tatbestand der einzelnen Strafvorschriften auch nicht genannt, sondern vorher, im »Allgemeinen Teil«. Wenn der Tatbestand erfüllt ist, geht man davon aus, daß rechtswidrig und schuldhaft gehandelt wurde. Das ist die Regel. Nehmen wir den Totschlag, § 212 StGB:

> »Wer einen Menschen tötet, ohne Mörder zu sein, wird als Totschläger mit Freiheitsstrafe nicht unter fünf Jahren bestraft.«

Wenn jemand es getan hat, um sich zu wehren, weil er von dem anderen angegriffen worden ist, dann gibt es dafür eine Ausnahmevorschrift in § 32 StGB, Notwehr:

> »Wer eine Tat begeht, die durch Notwehr geboten ist, handelt nicht rechtswidrig. Notwehr ist die Verteidigung, die erforderlich ist, um einen gegenwärtigen rechtswidrigen Angriff von sich oder einem anderen abzuwenden.«

In diesem Fall ist die Tötung nicht rechtswidrig, also auch nicht strafbar. Das ist, sagt man, eine Bewertung der Tat. Jeder, der diese Tat begangen hätte, jeder, der diesen Mann in dieser Situation getötet hätte, nachdem er von ihm angegriffen worden ist, würde rechtmäßig gehandelt haben. Die Tat ist objektiv rechtmäßig, unabhängig von der subjektiven Person des Täters.

Anders beim Verschulden. Jemand tötet einen anderen und ist geisteskrank — was auch immer das sein mag. Jeder andere, der diesen Totschlag begangen hätte, würde bestraft. Er aber nicht, denn er hat — subjektiv — ohne Schuld gehandelt. § 20 StGB:

> »Ohne Schuld handelt, wer bei Begehung der Tat wegen einer krankhaften seelischen Störung, wegen einer tiefgreifenden Bewußtseinsstörung oder wegen Schwachsinns oder einer schweren anderen seelischen Abartigkeit unfähig ist, das Unrecht der Tat einzusehen oder nach dieser Einsicht zu handeln.«

Hier geht es um eine Bewertung des Täters, um seine persönliche Verantwortung. Es fehlt die subjektive Schuld. Deshalb kann er nicht bestraft werden.

So einfach das an sich alles ist, der Teufel steckt auch hier im Detail, besonders bei der Schuld. Man ist sich noch nicht einmal darüber einig, was man darunter verstehen soll. Um die Jahrhundertwende hat jener Münchener Professor Reinhart Frank, der König der griffigen Formeln, die Schuld als »Vorwerfbarkeit« definiert, eine Formel, die sich dann ziemlich schnell durchgesetzt hat. Heute neigt man eher zu längeren Umschreibungen, zum Beispiel Günter Stratenwerth, Professor an der Universität Basel, in seinem *Lehrbuch zum Allgemeinen Teil des Strafrechts*, § 10:

> »Unter dem Titel der Schuld werden die Voraussetzungen zusammengefaßt, unter denen der Täter die Möglichkeit hat, die rechtliche Sollensforderung zu erkennen und sich nach ihr zu richten. Die Einheit liegt in dem Sachzusammenhang, auf den die Frage nach der persönlichen Verantwortung verweist.«

Das entscheidende Stichwort ist die persönliche Verantwortung. Was strafrechtliche Schuld bedeutet, ist mit ihr besser deutlich gemacht als durch die Francksche »Vorwerfbarkeit«.

Im Grunde geht es um drei Fälle, in denen die Schuld ausnahmsweise fehlt. Wenn der Täter nicht schuldfähig ist, in einem Verbotsirrtum gehandelt hat oder in einem entschuldigenden Notstand. Die Schuldfähigkeit fehlt zum Beispiel bei Geisteskrankheit, § 20. Oder nach § 19 StGB:

> »Schuldunfähig ist, wer bei Begehung der Tat noch nicht vierzehn Jahre alt ist.«

Auch der zweite Fall, der Verbotsirrtum, ist im Gesetz geregelt. Man sagt zwar, Unwissenheit schützt vor Strafe nicht. Aber der Volksmund ist veraltet. § 17 StGB:

> »Fehlt dem Täter bei Begehung der Tat die Einsicht, Unrecht zu tun, so handelt er ohne Schuld, wenn er diesen Irrtum nicht vermeiden konnte. Konnte der Täter den Irrtum vermeiden, so kann die Strafe nach § 49 Abs. 1 gemildert werden.«

Dies war lange umstritten. Das alte Reichsgericht hat sich immer geweigert, den Verbotsirrtum anzuerkennen. Es hat ständig so entschieden wie der Volksmund noch heute, gegen gewichtige Stimmen der Wissenschaft, in der Kaiserzeit, in der Weimarer Republik und im Dritten Reich. Erst die Bundesrepublik wurde etwas liberaler und brachte die Wende. 1952 hat der Bundesgerichtshof anders entschieden, im zweiten Band seiner *Entscheidungen in Strafsachen* (BGHSt 2.194). Strafe setzt Schuld voraus, sagte er, und dazu gehört auch die Kenntnis von Recht und Unrecht. Zwar müsse grundsätzlich jeder wissen, was erlaubt ist und was nicht. Aber es gebe Situationen, in denen es anders sein könne. In Zeiten gesellschaftlichen Umbruchs etwa. Aber auch sonst sei nicht immer selbstverständlich, was Recht und Unrecht ist. Manchmal könne man es nur schwer feststellen. Wenn jemand darüber irre, obwohl er sich ausreichend Mühe gegeben hat, dann macht er sich nicht strafbar. So war es zum Beispiel in folgendem Fall, über den 1989 das Amtsgericht Frankfurt entschieden hat (*Neue Juristische Wochenschrift* 1989, Seite 1745):

> »In der Zeitschrift *Titanic* hat der angeklagte Journalist 1988 in der Rubrik ›Die sieben peinlichsten Persönlichkeiten‹ über einen Bundeswehroffizier geschrieben, der nach einem schweren Unfall querschnittsgelähmt ist, nur noch Kopf und Arme bewegen kann und trotzdem unbedingt wieder bei der Bundeswehr

Dienst tun wollte, was ihm schließlich auch gelungen war. Der Angeklagte zweifelte deshalb an seinem Verstand und brachte das auch ziemlich deutlich zum Ausdruck. Das Amtsgericht meinte, damit sei der Tatbestand des § 185 erfüllt. Der Text sei objektiv eine Beleidigung des Offiziers. Aber der Artikel war vor der Veröffentlichung von einer bei der Zeitschrift beschäftigten Juristin geprüft worden. Sie hatte keine Bedenken, hatte gesagt, man könne das so drucken. Es sei keine Beleidigung. Worüber man auch als Jurist tatsächlich manchmal verschiedener Meinung sein kann. Der Angeklagte hatte sich darauf verlassen und deshalb, meinte das Amtsgericht, habe er ohne Schuld gehandelt. Denn bisher hatte die Juristin keine falschen Auskünfte gegeben. Er durfte sich darauf verlassen und handelte deshalb in einem unvermeidbaren Verbotsirrtum. Freispruch.«

Schließlich, dritter Fall, der entschuldigende Notstand. In Lehrbüchern sehr beliebt ist der »Karneades-Fall«. Ein Schiffbrüchiger stößt den anderen von einer Planke, die nur einen von beiden tragen kann. Schon im zweiten Jahrhundert vor Christus hat der griechische Philosoph Karneades sich mit diesem Problem beschäftigt, und ein anderer Großer, Immanuel Kant, schreibt dazu in seiner *Metaphysik der Sitten* (Einleitung, Anhang II):

»Es kann nämlich kein Strafgesetz geben, welches demjenigen den Tod zuerkennte, der im Schiffbruche, mit einem anderen in gleicher Lebensgefahr schwebend, diesen von dem Brette, worauf er sich gerettet hat, wegstieße, um sich selbst zu retten. Denn die durchs Gesetz angedrohte Strafe könnte doch nicht größer sein als die des Verlustes des Lebens des ersteren. Nun kann ein solches Strafgesetz die beabsichtigte Wirkung gar nicht haben; denn die Bedrohung mit einem Übel, was noch ungewiß ist (dem Tode durch den richterlichen Ausspruch), kann die Furcht vor dem Übel, was gewiß ist (nämlich dem Ersaufen), nicht überwiegen. Also ist die Tat der gewalttätigen Selbsterhaltung nicht etwa als unsträflich *(inculpabile)*, sondern nur als unstrafbar *(impunibile)* zu beurteilen, und diese subjektive Straflosigkeit wird durch eine wunderliche Verwechslung von den Rechtslehrern für eine objektive (Gesetzmäßigkeit) gehalten.«

Es zeigt, wie wenig sicher die Unterscheidung von objektiver Rechtswidrigkeit und subjektiver Schuld ist. Kant hat sich durchgesetzt. Auch unser Strafgesetzbuch sagt heute, es fehle die subjektive Schuld, nicht die objektive Rechtswidrigkeit, obwohl das für eine solche Tat unabhängig von der Person des Täters für jedermann gilt, also objektiv. § 35 StGB:

> »Wer in einer gegenwärtigen, nicht anders abwendbaren Gefahr für Leben, Leib oder Freiheit eine rechtswidrige Tat begeht, um die Gefahr von sich, einem Angehörigen oder einer anderen ihm nahestehenden Person abzuwenden, handelt ohne Schuld.«

Daneben gibt es nämlich noch den rechtfertigenden Notstand, der den Satz »Not kennt kein Gebot« in anderer Weise löst: durch den Wegfall der Rechtswidrigkeit. § 34 StGB:

> »Wer in einer gegenwärtigen, nicht anders abwendbaren Gefahr für Leben, Leib, Freiheit, Ehre, Eigentum oder ein anderes Rechtsgut eine Tat begeht, um die Gefahr von sich oder einem anderen abzuwenden, handelt nicht rechtswidrig, wenn bei Abwägung der widerstreitenden Interessen, namentlich der betroffenen Rechtsgüter und des Grades der ihnen drohenden Gefahren, das geschützte Interesse das beeinträchtigte wesentlich überwiegt. Dies gilt jedoch nur, soweit die Tat ein angemessenes Mittel ist, die Gefahr abzuwenden.«

Wenn zum Beispiel ein Arzt sich betrunken in sein Auto setzt, um das Leben eines Patienten zu retten. Der Jurist vergleicht die allgemeine Verkehrsgefährdung mit der Lebensgefahr des Patienten, sieht, daß die Lebensgefahr schwerer wiegt und kommt also zu dem Ergebnis, daß der Arzt nicht rechtswidrig gehandelt hat. Keine strafbare Trunkenheit im Verkehr. Bei § 35, sagt man, sei eine solche Abwägung nicht möglich. Leben gegen Leben? Da kann das eine nicht wichtiger sein als das andere. Also nur Wegfall der Schuld.

Bleibt zum Schluß noch die Frage, warum man eigentlich für eine Bestrafung außer der Tatbestandsmäßigkeit und Rechtswidrigkeit auch noch die Schuld des Angeklagten fordert. Nach überwiegender Meinung der Wissenschaft ist sie klar zu unterscheiden von Vorsatz und Fahrlässigkeit, also was man im Zivilrecht Verschulden nennt. Die gehören zum Tatbestand und müssen sowieso gegeben sein. Warum also noch die zusätzliche Forderung nach subjektiver Verantwortlichkeit? Die Antwort gibt das nächste Thema:

Straftheorien

Denn vorher muß man wissen, auf welcher Grundlage man eigentlich steht. Warum wird gestraft? Welchen Zweck hat Strafe? Warum gibt es Strafrecht? Im bürgerlichen Recht und im Staats- und Verwaltungsrecht läßt sich eine solche Frage ziemlich leicht beantworten. Hier wie dort geht es um unsere Freiheit und um soziale Gerechtigkeit, um Vertragsfreiheit und ihre Einschränkungen durch den Staat, der beides garantieren soll, Freiheit und soziale Gerechtigkeit, und gegen dessen Verwaltungshandeln der einzelne wieder geschützt werden muß, weil auch dadurch seine Freiheit gefährdet werden kann. Beim Strafrecht ist das alles viel schwieriger. Denn hier ist es genau umgekehrt. Es schränkt die Freiheit von Menschen ein, sehr lange, zum Teil lebenslang. Sie werden gezwungen, unter Bedingungen zu leben, die ihre Persönlichkeit verändern, ihre seelische Gesundheit gefährden und ihre Würde verletzen. Wie kann man das rechtfertigen? Sechzig- bis siebzigtausend Menschen leben tagtäglich in unseren Haftanstalten. Warum?

Seit Jahrhunderten zerbrechen sich Philosophen und Juristen darüber den Kopf. Es geht um die sogenannten Straftheorien. Wir behandeln Strafgefangene als Objekte, wie Sachen, und nicht als Subjekte, Personen, und verstoßen damit gegen ihre Menschenwürde. Jeder findet es richtig, daß Verbrecher hinter Schloß und Riegel gehören. Aber niemand kann einen vernünftigen Grund nennen. Im wesentlichen gibt es drei Straftheorien: Vergeltungstheorie, Generalprävention, Spezialprävention.

Die Vergeltungstheorie sagt, der Zweck der Strafe sei die Vergeltung. Auf deutsch: Rache. Wenn jemand getötet hat oder gestohlen oder betrogen, dann muß es dafür Rache geben. Deshalb wird bestraft. Nicht nur bedeutende Juristen sind dieser Meinung, auch die beiden wichtigsten Philosophen der bürgerlichen Gesellschaft, Kant und Hegel. Franz von Liszt, einer der großen Strafrechtler der Jahrhundertwende, hat dazu einmal gesagt, das sei nicht nur eine Versündigung des Herzens, sondern auch eine Verirrung des Verstandes. Rache im zwanzigsten Jahrhundert? Obwohl man um die sozialen Gründe von Kriminalität weiß? Rache ist neues Unrecht, sagt ein altes Sprichwort. Sicher, Rachegefühle sind menschlich. Jeder hat sie bisweilen. Aber können sie in einer freiheitlichen Demokratie der Grund sein, täglich sechzig- bis siebzigtausend Menschen wie Hühner einzusperren? Die Frage beantwortet sich von selbst.

Also Generalprävention. Auf deutsch: Abschreckung. Das Strafrecht und die Existenz von Gerichten und Gefängnissen haben den Zweck, sagt man, die Menschen durch Angst vor Strafe davon abzuhalten, daß sie Straftaten begehen. Wie gut das funktioniert, kann man daran sehen, daß tagtäglich Tausende von Straftaten begangen werden. Ich weiß, was man darauf erwidern wird. Wenn es Strafgesetze, Gerichte und Gefängnisse nicht gäbe, wird man sagen, würde es noch schlimmer sein. Ich glaube das nicht. Schon gar nicht im wirklich gefährlichen Bereich, bei Gewalt- und Sexualdelikten und bei Drogen. Solche Straftaten werden unter Zwängen begangen, die viel stärker sind als die Angst vor Strafe. Aber auch bei Eigentumsdelikten sieht es nicht anders aus. Diejenigen, die es nicht nötig haben, werden nicht stehlen, betrügen oder unterschlagen, wenn die Drohung der Strafe eines schönen Tages weggefallen sein wird. Und die anderen werden nicht nur durch Strafe davon abgehalten, Unrecht zu tun. Es gibt andere Mechanismen, die wirksamer sind. Zum Beispiel den Zwang, einen Schaden wiedergutzumachen. Oder den Verlust von Ansehen und Glaubwürdigkeit. Rechnet man das mit ein, erweist sich die Generalprävention als völlig unbewiesener Aberglaube.

Bleibt also die Spezialprävention. Das war die Lösung Franz von Liszts. Er sah den sozialen Hintergrund von Kriminalität und meinte, das Strafrecht habe die Aufgabe, solche Fehlentwicklungen wieder auszugleichen, indem man auf den einzelnen Straftäter positiv einwirkt und ihn dazu erzieht, daß er nicht wieder Straftaten begeht. Das Mittel dazu sei das Gefängnis. Damit solle speziell auf den einzelnen Täter eingewirkt werden, nicht auf die Allgemeinheit. Spezialprävention statt Generalprävention, die ohnehin nicht möglich sei. Der Gefangene soll allmählich wieder in das normale gesellschaftliche Leben eingegliedert werden.

Resozialisierung. So steht es heute im Strafvollzugsgesetz. Sicher ist das ein gewisser Fortschritt an Menschlichkeit, wenn man es mit früheren Zeiten vergleicht. Nur leider, es geht nicht. Eine Erziehung unter den Bedingungen der Einschließung muß scheitern und verkommt zu Verwahrung. Es ist nicht möglich, im Gefängnis Erziehungserfolge zu erzielen. Auch nicht, wenn es im Gesetz steht. Seit seinem Inkrafttreten 1976 haben sich die hohen Rückfallquoten nicht im geringsten geändert. Auch die Theorie der Spezialprävention ist gescheitert.

Das bittere Ergebnis bleibt, daß wir eine zureichende Begründung für Strafe nicht haben. Das Strafrecht hat kein rationales Fundament. Es ruht nur auf der jahrhundertealten Überzeugung, daß Strafe sein müsse, wenn Unrecht begangen worden ist. Ein Dilemma, das viele Strafrechtler heute dadurch lösen, daß sie die Theorien in verschiedener Weise miteinander kombinieren, weil sie wissen, daß jede für sich allein angreifbar ist. Durch die Mischung, meinen sie, könne daraus etwas Richtiges werden, während es letztlich nur darum geht, die eigene Ratlosigkeit zu verschleiern.

Zurück zur Schuld. Warum ist sie Voraussetzung für Strafe? Mit der Generalprävention hat sie nichts zu tun. Man kann auch abschrecken, wenn man Strafe für Taten androht, die schuldlos begangen werden. Für die Spezialprävention ist sie ebenfalls ohne Belang. Man kann auch jemanden erziehen, der ohne Schuld gehandelt hat. Bleibt also die Vergeltung. Vergeltung, Rache, ist nur gegenüber jemandem möglich, dem man das auch übelnehmen kann. *Adventavit asinus, pulcher et fortissimus*. Auf deutsch: Das war also des Pudels Kern. Es zeigt sich, daß unser Strafrecht letzlich nichts anderes ist als Rache.

Täterschaft und Teilnahme

Im Februar 1940, am Beginn des zweiten Weltkrieges, hat das Reichsgericht in Leipzig eine Strafsache entschieden, die dann als »Badewannenfall« in die Geschichte unseres Strafrechts eingegangen ist. *Entscheidungen des Reichsgerichts in Strafsachen*, 74. Band, Seite 84:

»In einem Dorf an der Mosel lebten zwei junge Bauerntöchter, Schwestern, die beide ein uneheliches Kind erwarteten. Als das eine tot zur Welt gekommen war, drohte der Vater der beiden, er würde sie aus dem Haus jagen, wenn so etwas noch einmal passierte. Deshalb verschwieg die andere ihren Zustand und brachte das Kind mit Hilfe ihrer Schwester in ihrer Kammer heimlich zur Welt. Sie hatten Angst vor ihrem Vater und wußten nicht, was sie tun sollten. Als die Schwester das Kind badete, verlangte die Mutter, sie solle es ertränken. Die Schwester gab nach und hielt das Kind unter Wasser, bis es tot war.

Damals, kurz vor der Änderung des § 211, war das noch Mord, nämlich eine Tötung »mit Überlegung«. Die Schwester mußte also mit dem Tode bestraft werden. Dasselbe drohte an sich auch der Mutter, denn Anstifter werden wie Täter bestraft. Aber für sie gab es — damals wie heute — die Milderung des § 217 bei Tötung eines unehelichen Kindes gleich nach der Geburt. Freiheitsstrafe. So erging das Urteil des Landgerichts Trier. Die Mutter wurde zu einer Zuchthausstrafe verurteilt, die Schwester zum Tode.

Die Schwester legte Revision ein, und die Richter am Reichsgericht hatten Mitleid. An sich wurde in dieser Zeit nach Kriegsausbruch die Todesstrafe hemmungslos ausgedehnt. Aber hier, bei der Bauerntochter von der Mosel, sollte sie vermieden werden. Also drehte das Reichsgericht die Rollen um, ernannte die Mutter zu derjenigen, die das Kind getötet habe, also zur Täterin, und sagte, die Schwester hätte ihr nur geholfen. Sie sei Gehilfin. Die Strafe für Beihilfe ist niedriger. Die Todesstrafe wurde also aufgehoben, und sie konnte wie ihre Schwester mit Zuchthaus bestraft werden.«

Der juristische Hebel, mit dem das Reichsgericht das bewerkstelligte, war die subjektive Teilnahmelehre. Das Gesetz unterscheidet zwar zwischen Tätern — und Mittätern — auf der einen und Teilnehmern auf der anderen Seite. Teilnehmer sind Anstifter und Gehilfen. Aber es sagt nicht genau, wo der Unterschied liegt. Im praktischen Ergebnis ist das ganz entscheidend, besonders für die Frage der Beihilfe, die milder bestraft werden muß. Dabei gibt es viele verwickelte Fälle, in denen man nicht genau sagen kann, ob jemand als Täter oder Teilnehmer gehandelt hat.

Schon lange vor dem Badewannenfall hat das Reichsgericht die Frage nach subjektiven Kriterien entschieden, also nach dem inneren Willen des Angeklagten bei der Tat und nicht nach dem äußeren — objektiven — Hergang. Die berühmte Formel lautete, daß derjenige der Täter ist, der die Tat als eigene will, und Gehilfe, wer sie als fremde will. Das wiederum entschied man meistens nach dem Interesse, das der Betreffende an der Tat hatte. Im Badewannenfall hieß das, die Schwester habe die Tötung des Babys nicht als eigene gewollt, sondern sie hat für die Mutter gehandelt, in deren Interesse. Die Schwester hat die Tat nur als fremde gewollt. Deshalb war sie nur Gehilfin, Teilnehmerin, und nicht Täterin. Auch früher war es schon vorgekommen, daß jemand nicht als Täter bestraft wurde, obwohl er sehr viel näher dran war am Tatgeschehen als der andere. Aber der Badewannenfall war der Höhepunkt der subjektiven Teilnahmelehre, seine Überspitzung. Er stellte das tatsächliche Geschehen juristisch auf den Kopf. Deswegen ist er auch heftig kritisiert worden von der Wissenschaft — nicht von dem Bauernmädchen aus dem Moseldorf. Die war sicherlich nicht traurig darüber, daß sie am Leben bleiben durfte.

In der Strafrechtswissenschaft wird diese subjektive Täterlehre heute allgemein abgelehnt. Man vertritt objektive Theorien. Sie machen nicht den inneren — subjektiven — Willen des Angeklagten zum Kriterium, sondern die äußeren — objektiven — Umstände der Tat, meistens nach der Lehre von der Tatherrschaft. Täter ist, sagt man, wer die Tatherrschaft hat. Und Tatherrschaft hat, »wer das Tatgeschehen in den Händen hält«. Im Dorf an der Mosel ist das damals im wahren Sinn des Wortes die Schwester gewesen, nicht die Mutter. Nach der Tatherrschaftslehre hätte sie als Mörderin bestraft werden müssen, nicht als Gehilfin. Damit soll nicht gesagt sein, daß es falsch war, sie vor der Todesstrafe zu retten. Auch im Recht kann man bisweilen mit falscher Begründung zum richtigen Ergebnis kommen.

Nach dem Krieg hat der Bundesgerichtshof sich zunächst mehr oder weniger ausdrücklich gegen den Badewannen-Fall entschieden. »Wer mit eigener Hand einen Menschen tötet«, sagten die Richter 1956, »ist grundsätzlich auch dann Täter, wenn er es unter dem Einfluß und in Gegenwart eines anderen nur in dessen Interesse tut« (*Entscheidungen in*

Strafsachen, Band 8, Seite 393). Aber es dauerte nicht lange, und es gab wieder eine Wendung in Richtung Badewanne, das Stachinskij-Urteil von 1962. Es hatte politische Gründe.

Stachinskij, ein Agent des sowjetischen Geheimdienstes KGB, hatte in München zwei ukrainische Exilpolitiker mit einer Giftpistole aus dem Hinterhalt ermordet. Um ihn vor der lebenslangen Freiheitsstrafe zu bewahren, sagte der Bundesgerichtshof, es sei nur Beihilfe gewesen. Täter sei Alexander Scheljepin, der Chef des KGB. Der habe den Täterwillen gehabt, Stachinskij die Tat nicht als eigene gewollt, sondern sich fremdem Täterwillen nur widerstrebend gebeugt (*Entscheidungen in Strafsachen,* Band 18, Seite 87). Der politische Hintergrund des Urteils war aber nicht die Arbeit fremder Geheimdienste. Die Richter in Karlsruhe hatten ganz andere Täter vor Augen, sagten es auch ausdrücklich:

> »Politische Morde sind in der Welt wie in Deutschland immer vorgekommen. Neuerlich sind jedoch gewisse modernere Staaten unter dem Einfluß radikaler politischer Auffassungen, in Deutschland unter dem Nationalsozialismus, dazu übergegangen, politische Morde oder Massenmorde geradezu zu planen und die Ausführung solcher Bluttaten zu befehlen. Solche bloßen Befehlsempfänger unterliegen bei Begehung derartiger amtlich befohlener Verbrechen nicht den kriminologisch erforschten oder jenen jedenfalls ähnlichen persönlichen Tatantrieben. Vielmehr befinden sie sich in der sittlich verwirrenden, mitunter ausweglosen Lage, vom eigenen Staat, der vielen Menschen bei geschickter Massenpropaganda nun einmal als unangezweifelte Autorität zu erscheinen pflegt, mit der Begehung verwerflicher Verbrechen geradezu beauftragt zu werden. Sie befolgen solche Anweisungen unter dem Einfluß politischer Propaganda oder der Befehlsautorität oder ähnlicher Einflüsse ihres eigenen Staates, von welchem sie im Gegenteil die Wahrung von Recht und Ordnung zu erwarten berechtigt sind. Diese gefährlichen Verbrechensantriebe gehen statt von den Befehlsempfängern vom Träger der Staatsmacht aus, unter krassem Mißbrauch dieser Macht.«

Die Rückkehr zum Badewannen-Fall sollte nationalsozialistische Gewaltverbrecher vor lebenslanger Freiheitsstrafe bewahren. Von der Badewanne über die Giftpistole zur Gaskammer. Das Thema war aktuell. Es liefen Schwurgerichtsverfahren zu Einsatzgruppen der SS, und wenig später, 1963, begann der große Auschwitz-Prozeß in Frankfurt. Untere Gerichte hatten schon öfter so entschieden, aber der Bundesgerichtshof hatte sich bisher um eine klare Entscheidung gedrückt. Jetzt war die Gelegenheit günstig. Man brauchte nicht zugunsten ehemaliger Nazis zu entscheiden, sondern konnte sich hinter einem Urteil gegen den sowjetischen KGB verstecken. Das Ergebnis war dasselbe. Nun war auch nach der Rechtsprechung des höchsten deutschen Strafgerichts klar, daß es im Dritten Reich nur einen einzigen Mann gegeben hat, der selbst Millionen von Opfern quälte, folterte und ermordete. Adolf Hitler, »ein Täter und 60 Millionen Gehilfen« (Jürgen Baumann). Entsprechend milde waren die Urteile. Eine juristische Konstruktion, die ein Bauernmädchen vor der Todesstrafenmanie der Nazis retten sollte, kam ihnen nun — auf dem Umweg über den sowjetischen KGB — selbst zugute. Der andere war der Täter. Es waren ja auch immer dieselben Richter. Zwölf Jahre hatten sie mit diesen Gehilfen in enger Volksgemeinschaft gelebt.

Von solchen politischen Fällen abgesehen, für die das Stachinskij-Urteil ausdrücklich geschrieben war, schwankt die Rechtsprechung unserer Gerichte etwas ziellos hin und her zwischen der alten subjektiven Theorie und der neuen Tatherrschaftslehre. Letztlich schielt man immer auf das Ergebnis. Will man jemanden milde bestrafen, wird gesagt, er sei nur Gehilfe gewesen. Andernfalls findet man eine Begründung dafür, warum er Täter war. Ähnlich, nämlich mit dem Ziel der Bestrafung, ist es in einem Fall gewesen, der uns bei der Suche nach dem Täter auf den Höhepunkt juristischer Akrobatik bringt:

BGHSt 11.268: Strafbarer Selbstmordversuch

Natürlich, das weiß man, ist der Selbstmord nicht strafbar. Trotzdem, 1958 hat der Bundesgerichtshof eine Entscheidung des Landgerichts Dortmund bestätigt, das jemanden wegen versuchten Mordes an sich selbst verurteilt hatte, den »Angeklagten P.«. Mit zwei anderen wollte er nachts in ein

Lebensmittelgeschäft einbrechen, jeder mit einer Pistole für den Fall, daß einem von ihnen die Festnahme drohe. Sie drückten das Fenster eines Zimmers ein, in der Meinung, es sei das Büro. Erste Verwechslung. Es war das Schlafzimmer des Ladeninhabers. Der war genauso erschrocken wie die drei, rannte aufgeregt ans Fenster und vertrieb sie mit seinem Geschrei. Beim Weglaufen sah einer von ihnen, der »Angeklagte M.«, daß jemand hinter ihm her war, zwei oder drei Meter zurück, schoß auf ihn, traf ihn am Arm, verletzte ihn aber nicht, weil die Kugel im gefütterten Jackenärmel steckengeblieben war. Zweite Verwechslung. Es war kein Verfolger, sondern der Angeklagte P. Sie brachte ihm nicht nur das Loch in der Jacke, sondern auch die Verurteilung wegen versuchten Mordes. Wegen versuchten Mordes an sich selbst.

Juristisch geht das so: Haupttäter ist der Angeklagte M. Er hat geschossen. Aber die beiden anderen sind Mittäter. Sie hatten das vorher so verabredet und auch die Tatherrschaft, denn sie waren dabei und konnten jederzeit durch Zuruf dafür sorgen, daß der andere nicht schießt. Sie hatten das Tatgeschehen ebenso in der Hand wie M., sind also nicht Gehilfen, sondern Täter. Die Personenverwechslung ist unerheblich. Wenn man auf jemanden schießt, will man einen Menschen töten, unabhängig davon, ob es derjenige ist, den man meint, oder nicht. Juristisch heißt das *error in objecto*, Irrtum im Objekt. Er spielt strafrechtlich keine Rolle, wenn die verwechselten Objekte gleichwertig sind. Ein Menschenleben ist ein Menschenleben, gleichgültig, ob es das eines bestimmten oder eines anderen ist. Also hat auf alle Fälle der Angeklagte M. einen Mordversuch begangen, denn er wollte einen Menschen töten, um eine Straftat zu verdecken, wie es in § 211 StGB heißt. Verdecken der Straftat bedeutet ja nicht nur, daß man sich bemüht, die Entdeckung eines Verbrechens überhaupt zu verhindern. Es genügt schon, wenn man verhindern will, daß herauskommt, wer es gewesen ist. Also ist es Mord, wenn man einen Verfolger tötet, um unerkannt zu entkommen. Und die Personenverwechslung spielt, wie gesagt, keine Rolle.

Das gilt natürlich auch für den anderen, der mit ihnen da einbrechen wollte. Aber der »Angeklagte P.«? Er war schließlich das Opfer dieses Mordversuchs. Und nach § 211 muß immer ein anderer Mensch getötet werden. Der Selbstmord ist nicht strafbar. Sicher, eine Personenverwechslung ist an sich unerheblich. Ein Menschenleben ist ein Menschenleben. Aber das eigene? Wenn man das Ganze mit der Logik lösen will, läßt sich schon sagen, daß die drei gemeinsam gehandelt und einen Mord in Kauf genommen haben. Wenn dann einer schießt, müssen die beiden anderen dafür als Mittäter einstehen. Und der *error in objecto* ändert an der Sache nichts. So argumentierte das Landgericht Dortmund, und das ist auch die Logik des Bundesgerichtshofes. Es ist wie so oft in der Jurisprudenz. Man kann es logisch auch anders sehen, kann zum Beispiel sagen, daß es immer wenigstens ein anderer Mensch sein muß beim Mord, auch beim *error in objecto*. Man könnte auch einwenden, daß es doch sehr fraglich erscheint, ob der angeschossene Angeklagte P. wirklich noch die Tatherrschaft hatte, als er angeschossen wurde. Hätte er denn wirklich noch sagen können, er habe es sich anders überlegt und sei nicht mehr der Meinung, man solle auf Verfolger schießen? Wenn er es gekonnt hätte, würde er es dann nicht getan haben? Kann man ernsthaft erklären, daß jemand die Tatherrschaft hat, also das Tatgeschehen in den Händen hält, wenn ein anderer auf ihn schießt? Ein Stelldichein von Fragen und Fragezeichen, das anzeigt, man hätte auch anders entscheiden können. Das Gericht in Dortmund und der Bundesgerichtshof wollten ihn nicht anders bestrafen als die beiden anderen, weil nach gemeinsamem Tatplan gehandelt wurde und ihm nichts passiert ist. Wäre er verwundet worden, würde man vielleicht anders entschieden haben, milder, einfacher, ohne Akrobatik. Dann hätte man gesagt, damit sei er schon genug gestraft. Das war er aber nicht. Also vollendeten die Gerichte, was der Angeklagte M. in Angriff genommen hatte.

Sexualdelikte

Am Inhalt des Strafrechts eines Landes kann man ziemlich genau ablesen, wie es mit der individuellen Freiheit der Menschen dort bestellt ist. Je milder die Strafen, desto größer ist sie. Das wußte 1748 der Baron Montesquieu in seinem Buch *Vom Geist der Gesetze* (6. Buch, 9. Kapitel):

> »Leicht wäre der Beweis zu erbringen, daß sich in allen oder fast allen europäischen Ländern die Strafen in dem Maß verminderten oder vermehrten, in dem man der Freiheit näher oder ferner war.«

Im Sexualstrafrecht ist es nicht anders. Dessen Zustand ist aber gleichzeitig noch ein Maßstab für eine besondere Form dieser individuellen Freiheit, die den alten Baron noch nicht so interessiert hat. Ich meine die Gleichheit von Frauen und Männern. Je weniger Sexualtabus es in einer Gesellschaft gibt, desto besser ist die Situation der Frauen. Betrachtet man die Entwicklung unserer »Verbrechen und Vergehen wider die Sittlichkeit«, wie das noch bis 1973 hieß, dann hat sich einiges zum Besseren gewendet.

In einer Entscheidung der fünfziger Jahre hatte der Bundesgerichtshof noch erklärt, daß eine Mutter sich der Kuppelei schuldig macht, wenn sie ihrer erwachsenen Tochter erlaubt, mit ihrem Verlobten in der Wohnung zu schlafen. Das war das berühmte Urteil zum Verlobtenbeischlaf von 1954. Angeklagt war eine Mutter von vier Kindern. Sie hatte ihren Mann im Krieg verloren und Sorgen mit ihrer ältesten Tochter. Die war 1930 geboren, hatte seit 1948 ein Verhältnis mit einem sehr viel älteren verheirateten Mann und war schwanger. 1950 wurde er geschieden, die Tochter war im achten Monat, sie hatten sich verlobt, und das Verfahren zur Befreiung vom Eheverbot des Ehebruchs war eingeleitet. Damals durfte man nämlich nach einer Scheidung denjenigen nicht heiraten, mit dem man Ehebruch begangen hatte, wenn dieser Ehebruch der Grund für die Scheidung war. Aber die Landesregierung konnte es ausnahmsweise bewilligen. Auch dieser Antrag war gestellt, und nun gab die Mutter endlich nach. Er durfte über Nacht im Zimmer der Tochter bleiben. § 180 StGB:

> »Wer gewohnheitsmäßig oder aus Eigennutz durch seine Vermittlung oder durch Gewährung oder Verschaffung von Gelegenheit der Unzucht Vorschub leistet, wird wegen Kuppelei mit Gefängnis nicht unter einem Monate bestraft ...«

Gewohnheitsmäßig oder Eigennutz? Wegen der Wiederholungen hatte die Mutter »gewohnheitsmäßig« gehandelt. Aber Zucht oder Unzucht? Das war hier die Frage. Schließlich waren sie verlobt. Großer Strafsenat des Bundesgerichtshofes, *Entscheidungen in Strafsachen*, Band 6, Seite 53:

> »Die sittliche Ordnung will, daß sich der Verkehr der Geschlechter grundsätzlich in der Einehe vollziehe, weil der Sinn und die Folge des Verkehrs das Kind ist. Um seinetwillen und um der personhaften Würde und der Verantwortung der Geschlechtspartner willen ist dem Menschen die Einehe als Lebensform gesetzt. Nur in der Ordnung der Ehe und in der Gemeinschaft der Familie kann das Kind gedeihen und sich seiner menschlichen Bestimmung gemäß entfalten. Nur in dieser Ordnung und in dieser Gemeinschaft nehmen sich die Geschlechtspartner so ernst, wie sie es sich schulden. Gerade weil die naturhaft nächste Beziehung der Geschlechter so folgenreich und zugleich so verantwortungsbeladen ist, kann sie sich nur in der ehelichen Gemeinschaft zweier einander achtenden und einander zu lebenslanger Treue verpflichteter Partner sinnvoll erfüllen. Indem das Sittengesetz dem Menschen die Einehe und die Familie als verbindliche Lebensform gesetzt und indem es diese Ordnung auch zur Grundlage des Lebens der Völker und der Staaten gemacht hat, spricht es zugleich aus, daß sich der Verkehr der Geschlechter grundsätzlich nur in der Ehe vollziehen soll und daß der Verstoß dagegen ein elementares Gebot geschlechtlicher Zucht verletzt.«

Also Unzucht. Unzucht war jeder geschlechtliche Verkehr außerhalb der Ehe. Und weil es sogar die Mutter gewesen ist, die die Gelegenheit dazu verschafft hatte, war es eine schwere Kuppelei, die nach § 181 mit Zuchthaus bis zu fünf Jahren bestraft wurde. Bis 1973. Nicht nur Mütter waren in Gefahr. Freunde, Vermieter, Hoteliers, jeder, der Männlein und Weiblein übernachten ließ, die nicht verheiratet waren, stand unter der Drohung des § 180.

In den sechziger Jahren, mit wachsendem Wohlstand, zunehmender Liberalität und mit der Anti-Baby-Pille, veränderte sich die öffentliche Moral. Das Verhältnis der Geschlechter zueinander wurde freier, und das Recht ist dem gefolgt, mit einigem Zögern zwar, aber es ist gefolgt. Woher das Zögern? Sexuelle Freiheit gefährdet Disziplin und Autoritäten. Deswegen sind die Autoritäten immer dagegen. Trotzdem hat sich der Staat allmählich aus der Überwachung der Moral zurückgezogen. 1969, noch während der großen Koalition aus CDU und SPD, tat man den ersten großen Schritt. Die Strafbarkeit des Ehebruchs wurde abgeschafft, die der Homosexualität unter erwachsenen Männern und der Sodomie. Im vierten Strafrechtsreformgesetz wurde von den Sozialliberalen 1973 das gesamte Sexualstrafrecht neu geregelt. Jetzt heißt der Abschnitt nicht mehr »Verbrechen und Vergehen wider die Sittlichkeit«, sondern »Straftaten gegen die sexuelle Selbstbestimmung«. Die Kuppelei ist seitdem nur noch im Bereich der Prostitution und gegenüber Minderjährigen strafbar. Eltern, die 1954 selbst bei erwachsenen Kindern noch mit einem Bein im Zuchthaus standen, haben seitdem sogar bei minderjährigen Kindern ein sogenanntes Erzieherprivileg, machen sich also normalerweise nicht strafbar, wenn sie ihnen den Geschlechtsverkehr erleichtern. Auch der umstrittene Partnertausch ist seitdem nicht mehr strafbar. Besonders heftig war der Widerstand der Autoritäten gegen die Freigabe der Pornographie. Hier hat sich die CDU/CSU weitgehend durchgesetzt. Es wurde nur wenig verändert. Entscheidend war der Wegfall des Kuppeleiparagraphen. Seitdem hat sich die Zahl nichtehelicher Lebensgemeinschaften ungeheuer erhöht. Am Ende der achtziger Jahre waren es in der alten Bundesrepublik mindestens drei Millionen Menschen, die so lebten.

Am heftigsten waren die Auseinandersetzungen um die Erleichterung des Schwangerschaftsabbruchs. Ihr Verbot geht zurück auf kirchliche Vorschriften aus dem frühen Mittelalter. In der Antike war es noch unbekannt, im kirchlichen Recht gab es viele Jahrhunderte lang zunächst eine Fristenlösung. Sie beruhte auf einer wohl fehlerhaften Auslegung eines Textes im zweiten Buch Moses. Der Abbruch war straffrei in den ersten vierzig, bei einer weiblichen Leibesfrucht in den ersten achtzig Tagen. Das veränderte sich erst im 17. Jahrhundert. Seitdem war die Abtreibung mit dem Beginn der Schwangerschaft strafbar. Als die sozialliberale Koalition 1974 eine Fristenlösung von zwölf Wochen — das sind 84 Tage — durchsetzen wollte, ging die CDU/CSU vor das Bundesverfassungsgericht. 1975 wurde das Gesetz für verfassungswidrig erklärt. Das ungeborene Leben habe Vorrang vor dem Selbstbestimmungsrecht der Frau. Ein Jahr später erließ der Bundestag ein neues Gesetz, wieder gegen die Stimmen der CDU/CSU. Der Schwangerschaftsabbruch ist danach nicht strafbar, wenn die Frau durch die Geburt des Kindes in eine körperliche, seelische oder soziale Notlage kommen würde. Diese Indikationslösung des neuen § 218a hatte das Bundesverfassungsgericht als verfassungsrechtlich möglich angedeutet. Die nächste Wende kam 1990 mit der staatlichen Vereinigung. In der DDR gab es seit langem eine Fristenlösung, und man konnte unmöglich gleich die härtere westdeutsche Regelung einführen. Also Weitergeltung des DDR-Rechts für eine Übergangszeit von zwei Jahren. Aber wie? Diesmal ging es um »Tatort« oder »Wohnort«. Die CDU/CSU mußte nachgeben, um die Zweidrittelmehrheit für den Einigungsvertrag zu erhalten. Die SPD setzte sich mit der liberaleren »Tatort«-Lösung durch. Ob DDR-Recht gilt oder nicht, das entscheidet sich nach dem Tatort und nicht nach dem Wohnort der Frau. Auch hier wieder der alte Gegensatz, wie meistens im Sexualstrafrecht. Disziplin der Autoritäten gegen Liberalität der weniger Autoritären. Die politische Funktion des Strafrechts wird eben dort besonders deutlich, wo abweichendes Verhalten in den Strudel entgegengesetzter Auffassungen gerät, die beide eine gewisse moralische Legitimation haben. Das gilt erst recht für

Politische Delikte

Dem Wechsel der Zeiten sind sie noch stärker ausgesetzt als das Sexualstrafrecht. Die Geschwindigkeit politischer Veränderungen ist eben größer als die von moralischen. Während das Sexualstrafrecht sich beständig in eine Richtung bewegte, war die Entwicklung des politischen Strafrechts eher wechselhaft, ein Zickzackkurs zwischen Verschärfung und Liberalisierung. Drei Phasen kann man unterscheiden: die fünfziger Jahre, die sechziger und die Zeit danach.

Am Anfang der Bundesrepublik stand der kalte Krieg zwischen West und Ost, hier besonders heftig, weil die

Grenze mitten durch das eigene Land ging und ein Teil direkt nebenan in der Hand des politischen Feindes war. Dadurch verstärkte sich der in Deutschland ohnehin gut entwickelte Antikommunismus außerordentlich. Das war die erste Phase des politischen Strafrechts: Verschärfung in den fünfziger Jahren, mit einer ganz neuen Art von Vorschriften.

Bis dahin gab es nur Hochverrat und Landesverrat. Hochverrat ist der Umsturz im Inneren eines Landes, Landesverrat die Unterstützung des äußeren Feindes. Im Strafgesetzbuch, und zwar dort, wo die einzelnen Strafvorschriften stehen, nicht die allgemeinen Regeln am Anfang, war der Hochverrat im ersten Abschnitt geregelt und der Landesverrat im zweiten. Die Bedrohung durch den Kommunismus kam nun aber von innen und von außen zugleich. Man konnte nicht mehr richtig unterscheiden. Also schob man zwischen die beiden einen neuen Abschnitt, der Staatsgefährdung genannt wurde. Seit 1951 hieß nun der erste Abschnitt Hochverrat, der zweite Staatsgefährdung und der dritte Landesverrat.

Die Staatsgefährdung unterschied sich vom bisherigen Strafrecht in erster Linie dadurch, daß sie etwas mit Strafe bedrohte, was sich sozusagen im gemeinsamen Vorfeld von Hochverrat und Landesverrat bewegte, nicht strafbar war und jetzt im Grunde nur dadurch strafbar wurde, daß man an die — kommunistische — Gesinnung anknüpfte. Man nennt das die Vorverlagerung des Staatsschutzes, mit der letztlich nicht Taten bestraft werden, sondern Meinungen. Es ist Gesinnungsstrafrecht, nicht Tatstrafrecht. Und da liegt sein Problem. Denn unser Grundgesetz garantiert die Freiheit von Meinungen. Es geht um die Mitgliedschaft in Organisationen, um Streiks, Kontakte und bloße Meinungsäußerungen. Die Mitgliedschaft in — kommunistischen — Organisationen hieß nun verfassungsverräterische Vereinigung, der von Kommunisten organisierte Streik war staatsgefährdende Sabotage, Kontakte mit DDR-Dienststellen wurden zu verfassungsverräterischem Nachrichtendienst, und negative Meinungen über die Bundesrepublik waren als Beschimpfung, Verächtlichmachung oder Verunglimpfung des Staates, seiner Organe oder Symbole strafbar. Tausende von Kommunisten landeten in unseren Gefängnissen.

Die Wende kam 1961, als das Bundesverfassungsgericht die immer schärfer gewordene Rechtsprechung des Bundesgerichtshofes stoppte. Die Richter erklärten es für verfassungswidrig, daß jemand wegen seiner Arbeit für die KPD vor ihrem Verbot von 1956 bestraft wurde. Solange eine Partei nicht verboten ist, sagten sie, sei die Mitgliedschaft erlaubt. Es war das erste Mal, daß die Rechtsprechung in politischen Strafsachen eine Niederlage einstecken mußte. Und es war der Beginn der zweiten Phase: Liberalisierung in den sechziger Jahren.

Mit dem wachsenden Wohlstand des Wirtschaftswunders hatten sich allmählich die politischen Verkrampfungen der Adenauerzeit gelöst. 1966 kam die große Koalition, und 1968 wurden die Vorschriften der Staatsgefährdung zum Teil beseitigt, zum Teil entschärft. Nur ein Rest blieb unverändert. Die Staatsgefährdung hieß nun nicht mehr Staatsgefährdung, sondern Gefährdung des demokratischen Rechtsstaates und war jetzt zusammen mit dem Hochverrat im ersten Abschnitt geregelt, der Landesverrat wieder im zweiten. Abschluß der Liberalisierung dieser Phase ist 1970 die Entschärfung des Landfriedensbruchs gewesen, durch ein Gesetz der neuen sozialliberalen Koalition, die damit noch eine Amnestie verbunden hat für einige tausend Studenten, denen man Straftaten vorwarf nach der bisher geltenden schärferen Fassung des Gesetzes wegen ihrer Teilnahme an Demonstrationen der außerparlamentarischen Opposition. Es war ein Versuch zur Besänftigung und Integration der Neuen Linken.

Als das fehlschlug, als die Neue Linke eher noch stärker wurde, sich jedenfalls nicht integrieren ließ, und als dann Anfang der siebziger Jahre aus dieser APO sich auch noch der unglückliche Seitenzweig einer organisierten Stadtguerilla entwickelte, da wurden die Schrauben des politischen Strafrechts wieder enger gezogen, und es begann eine dritte Phase, die der siebziger und achtziger Jahre, mit einer geradezu hektischen Gesetzgebungstätigkeit: Verschärfung der Terroristengesetze, Einschränkung der Meinungsfreiheit und Ausweitung des Demonstrationsstrafrechts.

1974 wurde der Stammheimer Prozeß durch ein Sondergesetz vorbereitet, das im wesentlichen die Verteidigungsmöglichkeiten einschränkte. 1976 kam mit den §§ 80a und 130a eine neue Vorverlagerung des Staatsschutzes in den Bereich von Meinungen, die als »verfassungsfeindliche Befürwortung von Straftaten« und politisch motivierte »Anleitung zu Straftaten« unter die Drohung strafrechtlicher Verfolgung gestellt wurden. Im selben Jahr ist § 129a erlassen worden, »Bildung terroristischer Vereinigungen«, eine Vorstufe, deren wichtigste Funktion darin besteht, daß schon der Vorwurf allein automatisch die Untersuchungshaft zur Folge hat, ohne daß wie sonst Flucht- oder Verdunkelungsgefahr gegeben sein muß. 1977 gab es das Kontaktsperregesetz, nach dem in Notsituationen der Beistand von Verteidigern nicht mehr zur Verfügung steht. Seit 1978 müssen Angeklagte, die wegen § 129a verfolgt werden, von ihren Verteidigern beim Gespräch im Gefängnis durch eine dicke Panzerglasscheibe getrennt werden und können sich mit ihnen nur über Mikrophon unterhalten. 1981, kurz vor dem Ende der sozialliberalen Koalition, sind §§ 80a und 130a wieder gestrichen worden, und zwar mit der Begründung, sie seien überflüssig. Aber 1986 wurde § 130a von der liberalkonservativen Koalition wieder eingeführt, mit leichten Verschärfungen. 1985 hat man den Landfriedensbruch wieder so ähnlich formuliert wie vor 1970, allerdings mit einigen Einschränkungen. 1986 wurde die Vorschrift des § 129a auf militante Anarchisten oder Autonome ausgedehnt, die nicht wie die Terroristen schwerste Straftaten begehen, sondern überwiegend Sachbeschädigungen. Und 1989 hat man das Demonstrationsstrafrecht noch einmal verschärft. Seitdem sind Vermummung und die sogenannte »passive Bewaffnung« — Helme, Schutz gegen Tränengas — selbständige Straftaten, und zwar nicht nur bei einer Demonstration, sondern — »vorverlagert« — schon auf dem Weg dorthin. Im selben Jahr ist es der CDU gelungen, bei der FDP endlich den Widerstand gegen die »Kronzeugenregelung« zu brechen.

So lebt die Bundesrepublik in den neunziger Jahren mit einer ausgedehnten Terrorismusgesetzgebung, die die Tätigkeit der Stadtguerilla nicht zurückgedrängt hat, mit einem weit nach vorn verlagerten Staatsschutz, der nicht zur Anwendung kommt und nach der Vereinigung mit der DDR völlig überflüssig geworden ist, und mit der Drohung der Kriminalisierung von Streiks, die bisher auch noch nicht akut geworden ist. Im Gegensatz zum politischen Strafrecht der Adenauerzeit, das tatsächlich Tausende hinter Schloß und Riegel gebracht hat, dient die ungeheure Ausdehnung dieser Vorschriften in den siebziger und achtziger Jahren nur dem Ziel der Einschüchterung von politischen Minderheiten und der Beruhigung der Öffentlichkeit. Nur in den Strafverfahren gegen Terroristen hat sich tatsächlich etwas verändert. Die Haltung der Justiz gegenüber diesen Angeklagten hat sich verhärtet. Man verhandelt gegen sie unter Bedingungen, die unzumutbar sind und ihre Verteidigungsmöglichkeiten unverantwortlich einschränken.

Wie unverantwortlich man mit diesen Angeklagten umgeht, zeigte der Stammheimer Prozeß 1975–1977 gegen fünf Mitglieder der Roten Armee Fraktion. Von vornherein stand er unter außerordentlichen Belastungen, nicht nur unter der des Sondergesetzes von 1974, sondern auch durch Manipulationen bei der Einsetzung des vorsitzenden Richters, unzumutbare Haftbedingungen und die Festungsatmosphäre im Gerichtssaal. Dazu kamen im Verlauf des Prozesses Behinderungen der Verteidigung, heimliche Tonbandaufnahmen von Gesprächen der Verteidiger mit ihren Mandanten und schließlich die Affäre um den Vorsitzenden Richter, der heimlich Akten an die Presse gegeben hatte und deshalb zurücktreten mußte. Wie unerträglich die Atmosphäre dieses Prozesses war, zeigt der Umstand, daß am Ende keiner der Angeklagten mehr am Leben war. Der Stammheimer Prozeß ist ein Monstrum der deutschen Justizgeschichte, das an Gnadenlosigkeit nur durch die grausamen Prozesse gegen politische Gegner im Dritten Reich übertroffen wird.

Nötigung und Gewalt

Begriffe wie politisches Strafrecht oder politische Justiz sind unter Juristen nicht unumstritten. Einige sagen, alles sei politisch. Es gebe kein unpolitisches Strafrecht. Andere sind der Meinung, eine politische Justiz könne es überhaupt nicht geben, denn sie würde ja bedeuten, daß man die Taten von Angeklagten in solchen Prozessen aus Erwägungen, die mit dem Recht nichts zu tun haben, anders behandelte als normale Rechtsverstöße. Davon könne keine Rede sein. Auch hier werde nur nach Recht und Gerechtigkeit entschieden. Aber auch diejenigen, die meinen, es gäbe so etwas wie politisches Strafrecht, haben einige Schwierigkeiten damit, eine Grenze zu ziehen. Gehören nur der erste und zweite Abschnitt dazu? Also nur Hochverrat und Landesverrat, zusammen mit der Gefährdung des demokratischen Rechtsstaats? Sicher nicht. Und die Nötigung? Über sie ist in den achtziger Jahren viel diskutiert worden im Zusammenhang mit den Sitzblockaden der Friedensbewegung. Ist das politisch? An sich ist sie ein ganz normaler Straftatbestand. Im Alltag unserer Strafgerichte kommt sie nicht häufig vor, leicht zu verstehen ist sie auch nicht, und es gibt viele juristische Probleme mit ihr. § 240 des Strafgesetzbuches:

> »Wer einen anderen rechtswidrig mit Gewalt oder durch Drohung mit einem empfindlichen Übel zu einer Handlung, Duldung oder Unterlassung nötigt, wird mit Freiheitsstrafe bis zu drei Jahren oder mit Geldstrafe, in besonders schweren Fällen mit Freiheitsstrafe von sechs Monaten bis zu fünf Jahren bestraft.
>
> Rechtswidrig ist die Tat, wenn die Anwendung der Gewalt oder die Androhung des Übels zu dem angestrebten Zweck als verwerflich anzusehen ist.«

Nötigung heißt Zwang. Und Zwang ist die Beeinträchtigung der Willensfreiheit eines anderen. Nun gibt es viele Zwänge, denen wir täglich unterworfen sind. Meistens sind sie erlaubt. Zwänge in der Familie oder Schule, im Beruf, als Politiker, Soldat oder Strafgefangener, im Straßenverkehr oder auf dem Sportplatz. Oft darf man sie sogar mit einer Drohung verbinden, manchmal sogar mit Gewalt. Ein Vermieter kann dem Mieter, der nicht zahlt, mit der Kündigung drohen, und wenn das nicht hilft, mit der Klage oder mit dem Gerichtsvollzieher. Und der Gerichtsvollzieher kann sogar notfalls mit Gewalt vorgehen, wenn ein Urteil ergangen ist. Einem Angestellten, der schlecht arbeitet, darf man mit der Entlassung drohen. Und so weiter.

Zur Nötigung des Strafgesetzbuches wird der Zwang erst dann, wenn er verwerflich ist. Und das Gesetz sagt auch im zweiten Absatz des § 240, wie man das beurteilen soll, nämlich durch eine Prüfung der Verhältnismäßigkeit von Mittel und Zweck. Das Mittel muß dem Zweck angemessen sein. Das sind oft schwierige Abwägungen. Wenn man zu dem Ergebnis kommt, die Verhältnismäßigkeit sei nicht mehr gegeben, dann ist die Drohung oder Gewaltanwendung strafbar. Dazu ein einfaches Beispiel. Nehmen wir an, zwei hatten einen Verkehrsunfall und der eine droht dem anderen deswegen mit einer Strafanzeige, wenn er nicht wenigstens den Schaden zahlt, der ihm dadurch entstanden ist. Dann, sagt man, ist das noch angemessen. Droht aber ein Vermieter seinem Mieter, er werde ihn wegen eines Verkehrsunfalls anzeigen, von dem er gehört hat, wenn der Mieter nicht endlich seine Rückstände zahlt, dann hat das beides miteinander nichts zu tun, dann ist die Drohung ein Mißbrauch zufälliger Kenntnisse, dem Zweck nicht angemessen, also unverhältnismäßig, also verwerflich und strafbar. Und erst recht ist es strafbar, wenn er dem Mieter einen Kinnhaken gibt, um ihn zum Zahlen zu zwingen, denn die Anwendung privater Gewalt zur Verfolgung eigener Ziele ist grundsätzlich immer unangemessen.

Die Gewalt ist das nächste Problem, mit dem Juristen sich seit einiger Zeit herumschlagen. Nicht beim Kinnhaken. Das ist natürlich Gewalt. Aber sonst? Um die Jahrhundertwende war es noch einfach. In dem damals erfolgreichsten Lehrbuch hieß es dazu (Franz von Liszt, *Lehrbuch des Deutschen Strafrechts*, 19.Aufl., 1912, Seite 353):

> »Gewalt ist die unmittelbare oder durch ein Werkzeug vermittelte Anwendung erheblicher Kraft zur Überwindung eines tatsächlichen Widerstandes. Gewalt ist unmittelbar Anwendung eigener Körperkraft oder mittelbar Entfaltung mechanischer oder tierischer Kräfte. Sie ist stets gewalttätige Einwirkung auf die Substanz, stets Gewalttätigkeit, niemals an sich Einwirkung auf den Willen oder Zwang, sondern rohe körperliche Kraft.«

Das könnte man heute nicht mehr schreiben. Die Nötigung hat sich inzwischen anders entwickelt. Sie ist im 19.Jahrhundert entstanden, aus dem sogenannten *crimen vis*, dem

Verbrechen der Gewalt, das am Ende des Mittelalters mit dem römischen Recht nach Deutschland kam und die gewaltsame Zusammenrottung bestrafte, Gewalttaten, die nicht unter besondere Vorschriften wie Mord oder Totschlag, Raub oder Vergewaltigung fielen, grob gesprochen: den Landfriedensbruch. Im 19. Jahrhundert veränderte es seinen Charakter, als man sich auf dem Weg in den bürgerlichen Rechtsstaat bemühte, die einzelnen Strafvorschriften genauer zu fassen. Es entstand unser § 240 als Zwang des einzelnen Bürgers gegen den anderen. Dazu schrieb Franz Binding in seinem *Lehrbuch des Strafrechts* von 1896 (1. Band, §§ 21, 22):

> »So entsteht eine neue Gruppe von Verbrechen gegen die Freiheit ... Die Nötigung bildet das Grunddelikt aller Verbrechen wider die Freiheit der Willensbetätigung.«

Nachdem man die Strafvorschrift also erst einmal präzisiert und eingeengt hatte, wurde sie in unserem Jahrhundert allmählich wieder ausgeweitet, und zwar über die Veränderung des Gewaltbegriffs. Am Anfang verstand man darunter nur die »rohe körperliche Kraft«, und den Gegensatz dazu sah man in einem Zwang durch bloße Einwirkung auf den Willen, oder wie man auch sagte: auf die Seele. Eine rein psychische Zwangswirkung sei keine Gewalt, zum Beispiel auch nicht bei der Verwendung von Betäubungsmitteln. Darum ging es in einer Entscheidung des Reichsgerichts aus der Weimarer Zeit. Jemand hatte einem anderen heimlich Morphium in den Wein geschüttet, um ihm die Brieftasche abzunehmen, nachdem er eingeschlafen war. War das Raub oder Diebstahl? Raub ist nämlich die Wegnahme mit Gewalt. Nein, sagte das Reichsgericht, kein Raub, nur Diebstahl, denn es war keine Gewalt. Gewalt ist die Anwendung von Körperkraft, nicht von Betäubungsmitteln. Das war 1921.

Dreißig Jahre später änderte sich die Rechtsprechung. Krieg und Nachkriegszeit lagen dazwischen, und nicht mehr das Reichsgericht in Leipzig hatte zu entscheiden, sondern der Bundesgerichtshof in Karlsruhe. Gleich im ersten Band seiner Entscheidungen findet sich ein Urteil, von 1951, das genau das Gegenteil sagt. Wieder war es ein Betäubungsmittel. Jemand hatte einen anderen mit Chloraethyl bewußtlos gemacht und ihm sein Geld weggenommen. Das ist Raub, meinte der Bundesgerichtshof, Wegnahme mit Gewalt. Denn hier ist unmittelbar auf den Körper des anderen eingewirkt worden. Das genügt. Nicht mehr die Einwirkung mit körperlicher Kraft, sondern Einwirkung auf den Körper.

Noch weiter ging ein Urteil von 1964. Damals ist ein Autofahrer vom Bundesgerichtshof wegen Nötigung verurteilt worden, weil er auf der Autobahn einen anderen gefährlich bedrängt hatte. Vor ihm fuhr, mit etwas mehr als hundert Stundenkilometern, auf der linken Überholspur ein Volkswagen, der nicht ausweichen wollte, weil vor ihm viele andere mit derselben Geschwindigkeit die rechts fahrenden Wagen überholten. Der Angeklagte war mit seinem Mercedes ganz dicht an den Volkswagen herangefahren, unter ständigem Hupen und Blinken auf einer Strecke von vielen Kilometern. Das ist Gewalt, sagte der Bundesgerichtshof, Einwirken auf den Körper des Bedrängten, der nervös und unsicher geworden war. Sicherlich eine richtige Entscheidung. Ganz anders als fünf Jahre später das berühmte

BGHSt 23.46: Laepple-Urteil

In Köln waren im Oktober 1966 die Fahrpreise erhöht worden, und aus Protest dagegen blockierten Studenten die Straßenbahn, indem sie sich auf die Gleise setzten. Zwei wurden wegen Nötigung angeklagt und vom Landgericht Köln freigesprochen. Der Bundesgerichtshof hat 1969 den Freispruch aufgehoben und die Sache zur neuen Verhandlung an das Landgericht zurückverwiesen, das sie dann verurteilen mußte. Der Tatbestand der Nötigung sei erfüllt, sagte der Bundesgerichtshof. Es sei Gewalt gewesen und auch verwerflich. Einer der beiden hat dem Urteil seinen Namen gegeben. Er hieß Laepple und war der Vorsitzende des studentischen Arbeitskreises der Kölner Hochschulen.

Bis heute ist dieses Urteil umstritten. In der strafrechtlichen Literatur halten es viele für richtig. Aber fast noch mehr meinen, es sei falsch. Als es in den achtziger Jahren wieder besonders aktuell wurde, weil Anhänger der Friedensbewegung gegen Atomraketen in der Bundesrepublik mit Sitzblockaden vor amerikanischen Militäreinrichtungen demonstrierten und wegen Nötigung verurteilt wurden, haben einige gegen ihre Verurteilung Verfassungsbeschwerde erhoben. Man durfte gespannt sein, was das Bundesverfassungsgericht dazu sagen würde. Seine Entscheidung kam 1986. Die Rechtsprechung des Bundesgerichtshofes ist im wesentlichen bestätigt worden.

Die entscheidende Frage war, ob die Studenten in Köln die Straßenbahnfahrer mit Gewalt daran gehindert hatten weiterzufahren. Gewalt durch Sitzen auf der Straße? Von einer Einwirkung auf den Körper, wie bei Betäubungsmitteln oder beim Auffahren auf der Autobahn, konnte man nun ja wirklich nicht mehr sprechen. Gefährdet war, wenn überhaupt, der Körper der Demonstranten. Der Bundesgerichtshof sagte trotzdem, das sei Gewalt:

»Dieser Bewertung steht nicht entgegen, daß die Studenten die Straßenbahn nicht durch unmittelbaren Einsatz körperlicher Kräfte aufhielten, sondern nur mit geringem körperlichen Kraftaufwand einen psychisch determinierten Prozeß in Gang setzten. Entscheidend ist hierbei, welches Gewicht der von ihnen ausgeübten psychischen Einwirkung zukam ... Stellt sich ein Mensch der Bahn auf den Schienen entgegen, so liegt darin die Ausübung eines Zwanges, der für den Fahrer sogar unwiderstehlich ist, denn er muß halten, weil er sonst einen Totschlag begehe.«

Auf den ersten Blick sieht das mit dem unwiderstehlichen Zwang ja ganz plausibel aus, beim zweiten aber schon anders. Der zweite ist der Blick ins Gesetz. Er fördert die Rechtskenntnis.

»Wer ... mit Gewalt oder durch Drohung ... nötigt«,

heißt es dort in § 240. Nötigen ist Zwingen. Zwingen allein genügt also nicht, auch nicht das unwiderstehliche. Es muß noch etwas dazukommen, nämlich Gewalt oder Drohung. Indem der Bundesgerichtshof es allein auf die Zwangswirkung abstellt, streicht er die Worte »mit Gewalt« und setzt statt dessen »unwiderstehlich«. Es gibt aber kein Gesetz, in dem es heißt: »Wer unwiderstehlich nötigt«. Es heißt »mit Gewalt«. Laepple ist nach einem Gesetz verurteilt worden, das es nicht gibt. *Nulla poena sine lege,* keine Strafe ohne Gesetz, heißt es in unserer Verfassung, Artikel 103, Absatz 2.

Das Bundesverfassungsgericht ist anderer Meinung. Es meint, Gewalt sei auch eine Bezeichnung für besonders elementare Vorgänge. Man könne ja auch von gewaltigen Reden sprechen, wenn sie unwiderstehlich sind. Insofern sei eine unwiderstehliche Nötigung eben eine gewaltige. Womit es gewaltig mit gewalttätig verwechselt. Wie auch immer, die Rechtsprechung ist bestätigt worden, und wir müssen mit ihr leben.

Das zweite Problem ist die Verwerflichkeit. Im Laepple-Urteil hatte der Bundesgerichtshof es sich sehr einfach gemacht. Bei Drohungen muß man ja in jedem einzelnen Fall immer wieder prüfen, ob sie als Mittel zu dem mit ihnen jeweils verfolgten Zweck noch angemessen sind. Das sind oft schwierige Abwägungen. Anders bei der Gewalt. Hier gilt die Regel, daß ihre Anwendung immer unangemessen ist. Gleichgültig, welcher Zweck verfolgt wird. Gewalt ist grundsätzlich verwerflich. Man sagt, mit ihr sei die Rechtswidrigkeit von vornherein indiziert. Also war die Sitzblockade in Köln auch verwerflich im Sinne des § 240 Absatz 2.

Dieser Automatismus hat durchaus seine Berechtigung. Private Gewalt, das darf nicht sein. Aber wenn man juristisch Gewalt sieht, wo sie tatsächlich nicht vorhanden ist, dann verliert natürlich auch dieser Automatismus seine Rechtfertigung. Dann muß für den »unwiderstehlichen Zwang« dasselbe gelten wie für die Drohung, daß nämlich Mittel und Zweck miteinander verglichen werden müssen und zu klären ist, ob der Gebrauch des Mittels unverhältnismäßig war. Es ist nämlich durchaus die Frage, ob diese Sitzblockaden zu diesem Zweck des Widerstands gegen Atomraketen nicht doch ein angemessenes Mittel gewesen sind. Das hatte selbst der Bundesgerichtshof schon angedeutet in einem Beschluß kurz vor der Entscheidung des Bundesverfassungsgerichts, die dasselbe sagt, hier wie dort in verwickelter Undeutlichkeit und mehr oder weniger mit der Tendenz dagegen.

So ist uns das Laepple-Urteil letztlich erhalten geblieben, als Zeugnis politischer Justiz, die nicht nach dem entscheidet, was Rechtens ist, daß sich nämlich auch der Richter bewegen muß im Rahmen des Gesetzes. Es war wohl kein Zufall, daß damals ein bestimmter Mann den Vorsitz hatte im Zweiten Strafsenat des Bundesgerichtshofes, der dieses Urteil beschloß, in der aufgeregten Atmosphäre der Studentenbewegung von 1968, als viele meinten, nun müsse man wieder energisch vorgehen gegen die Gefahr von links. Sicherlich glaubte das auch dieser Mann, Paulheinz Baldus. Drei Jahre vorher, im Frankfurter Auschwitz-Prozeß, hatte einer der Hauptangeklagten, der ehemalige SS-Unterscharführer Oswald Kaduk, sich darauf berufen, er habe seinerzeit die Befehle direkt aus der Reichskanzlei Adolf Hitlers erhalten, von einem gewissen Baldus, »heute Senatspräsident in Karlsruhe«. Eine autoritäre Geisteshaltung scheint mit solchen Lebenswegen verbunden zu sein. Ein liberaler Richter, mit mehr Verständnis für die Grundrechte der Meinungs-, Versammlungs- und Demonstrationsfreiheit, der würde anders entschieden haben, wäre aber vielleicht nie Senatspräsident beim Bundesgerichtshof geworden.

Überwachen und Strafen

Stellen Sie sich vor, Sie seien eingesperrt in einem ziemlich kleinen Zimmer. Die Einrichtung ist sehr ärmlich. Nur die schwere Eisentür mit dem Guckloch ist teuer, und sie kostet mehr als die übrige Einrichtung. Was Sie täglich zum einfachsten Leben brauchen, ist vorhanden: Essen, ein kleines Waschbecken, Wäsche, eine Toilette. Sie haben sogar eine Beschäftigung. Allerdings ist sie monoton und wird mit Pfennigbeträgen entlohnt. Während der Arbeit und in der Freizeit haben Sie Kontakt zu anderen Menschen, allerdings nur des gleichen Geschlechts, und Sie können sie sich nicht aussuchen. Das beruht auf Gegenseitigkeit. Einmal am Tag dürfen Sie eine Stunde im Freien zubringen. Besuch von Angehörigen gibt es einmal im Monat, allerdings nur kurz und in einer völlig verqueren Atmosphäre, die einen unbefangenen Umgang unmöglich macht. Überhaupt haben Sie kein richtiges eigenes Leben. Entweder sind Sie völlig allein. Aber eine Intimität ist nicht vorhanden, weil sie jederzeit durch das Loch in der Tür beobachtet werden können wie ein Kaninchen im Stall. Oder Sie sind, im plötzlichen Wechsel, wieder eine Nummer in der Masse, beim gemeinschaftlichen Gang ins Freie wie beim gemeinsamen Austausch der gebrauchten mit der frischen Wäsche, was gleichzeitig mit dem gemeinschaftlichen Duschen stattfindet. Alles ist zentral und total organisiert, bis zur zentralen Schaltung der Zellenbeleuchtung, mit der gleichen Tages- und Nachteinteilung für alle. Auf der anderen Seite sind Sie ständig zu passivem Abwarten verurteilt, angesichts einer unvorstellbaren Bürokratie. Alles kostet Zeit, nichts können Sie selbst machen. Am besten ist es, wenn Sie nichts fragen und nichts wissen und geduldig warten und geschehen lassen, was die anderen wollen. Stellen Sie sich vor, hier müßten Sie einige Monate oder Jahre leben. Wie wäre Ihnen zumute? Könnten Sie das ohne schwere innere Schäden überstehen?

Die Persönlichkeit des Gefangenen wird durch diese totale Organisation zentral getroffen, jede Selbständigkeit und Selbstachtung vernichtet, Selbstbestimmung, Selbstverwirklichung unmöglich. Es fehlt die Nähe von Menschen, die man mag, Liebe, Zärtlichkeit. Alles wird massiv behindert und ausgeschaltet, wie das Licht abends in der Zelle. Der Mensch ist nicht mehr ein selbständiges Subjekt, sondern ein verwaltetes Objekt. Nirgendwo ist die Selbstmordrate so hoch wie dort. Nur wenige, sehr kräftige Naturen überstehen das unbeschädigt. Viele verfallen in Resignation. Die meisten lassen sich gehen. Nach der Entlassung ist ein normales Leben fast unmöglich. Die Rückfallquote liegt bei 80%.

Gefängnisse gibt es erst seit vierhundert Jahren, jedenfalls solche, in denen man zur Strafe festgehalten wird. Vorher gab es bei uns das mittelalterliche Strafrecht mit seinen vielen grausamen Quälereien beim Verstümmeln oder Töten. Erst um 1600 entstand in England und Holland das Gefängnis. Warum? Darüber gibt es verschiedene Theorien. Vielleicht erschien es tatsächlich humaner, menschlicher, weniger grausam. Der französische Philosoph Michel Foucault ist da allerdings anderer Meinung. Die Grausamkeit der alten Strafen sei dadurch gerade nicht abgeschafft, sondern nur in ihrer äußeren Erscheinung verändert, angepaßt an die Entwicklung der Neuzeit zur totalen Organisation und Verwaltung des modernen Staates. Andere meinen, das Gefängnis sei aus wirtschaftlichen Gründen erfunden worden. Denn von Anfang an war die Einsperrung mit Arbeit verbunden. Sie wurde seit 1600 immer wichtiger und die Arbeitskraft immer wertvoller.

Juristen haben es meistens so gesehen wie der junge Mailänder Cesare Beccaria, 1764, in seinem berühmten Buch über *Verbrechen und Strafe*. Er war vor über zweihundert Jahren der erste, der die Abschaffung der Todesstrafe gefordert und damit großes Aufsehen in ganz Europa erregt hatte. Das Gefängnis war für ihn deswegen die ideale Strafe, weil man hier zwar auch in gewisser Weise mit seinem Körper bezahlt, aber erstens im Gegensatz zu den grausamen Körper- und Todesstrafen nur auf Zeit, und zweitens so, daß man mit der Länge der Zeit sogar eine genau angemessene Strafe aussprechen könne, je nach der Schwere der Schuld. Diese mathematische Betrachtung entsprach in vollkommener Weise dem Zeitgeist der Aufklärung. Jedenfalls war das Gefängnis eine außerordentlich erfolgreiche Erfindung, die sich inzwischen überall auf der Welt durchgesetzt hat, und fast alle finden es selbstverständlich, sogar diejenigen, die drin leben müssen.

Ab und zu gibt es Menschenfreunde, die es besser wissen, wenn auch nur von außen, die es völlig unmöglich finden und immer wieder einmal eine Diskussion in Gang setzen und Verbesserungen verlangen oder sogar die Abschaffung des ganzen Systems. Auch das gehört schon seit über zweihundert Jahren dazu und erhält es am Leben. Manchmal wird dann tatsächlich etwas verändert, zum Teil nur an der Oberfläche, zum Teil mit einigen wichtigen Verbesserungen und von Zeit zu Zeit auch mit Verschlechterungen. Die letzte Diskussion gab es in den reformfreudigen sechziger und siebziger Jahren. Damals wurde sogar ein umfangreiches Gesetz erlassen, das Strafvollzugsgesetz, im gleichen Jahr 1976, in dem bei uns das Buch von Michel Foucault erschienen ist, *Überwachen und Strafen*, das dann für einige Zeit die Gemüter bewegte.

Fünfzig- bis sechzigtausend Menschen leben in unseren Haftanstalten, womit wir prozentual mehr Gefangene haben als die meisten anderen Länder in Europa. Die Rückfallquote hat sich auch nicht geändert. Sie liegt immer noch bei 80%. Zwei bis drei Milliarden Mark geben wir jährlich dafür aus, und für die nächsten Jahre ist der Bau von neuen Gefängnissen mit weiteren 10000 Plätzen geplant, die zusammen nochmals zwei Milliarden Mark kosten werden. Die laufenden Kosten für einen Gefangenen betragen zur Zeit einhundert Mark am Tag.

Die Gefängnisstrafe ist einer der schwersten Eingriffe in das Leben des Menschen; also ist sie auch dem Staat nur erlaubt, wenn es zwingende Gründe dafür gibt und klare Maßstäbe. Aber die Straftheorien sind gescheitert. Es gibt keine zureichende Begründung für Strafe. Und die Strafzumessung bleibt irrational, bleibt bei Erfahrungswerten, die von Richter zu Richter sehr unterschiedlich sein können. Fünf oder zehn Jahre Freiheitsstrafe für dieselbe Tat sind durchaus möglich. Der eine ist etwas milder, der andere etwas härter. Also ist das Schicksal eines Menschen davon abhängig, wer sein gesetzlicher Richter ist. Krasse Unterschiede im Namen der Gerechtigkeit, deren oberstes Gebot die Gleichheit sein soll. Ein absurdes System.

Das wissen auch Juristen. Die hohe Rückfallquote ist ebenfalls bekannt. Deshalb hat man immer wieder versucht, Gefängnisstrafen durch andere Lösungen zu ersetzen, zum Beispiel durch Geldstrafen, Strafaussetzung zur Bewährung, bei Jugendlichen durch Erziehungsmaßnahmen. Bagatelldelikte sind aus dem Strafrecht allgemein herausgenommen und werden als Ordnungswidrigkeiten von Verwaltungsbehörden mit Geldbußen geahndet. Das Gefängnis ließ man daneben jedoch bestehen. Es hat alles nicht geholfen.

Zwar kann man in unseren Lehrbüchern lesen, das Verhältnis von Freiheitsstrafen und Geldstrafen habe sich in den letzten hundert Jahren umgekehrt. Damals seien es achtzig Prozent Freiheitsstrafen gewesen und zwanzig Prozent Geldstrafen und heute sei das Verhältnis umgekehrt, zwanzig zu achtzig. Aber das ist Augenwischerei. Unsere Gefängnisse sind noch genauso voll wie damals, und zwar nicht, weil die Bevölkerung zugenommen hat, sondern prozentual berechnet pro hunderttausend Einwohner. Diese sogenannte Gefangenenziffer ist fast unverändert geblieben. Nirgendwo wird so viel eingesperrt wie in Deutschland. Die Zunahme der Geldstrafen erklärt sich unter anderem dadurch, daß mit den Verkehrsdelikten eine umfangreiche neue Kriminalität dazugekommen ist, bei der es sehr wenige Gefängnisurteile gibt. Die kurzen Freiheitsstrafen — von wenigen Tagen oder Wochen — sind verschwunden, aber die anderen länger geworden.

Ergebnis? Das Einsperren bleibt eine Quälerei, ein Verstoß gegen die Würde des Menschen, weil es ihn ohne ausreichenden Grund zum Objekt erniedrigt, also verfassungswidrig ist. Die Gefängnisse müssen abgeschafft werden, und wir haben uns zu überlegen, wie man auf Kriminalität besser reagieren kann. Sicher, die Gesellschaft muß vor Gewaltverbrechern geschützt werden. Das wird ohne Freiheitsbeschränkungen kaum möglich sein. Aber in unseren Haftanstalten ist noch nicht einmal ein Drittel der Gefangenen wegen solcher Delikte verurteilt. Die meisten sind dort wegen anderer Straftaten, für die man neue Lösungen finden kann, zum Beispiel Wiedergutmachung und Entschädigung der Opfer.

Die drei Abschnitte des Strafverfahrens

Strafen werden von Gerichten in Urteilen ausgesprochen. Dafür gibt es zwei Voraussetzungen. Erstens muß der Angeklagte getan haben, was den Tatbestand eines Gesetzes erfüllt. *Nulla poena sine lege,* keine Strafe ohne Gesetz. Und zweitens müssen bei der Verhandlung gewisse Formalien eingehalten werden, die zu seinem Schutz einen fairen Prozeß sichern sollen. Das erste ist im materiellen Strafrecht geregelt, wichtigste Vorschrift: das Strafgesetzbuch, das zweite im formellen Strafprozeßrecht, und das heißt im wesentlichen: in der Strafprozeßordnung.

An sich, sollte man meinen, ist das materielle Strafrecht das wichtigere. Denn hier wird entschieden, ob sich jemand überhaupt strafbar gemacht hat. Das Prozeßrecht regelt nur die Frage, wie man das feststellt. Ob überhaupt, das greift doch eigentlich viel tiefer als das Wie der Prüfung. Aber es ist umgekehrt. Im Alltag der Kriminalgerichte zeigt sich immer wieder, daß Fragen des materiellen Strafrechts keine so große Rolle spielen. Meistens ist das Problem: Wie kann man es beweisen? Und hier haben die formellen Hürden des Prozeßrechts für den Angeklagten viel größere Bedeutung. Hier können Polizei, Staatsanwaltschaft und Gericht leichter scheitern als an Problemen materiellen Rechts. Hier passieren die meisten Fehler, die später zu einer Aufhebung des Urteils führen können. Mit anderen Worten, ein guter Strafverteidiger muß sich in erster Linie in der Strafprozeßordnung auskennen. Was darf die Polizei, der Staatsanwalt und das Gericht? Und was dürfen sie nicht bei der Erhebung von Beweisen? Das Verfahrensrecht ist der stärkste Hebel des Schwachen gegen die Übermacht staatlicher Strafverfolgung.

Diese Strafverfolgung muß sich in bestimmten Bahnen bewegen. Den großen Rahmen dafür geben die drei Abschnitte, die sie zu durchlaufen hat, bevor das Urteil gesprochen werden darf. Derjenige, dem man etwas vorwirft, wird in ihnen jeweils anders genannt. Im ersten Abschnitt heißt er Beschuldigter, nämlich im Ermittlungsverfahren bei Polizei und Staatsanwaltschaft, in dem ermittelt wird, ob ein sogenannter hinreichender Tatverdacht gegeben ist, also eine Beweislage, die es wahrscheinlich macht, daß er vom Gericht verurteilt wird. Wenn die Staatsanwaltschaft meint, sie sei gegeben, erhebt sie Anklage beim Gericht. Sonst stellt sie das Verfahren ein.

Mit der Anklage beginnt der zweite Abschnitt, das Zwischenverfahren. Derjenige, gegen den sie sich richtet, heißt nun Angeschuldigter. Im Zwischenverfahren prüft das Gericht, ob die Staatsanwaltschaft recht hat. Wenn es ebenfalls zu dem Ergebnis kommt, der Verdacht sei hinreichend, eröffnet es das Hauptverfahren, den dritten Abschnitt. Aus dem Angeschuldigten wird dadurch ein Angeklagter. Ist es anderer Meinung, was selten vorkommt, lehnt es die Eröffnung des Hauptverfahrens ab.

Im ersten Abschnitt liegt das Schwergewicht bei Polizei und Staatsanwaltschaft, eigentlich überwiegend beim Staatsanwalt, der nach der Strafprozeßordnung »Herr des Ermittlungsverfahrens« sein soll, mit Weisungsrecht gegenüber der

Polizei, die aber meistens ganz allein den Spuren nachgeht, Zeugen ausfindig macht, Vernehmungen durchführt und schließlich der Staatsanwaltschaft die Akten auf den Tisch legt. Jetzt erst schlägt die Stunde dieses Amtes, von dem am Anfang des Jahrhunderts der Berliner Oberstaatsanwalt Isenbiel gesagt hat, es sei die »objektivste Behörde der Welt«. Jetzt entscheidet sie, ob Anklage erhoben werden soll. Mit der Eröffnung des Hauptverfahrens betritt im dritten Abschnitt das Gericht die Bühne dieses Theaters des Schreckens, als neuer Hauptdarsteller in der Mitte zwischen Staatsanwalt und Verteidiger, die das Für und Wider der Anklage zu vertreten haben mit »Waffengleichheit«, wie man nachlesen kann in den Lehrbüchern zur Strafprozeßordnung. Auch hier sieht die Wirklichkeit meistens ganz anders aus. Meistens setzen Staatsanwaltschaft und Gericht gemeinsam den Strafanspruch des Staates gegen die Verteidigung durch, die allein die Interessen des Angeklagten vertritt. Die auch vom Bundesverfassungsgericht geforderte »Waffengleichheit« steht nur auf dem Papier der Lehrbücher. Der Staatsanwalt als »Herr des Ermittlungsverfahrens« und »objektivste Behörde der Welt«, der Verteidiger als »unabhängiges Organ der Rechtspflege«, wie es in der Bundesrechtsanwaltsordnung heißt, und beide mit »Waffengleichheit«. Nicht uninteressant, dieser Maskenball von Purzelbäumen in einem Verfahren, das sonst keinen Spaß versteht.

Berufung und Revision

Hat das Gericht ein Urteil gesprochen, am Ende dieser drei Abschnitte, muß dies noch nicht das letzte Wort sein. Man kann Berufung oder Revision einlegen. Das sind sehr verschiedene Rechtsbehelfe. Welcher in Frage kommt, richtet sich danach, vor welchem Gericht verhandelt worden ist. War es das Amtsgericht, gibt es die Berufung. Sie geht zum Landgericht, und gegen dessen Urteil kann man dann noch Revision einlegen zum Oberlandesgericht. Hat das Verfahren vor dem Landgericht begonnen oder vor einem Oberlandesgericht, dann ist nur die Revision möglich, zum

Bundesgerichtshof. Vor welchem Gericht das Verfahren beginnt, das richtet sich danach, wie schwer der Vorwurf ist, der dem Angeklagten gemacht wird, und welche Strafe er zu erwarten hat. Leichte und mittlere Kriminalität wird zuerst vor dem Amtsgericht verhandelt, schwere vor dem Landgericht und besonders schwere Staatsschutzdelikte vor dem Oberlandesgericht.

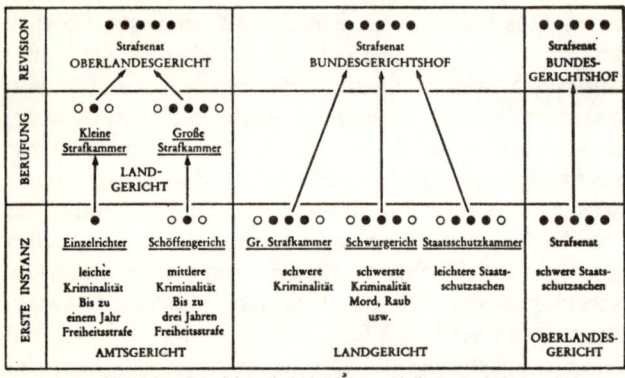

REVISION	●●●●● Strafsenat OBERLANDESGERICHT	●●●●● Strafsenat BUNDESGERICHTSHOF		●●●●● Strafsenat BUNDES-GERICHTSHOF
BERUFUNG	○●○ Kleine Strafkammer ○●●●○ Große Strafkammer LAND-GERICHT			
ERSTE INSTANZ	● Einzelrichter ○●○ Schöffengericht	○●●●○ Gr. Strafkammer	○●●●○ Schwurgericht	○●●●○ Staatsschutzkammer	●●●●● Strafsenat
	leichte Kriminalität Bis zu einem Jahr Freiheitsstrafe	mittlere Kriminalität Bis zu drei Jahren Freiheitsstrafe	schwere Kriminalität	schwerste Kriminalität Mord, Raub usw.	leichtere Staats-schutzsachen	schwere Staats-schutzsachen
	AMTSGERICHT	LANDGERICHT			OBERLANDES-GERICHT

Die wichtigsten Zuständigkeiten der Strafgerichte (○ = Schöffe, ● = Berufsrichter)

Bei der Berufung wird alles noch einmal verhandelt. Das Verfahren vor dem Amtsgericht wird wiederholt. Das Landgericht befragt den Angeklagten noch einmal zur Person und zum Tatvorwurf, die Zeugen machen noch einmal ihre Aussagen, man verhandelt noch einmal über die juristische Einordnung dessen, was als bewiesen angesehen werden kann, und das Gericht kann ein völlig neues Urteil erlassen. Es kann freisprechen oder die Strafe herabsetzen oder erhöhen, je nachdem, ob der Angeklagte, die Staatsanwaltschaft oder beide die Berufung eingelegt haben. Man umschreibt das mit den Worten, durch die Berufung komme man in eine zweite Tatsacheninstanz.

Die Revision läuft ganz anders. Es werden nur noch Rechtsfragen überprüft, nicht mehr Tatfragen. Die Beweisaufnahme wird nicht wiederholt, kein Zeuge mehr gehört, und auch der Angeklagte braucht bei der Verhandlung nicht dabeizusein, denn die Frage, ob er die Tat begangen hat oder nicht, spielt jetzt keine Rolle mehr. Es gilt erst einmal als richtig, was das Landgericht oder Oberlandesgericht dazu festgestellt hat. Man überprüft nur, ob juristische Fehler gemacht worden sind, sei es bei der Bewertung der Tat oder im Verfahren. Deshalb kann das Revisionsgericht auch kein neues Urteil sprechen. Es ist ja nur eine Rechtsinstanz, keine Tatsacheninstanz. Entweder wird das alte Urteil bestätigt, oder es wird aufgehoben, und wenn es aufgehoben wird, muß neu verhandelt werden vor dem Landgericht oder Oberlandesgericht, von einer anderen Kammer, die diesen Fehler nicht mehr machen darf. In ganz seltenen Fällen kann es das alte Urteil aufheben und mit Freispruch entscheiden, nämlich dann, wenn dies juristisch nach der bisherigen Beweislage möglich ist.

Warum dieser Unterschied? Warum bei leichter und mittlerer Kriminalität die Überprüfung durch zwei Instanzen und bei schwerer nur durch eine? Warum dort eine volle Nachprüfung der Beweislage und hier nicht? Das ist grotesk und im wesentlichen nur historisch zu erklären. Für die schwere Kriminalität gab es früher nämlich eine gerichtliche Voruntersuchung und damit so etwas ähnliches wie eine doppelte Überprüfung der Beweislage. Sie hatte nur den Nachteil, daß sie praktisch durch dasselbe Gericht vorgenommen wurde. Unter anderem deshalb, aber auch weil man die Schwurgerichte mit den zwölf Geschworenen in den zwanziger Jahren abgeschafft hat, wurde sie wieder beseitigt. Heute gibt es jedenfalls einen unerträglichen Widerspruch, der nur dadurch etwas gemildert wird, daß Revisionsgerichte dazu neigen, Urteile der ersten Instanz aufzuheben, wenn sie den Eindruck haben, die Beweiserhebung sei nicht ganz in Ordnung gewesen. So kommt es auf diese Weise auch bei schwerer Kriminalität zu einer zweiten Tatsacheninstanz, denn Aufhebung bedeutet in diesen Fällen immer Zurückverweisung. Garantiert ist sie aber nicht, und der Widerspruch bleibt.

Amnestie und Gnade

Wenn alles vorüber ist und nach Berufung und Revision am Ende ein rechtskräftiges Urteil steht, das aus dem Angeklagten einen Verurteilten macht, der irgendwann vom

Staatsanwalt zum Strafantritt geladen wird, selbst dann ist noch nicht aller Tage Abend. Es gibt noch Amnestie und Gnade.

Amnestie heißt Vergessen. Zum erstenmal ist derartiges 403 v. Chr. in Athen beschlossen worden, von der Volksversammlung nach politischen Unruhen, unter die ein Schlußstrich gezogen werden sollte im Interesse des inneren Friedens. Alle Straftaten, die bei den Unruhen begangen worden waren, wurden für erledigt erklärt, also eine unbestimmte Zahl. Auch ein Gerichtsverfahren brauchte noch nicht stattgefunden zu haben. Das ist noch heute der Unterschied zur Begnadigung. Mit ihr wird über bestimmte einzelne Personen entschieden, die schon verurteilt worden sind.

Als es noch Fürsten gab, im Zeitalter des Absolutismus, sind sie es gewesen, die Amnestien verkündet und Verurteilte begnadigt haben. Im 19. Jahrhundert ging das Recht der Amnestie auf die neuen Parlamente über, die jetzt das Recht der Gesetzgebung hatten. Die Gnadenentscheidungen blieben beim Landesfürsten, und 1918 erhielten es die Landesregierungen, die sie ablösten. Bei ihnen liegt das Gnadenrecht noch heute, bis auf einige wenige Fälle schwerer Staatsschutzdelikte, für die der Bund die Justizhoheit hat. Er übt sie zwar nicht selber aus, läßt nicht den Bundesgerichtshof urteilen, sondern Oberlandesgerichte, aber in diesen Fällen hat der Bundespräsident das Recht der Begnadigung.

Mit Amnestien geht man in der Bundesrepublik sehr sparsam um, nach manchen Übertreibungen in der Weimarer Republik und im Dritten Reich. In den ersten sieben Jahren der Weimarer Republik gab es 125 Amnestiegesetze. In den ersten vierzig Jahren der Bundesrepublik sind es drei gewesen. Viele andere Versuche sind gescheitert, allein sechs in den achtziger Jahren.

Ganz anders ist es mit den Begnadigungen. Jedes Bundesland hat seine Gnadenbehörde mit vielen juristischen Mitarbeitern. Sie sind dem Justizminister unterstellt, dem Ministerpräsidenten oder der ganzen Regierung. Jährlich laufen mehr als einhunderttausend Verfahren, bei ungefähr dreihunderttausend Verurteilungen. Zehn bis zwanzig Prozent dieser Gnadenverfahren sind erfolgreich. Die Strafen werden entweder ganz oder — meistens — teilweise erlassen. Das hat eine gewisse Ähnlichkeit mit der vom Strafgesetzbuch in § 57 vorgesehenen Möglichkeit der Strafaussetzung zur Bewährung, die von den Strafvollstreckungskammern bei den Landgerichten ausgesprochen werden kann, wenn zwei Drittel der Strafe verbüßt sind. Aber es gibt Unterschiede. Für die Strafaussetzung nach § 57 StGB müssen gewisse Voraussetzungen erfüllt sein, was von den Oberlandesgerichten nachgeprüft werden kann. Die Gnadenentscheidungen bewegen sich im rechtsfreien Raum. Es gibt zwar überall Gnadenordnungen, die meistens von den Landtagen beschlossen worden sind. Aber sie regeln nur den äußeren Ablauf der Verfahren und nicht die Frage, unter welchen Voraussetzungen die Gnadenstellen dem Minister, dem Ministerpräsidenten oder der Regierung eine Begnadigung empfehlen und wie diese dann entscheiden können. Darin sind sie völlig frei. Die Gnade bewegt sich im rechtsfreien Raum und wird von vielen Juristen deshalb sogar als irrational bezeichnet, im Gegensatz zum Recht, das sie als rational ansehen. Gustav Radbruch schreibt dazu in seiner *Rechtsphilosophie* (§ 24):

> »Wie aber das Almosen von ehedem freiströmende Fülle war, nicht kanalisierte Wohltätigkeit, so weiß auch Gnade von keinem Zwang, — nicht einmal von dem Zwang der Gerechtigkeit. Sie bedeutet nicht bloß eine mildere Form des Rechts, sondern den leuchtenden Strahl, der in den Bereich des Rechts aus einer völlig rechtsfremden Welt einbricht und die kühle Düsternis der Rechtswelt erst recht sichtbar macht. Wie das Wunder die Gesetze der physischen Welt durchbricht, so ist sie das gesetzlose Wunder innerhalb der juristischen Gesetzeswelt.«

Ähnlich formuliert es der Kieler Rechtshistoriker Hans Hattenhauer 1966 in der *Zeitschrift für die gesamte Strafrechtswissenschaft*:

> »Das Wunder ist der Weg, auf dem die Begnadigung in das weltliche Recht einzieht.«

Etwas vorsichtiger drückt sich Johann-Georg Schätzler aus, der das maßgebliche *Handbuch des Gnadenrechts* für die Bundesrepublik geschrieben hat; er sagt aber letztlich dasselbe, wenn er schreibt, die Gnadenentscheidung sei

»die Macht, von höherer Warte als irgendein Gericht und auch nach anderen als rechtlichen Maßstäben zu urteilen«.

Denn darum geht es, daß Wunder oder Entscheidungen von höherer Warte durch Gerichte nicht mehr überprüft werden können. Das mag zwar in seltenen Fällen richtig sein, zum Beispiel, wenn der Bundespräsident ein Mitglied der terroristischen Stadtguerilla begnadigt oder die Begnadigung ablehnt. Es ist aber völlig unangemessen für die hunderttausend anonymen Verfahren, die jährlich von unseren Gnadenbehörden entschieden werden, positiv oder negativ. Denn dort handelt es sich um nichts anderes als die normale Fortsetzung unserer Strafjustiz, mit denselben Leuten und denselben Mitteln, um die letzte Feinkorrektur in einem inzwischen sehr verwickelten System.

Hinter solchen Formulierungen, die Wunder beschreiben oder von einer höheren Warte sprechen, versteckt sich die Begründung dafür, daß Entscheidungen dieser Behörden von Gerichten nicht mehr zu überprüfen sind. Sie verdekken die Schwierigkeit, einen einleuchtenden Grund dafür zu finden, daß von einem der wichtigsten Rechtsstaatsprinzipien des Grundgesetzes abgewichen wird, das in Artikel 19 Absatz 4 bestimmt, eine solche Überprüfung habe immer stattzufinden. Ablehnende Bescheide von Gnadenbehörden dürften nach dieser Regel nicht anders behandelt werden. Das ist das eine. Es geht aber um mehr. Solche Formulierungen erfüllen auch die Funktion, die Normalität dieser Verfahren zu verdecken. Mit Gnade hat das nichts mehr zu tun. Es heißt nur noch so, ist aber in Wirklichkeit die normale Fortsetzung einer Strafjustiz, die im wahrsten Sinne des Wortes gnadenlos ist, nicht nur weil sie ohne ausreichende Begründung die Strafe als Mittel der Kriminalpolitik einsetzt und ohne rationale Kriterien für die Strafzumessung täglich Tausende von Menschen hinter Gittern hält.

Literatur

Ein vorzügliches Lehrbuch ist Johannes Wessels, *Strafrecht, AT:* Allgemeiner Teil (21. Aufl. 1991), *BT:* Besonderer Teil 1 (15. Aufl. 1991), Besonderer Teil 2 (14. Aufl. 1991), gut geschrieben, manchmal etwas schwierig, aber übersichtlich und mit vielen Beispielen. Zur Strafzumessung, die dort — natürlich — nicht behandelt wird, ein zusammenfassender Aufsatz von Hans-Ludwig Günther, *Systematische Grundlage der Strafzumessung,* in: *Juristenzeitung* 1989, Seite 1025 bis 1030. Das Problem des Tankens ohne Bezahlung ist oft behandelt worden, z. B. von Rolf Dietrich Herzberg, *Tanken ohne zu zahlen,* in: *Juristische Arbeitsblätter* 1980, Seite 385 bis 392 und, von demselben Autor, *Zivilrechtliche Verschiebungen zur Schließung von Strafbarkeitslücken?* in: *Neue Juristische Wochenschrift* 1984, Seite 896 bis 899. Zum Strafprozeß ein knapper und klarer Überblick bei Burkhard Neuhaus in: Messerschmidt (Herausg.) *Deutsche Rechtspraxis,* 1991, Seite 715 bis 724. Über das Umfeld und die Hintergründe von Kriminalität, dort auch (Seite 460/461) die Zahlen zur Entwicklung des Verhältnisses von Freiheitsstrafen und Geldstrafen: Ulrich Eisenberg, *Kriminologie,* 3. Auflage 1990. Zur Freiheitsstrafe und ihren Problemen: Georg Wagner, *Das absurde System,* 1985. Zu Amnestie und Gnade gibt es eine sehr gute Hamburger Dissertation: Klaus Hüser, *Begnadigung und Amnestie als kriminal-politisches Instrument,* 1973; das Standardwerk ist immer noch Johann-Georg Schätzler, *Handbuch des Gnadenrechts,* 1976.

5. KAPITEL
Verwaltungsrecht

Verwaltungsakt und Anfechtungsklage

Verwaltungsrecht, meinen viele, sei das Recht der Verwaltung. Das ist nur bedingt richtig, denn in erster Linie ist es das Recht des Bürgers. Verwaltungsrecht ist das Recht des Bürgers gegen die Verwaltung. Dabei stellen sich immer zwei entscheidende Fragen: Kann er gegen ihre Maßnahmen vor dem Verwaltungsgericht klagen? Und hat seine Klage Aussicht auf Erfolg?

Im Zentrum der beiden Fragen steht die Rechtsfigur des Verwaltungsakts, gegen den man mit einer Anfechtungsklage vorgehen kann, eine Klage, die voraussetzt, daß die Maßnahme, gegen die man vorgehen will, ein Verwaltungsakt ist. In der Sprache der Juristen: Die Klage ist dann zulässig. Das bedeutet, daß das Gericht erst dann die Kompetenz hat, das Handeln der Verwaltung zu überprüfen. Ist die Zulässigkeit gegeben, kommt man zur »Begründetheit«, das heißt zur Überprüfung der Rechtmäßigkeit dieses Verwaltungsakts. Wenn sich dabei ergibt, daß der Verwaltungsakt rechtswidrig ist, hat die Klage Erfolg. Juristisch gesprochen: Dann ist sie begründet. In einem solchen Fall erklärt das Gericht den Verwaltungsakt für ungültig. In der Sprache der Juristen: Es hebt ihn auf. Dafür nun ein Beispiel, unter Juristen übrigens ein sehr bekanntes: der Schweinemästerfall.

> Am Rande einer Stadt betreibt der Bauer B eine Schweinemästerei, die die Nachbarn nicht nur mit Gestank belästigt, sondern sie auch gesundheitlich gefährdet, unter anderem durch die Fliegen- und Rattenplage. Es gibt viele Beschwerden. Schließlich verbietet der Stadtdirektor dem B, die Schweinemästerei weiter zu betreiben. Kann der Bauer dagegen erfolgreich vor dem Verwaltungsgericht klagen?

Zuerst prüft man die Zulässigkeit der Anfechtungsklage. Sie setzt voraus, daß das Verbot ein Verwaltungsakt ist. Seit 1976 gibt es dafür eine gesetzliche Definition. § 35 Verwaltungsverfahrensgesetz:

> »Verwaltungsakt ist jede Verfügung, Entscheidung oder andere hoheitliche Maßnahme, die eine Behörde zur Regelung eines Einzelfalles auf dem Gebiet des öffentlichen Rechts trifft und die auf unmittelbare Rechtswirkung nach außen gerichtet ist.«

Wichtig ist, ob es sich um die »Regelung eines Einzelfalles« handelt, die »unmittelbare Rechtswirkung nach außen« hat. Betroffen ist nur der Bauer B und sein Betrieb, also ein Einzelfall. Und auch die Außenwirkung ist gegeben. Hätte zum Beispiel der Regierungspräsident den Stadtdirektor nur intern angewiesen, die Schweinemästerei zu verbieten, würde B dagegen noch nicht vorgehen können. Das wäre nur eine innerdienstliche Weisung, eine vorbereitende Maßnahme im Inneren der Verwaltung, die man nicht angreifen dürfen soll. Aber hier ist das Verbot schon ihm gegenüber ausgesprochen, nach außen erlassen, also ein Verwaltungsakt.

Nun gibt es noch eine letzte Hürde. § 42 Absatz 2 der Verwaltungsgerichtsordnung:

> »Soweit gesetzlich nichts anderes bestimmt ist, ist die Klage nur zulässig, wenn der Kläger geltend macht, durch den Verwaltungsakt ... in seinen Rechten verletzt zu sein.«

Also die Rechtsverletzung, hier ohne Zweifel gegeben, denn das Verbot beeinträchtigt das Eigentum des B am Betrieb und seine berufliche Tätigkeit, das Grundrecht der Berufsfreiheit. Damit ist die Klage zulässig. Das heißt, das Gericht darf sie annehmen, das Handeln der Verwaltung überprüfen. Es kommt nun zur zweiten Frage: Ist die Klage begründet? Die Klage ist begründet, wenn der Verwaltungsakt rechtswidrig ist.

Wann ist ein Verwaltungsakt rechtswidrig? Wenn er nicht rechtmäßig ist. Und rechtmäßig ist er nur, wenn der Stadtdirektor sein Verbot auf einer gesetzlichen Grundlage erlassen hat. Denn die Verwaltung darf in Rechte von Bürgern nur eingreifen, wenn ein Gesetz das erlaubt. Das ist das A und O des Verwaltungsrechts, Anfang und Ende, allgegenwärtig. Man nennt das den Vorbehalt des Gesetzes, ein Elementarprinzip des Rechtsstaats. War das Verbot der Schweinemästerei also durch eine gesetzliche Vorschrift gerechtfertigt, ist es rechtmäßig. Dann ist die Klage unbegründet. Gibt es keine gesetzliche Grundlage dafür, dann ist der Verwaltungsakt rechtswidrig, die Klage begründet, und es gilt § 113 Absatz 1 der Verwaltungsgerichtsordnung:

> »Soweit der Verwaltungsakt rechtswidrig und der Kläger dadurch in seinen Rechten verletzt ist, hebt das Gericht den Verwaltungsakt ... auf.«

Damals, als dieser Fall vom Oberverwaltungsgericht Münster entschieden wurde, 1956, mußte sich der Stadtdirektor auf eine sehr allgemeine Vorschrift im Polizeigesetz von Nordrhein-Westfalen berufen, nach der er zum Einschreiten verpflichtet ist, wenn eine Gefahr für die öffentliche Sicherheit und Ordnung entsteht. Heute gibt es eine Sondervorschrift. § 25 Absatz 2 des Bundesimmissionsschutzgesetzes von 1974:

> »Wenn die von einer Anlage hervorgerufenen schädlichen Umwelteinwirkungen das Leben oder die Gesundheit von Menschen oder bedeutende Sachwerte gefährden, soll die zuständige Behörde die Errichtung oder den Betrieb der Anlage ganz oder teilweise untersagen, soweit die Allgemeinheit oder die Nachbarschaft nicht auf andere Weise ausreichend geschützt werden kann.«

Das Oberverwaltungsgericht Münster hat damals gesagt, die vom Betrieb des B ausgehende Belästigung und Gefahr sei so groß, daß das Verbot nach dem Polizeigesetz gerechtfertigt sei. Auch nach § 25 Absatz 2 des Immissionsschutzgesetzes wird man nicht anders entscheiden können. Das eigentliche juristische Problem — damals wie heute — bestand darin, daß B die Schweinemästerei dort schon sehr lange betrieben hatte, ohne Beanstandungen, und zwar ganz einfach deshalb, weil es früher die dichte Bebauung am Stadtrand nicht gab. Als er anfing, war er dort allein mit einigen anderen Bauern. Später kamen immer mehr städtische Bewohner dazu, die sich belästigt und gefährdet fühlten. Ein Problem des Störerbegriffs, wie man im Polizeirecht sagt. Danach ist auch derjenige ein »Störer«, der es erst dadurch wird, daß später andere in seine Nähe kommen. Das war das Problem. Man spricht vom »latenten Störer«. Das Verbot ist also zu Recht ergangen, die Klage des B zwar zulässig, aber nicht begründet. Sie mußte vom Verwaltungsgericht abgewiesen werden.

Eingriffsverwaltung und Leistungsverwaltung

Die Anordnung des Stadtdirektors, der Bauer dürfe seine Schweine nicht mehr am Stadtrand mästen, gehört zu den Aufgaben der Verwaltung, die man seit langem kennt. Verwaltung hat für das zu sorgen, was man mit den Worten Sicherheit und Ordnung umschreibt. Ganz allgemein wurde das — im Nachtwächterstaat des 19. Jahrhunderts — Polizei genannt. Die Verwaltung hat dafür zu sorgen, daß man nicht durch Gebäude gefährdet wird, die technische Mängel haben, durch Gewerbetreibende, die unzuverlässig sind, oder durch Kriminelle, die Straftaten begehen. Sicherheit und Ordnung erfordern auch, meinte man, daß alle Bürger jederzeit identifiziert werden können und mit ihrem Wohnsitz genau erfaßt sind, also durch das Meldewesen. Die Ausländerbehörden gehörten auch dazu, denn »Ausländer sind es meist, die hier verbreiten den bösen Geist der Rebellion« (Heinrich Heine).

Heute unterscheidet man Ordnungsbehörden und Polizei. Sie haben dieselben Aufgaben wie im 19. Jahrhundert: Sicherheit und Ordnung oder, wie man es auch nennt, Gefahrenabwehr. Man hat sie nur aufgeteilt, das Ganze etwas weniger martialisch organisiert. Normalerweise ist die Ordnungsbehörde zuständig, also der Stadtdirektor für das Verbot der Schweinemästerei des Bauern B. Polizei ist nur noch die sogenannte Vollzugspolizei, also Schutzpolizei, Kriminalpolizei, Bereitschaftspolizei. Sie wird nur tätig, wenn es notwendig ist, sofort einzugreifen, zum Beispiel zur Verhinderung oder Verfolgung von Straftaten. Mit Polizei und Ordnungsbehörden sind wir auf dem klassischen Gebiet der Verwaltung. Diese Verwaltung greift ordnend und regelnd in das gesellschaftliche Leben und oft auch in individuelle Rechte von Bürgern ein, der Stadtdirektor zum Beispiel in Eigentum und Berufsfreiheit des Bauern mit der Schweinemast. Man nennt das Eingriffsverwaltung. Sie erläßt Verwaltungsakte. Lange meinte man, es gäbe nichts anderes.

Dann kam ein Mann, der der Welt die Augen öffnete. Er hieß Ernst Forsthoff, war 36 Jahre alt, Professor für

Staats- und Verwaltungsrecht in Königsberg, später in Heidelberg, sehr konservativ und durchaus nicht unbeteiligt an dem, was im Dritten Reich geschehen ist. 1938 hat er ein Buch geschrieben mit dem Titel *Die Verwaltung als Leistungsträger*. Ein kluges Buch, schön geschrieben, in dem ein anderes Gebiet der Verwaltung entdeckt worden ist, die Leistungsverwaltung, für das Ernst Forsthoff ein sehr passendes Wort erfunden hat, das man noch heute gebraucht: Daseinsvorsorge. Daseinsvorsorge ist nicht nur die wirtschaftliche Tätigkeit der Verwaltung für die technischen Grundbedürfnisse der Bürger, also die Versorgung mit Wasser, Gas und Elektrizität, die Müllabfuhr, die öffentlichen Verkehrsmittel, das Telephon, die Post. Zur Daseinsvorsorge gehören auch Kindergärten und Bildungseinrichtungen, Schulen und Hochschulen, die Gesundheitsversorgung, Badeanstalten, Krankenhäuser und Friedhöfe, und schließlich die Organisation sozialer Leistungen, also zum Beispiel von Sozialversicherung, Sozialhilfe und Ausbildungsförderung. Seitdem unterscheidet man Eingriffsverwaltung und Leistungsverwaltung.

Ernst Forsthoff hat diese Entdeckung nicht zufällig gemacht. Er war nämlich einer jener Verwaltungsrechtler, deren Vorliebe für eine gut funktionierende Verwaltung verbunden war mit einer starken Abneigung gegen Verwaltungsgerichte. Verwaltungsgerichte, meinte er, sind Störfaktoren. Sie haben es immer nur mit pathologischen Fällen zu tun, die davon ablenken, daß es Tausende anderer Fälle gibt, bei denen alles in Ordnung ist. Anfechtungsklagen beruhen auf Vorstellungen des Liberalismus von individuellen Rechten des Bürgers, die der Staat mit seinen Verwaltungsakten verletzen könne. Jetzt aber hieß es: Du bist nichts, dein Volk ist alles. Die Verwaltungsgerichtsbarkeit wurde damals sehr kritisch betrachtet und von den Nationalsozialisten in wichtigen Bereichen erheblich eingeschränkt. Sie war ein ärgerliches Hindernis auf dem Weg zum starken Staat, dem sich der einzelne nicht entgegenstellen durfte.

Deshalb hat Ernst Forsthoff die Leistungsverwaltung entdeckt, nach dem Motto: Wo bleibt das Positive, Herr Kästner? Hier konnte er nämlich zeigen, daß die Verwaltung durchaus nicht immer nur — negativ — in Rechte von Bürgern eingreift. Hier konnte er zeigen, daß sie — positiv — etwas leistet, nämlich Daseinsvorsorge, ohne Verwaltungsakte und Anfechtungsklagen. Das verwaltungsrechtliche Paradies auf Erden, ohne Sünden und ohne Streit. Der Bürger sollte an der Daseinsvorsorge teilhaben. Und genauso sollte es in allen Bereichen der Verwaltung zugehen. »Es dürfte aber aus den vorangestellten Ausführungen klar geworden sein«, schrieb er, »daß es sich hier nicht um Rechtsschutz, sondern um Teilhabe handelt.«

Zunächst ging alles gut. Aber dann kam die Bundesrepublik mit ihrem Grundgesetz und mit dem Prinzip eines umfassenden Rechtsschutzes für den Bürger. Schon war es passiert. In einer seiner ersten Entscheidungen hat das Bundesverwaltungsgericht 1954 verkündet, der Bürger könne vor den Verwaltungsgerichten klagen, wenn ihm die Leistungsverwaltung eine Leistung verweigert. Es war zu allem Überfluß auch noch ein Fürsorgeempfänger, heute sagt man Sozialhilfe, der den Streit vom Zaune gebrochen, geklagt und die Forsthoffsche Verwaltungsidylle zerstört hat:

BVerwGE 1.159: **Fürsorgeunterstützung**

In Hannover lebte ein älterer Mann, der Fürsorgeleistungen erhielt, in seiner Zweizimmerwohnung zusammen mit einer Frau, die ihm den Haushalt führte, weil er zu gebrechlich war, sich selbst zu versorgen. Die Mietbeihilfe wurde ihm nur zur Hälfte gezahlt. Die Fürsorgebehörde war nämlich der Meinung, die andere Hälfte sollte die Frau zahlen. Gegen die Ablehnung seines Antrags auf Bewilligung des vollen Betrages hatte der Mann Anfechtungsklage erhoben, und wieder ging es um zwei Fragen: War die Klage zulässig? Und war sie begründet?

Die große Bedeutung dieses Urteils liegt in seiner Antwort auf die erste Frage. Bisher war man allgemein der Auffassung gewesen, Fürsorgeempfänger könnten nicht klagen, wenn ihre Anträge abgelehnt werden, gleichgültig, ob die Behörde richtig oder falsch entschieden hat. Es fehle an einer Rechtsverletzung, die schon damals für eine Anfechtungsklage notwendig war. Verwaltungsrecht ist Individualgüterschutz. Wie es dazu heute in § 42 Absatz 2 der Verwaltungsgerichtsordnung heißt:

> »Soweit gesetzlich nichts anderes bestimmt ist, ist die Klage nur zulässig, wenn der Kläger geltend macht, durch den Verwaltungsakt ... in seinen Rechten verletzt zu sein.«

Ein Fürsorgeempfänger, wurde bis 1954 allgemein gesagt, habe aber keinen Anspruch auf solche Leistungen. Insofern könne er durch einen solchen Bescheid nicht in seinen Rechten verletzt sein. Zwar sei die Behörde nach der Fürsorgeverordnung von 1924 verpflichtet, einem Bedürftigen die vorgeschriebene Unterstützung zu zahlen, aber diese Verpflichtung bestehe nur gegenüber der Allgemeinheit, aus Gründen der öffentlichen Ordnung. Sie bestehe nicht gegenüber dem Armen selbst. Er sei nicht Subjekt einer behördlichen Verpflichtung, sondern nur Objekt des Verwaltungshandelns. Also seien Anfechtungsklagen von Fürsorgeempfängern unzulässig.

Das Bundesverwaltungsgericht hat anders entschieden. Seit dem Inkrafttreten des Grundgesetzes sei diese Auffassung nicht mehr haltbar:

> »Die unantastbare, von der staatlichen Gewalt zu schützende Würde des Menschen (Artikel 1) verbietet es, ihn lediglich als Gegenstand staatlichen Handelns zu betrachten, soweit es sich um die Sicherung ... seines Daseins überhaupt handelt. Das folgt auch aus dem Grundrecht der freien Persönlichkeit (Artikel 2 Absatz 1).
>
> Im Rechtsstaat sind die Beziehungen des Bürgers zum Staat grundsätzlich solche des Rechts; daher wird auch das Handeln der öffentlichen Gewalt ihm gegenüber der gerichtlichen Nachprüfung unterworfen (Artikel 19 Absatz 4). Mit dem Gedanken des demokratischen Staates wäre es unvereinbar, daß zahlreiche Bürger, die als Wähler die Staatsgewalt mitgestalten, ihr gleichzeitig hinsichtlich ihrer Existenz ohne eigenes Recht gegenüberständen.«

Also würde es dem Verfassungsrecht widersprechen, wenn man im Fürsorgerecht den Grundsatz beibehielte, daß die Bedürftigen keinen Anspruch auf Unterstützung hätten:

> »Soweit das Gesetz dem Träger der Fürsorge zugunsten des Bedürftigen Pflichten auferlegt, hat der Bedürftige entspre-

chende Rechte und kann daher gegen ihre Verletzung den Schutz der Verwaltungsgerichte anrufen.«

Die Klage war also zulässig und die Tür geöffnet zur verwaltungsgerichtlichen Kontrolle der Leistungsverwaltung. Für den alten Mann in Hannover war es trotzdem kein Erfolg. Denn bei der Frage der Begründetheit kam das Gericht für ihn zu einem negativen Ergebnis. Die mit ihm in der Wohnung lebende Frau könne und müsse die Hälfte der Miete zahlen. Darauf habe er ihr gegenüber einen Anspruch, und deshalb sei er insofern nicht bedürftig. Die Behörde habe richtig entschieden. Die Klage war zwar zulässig, aber unbegründet und wurde abgewiesen.

Ein Sieg für den Rechtsstaat? Letzlich ja, denn seitdem hat es natürlich auch Klagen im Bereich der Leistungsverwaltung gegeben, die begründet waren und Erfolg hatten. Aber so untypisch ist dieses erste Urteil nicht. Bei der Frage der Zulässigkeit sind Verwaltungsgerichte nämlich oft sehr viel großzügiger als bei der Begründetheit. Warum? Ganz einfach. Auf diese Weise erweitern sie ihre eigene Kompetenz. Wenn sie sagen, eine Klage sei zulässig, haben sie die Befugnis, das Handeln der Verwaltung zu überprüfen. Sonst nicht. Sie werden dadurch zu einer Art Oberbehörde von eigenen Gnaden. Für den Bürger bringt das erst einmal gar nichts. Ihm kann es egal sein, ob seine Klage als unzulässig abgewiesen wird oder als unbegründet. Mit der Zulässigkeit verschiebt sich nur die Kompetenz der endgültigen Entscheidung von den Behörden auf die Verwaltungsgerichte, die die eigentlichen Gewinner dieser Machtverschiebung von der zweiten auf die dritte Staatsgewalt sind. Erst in zweiter Linie profitiert davon der Rechtsstaat und der einzelne Bürger.

Das Privatrecht als Modell

Zwei Denkfiguren sind es, mit denen man den Rechtsschutz des Bürgers gegen Maßnahmen der Verwaltung in eine Ordnung bringt. Verwaltungsakt und subjektives öffentliches Recht. Der Verwaltungsakt: zum Beispiel das Verbot der Schweinemästerei am Stadtrand. Das subjektive öffentliche Recht: zum Beispiel der Anspruch des alten Mannes in Hannover auf Mietbeihilfe. Beide stammen aus der Rechtsstaatsdiskussion des 19. Jahrhunderts. Beide sind gedacht nach dem Vorbild des Privatrechts.

Der Verwaltungsakt kommt aus Frankreich, heißt dort *acte administratif* und wurde in Deutschland eingebürgert am Ende des letzten Jahrhunderts durch den »Vater der deutschen Verwaltungsrechtswissenschaft«. Dieser Mann war ein Bayer, evangelischer Liberaler, hieß Otto Mayer und lebte als Professor in Straßburg und Leipzig. Er sah den Verwaltungsakt als Parallele zum privaten Zivilprozeß. Es sollte ein geregeltes Verfahren geben, der Betroffene sollte gehört werden, die Entscheidung wie ein zivilrechtliches Urteil eine bestimmte Form haben und begründet und damit überprüfbar sein.

Das verband er mit der Vorstellung von Rechten des Bürgers, die verletzt werden, wenn die Verwaltung unrechtmäßig handelt, und meinte damit zunächst nur die alten Rechte des Privatrechts, in erster Linie das Eigentum, wie zum Beispiel im Fall der Schweinemästerei, wenn das Verbot rechtswidrig gewesen wäre. Auch die Verbindung von Verwaltungsakt und Recht des Bürgers war gedacht nach dem Vorbild des Privatrechts, nämlich in der Weise, daß die Behörde mit einem unrechtmäßigen Verwaltungsakt genauso in dieses Recht eingreift wie ein Privatmann, der widerrechtlich das Eigentum eines anderen verletzt, seine Sachen beschädigt, eine Fensterscheibe einwirft, ihm ein Loch in den Teppich brennt oder gegen seinen Wagen fährt. Es ist die Vorstellung vom privatrechtlichen Delikt, von der unerlaubten Handlung, die zum privaten Schadensersatz verpflichtet. Dann gilt § 249 des Bürgerlichen Gesetzbuches:

> »Wer zum Schadensersatz verpflichtet ist, hat den Zustand herzustellen, der bestehen würde, wenn der zum Ersatz verpflichtende Umstand nicht eingetreten wäre.«

Im Verwaltungsrecht erhebt man Klage mit demselben Ziel. Die Klage ist die Anfechtungsklage, und ihr Ziel ist die Herstellung des Zustandes, der bestehen würde, wenn der rechtswidrige Verwaltungsakt nicht erlassen worden wäre, also seine Aufhebung. Heute kann das sogar noch verbunden werden mit einem sogenannten Folgenbeseitigungsanspruch. § 113 Absatz 1 Satz 2 der Verwaltungsgerichtsordnung:

> »Ist der Verwaltungsakt schon vollzogen, so kann das Gericht auf Antrag auch aussprechen, daß und wie die Verwaltungsbehörde die Vollziehung rückgängig zu machen hat.«

Sind private Rechte nicht verletzt und will man dem betroffenen Bürger eine Möglichkeit zur Klage geben, konstruiert man ein subjektives öffentliches Recht. Sein Vorbild ist das private Eigentum, aber es hat nur Bedeutung im Verhältnis des Bürgers zur Verwaltung, nicht im Verhältnis zu anderen Bürgern. Ein Beispiel aus dem Baurecht:

> N_1 und N_2 sind mit ihren Einfamilienhäusern Nachbarn des Eigentümers E, dem das dazwischenliegende Grundstück gehört. Sie wohnen in einer Gemeinde mit sogenannter offener Bauweise. Das bedeutet, daß die Häuser nicht wie in der Stadt mit geschlossener Straßenfront gebaut werden dürfen. Es müssen Grenzabstände eingehalten werden, die in dieser Gemeinde 3 Meter zur Grenze des Nachbarn betragen. E hat nun von der Baubehörde die Genehmigung für den Bau eines Hauses erhalten, das mit der Garage bis an die Grenze mit dem Grundstück des N_1 gebaut werden soll. Ausnahmen sind nach der dortigen Bauordnung zwar möglich, aber nur bis zu einer Höhe von 3 Metern. Die Garage des E war dagegen mit einer Höhe von 4 Metern genehmigt worden. N_1 und N_2 klagen vor dem Verwaltungsgericht gegen die Baugenehmigung.

Die Baugenehmigung ist ein Verwaltungsakt. Zunächst nur gegenüber E. Aber auch N_1 ist davon betroffen, denn es werden Vorschriften des Baurechts verletzt, die für ihn günstig sind, Vorschriften, die dafür sorgen sollen, daß ihm ein Nachbargebäude nicht die Sonne wegnimmt. Also muß er dagegen gerichtlich vorgehen können. Also nimmt man an, er habe ein subjektives öffentliches Recht. Vorschriften des Baurechts werden zwar in erster Linie im Interesse der öffentlichen Ordnung erlassen, damit nicht jeder Bauherr tun und lassen kann, was er will, das Ortsbild und die Versorgungsleitungen durcheinanderbringt oder mit waghalsigen Konstruktionen die allgemeine Sicherheit gefährdet. Aber sie können auch dem Interesse eines Nachbarn dienen.

Dann hat er, sagt man, gegenüber der Behörde ein subjektives öffentliches Recht darauf, daß sie eingehalten werden. Die Baugenehmigung ist dann auch ihm gegenüber ein Verwaltungsakt, der in dieses Recht eingreift. Also kann N_1 Anfechtungsklage erheben, und das Verwaltungsgericht wird die Baugenehmigung aufheben.

N_2 dagegen kann nicht klagen. Ihm gegenüber sind die zu seinem Schutz bestehenden Vorschriften über den Abstand zu seiner Grenze eingehalten worden. Er hat kein subjektives öffentliches Recht gegenüber der Behörde, daß der Abstand zu N_1 eingehalten wird. Und beide könnten sich auch nicht beschweren, wenn dem E von der Baubehörde genehmigt worden wäre, er dürfe ausnahmsweise näher an die Straße bauen als allgemein erlaubt. Denn solche Vorschriften dienen nur der allgemeinen Ordnung, nicht auch dem Interesse der Nachbarn. Insofern haben sie kein subjektives öffentliches Recht. Und es gibt keine Popularklage gegen Verwaltungsakte. Es kann nicht jeder kommen. Verwaltungsrecht ist Individualgüterschutz. Also ist es auch kein Wunder, daß es sich am Modell des Privatrechts orientiert.

Nicht nur für Anfechtungsklagen dient das Privatrecht als Modell. Es steht mit seinen Begriffen auch hinter Klagen, die eine Behörde zwingen sollen, daß sie einen Verwaltungsakt erläßt. Also der umgekehrte Fall: nicht der Angriff gegen einen Verwaltungsakt, den sie erlassen hat, sondern das Verlangen nach einem, den sie nicht erlassen hat. Wie im Fall des alten Mannes, der von der Fürsorge in Hannover die volle Mietbeihilfe bewilligt haben wollte. Man nennt sie Verpflichtungsklage. § 42 Absatz 1 Verwaltungsgerichtsordnung:

> »Durch Klage kann die Aufhebung eines Verwaltungsaktes (Anfechtungsklage) sowie die Verurteilung zum Erlaß eines abgelehnten oder unterlassenen Verwaltungsaktes (Verpflichtungsklage) begehrt werden.«

Mit der Anfechtungsklage wendet man sich gegen Verwaltungsakte, die nachteilig sind. Die Verpflichtungsklage zielt auf den Erlaß von vorteilhaften. In der juristischen Terminologie heißen sie begünstigende und belastende Verwaltungsakte. Das Verbot der Schweinemästerei ist ein belastender Verwaltungsakt, die Bewilligung von Sozialhilfe ein begünstigender. Die Baugenehmigung kann beides sein. Wenn die Behörde dem E erlaubt, seine Garage bis an die Grenze des Nachbarn zu bauen, ist das für ihn ein begünstigender, für N_1 ein belastender Verwaltungsakt.

Auch hinter der Verpflichtungsklage stehen privatrechtliche Vorstellungen. Hinter ihr steht die Vorstellung vom Anspruch, die im Privatrecht des 19. Jahrhunderts entstanden ist und bedeutet, daß der eine dem anderen etwas schuldet, die Zahlung von Geld, die Lieferung einer Sache, den Bau eines Hauses oder Arbeit im Betrieb. Es war durchaus nicht selbstverständlich, daß dieser Begriff in das Verwaltungsrecht übertragen wurde, denn er setzt voraus, daß es zwei Personen gibt, die im Prinzip gleiche Rechte und Pflichten haben können. Zwei Rechtssubjekte, wie die Juristen sagen. Die Verwaltung wurde lange noch als Teil eines alles umfassenden Staates gesehen, den man natürlich nicht mit dem Bürger auf eine Stufe stellen wollte. Du bist nichts, dein Volk ist alles. Die entscheidende Wende kam mit dem Grundgesetz und seiner Rechtsschutzgarantie in Artikel 19 Absatz 4. Im Verwaltungsrecht war es die Entscheidung von 1954 zur Sozialhilfe, auch wenn sie dem alten Mann in Hannover das gewünschte Ergebnis nicht gebracht hat. Sie brachte etwas anderes. Man nennt es die Subjektivierung im Verhältnis von Staat und Bürger. Beide werden seitdem — wie im Privatrecht — als prinzipiell gleichberechtigte Rechtssubjekte angesehen, die gegenseitig Rechte und Pflichten haben können. Die Würde des Menschen und erste Lektionen einer Orthopädie des aufrechten Gangs, sogar im Verwaltungsrecht.

Verwaltungsrecht und Verfassungsrecht

Als der Vater der deutschen Verwaltungsrechtswissenschaft, der bekanntlich Otto Mayer hieß, nach dem ersten Weltkrieg eine neue Auflage seines Lehrbuches veröffentlichte, die dritte von 1923, schrieb er im Vorwort nicht nur, »daß unser deutsches Verwaltungsrecht doch schon eine Wissenschaft geworden ist, an der man seine Freude haben kann«, sondern auch noch einen Satz, der später oft zitiert worden ist: »Verfassungsrecht vergeht, Verwaltungsrecht besteht.« Er wollte damit sagen, daß für diese Neuauflage größere Änderungen nicht notwendig gewesen seien, obwohl die Verfassung inzwischen über den Haufen geworfen worden war, eine Revolution stattgefunden hatte und die Deutschen nun in einer Demokratie lebten und nicht mehr in einem Kaiserreich. Heute ist man da anderer Meinung.

Heute weiß man, daß das Verfassungsrecht nicht nur das Fundament ist, auf dem das ganze Gebäude des Verwaltungsrechts sich erhebt, sondern daß von dort unten auch noch viele tragende Säulen und Versorgungsleitungen nach oben laufen, die das Haus durchdringen und die Einzelheiten seiner Konstruktion bestimmen. Durch das Grundgesetz hat sich unser Verwaltungsrecht in wenigen Jahrzehnten so sehr verändert, daß jener Vater der Verwaltungsrechtswissenschaft diesen Bau gar nicht mehr wiedererkennen, sondern sich darin hoffnungslos verlaufen würde. Er ist größer geworden, anders und komplizierter.

Das fing schon damit an, daß 1954 durch die Entscheidung des Bundesverwaltungsgerichts zur Sozialfürsorge der Riesenbereich der Leistungsverwaltung in die gerichtliche Kontrolle einbezogen worden ist, und zwar ausdrücklich auf der Grundlage zentraler Vorschriften der Verfassung am Anfang und Ende des Abschnitts über die Menschenrechte, also im Hinblick auf Artikel 1 mit der Würde des Menschen und Artikel 19 Absatz 4 mit dem Grundrecht auf Rechtsschutz gegen den Staat. Dadurch ergeben sich neue verwaltungsrechtliche Probleme, die man wieder nur unter Rückgriff auf die Verfassung lösen kann, zum Beispiel die Frage, ob denn auch für diese Leistungsverwaltung der Grundsatz gilt vom Vorbehalt des Gesetzes, der bisher nur das Prinzip gewesen war für die Tätigkeit der Behörden im Bereich der Eingriffsverwaltung. Wie ist es etwa mit Subventionen für die Wirtschaft? Darf eine Behörde einen in Not geratenen Privatbetrieb mit Geld unterstützen, ohne daß es dafür eine gesetzliche Grundlage gibt? Für die Konkurrenten dieser Firma ist das ja nicht so unwichtig. Die Frage ist bis heute umstritten. Im Prinzip muß sie auf der Grundlage der Verfassung entschieden werden, die in Artikel 20 Absatz 3 des Grundgesetzes vorschreibt:

» Die Gesetzgebung ist an die verfassungsmäßige Ordnung, die vollziehende Gewalt und die Rechtsprechung sind an Gesetz und Recht gebunden.«

Auch in der Leistungsverwaltung können Behörden nicht schalten und walten, wie sie wollen. Auch Subventionen dürfen nur auf der Grundlage von Gesetzen bewilligt werden.

Wie wichtig die Verfassung für das Verwaltungsrecht ist, kann man schließlich daran erkennen, daß der Umbau des alten Gebäudes ab und zu sogar in Gang gesetzt wurde durch die Rechtsprechung desjenigen Gerichts, das für die Durchsetzung von Verfassungsprinzipien in erster Linie zuständig ist. Manches ist erst durch die Rechtsprechung des Bundesverfassungsgerichts durchgesetzt worden. Ein wichtiges Beispiel ist sein Urteil von 1972:

BVerfGE 33.1: **Der Brief des Strafgefangenen**

Im Gefängnis von Celle kontrollierte ein Abteilungsleiter 1967 die Gefangenenpost, las einen Brief und entschied, er müsse einbehalten werden. Der Strafgefangene Gerhard P. hatte an eine Hilfsorganisation in Hannover geschrieben, sich abfällig über den Anstaltsleiter geäußert und über die Gründe seiner Ablösung, über andere Anstaltsbeamte, die Weihnachtspakete geplündert hätten, und über den niedersächsischen Generalstaatsanwalt, der bei der Abschiedsfeier für den Anstaltsleiter zu den Gefangenen gesagt hatte, sie seien doch alle eine Gemeinschaft. Da habe er an einen Metzger denken müssen, der ein aufgeregtes Kalb mit den Worten beruhigt: »Laß mal Kleiner, wir bilden ja doch eine Gemeinschaft.« Der Brief wurde angehalten, weil er beleidigend sei und Anstaltsverhältnisse erörtert würden, die den Gefangenen persönlich nichts angingen. Gerhard P. erhob Beschwerde zum Generalstaatsanwalt und beim Oberlandesgericht, beides vergeblich, und dann Verfassungsbeschwerde beim Bundesverfassungsgericht. Er hatte Erfolg. Der Beschluß des Oberlandesgerichts Celle wurde aufgehoben, weil die Einbehaltung des Briefes gegen das Grundrecht auf Meinungsfreiheit verstoße.

Das Oberlandesgericht hatte seine Entscheidung damit begründet, Gerhard P. sei Gefangener in einer Strafanstalt und deshalb seien seine Grundrechte automatisch zum Teil eingeschränkt, zum Teil ganz außer Kraft gesetzt. Das ergebe sich aus dem Zweck der Gefängnisstrafe und der Natur des Anstaltsverhältnisses. Die Leitung sei also berechtigt, Briefe von Strafgefangenen zu kontrollieren und notfalls zurückzuhalten, wenn sie der Sicherheit und Ordnung in der Anstalt widersprächen. Dafür gebe es eine entsprechende Dienstanordnung des Justizministers. Daran habe sich der Leiter der Anstalt gehalten und deshalb den Brief zu Recht kontrolliert und eingezogen.

Das Bundesverfassungsgericht war anderer Meinung. Im Grundgesetz sei zwar in Artikel 104 die Gefängnisstrafe zugelassen, und deshalb dürfe in Haftanstalten die Bewegungsfreiheit eines Bürgers eingeschränkt werden. Damit sei aber nichts gesagt über die anderen Grundrechte von Gefangenen. Wie für alle Bürger gelte auch hier der Grundsatz, daß Grundrechte eingeschränkt werden dürfen, aber nur auf Grund eines Gesetzes. Also, was man den Vorbehalt des Gesetzes nennt. Es könne ja durchaus Gründe geben, auch die Meinungsfreiheit von Gefangenen einzuschränken und ihre Briefe zurückzuhalten, zum Beispiel bei Ausbruchsplänen. Aber das müsse auf gesetzlicher Grundlage geschehen. Dafür brauche man ein Strafvollzugsgesetz, das es damals noch nicht gab. Eine Anordnung des Ministers genüge nicht:

»In Art. 1 Abs. 3 GG werden die Grundrechte für Gesetzgebung, vollziehende Gewalt und Rechtsprechung für unmittelbar verbindlich erklärt. Dieser umfassenden Bindung der staatlichen Gewalt widerspräche es, wenn im Strafvollzug die Grundrechte beliebig oder nach Ermessen eingeschränkt werden könnten. Eine Einschränkung kommt nur dann in Betracht, wenn sie zur Erreichung eines von der Wertordnung des Grundgesetzes gedeckten gemeinschaftsbezogenen Zweckes unerläßlich ist und in den dafür verfassungsrechtlich vorgesehenen Formen geschieht. Die Grundrechte von Strafgefangenen können also nur durch oder aufgrund eines Gesetzes eingeschränkt werden ...«

Der Brief des Gerhard P. an die Organisation in Hannover ist also mit einiger Verzögerung auf den Weg gegangen, und fünf Jahre später hat der Bundestag das Strafvollzugsgesetz erlassen, in dem nun alles geregelt ist.

Ein kleiner Brief mit großer Wirkung. Jetzt war Otto Mayers altes Verwaltungsrechtsgebäude endgültig umgebaut. Der erste Ausbau kam mit Ernst Forsthoff und seiner Leistungsverwaltung, für die er allerdings eine Kontrolle durch die Verwaltungsgerichte nicht wollte. Die wurde 1954 mit dem Urteil des Bundesverwaltungsgerichts zur Sozialfürsorge durchgesetzt. Das war der nächste Umbau. Und schließlich fiel die letzte Barriere mit dem Beschluß des Bundesverfassungsgerichts im Streit um jenen Brief.

Auch Otto Mayer hatte nämlich der Verwaltung einen ziemlich großen Freiraum gelassen, in dem sie sich ohne Kontrolle der Gerichte bewegen konnte. Etwas ähnliches kennen wir heute noch, zum Beispiel bei der Vorbereitung von Verwaltungsakten. Wenn im Fall der Schweinemästerei der Regierungspräsident den Stadtdirektor erst einmal angewiesen hätte, den Betrieb des Bauern zu schließen, und dem Bauern selbst noch kein Bescheid zugestellt worden wäre, würde das noch kein Verwaltungsakt sein, mit »unmittelbarer Rechtswirkung nach außen«, wie es in § 35 des Verwaltungsverfahrensgesetzes heißt, sondern nur eine innerdienstliche Weisung. Solch inneres Verwaltungshandeln kann man als Betroffener noch nicht angreifen. Zu Recht. Die Verwaltung würde blockiert werden, wenn man in alles hineinreden könnte. Während der Vorbereitung ist eine gerichtliche Kontrolle überflüssig. Das sehen wir heute noch so wie Otto Mayer. Für ihn gab es aber noch einen zweiten Innenbereich, der sehr viel brisanter war, ebenfalls der Kontrolle der Gerichte entzogen, ebenfalls ohne Rechtsschutz für den Betroffenen. Diesen Bereich nannte er das besondere Gewaltverhältnis. Wichtigste Beispiele sind das Militär, die Beamtenschaft, die Schulen und die Strafanstalten. Hier gab es, wie er schrieb, eine »verschärfte Abhängigkeit, welche zugunsten eines bestimmten Zwecks öffentlicher Verwaltung begründet wird für alle einzelnen, die in den vorgesehenen besonderen Zusammenhang treten«. Diese verschärfte Abhängigkeit bedeutete, daß der Grundsatz der Gesetzmäßigkeit der Verwaltung nicht galt, die Grundrechte außer Kraft gesetzt waren und alles über interne Verwaltungsanweisungen geregelt und gerichtlich nicht überprüft werden konnte. Spätestens seit dem Erlaß des Grundgesetzes war das an sich alles überholt. Es widersprach dem Rechtsstaatsprinzip, der unmittelbaren Geltung der Grundrechte und der Rechtsschutzgarantie des Artikels 19 Absatz 4 — von der Würde des Menschen gar nicht zu sprechen. In der Literatur wurde das auch öfter kritisiert, sogar von Ernst Forsthoff. Aber die Verwaltungsgerichte haben noch über zwanzig Jahre lang daran festgehalten, bis sie 1972 durch diese Entscheidung des Bundesverfassungsgerichts zu ihrem Glück gezwungen wurden. Seitdem haben sie neue Kompetenzen hinzugewonnen. Seitdem gibt es das besondere Gewaltverhältnis nicht mehr, nur noch Staatsbürger in Uniform, in Gefangenenkleidung, mit Schulmappe oder amtlichem Büro. Der Innenbereich ist zum Außenbereich geworden und verwaltungsgerichtlicher Kontrolle unterworfen.

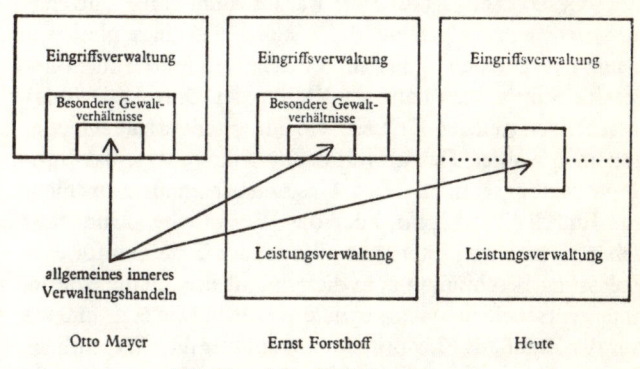

Die Bereiche der Verwaltung

Trotzdem bleiben gewisse Besonderheiten. Das besondere Gewaltverhältnis ist nicht völlig verschwunden. Die Verwaltung braucht hier einen etwas größeren Freiraum als sonst. Aber wie soll man ihn eingrenzen? In den folgenden

Jahren hat das Bundesverfassungsgericht dafür eine neue Regel entwickelt:

Die Wesentlichkeitstheorie

Sie erblickte das Licht der Welt im selben Band seiner *Entscheidungen,* der den Beschluß zum Brief des Gefangenen enthält, dreihundert Seiten weiter hinten, aus der Taufe gehoben für einen Bereich, der eher zur Leistungsverwaltung gehört, nicht zu den alten besonderen Gewaltverhältnissen, nämlich für die Universitäten, die in den sechziger Jahren im Studium der Medizin den Numerus clausus eingeführt hatten, weil der Andrang immer größer geworden war. Eine solche Beschränkung von Studienmöglichkeiten ist eine Einschränkung des Grundrechts auf Berufsfreiheit, weil der Staat mit seinen Universitäten ein Ausbildungsmonopol hat und die Beteiligung an dieser staatlichen Leistung die Voraussetzung ist für die Verwirklichung dieses Grundrechts. Deshalb gilt auch hier, sagte das Bundesverfassungsgericht, der Grundsatz vom Vorbehalt des Gesetzes. Einschränkungen von Grundrechten dürfen nur aufgrund eines Gesetzes erfolgen. Zwar war im Hamburger Universitätsgesetz ganz allgemein die Möglichkeit eines Numerus clausus vorgesehen. Aber die Einzelheiten waren nicht geregelt. Statt dessen hatte das Gesetz der Universität überlassen, nach welchen Kriterien sie Bewerber aufnehmen oder ablehnen wollte. Das ist verfassungswidrig, sagte das Bundesverfassungsgericht. Der Gesetzgeber muß zwar nicht alle Einzelheiten regeln, aber das Wesentliche. Und dazu gehörten hier wenigstens die allgemeinen Kriterien für eine Zulassungsbeschränkung, in diesem Fall also, ob die Abiturnoten entscheiden sollen, soziale Bedürftigkeit oder einfach nur der Zufall, das Losprinzip. Damit war die »Wesentlichkeitstheorie« geboren (BVerfGE 33.303).

In den nächsten Jahren ist sie dann zur Richtschnur für die Frage geworden, welchen Freiraum die Verwaltung dort hat, wo es früher ein besonderes Gewaltverhältnis gab, besonders in der Schule, die in jener Zeit — den siebziger Jahren — auf diese Weise »verrechtlicht« wurde, zum Beispiel beim Sitzenbleiben oder der zwangsweisen Entlassung, die der Gesetzgeber allgemein regeln muß, deren Einzelheiten er aber der Verwaltung überlassen darf; bei der Reform der gymnasialen Oberstufe oder bei der Einführung des Sexualkundeunterrichts, die das Kultusministerium nicht allein anordnen darf, sondern als Gesetz im Parlament einbringen muß, weil hier wesentlich in Erziehungsrechte von Eltern eingegriffen wird; wobei immer die Frage bleibt, was jeweils wesentlich ist. Wenn im Unterricht behandelt wird, was zwischen Weiblein und Männlein passieren kann, ist das wesentlich. So wurde 1977 entschieden. Als es aber ein Jahr später um die Frage ging, ob die Bedrohung der Bevölkerung durch das Plutonium aus dem Schnellen Brüter in Kalkar nicht eine so wesentliche Veränderung gegenüber 1959 sei, als der Gesetzgeber im Atomgesetz an solche Möglichkeiten noch nicht gedacht, sondern nur ganz allgemein die Genehmigung von Anlagen zur »Spaltung von Kernbrennstoffen« geregelt hat, und man sich überlegte, was da so alles passieren könne, da war das für das Bundesverfassungsgericht gar nicht wesentlich, und es prägte das böse Wort vom »Restrisiko«, das wir dabei für unser Grundrecht auf Leben und körperliche Unversehrtheit in Kauf nehmen müßten. Hier durfte die Verwaltung allein entscheiden, ohne den Gesetzgeber noch einmal bemühen zu müssen (BVerfGE 49.89). Fast wäre also mit dieser Anlage in Kalkar und ihrer Ergänzung zur Wiederaufbereitung in Wackersdorf wieder ein »besonderes Gewaltverhältnis« entstanden, das Robert Jungk einmal als den Atomstaat beschrieben hat. Da passierte 1986 in Tschernobyl tatsächlich etwas Wesentliches, das Restrisiko wurde deutlicher, und das Problem erledigte sich politisch, ohne daß die Juristen sich darüber noch einmal den Kopf zerbrechen mußten, was ja auch sicherlich die bessere Lösung war.

So viel zum Wesentlichen der Wesentlichkeitstheorie, im Spannungsfeld zwischen Verwaltungsrecht und Verfassungsrecht. Manche Professoren des Verwaltungsrechts sind sich nicht sicher, ob sie wirklich eine Bereicherung ihres Faches ist, weil »sich die Frage, ob im konkreten Fall der Wesentlichkeitsgrundsatz beachtet worden ist, nur schwer beantworten läßt« (Hartmut Maurer).

Ermessen und Beurteilungsspielraum

Unklarheiten wie bei der Wesentlichkeitstheorie gibt es oft im Recht. Sie sind selten vermeidbar. Meistens entstehen sie ungewollt, aber manchmal werden sie auch absichtlich produziert, wie im Verwaltungsrecht mit den Begriffen Ermessen und Beurteilungsspielraum. Sie sollen Spielraum schaffen für eine Verwaltung, die nicht immer wie ein Uhrwerk funktionieren kann, sondern flexibel bleiben muß. Das ist nicht ganz unproblematisch, weil man nie so genau weiß, ob Freiräume geschaffen werden, die wirklich notwendig sind, oder ob nur das Rechtsstaatsprinzip ein bißchen gelockert werden soll und Behörden von der Bindung an das Gesetz freigestellt werden.

Die Verwaltung als Uhrwerk, die Bindung an das Gesetz, sie bleiben das Ideal, von dem man auszugehen hat. Tatsächlich gibt es viele Fälle, in denen eine Behörde nur eine einzige Entscheidung treffen kann, wenn sie richtig handeln will, ohne Wenn und Aber. Zum Beispiel im Baurecht. Hat sich jemand ein Grundstück gekauft und will ein Haus bauen, dann muß die Behörde das genehmigen, wenn es ein normaler Bauplan ist und wenn er den Vorschriften entspricht. So steht es in den Bauordnungen der Länder, zum Beispiel mit diesem Wortlaut:

> »Die Baugenehmigung ist zu erteilen, wenn das Vorhaben den öffentlich-rechtlichen Vorschriften entspricht.«

In solchen Fällen hat die Verwaltung keinen Spielraum. So will es der Gesetzgeber, wenn er sagt: »ist zu erteilen«, was dasselbe bedeutet wie: »muß erteilt werden«. Im umgekehrten Fall sieht es schon ganz anders aus. Hat jemand ein Haus ohne Genehmigung gebaut, sind die Bestimmungen für das, was die Behörde zu tun hat, sehr viel großzügiger formuliert. Zum Beispiel so:

> »Werden bauliche Anlagen im Widerspruch zu öffentlich-rechtlichen Vorschriften errichtet oder geändert, so kann die Bauaufsichtsbehörde die teilweise oder vollständige Beseitigung der baulichen Anlage verlangen, wenn nicht auf andere Weise rechtmäßige Zustände hergestellt werden können.«

Das Entscheidende ist das Wort »kann«. Die Behörde muß nicht, sie kann den Abriß verlangen. Sie hat einen Spielraum. Diesen Spielraum nennt man Ermessen. Natürlich ist sie dabei nicht völlig frei. Es gibt gewisse Regeln, wie man sich dabei zu verhalten hat. Aber sie ist ziemlich frei. Bei solchen Schwarzbauten kann das dann durchaus bedeuten, daß sie die Wahl hat zwischen Abreißen und Stehenlassen. Es kommt zwar darauf an, wie schwer der Verstoß gegen die Bauvorschriften wiegt und wie sie sich vorher in ähnlichen Fällen verhalten hat. Aber sie ist ziemlich frei, und die Kompetenz der Verwaltungsgerichte ist entsprechend eingeschränkt. Sie können nur überprüfen, ob die Behörde den Spielraum überschritten und, wenn nicht, ob sie sich in ihm formal richtig bewegt hat. Sich formal richtig bewegen heißt, daß man die Wahl zwischen mehreren Möglichkeiten aus sachlichen Gründen trifft, nicht willkürlich, blindlings oder aufs Geratewohl, aus persönlicher oder politischer Sympathie oder Antipathie. Das wäre »ermessensfehlerhaft« und rechtswidrig. Es gibt eine reichhaltige Rechtsprechung dazu, die manchmal sogar zu dem Ergebnis kommt, daß sich das Ermessen in einzelnen Fällen auf Null reduziert, nämlich bei Gefahren für wesentliche Rechtsgüter.

Bleiben wir beim anderen Fall, bei der Baugenehmigung, die ordnungsgemäß vorher beantragt worden ist. Entspricht der Bauplan den Vorschriften, dann hat die Behörde keine andere Möglichkeit. Sie muß genehmigen. So steht es im Gesetz. Aber grau ist alle Theorie. Denn jetzt kommen wir in einen Bereich anderer Unklarheiten, und schon wieder stehen wir vor dem Dilemma, daß die Verwaltung sich so oder so entscheiden kann. Nehmen wir zum Beispiel an, es gehe nicht um einen normalen Bauplan, sondern um einen ehrgeizigen Architekten, der neue Wege gehen will. Die Fassade soll mit asymmetrischen Versatzstücken gebaut werden, aus unterschiedlichem Material und in verschiedenen auffälligen Farben. Kitschig sagen die einen, farbenfroh die anderen. Das kann nicht genehmigt werden, entscheidet die Baubehörde und beruft sich auf eine Vorschrift in der Bauordnung:

> »Bauliche Anlagen müssen nach Form, Maßstab, Verhältnis der Baumassen und Bauteile zueinander, Werkstoff und Farbe so gestaltet sein, daß sie nicht verunstaltet wirken.«

»Das kann doch nicht wahr sein«, sagt der Bauherr. »Etwas Schöneres habe ich nie gesehen. Was heißt hier verunstaltet?« Und so klagt er vor dem Verwaltungsgericht gegen die Ablehnung der Baugenehmigung. Hat die Baubehörde auch hier einen Ermessensspielraum, und hat das Gericht deshalb nur eine eingeschränkte Kompetenz der Überprüfung?

Der Unterschied zum Ermessen — beim Abriß etwa — besteht hier zunächst darin, daß das Gesetz diesen Spielraum nicht ausdrücklich mit dem Wort »kann« benannt hat. In der Bauordnung steht einfach nur »verunstaltet«. Man sagt, das sei ein unbestimmter Rechtsbegriff. Und er besteht weiter darin, daß diese Wörter, »kann« und »verunstaltet«, zu verschiedenen Teilen des Gesetzes gehören. Jedes Gesetz hat nämlich grundsätzlich zwei Teile. Tatbestand und Rechtsfolge. Vereinfacht sieht das so aus:

1. Fall: Wenn ohne Genehmigung gebaut worden ist, kann der Abriß angeordnet werden.

Tatbestand ist der Bau ohne Genehmigung. Rechtsfolge ist die Möglichkeit, den Abriß anzuordnen.

2. Fall: Wenn das Haus verunstaltet wirkt, darf der Bau nicht genehmigt werden.

Tatbestand ist die Verunstaltung. Rechtsfolge ist die Ablehnung der Baugenehmigung.

Im ersten Fall, beim Abriß, ist der Tatbestand unbestritten. Das Haus ist ohne Genehmigung gebaut worden. Das Wort »kann« steht in der Rechtsfolge. Abriß oder nicht. Im zweiten Fall streitet man sich um den Tatbestand. »Was heißt hier verunstaltet?« sagt der Bauherr. Wenn das geklärt ist, bleibt die Rechtsfolge unbestritten. Sie tritt dann sozusagen automatisch ein. Es sind also verschiedene Probleme, und deshalb unterscheidet man sie auch in ihrer Bezeichnung. Vom Ermessen spricht man nur, wenn es um die Rechtsfolge geht. Anders ausgedrückt: Die Verwaltung kann ein Ermessen nur haben, wenn der Tatbestand geklärt ist, und ihr für die Rechtsfolge vom Gesetzgeber ein Spielraum eingeräumt worden ist.

Im zweiten Fall, wenn es um die Auslegung des Tatbestandes geht, spricht man von einem Beurteilungsspielraum. Und die juristische Frage lautet, ob die Verwaltung bei der

Auslegung unbestimmter Rechtsbegriffe einen Beurteilungsspielraum hat, der ihr eine ähnliche Freiheit gibt, wie wenn ihr vom Gesetzgeber bei der Entscheidung über die Rechtsfolge ein Ermessen eingeräumt wird, so daß ihre Entscheidung auch in diesem Fall von den Verwaltungsgerichten nur eingeschränkt überprüft werden kann. Das Ermessen gehört zur Rechtsfolge, der Beurteilungsspielraum zum Tatbestand. Aber im Grunde ist es wieder dasselbe Problem. Was ist wichtiger? Rechtsstaatsprinzip oder Flexibilität der Verwaltung? Der starke Staat steht dabei immer im Hintergrund.

Das Handgemenge um die Antwort auf diese Frage ist noch nicht endgültig entschieden. Man kann aber wohl schon sagen, wer gewinnen wird. Es findet nämlich statt zwischen einigen Professoren der Verwaltungsrechtswissenschaft auf der einen Seite und den Verwaltungsgerichten auf der anderen. Wer wird also gewinnen? Die Gerichte. Sogar zu Recht. Sie sagen nämlich, hier sei das ganz anders als beim Ermessen. Hier könnten sie alles überprüfen. Es gibt für die Verwaltung grundsätzlich keinen Beurteilungsspielraum bei unbestimmten Rechtsbegriffen. Also können die Richter am Verwaltungsgericht bei der ungewöhnlichen Fassade des geplanten Hauses ohne weiteres zu demselben Ergebnis kommen wie der Bauherr. Toll, können sie sagen, wunderschön. Und die Baubehörde muß genehmigen.

Warum? Ganz einfach. Das Grundgesetz hat in Artikel 19 Absatz 4 das Programm eines umfassenden Rechtsschutzes entworfen und sich gegen den starken Staat entschieden. Die Verwaltungsgerichte sollen zum Schutz des Bürgers alle Maßnahmen der Behörden überprüfen können. Ausnahmen muß es geben, im Interesse der Flexibilität von Verwaltung. Dann soll der Gesetzgeber das aber auch ausdrücklich anordnen, zum Beispiel mit Worten wie »kann«, »darf«, »soll« oder ähnlichen. Nur dann darf das Uhrwerk auch mal einen anderen Vogel aus der Klapptür über dem Zifferblatt rufen lassen. Nur dann muß es nicht der an sich vorgeschriebene Kuckucksruf sein.

Einigen wenigen Behörden haben die Gerichte ausnahmsweise einen Beurteilungsspielraum zugebilligt. Ausnahmen haben sie zum Beispiel bei Schulen und Universitäten gemacht. Prüfungsentscheidungen im Abitur oder im Examen sind Verwaltungsakte. Aber ob eine Leistung gut oder sehr gut ist, befriedigend, ausreichend oder mangelhaft, das ist vom Gericht nur sehr eingeschränkt nachprüfbar. Hier hat der Lehrer oder Professor einen ziemlich weiten Beurteilungsspielraum, hier ist er frei wie die Baubehörde bei der Entscheidung über den Abriß. Sein oder Nichtsein, das ist hier dieselbe Frage.

Rücknahme und Widerruf von Verwaltungsakten

Am Anfang des Buches über Hiob, den frommen und reichen Mann im Lande Uz, wo immer das gewesen sein mag, am Anfang dieses Buches des Alten Testaments wird berichtet, wie viele Söhne und Töchter er hatte, wie viele Schafe, Kamele, Rinder, Esel und Knechte; wie dann der Teufel zum lieben Gott kommt und sagt, der ist ja nur gottesfürchtig, weil er Angst hat, du würdest ihm das alles wieder wegnehmen; daß dann der liebe Gott erwidert, der Satan dürfe sich nehmen, was er wolle, und dann werde man ja sehen; und wie danach die Hiobsbotschaften kommen vom Raub seiner dreitausend Kamele und so weiter, vom Tod seiner Töchter und Söhne; und schließlich heißt es (Hiob 1.21):

> »Da stand Hiob auf und zerriß sein Kleid und schor sein Haupt und fiel auf die Erde und neigte sich tief und sprach: Ich bin nackt von meiner Mutter Leibe gekommen, nackt werde ich wieder dahinfahren. Der Herr hat's gegeben, der Herr hat's genommen, der Name des Herrn sei gelobt!«

Nach diesem Prinzip hat man noch in den ersten Jahren der Bundesrepublik das Problem gelöst, ob eine Behörde, die einen Verwaltungsakt erlassen hat, ihn auch wieder aufheben kann. Für den Erlaß von Verwaltungsakten gab es seit langem zwei alte Regeln: den Grundsatz vom Vorbehalt des Gesetzes, und daß man nicht rechtswidrig in die Rechte von Bürgern eingreifen dürfe. Hier waren der Verwaltung seit langem Grenzen gesetzt. Aber bei der Aufhebung von Verwaltungsakten? Die für den Bürger durchaus genauso unangenehm sein kann wie der Erlaß? Da hat man der Verwaltung freie Hand gelassen. Eigentlich völlig grotesk. Zwar gab es schon in der Weimarer Zeit vereinzelt Widerspruch. Aber Verwaltungsgerichte und Wissenschaft waren der Meinung, wenn man den Behörden schon rechtsstaatliche Schwierigkeiten mache beim Erlaß von Verwaltungsakten, dann solle man sie wenigstens beim Aufheben in Ruhe lassen.

Wie immer steht hinter all diesen Fragen das alte Problem, wie stark der starke Staat sein soll. Je autoritärer ein Jurist denkt, desto eher neigt er dazu, der Verwaltung freie Hand zu lassen. Aber man kann es auch anders sehen. Ernst Forsthoff begründete das 1953 in seinem *Lehrbuch des Verwaltungsrechts* in folgender Weise (S. 216):

»Der Grundsatz ergibt sich aus der Tatsache, daß sich die Verwaltung wechselnden Lagen gegenübersieht, und daß sie imstande sein muß, sich ihnen anzupassen.«

Sie dürfe dabei natürlich nicht willkürlich handeln, sondern müsse sachliche Gründe haben. Aber im übrigen dürfe sie Verwaltungsakte wieder aufheben, wie sie es für richtig hält. Wenn die rechtswidrig waren, ergebe sich das schon aus dem Rechtsstaatsprinzip. Die Behörden seien geradezu verpflichtet, den Verwaltungsakt wieder aufzuheben, wenn er rechtswidrig erlassen worden war. Das scheint auf den ersten Blick ganz plausibel zu sein. Aber wenn man etwas genauer hinsieht, kommen einem Bedenken. Da hat eine Behörde einem Bürger eine Baugenehmigung erteilt oder die Konzession für den Betrieb einer Gaststätte und hinterher kommt sie und sagt, das sei alles nicht mehr wahr?

Wie sehr sich das Verwaltungsrecht der Bundesrepublik im Laufe der Zeit verändert hat, wie groß die Bereitschaft war, dem Grundgesetz zu folgen, seiner Rechtsschutzgarantie des Artikels 19 Absatz 4, seinem Rechtsstaatsprinzip in Artikel 20 Absatz 3, das wird hier noch einmal deutlich in einem Bereich, der eigentlich nur die andere Seite derjenigen Verdienstmedaille ist, deren eine schon beschrieben wurde, nämlich die ständige Ausweitung der verwaltungsgerichtlichen Kontrolle. Zuerst nur Eingriffsverwaltung, dann Leistungsverwaltung und schließlich sogar das besondere

Gewaltverhältnis. Zunächst ging es nur um den Erlaß von Verwaltungsakten. Aber die Aufhebung ist seine Kehrseite und für den Bürger genauso wichtig. Heute sind die Zeiten längst vorbei, in denen Ernst Forsthoff mit seiner autoritären Haltung die herrschende Meinung repräsentierte. Nach und nach haben Rechtsprechung und Literatur eine Anpassung an diejenigen Grundsätze vorgenommen, die für den Erlaß von Verwaltungsakten gelten, und sie haben ein kompliziertes Regelwerk geschaffen mit einer neuen Terminologie. 1976 ist das Ganze vom Bundestag mehr oder weniger unverändert in das Verwaltungsverfahrensgesetz aufgenommen worden, und zwar in die §§ 48 bis 50.

Man unterscheidet zwischen Rücknahme und Widerruf. Rücknahme ist die Aufhebung von rechtswidrigen Verwaltungsakten, Widerruf die von rechtmäßigen. Dafür gibt es verschiedene Regeln, die jeweils wieder unterschiedlich sind, je nachdem, ob der Verwaltungsakt für den Bürger belastend war oder begünstigend. Allgemein gilt, daß die Aufhebung eines Verwaltungsakts wieder ein neuer Verwaltungsakt ist, gegen den man verwaltungsgerichtlich genauso vorgehen kann wie sonst auch. Die Einzelheiten sind kompliziert, die Prinzipien einfach.

Die Aufhebung von belastenden Verwaltungsakten macht keine großen Schwierigkeiten. Jemand ist als Beamter entlassen worden, eine Baugenehmigung wurde abgelehnt oder ein Bescheid ist ergangen, daß Entwässerungsgebühren an die Gemeinde zu zahlen seien. Egal, ob das rechtmäßig war oder nicht, Rücknahme und Widerruf sind grundsätzlich möglich, weil der Bürger einen Vorteil erlangt, in Rechte nicht eingegriffen wird.

Schwieriger ist die Aufhebung von begünstigenden Verwaltungsakten. Eine Baugenehmigung ist erteilt worden, jemand hat die Konzession erhalten für den Betrieb einer Gaststätte, eine Rente wurde bewilligt. Nun muß man unterscheiden, ob der Verwaltungsakt rechtmäßig war oder nicht. Der Widerruf, also die Aufhebung von rechtmäßigen Verwaltungsakten ist grundsätzlich unmöglich. Aber es gibt Ausnahmen. Die Einzelheiten findet man in § 49 des Verwaltungsverfahrensgesetzes. Die Rücknahme von rechtswidrigen begünstigenden Verwaltungsakten ist grundsätzlich möglich. § 48 Verwaltungsverfahrensgesetz. Aber auch hier gibt es Ausnahmen. Viele Jahre vor dem Erlaß des Verwaltungsverfahrensgesetzes sind sie allmählich entwikkelt worden. Der erste Fall, in dem man eine gemacht hat, war

BVerwGB 9.251: **Witwenrente**

Die Witwe eines vor dem Krieg in Berlin gestorbenen Regierungsinspektors lebte nach dem Krieg in einer kleinen Stadt in der DDR, in Spremberg bei Cottbus in der Niederlausitz. Sie wollte die DDR verlassen, nach Westberlin ziehen und erkundigte sich dort beim Innensenator, ob sie eine Rente erhalten würde, wenn sie umziehe. Das wurde ihr im März 1953 bestätigt. Sie löste ihren Haushalt auf, zog um und erhielt ihre Rente, bis der Innensenator ein Jahr später seinen Rentenbescheid zurücknahm. Inzwischen war nämlich festgestellt worden, daß man einen juristischen Fehler gemacht hatte. Nach dem Gesetz zu Artikel 131 des Grundgesetzes, in dem die Rechte der Beamten des alten Deutschen Reiches geregelt waren, stand ihr eine Rente tatsächlich nicht zu, weil sie am Stichtag der Kapitulation vom 8. Mai 1945 nicht im Gebiet der Bundesrepublik oder Westberlins gelebt hatte.

Ihre Anfechtungsklage hatte Erfolg. Schon das Oberverwaltungsgericht Berlin gab ihr 1956 recht. Die Rücknahme rechtswidriger begünstigender Verwaltungsakte sei ausnahmsweise dann nicht möglich, wenn der Begünstigte im Vertrauen auf die Rechtmäßigkeit eines solchen Bescheids seine Lebensführung einschneidend und dauernd geändert habe und es ihm nach Treu und Glauben nicht zuzumuten sei, das wieder rückgängig zu machen. Das Bundesverwaltungsgericht hat das Urteil 1957 bestätigt und zusätzlich darauf hingewiesen, daß es schließlich sogar die höchste zuständige Dienststelle des Landes Berlin gewesen sei, die den Rentenbescheid erlassen hatte, und man sich auf deren Rechtsauffassung verlassen durfte:

> »Dieser Gesichtspunkt gewinnt an Bedeutung, wenn man weiter berücksichtigt, daß dem Bescheid eine nach formalen Merk-

malen vorgenommene Abgrenzung zugrunde liegt, die einer Überprüfung durch das Rechtsgefühl nicht zugänglich ist; und vor allem, daß er an eine Beamtenwitwe aus der Sowjetzone gerichtet war, die darauf angewiesen war, den Erklärungen des Beklagten zu vertrauen, und es auch getan hat. Aus den weiteren bindenden Feststellungen des Berufungsgerichts ergibt sich, daß dieses Vertrauen hier auch für die Zukunft geschützt werden muß, sollen nicht die Grundsätze von Treu und Glauben verletzt werden. Danach ist die Klägerin, in höherem Alter stehend, aufgrund der ihr am 11.3.1953 erteilten Bescheinigung, sie würde nach dem Zuzug aus dem Gesetz zu Artikel 131 des Grundgesetzes versorgt werden, unter Aufgabe ihrer Wohnung und Auflösung ihres Haushalts in Spremberg nach Berlin-West übergesiedelt. Die Bescheinigung war also ursächlich für diese einschneidende Änderung ihrer Lebensführung.«

Natürlich gebe es das Prinzip, daß rechtswidrige Verwaltungsakte keinen Bestand haben dürfen. So etwas zu korrigieren liege im öffentlichen Interesse. Außerdem ist die Verwaltung nach Artikel 20 Absatz 3 an Gesetz und Recht gebunden. Aber:

»Dagegen läßt sich nicht anführen, es werde der Klägerin nur angesonnen, auf Leistungen zu verzichten, die ihr wie anderen Personen nach dem Gesetz ohnehin nicht zustünden, während es andererseits dem Beklagten darauf ankomme, die Allgemeinheit nicht mit Leistungen zu belasten, die nach dem Gesetz nicht geschuldet würden. Das Berufungsgericht hat festgestellt, daß die Klägerin im Vertrauen auf die Richtigkeit der Zuzugsbescheinigung durch Aufgabe der Wohnung und so weiter eine einschneidende und dauernde Änderung ihrer gesamten Lebensverhältnisse vorgenommen hat und ihre Übersiedlung unter den derzeitigen politischen Verhältnissen nicht rückgängig machen könnte. Die Klägerin befindet sich also gerade nicht in der Lage aller anderen, die ebenfalls keine Ansprüche nach dem Gesetz zu Artikel 131 des Grundgesetzes haben und sich damit abfinden müssen; denn diese anderen mußten und konnten sich von vornherein darauf einstellen, während die Klägerin gerade umgekehrt durch das Verhalten der Beklagten dazu veranlaßt worden war, ihre Lebenshaltung in der vom Oberverwaltungsgericht festgestellten Weise einschneidend und praktisch unabänderlich umzustellen. Das fällt nicht in ihren Verantwortungsbereich, sondern in den der Allgemeinheit, die für ihre Verwaltungsorgane einzustehen hat.«

Das war der Durchbruch. Oberverwaltungsgericht Berlin 1956. In den nächsten Jahren wurden die Voraussetzungen gelockert. Nunmehr mußte es nicht mehr eine einschneidende Veränderung der gesamten Lebensverhältnisse, sondern für den Begünstigten nur noch allgemein unzumutbar sein, den Widerruf hinzunehmen. Heute heißt es dazu in § 48 Absatz 2 des Verwaltungsverfahrensgesetzes:

> »Ein rechtswidriger Verwaltungsakt, der eine einmalige oder laufende Geldleistung oder teilbare Sachleistung gewährt oder hierfür Voraussetzung ist, darf nicht zurückgenommen werden, soweit der Begünstigte auf den Bestand des Verwaltungsaktes vertraut hat und sein Vertrauen unter Abwägung mit dem öffentlichen Interesse an einer Rücknahme schutzwürdig ist. Das Vertrauen ist in der Regel schutzwürdig, wenn der Begünstigte gewährte Leistungen verbraucht oder eine Vermögensdisposition getroffen hat, die er nicht mehr oder nur unter unzumutbaren Nachteilen rückgängig machen kann.«

Heute kann ein Beamter schon darauf bestehen, daß ihm eine falsch berechnete Beihilfe für Krankheitskosten nicht wieder gekürzt wird, wenn er im Vertrauen auf die Richtigkeit des Bescheids seiner Frau einen teuren Pelzmantel gekauft hat, den er sonst nie angeschafft hätte. Aber, und das ist sehr wichtig, diese Regeln gelten nur für Verwaltungsakte über Geldleistungen. Bei anderen gibt es auch ausnahmsweise keinen Bestandsschutz. Eine rechtswidrig erteilte Baugenehmigung oder die Konzession für den Betrieb einer Gaststätte kann die Behörde auch dann wieder zurücknehmen, wenn es für den Betroffenen unzumutbar ist. In solchen Fällen erhält er Schadensersatz in Geld. Man drückt das aus, indem man sagt, bei anderen Verwaltungsakten gibt es keinen Bestandsschutz, nur Vertrauensschutz.

Verwaltungsgerichtsordnung und Verwaltungsverfahrensgesetz

Juristen unterscheiden zwischen materiellem Recht und Prozeßrecht. Das ist im Strafrecht schon beschrieben worden, wo es das Strafgesetzbuch gibt und die Strafprozeßordnung. Das materielle Recht entscheidet, was Rechtens ist. Im Prozeßrecht wird geregelt, wie das Verfahren auszusehen hat, in dem ein Gericht zu einer Entscheidung kommt, die auf diesem materiellen Recht beruht. Für das Zivilrecht ist das materielle Recht im BGB geregelt, das Verfahrensrecht in der Zivilprozeßordnung. Anders als im Strafrecht haben die Vorschriften über das Verfahren hier keine so große Bedeutung. Der Ausgang eines Streits über zivilrechtliche Ansprüche hängt in erster Linie davon ab, wie das Ganze nach materiellem Recht zu beurteilen ist, nicht so sehr davon, ob die Vorschriften der Zivilprozeßordnung eingehalten werden. Anders als im Strafrecht wird hier zwischen Parteien verhandelt, die ungefähr gleiche Chancen haben. Im Strafprozeß steht der Angeklagte — auch wenn er einen Verteidiger hat — im Prinzip allein vor einem Gericht, die Chancengleichheit mit der Staatsanwaltschaft steht nicht selten nur auf dem Papier, und deshalb ist seine einzige Rettung oft nur die Frage der Einhaltung von Verfahrensvorschriften.

In der täglichen Praxis von Straf- und Zivilgerichten ist das zwar völlig verschieden, aber theoretisch unterscheidet man hier wie dort in gleicher Weise. Auf der einen Seite steht das materielle Recht, BGB oder StBG, auf der anderen das Prozeßrecht, ZPO oder StPO. Im Prinzip ergibt sich die richtige Lösung eines Falles nur aus dem materiellen Recht. Wenn man einen Sachverhalt juristisch beurteilen soll, greift man zum BGB oder zum StGB und findet dort die Entscheidung. Im Verwaltungsrecht ist das ganz anders. Hier sind materielles Recht und Prozeßrecht auch theoretisch sehr eng miteinander verbunden.

Ein verwaltungsrechtlicher Fall läßt sich nicht einfach dadurch lösen, daß man nach den Vorschriften des materiellen Rechts entscheidet, nach der Bauordnung eines Bundeslandes etwa oder nach dem Baugesetzbuch des Bundes. Man braucht gleichzeitig immer die Verwaltungsgerichtsordnung, das Verfahrensgesetz. Materielles Recht und Verfahrensrecht greifen ineinander. Man muß sich überlegen, welche Art des gerichtlichen Vorgehens in Frage kommt, welche Klageart, und ob die Voraussetzungen dafür erfüllt sind. In der Ausbildung der Studenten an unseren Universitäten spielt das Prozeßrecht sonst keine große Rolle, wohl aber im Verwaltungsrecht. Warum?

Zivilrecht und Strafrecht sind sehr alte Rechtsgebiete. Das Verwaltungsrecht ist erst am Ende des 19. Jahrhunderts entstanden. Immer dann, wenn ein Rechtsgebiet sich neu entwickelt, spielen verfahrensrechtliche Fragen eine sehr viel größere Rolle als später und beeinflussen deshalb auch das materielle Recht. Am Anfang sind es immer nur einige wenige Fälle, in denen Rechtsschutz gewährt wird, einige wenige Klagearten für einige spezielle Streitigkeiten. Anderes bleibt noch ungeregelt, ist noch nicht verrechtlicht, wird außerhalb des Rechts oder gar nicht entschieden. Also muß man sich bei der Lösung eines juristischen Problems auch gleich überlegen, welche der wenigen Klagearten in Frage kommt und ob ihre Voraussetzungen erfüllt sind. So war es schon im Zivilrecht der Römer vor zweitausend Jahren. Die römischen Juristen entwickelten ihr Recht als System einer begrenzten Zahl einzelner Klagearten. Die einzelne Klage hieß *actio,* hatte einen bestimmten Wortlaut und bestimmte Voraussetzungen, woraus sich eine enge Verbindung von materiellem und Prozeßrecht ergab. Man nennt das aktionenrechtliches Denken. Im Zivilrecht ist es erst im 19. Jahrhundert endgültig aufgegeben worden. Erst seitdem sind BGB und ZPO theoretisch streng getrennt. Im Verwaltungsrecht wird es schneller gehen, sein aktionenrechtliches System schon in wenigen Jahrzehnten überwunden sein. Heute ist man noch nicht soweit.

Das Prozeßgesetz des Verwaltungsrechts ist also die Verwaltungsgerichtsordnung. In ihr ist geregelt, wie die Gerichte zusammengesetzt sind, der Instanzenzug vom Verwaltungsgericht über das Oberverwaltungsgericht zum Bundesverwaltungsgericht, allgemeine Vorschriften für das Verfahren wie Fristen oder einstweilige Anordnungen, und eben die einzelnen Klagearten, von denen auch heute immer die wichtigste die Anfechtungsklage ist. Man kann sie übrigens nicht gleich erheben, sondern muß vorher noch Widerspruch einlegen bei der Behörde, die den Verwaltungsakt erlassen hat. Das ist das sogenannte Vorverfahren, geregelt in den §§ 68–80. Wenn die Behörde bei ihrer Entscheidung bleibt, hat das letzte Wort die nächsthöhere

Behörde, und erst dann kann man vor das Verwaltungsgericht gehen. Die anderen Klagearten sind nicht so ausführlich geregelt, manchmal sogar nur nebenbei. Es sind die Verpflichtungsklage, die Feststellungsklage, die allgemeine Leistungsklage und das Normenkontrollverfahren (§ 47), mit dem man die Rechtmäßigkeit einiger Vorschriften ganz allgemein überprüfen lassen kann, unabhängig von einem einzelnen Streitfall, zum Beispiel Rechtsverordnungen, Gemeindesatzungen, Bebauungspläne, die im Rang unter einem Landesgesetz stehen.

Außer der Verwaltungsgerichtsordnung gibt es noch das Verwaltungsverfahrensgesetz. Der Name täuscht. Es hat nicht prozessualen Charakter, gehört eher zum materiellen Recht, regelt nicht den Prozeß vor den Gerichten, sondern das Verfahren in den Behörden, also das Verhältnis von Bürger und Verwaltung, ist also im Grunde nichts anderes als eine Zusammenfassung der allgemeinen Regeln des materiellen Verwaltungsrechts, über Verwaltungsakte, Ermessen, Rücknahme, Widerruf und so weiter, wie sie bis zum Erlaß des Gesetzes im Jahre 1976 von der Rechtsprechung und Literatur entwickelt worden sind, von Otto Mayer bis zum Bundesverwaltungsgericht. Es ist eine Kodifikation des allgemeinen Verwaltungsrechts, das in diesem Kapitel bisher — unvollständig — beschrieben worden ist. Daneben steht

Das besondere Verwaltungsrecht

Wie im Zivil- und Strafrecht unterscheidet man auch im Verwaltungsrecht einen allgemeinen und besonderen Teil. Für das Bürgerliche Gesetzbuch ist das schon beschrieben worden. Dort, im Zivilrecht, hat man diese Unterscheidung am Anfang des 19. Jahrhunderts erfunden. Der allgemeine Teil, das sind allgemeine Regeln, die vor die Klammer gezogen werden und für die Einzelvorschriften des besonderen Teils gemeinsam gelten. Der besondere Teil, das ist dann alles, was man in der Klammer findet. Im Zivilrecht sind es die Vorschriften des Schuldrechts, Sachenrechts,

Familien- und Erbrechts, im Strafrecht die einzelnen Straftaten vom Landesverrat über Mord und Totschlag bis zum Diebstahl und Betrug, und im Verwaltungsrecht gehört dazu eine große Zahl einzelner Bereiche, von denen die folgenden die wichtigsten sind:

> Polizeirecht
> Baurecht
> Gemeinderecht
> Straßen- und Wegerecht
> Gewerberecht
> Wirtschaftsverwaltungsrecht
> Schulrecht
> Beamtenrecht
> Wehrverfassungsrecht
> Umweltrecht

Zum Teil sind sie durch Bundesgesetze geregelt, zum Teil durch Ländergesetze. Am ältesten ist das Polizeirecht, das in seiner heutigen Form bis in das 18. Jahrhundert zurückreicht. Das jüngste ist das Umweltrecht, entstanden erst in den siebziger Jahren unseres Jahrhunderts. Sie sollen am Anfang und Ende der folgenden Auswahl stehen.

Polizeirecht

Unser Polizeirecht ist in der letzten Zeit etwas unübersichtlich geworden, weil die sogenannten Ordnungsbehörden dazugekommen sind, zum Beispiel der Stadtdirektor im Schweinemastfall. Die Polizei — als Vollzugspolizei — ist nur noch zuständig, wenn sofort gehandelt werden muß. Alles übrige ist Sache der Ordnungsverwaltung. Also sprechen diejenigen, die sich ganz korrekt ausdrücken, auch nicht mehr vom Polizeirecht, sondern vom Polizei- und Ordnungsrecht.

Dem entspricht die Zunahme von Spezialgesetzen. Gemeinsame Aufgabe ist die »Abwehr von Gefahren für die öffentliche Sicherheit und Ordnung«. Früher gab es dafür eine einzige Vorschrift, eine sogenannte Generalklausel in den Polizeigesetzen, zum Beispiel § 14 des preußischen Polizeiverwaltungsgesetzes, das immer als Vorbild galt. Noch heute heißt es, wie damals, im Musterentwurf für die Polizeigesetze der Bundesländer, in § 8:

> »Die Polizei kann die notwendigen Maßnahmen treffen, um eine im einzelnen Falle bestehende Gefahr für die öffentliche Sicherheit und Ordnung ... abzuwehren.«

Alle Länderpolizeigesetze sind so oder ähnlich formuliert. Daneben gibt es nun aber eine größer werdende Zahl von Einzelregelungen, sogenannte Spezialermächtigungen, zum Beispiel in § 25 des Bundesimmissionsschutzgesetzes für den Schweinemastfall, meistens für die Ordnungsbehörden, aber auch für die Polizei, während sich auch Ordnungsbehörden auf die polizeiliche Generalklausel berufen können, wenn die Gefahr nicht akut ist und eine Sonderregelung fehlt.

Gemeinsame Aufgabe ist die Gefahrenabwehr. Die Polizei hat daneben noch eine zweite. Sie ist neben den Gerichten und der Staatsanwaltschaft zuständig für die Strafverfolgung, als Hilfsbeamte der Staatsanwaltschaft, wie es in der Strafprozeßordnung heißt, die hier die Grundlage ihrer Tätigkeit ist, nicht das jeweilige Polizeigesetz wie bei der Gefahrenabwehr. In erster Linie ist das die Kriminalpolizei, aber es können auch andere Polizeibeamte sein, die sich auf die Suche nach Straftätern machen, Spuren sichern, Zeugen vernehmen, Wohnungen durchsuchen, Verdächtige festnehmen. Die Polizei hat also zwei Aufgaben. Die eine ist »präventiv«, die Gefahrenabwehr, und die andere »repressiv«, die Strafverfolgung. Zum einen muß sie dafür sorgen, daß das Kind nicht in den Brunnen fällt, zum anderen die Verantwortlichen feststellen und der Justiz übergeben, wenn es denn passiert ist und strafbar war. Ordnungsbehörden haben nur die Aufgabe der Gefahrenabwehr.

Im übrigen hat man zwischen Aufgabe und Befugnis zu unterscheiden. Diese Unterscheidung kommt aus dem bayrischen Polizeirecht, wo man immer besonders korrekt gewesen ist, und wird heute auch in den anderen Bundesländern anerkannt. Man darf nicht von der Aufgabe auf die

Befugnis schließen, wie man es früher im preußischen Polizeirecht getan hat. Also gibt es immer zwei Vorschriften. Eine, meistens am Anfang des Polizeigesetzes, die sagt, die Polizei habe die Aufgabe, für die öffentliche Sicherheit und Ordnung zu sorgen. Und dann eine andere, weiter hinten, die Ermächtigung, die ihr zu diesem Zweck die Befugnis gibt, die notwendigen Maßnahmen zu ergreifen. Warum einfach, wenn es auch kompliziert geht! Aber die eigentlichen juristischen Probleme kommen erst danach.

Es sind ziemlich viele. Welche Maßnahmen darf die Polizei ergreifen? Muß sie überhaupt immer etwas tun, wenn eine Gefahr entsteht? Oder darf sie auch mal sagen, wir lassen das jetzt einfach laufen? Was ist das überhaupt, öffentliche Sicherheit und Ordnung? Und was ist eine Gefahr? Schließlich: Gegen wen darf sie vorgehen? Auch gegen jemanden, der sich völlig rechtmäßig verhält? Dieses »gegen wen« ist die Frage nach dem Störer, wie es im Polizeirecht heißt. Wer ist Störer? Sie muß immer zuerst beantwortet werden, und dann stellt sich die zweite Frage: Welches Mittel darf man gegen ihn anwenden? Die Frage der Verhältnismäßigkeit. Im Berliner Polizeigesetz, das den barocken Titel trägt »Allgemeines Gesetz zum Schutz der öffentlichen Sicherheit und Ordnung«, abgekürzt ASOG, heißt es dazu in § 8:

»Von mehreren möglichen und geeigneten Maßnahmen ist diejenige zu treffen, die den einzelnen und die Allgemeinheit voraussichtlich am wenigsten beeinträchtigt.

Eine Maßnahme darf nicht zu einem Nachteil führen, der zu dem erstrebten Erfolg erkennbar außer Verhältnis steht.«

Was die Polizei tut, muß also geeignet, erforderlich und verhältnismäßig sein. Sonst ist es rechtswidrig. Geeignet ist ein Mittel, wenn man mit ihm die Gefahr beseitigen kann. Erforderlich ist es, wenn es kein milderes gibt. Anders ausgedrückt: Man darf nicht mit Kanonen auf Spatzen schießen. Aber auch wenn es geeignet und erforderlich ist, darf die Polizei es nicht einsetzen, wenn es mit Nachteilen verbunden ist, die unverhältnismäßig sind. Das Prinzip der Verhältnismäßigkeit. Auf deutsch: Man darf das Kind nicht mit dem Bade ausschütten. Diese Regeln, entwickelt im Polizeirecht des 19. Jahrhunderts, sind inzwischen allgemeine Grundsätze des ganzen Verwaltungsrechts geworden und — durch die Rechtsprechung des Bundesverfassungsgerichts — auch des Verfassungsrechts.

Schwierige Probleme ergeben sich beim Störer. Man unterscheidet Verhaltensstörer und Zustandsstörer. Zum Beispiel im Berliner ASOG:

§ 10

»Verursacht eine Person eine Gefahr, so sind die Maßnahmen gegen sie zu richten.«

§ 11

»Stellt der Inhalt einer Sache eine Gefahr dar, so sind die Maßnahmen gegen den Inhaber der tatsächlichen Gewalt zu richten. Maßnahmen können auch gegen den Eigentümer oder einen anderen Berechtigten gerichtet werden . . .«

Dazu ein Beispiel aus der Rechtsprechung des Preußischen Oberverwaltungsgerichts, ein Urteil von 1901, ein klassischer Fall des deutschen Polizeirechts, im 40. Band der Sammlung seiner *Entscheidungen*:

PrOVGE 40.216: Mechanische Puppen im Schaufenster des Warenhauses

»Der Inhaber eines im Innern von Berlin an einer sehr belebten, aber engen Straße gelegenen Warenhauses, Kaufmann C., hatte in einem Schaufenster mehrere Figuren aufgestellt, welche, durch mechanische Mittel bewegt, Kunststücke ausführten. Das Polizeipräsidium kam zu der Überzeugung, daß die dadurch verursachte Ansammlung Schaulustiger den Bürgersteig völlig sperre und auf diese Weise eine erhebliche Stockung des Verkehrs sowie eine Gefährdung des nach dem Fahrdamme gedrängten Publikums herbeiführe; sie gab daher dem Kaufmann C. auf, die Figuren sofort zum Stillstande zu bringen und binnen einer Stunde nach Empfang der Verfügung aus dem Schaufenster zu entfernen, und verbot ihm, sie wieder aufzustellen. Nachdem C. gegen das Polizeipräsidium mit dem Antrag auf Außerkraftsetzung der Verfügung Klage erhoben hatte, vernahm der Bezirksausschuß Zeugen darüber, ob durch die

Ausstellung der Figuren eine Stockung des Straßenverkehrs eingetreten sei, und erkannte sodann auf Abweisung der Klage. Der Berufung des Klägers versagte das Oberverwaltungsgericht den Erfolg.«

So beschreibt das Oberverwaltungsgericht den Sachverhalt und ergänzt ihn in den Entscheidungsgründen:

»Durch die Aussagen des Polizeileutnants G. und des Portiers P. ist erwiesen, daß die Aufstellung der beweglichen Figuren im Schaufenster des Klägers die Ansammlung einer großen Menge von Schaulustigen auf dem Bürgersteige verursachte, daß dadurch der Verkehr dauernd und in erheblichem Maße gestört wurde, insbesondere viele Passanten, um vorwärts zu kommen, auf dem Fahrdamme gehen mußten.«

Das juristische Problem, das vom Gericht zu entscheiden war, ist die Frage gewesen, ob jeder von der Polizei belangt werden kann, der für eine von mehreren Ursachen verantwortlich ist, die sozusagen in einer Kette zu einer Störung der öffentlichen Ordnung führen. Ein Fabrikbesitzer entläßt tausend Arbeiter, die daraufhin die Straße blockieren. Kann die Polizei ihm die Entlassung verbieten, um den Verkehr wieder in Ordnung zu bringen? Erste Ursache für die Störung war der Protest der Arbeiter. Dahinter, zweite Ursache, die Kündigung durch den Fabrikanten. Man kann das noch weiterspinnen. Dritte Ursache: der Wechsel eines bisherigen Großabnehmers auf ein anderes Produkt. Dahinter wieder, vierte Ursache, Schwierigkeiten im Betrieb des Großabnehmers durch billige Importe ausländischer Produzenten. Kann die Polizei auch dagegen noch vorgehen? Natürlich nicht. Aber wo ist die Grenze? Der Warenhausbesitzer berief sich darauf, ein Gewerbetreibender dürfe wegen rechtmäßiger Handlungen in seinem Betrieb nicht belangt werden. Eine so große Ansammlung von Schaulustigen vor seinem Kaufhaus habe er auch nicht beabsichtigt. Die Passanten, die dort stehengeblieben und auf die Fahrbahn gelaufen sind, seien dafür selbst verantwortlich. Sie seien die Störer, nicht er. Gegen sie müsse die Polizei vorgehen, nicht gegen ihn. Nur der unmittelbare Verursacher einer Gefahr, meinte er sinngemäß, ist ein Störer, nicht der mittelbare.

Damit hatte er im Prinzip auch recht. Wenn die Polizei gegen alle Ursachen vorgehen könnte, die hinter Störungen liegen, würde sie in der Lage sein, alles und jedes zu verbieten. Zum Beispiel auch die Kündigung durch den Fabrikanten oder die Billigimporte. Das kann nicht richtig sein. Also lautet die Regel in der Tat, daß nur derjenige ein Störer ist, der die Störung unmittelbar verursacht, sozusagen an vorderster Front. Nur gegen ihn kann die Polizei vorgehen. Sie ist keine sozialtherapeutische Anstalt. Damit wäre sie überfordert. Übliches Beispiel: Jemand hat ein Haus an einer Straßenkreuzung und pflanzt eine Hecke, ohne gegen baurechtliche oder andere Vorschriften zu verstoßen. Aber sie ist so hoch, daß sie die Sicht der Autofahrer behindert. Deshalb kommt es zu Verkehrsunfällen. Darf die Polizei verlangen, daß die Hecke beschnitten oder beseitigt wird? Nein. Das Pflanzen der Hecke ist nur mittelbare Ursache der Unfälle. Der Grundstückseigentümer ist nicht Störer. Die Autofahrer, die nicht richtig aufpassen, sie sind es. Sie sind unmittelbare Verursacher.

Von diesem Grundsatz gibt es eine Ausnahme. Das ist der Inhalt dieses Urteils des Preußischen Oberverwaltungsgerichts. Der mittelbare Verursacher ist Störer, wenn er ein Zweckveranlasser ist. So sagt man es heute. Wer eine Hecke pflanzt, will nur die Ruhe und Abgeschiedenheit in seinem Garten. Die Sicht von Autofahrern will er nicht behindern. Aber der Warenhausbesitzer? Bei dem ist es anders. »Seine Absicht«, heißt es im Urteil des Gerichts, »war jedenfalls darauf gerichtet, durch jene Figuren die Schaulust anzuregen, das Stehenbleiben des Publikums zu veranlassen.« Deshalb nennt man ihn heute Zweckveranlasser. Weil er die Störung nicht veranlaßt, sondern mindestens zum Teil auch bezweckt hat. Deshalb ist er auch — obwohl nur mittelbarer Verursacher — ein Störer. Deshalb war das Verbot des Polizeipräsidiums rechtmäßig, das sich übrigens damals noch auf eine Vorschrift des Preußischen Allgemeinen Landrechts von 1794 berufen hat, die unseren heutigen Generalklauseln gar nicht so unähnlich ist. 2. Teil, 17. Titel, § 10:

>»Die nöthigen Anstalten zur Erhaltung der öffentlichen Ruhe, Sicherheit, und Ordnung, und zur Abwendung der dem Publico,

oder einzelnen Mitgliedern desselben, bevorstehenden Gefahr zu treffen, ist das Amt der Polizey.«

Baurecht

Buen is ne Lust, doch wat et kust, hew eck nichewust, seckt de Timmermann. Heute braucht man nicht nur Geld, sondern auch eine Baugenehmigung. Sie steht im Mittelpunkt des Baurechts, einer umfangreichen Wissenschaft, deren Grundlage ein einfacher Paragraph ist, den man in allen Bauordnungen der Bundesländer findet, zum Beispiel in der von Nordrhein-Westfalen, § 70:

> »Die Baugenehmigung ist zu erteilen, wenn dem Vorhaben öffentlich-rechtliche Vorschriften nicht entgegenstehen.«

Die öffentlich-rechtlichen Vorschriften, das sind im wesentlichen das Baugesetzbuch des Bundes und die Bauordnung des jeweiligen Bundeslandes. Denn unser Baurecht ist zweigeteilt. Man unterscheidet Bauplanungsrecht und Bauordnungsrecht.

Das Bauordnungsrecht, der ältere Teil, besteht aus Vorschriften im Interesse von Sicherheit und Ordnung. Früher gehörte es einmal zum Polizeirecht. Häuser müssen so geplant werden, daß Menschen nicht zu Schaden kommen können, und sie sollen sich dem Ortsbild einfügen, dürfen es nicht verunstalten.

Das Bauplanungsrecht ist jüngeren Datums. Seine Grundlagen sind das Baugesetzbuch und das Raumordnungsgesetz mit einem komplizierten Planungsinstrumentarium für das gesamte Gebiet von Bundesländern und für einzelne Städte und Gemeinden. Wohin mit den Industrieanlagen, Kraftwerken, Flughäfen, Straßen, Schulen? Wo darf man weiter in Ruhe wohnen? Wo soll die Landwirtschaft bleiben? Und die Natur? Da müssen Landesentwicklungspläne aufgestellt werden, Gebietsentwicklungspläne, und in den Städten und Gemeinden Flächennutzungs- und Bebauungspläne. In unterschiedlicher Weise haben sie Einfluß darauf, ob der Bauplan für ein einzelnes Gebäude genehmigt werden kann oder nicht.

Im Bauordnungsrecht geht es um Gefahrenabwehr und Ästhetik. Die Statiker haben sicherzustellen, daß ein Haus nicht zusammenbricht. Tragende Wände müssen feuerfest sein, Obergeschosse über Treppen erreichbar, Wohnräume müssen Fenster haben und Wohnungen Badezimmer mit Toilette, notfalls ohne Fenster, aber wenigstens mit ausreichender Lüftung, und Wohnhäuser eine ausreichende Zahl von Garagen. In der Berliner Bauordnung ist sogar bestimmt, daß Baustoffe und Einrichtungen umweltverträglich sein müssen. Schließlich, keine Schönheit ohne Ordnung, sind Abstandsflächen einzuhalten, die äußere Form darf nicht »verunstaltet wirken« und muß sich dem Orts- und Landschaftsbild anpassen. Mit den Abstandsflächen zu Nachbargrundstücken und der Höhe der Häuser sind wir schon im Bauplanungsrecht.

Es ist 1960 mit dem Bundesbaugesetz entstanden, noch unter Adenauer. Zum erstenmal wurden Städte und Gemeinden verpflichtet, Flächennutzungspläne und Bebauungspläne aufzustellen. Die SPD stimmte dagegen, weil — bis heute — den Eigentümern zwar ein Entschädigungsanspruch zugestanden wurde, wenn ihr Grundstück — etwa durch ein Bauverbot — entwertet wird, sie aber den Gewinn voll behalten dürfen, wenn die Planung den Bodenwert steigert. 1971 kam das Städtebauförderungsgesetz dazu, das die Planung beschleunigte und die Bürgerbeteiligung verbesserte. Schließlich sind beide 1986 in einem neuen Gesetz zusammengefaßt worden, dem Baugesetzbuch, das viel Kritik erntete, weil der Umweltschutz völlig vernachlässigt wurde, die Bürgerbeteiligung eingeschränkt und durch Ausnahmemöglichkeiten für Industrie und industriell arbeitende Landwirtschaft die ganze Planung jetzt wieder über den Haufen geschmissen werden kann. Ja, mach nur einen Plan! Man wollte eben mit schnellen Investitionen die Konjunktur wieder ankurbeln. Unberührt blieb die Großraumplanung auf Bundes- und Landesebene, die — ohnehin etwas unverbindlicher — im Raumordnungsgesetz von 1965 geregelt ist.

Geplant wird oben und unten, und einen Vorrang gibt es nicht. Beide Seiten sollen sich einigen. Die Länder stellen Landesentwicklungspläne und Gebietsentwicklungspläne auf. Sie haben dabei Rücksicht zu nehmen auf Städte und Gemeinden, die beteiligt werden. Deren Pläne sollen sich der Gesamtplanung anpassen. § 1 Absatz 4 Raumordnungsgesetz, das sogenannte Gegenstromprinzip:

> »Die Ordnung der Teilräume soll sich in die Ordnung des Gesamtraumes einfügen. Die Ordnung des Gesamtraumes soll die Gegebenheiten und Erfordernisse seiner Teilräume berücksichtigen.«

Wozu geplant wird? Das wird ausführlich erklärt in § 2: zur Sicherung von Gebieten mit günstigen Lebensbedingungen, zur Förderung der zurückgebliebenen Regionen und dazu, daß Natur und Landschaft erhalten bleiben sollen. Aber es gibt auch einen baurechtlichen Teufel, der im Detail steckt.

Das Detail ist geregelt in den Plänen der Städte und Gemeinden. Flächennutzungsplan und Bebauungsplan, die entscheidend sind für die Baugenehmigung, werden entworfen, dem Bürger bekanntgemacht, diskutiert und dann beschlossen vom Stadtrat oder Gemeinderat, und zwar möglichst so, daß zuerst der Flächennutzungsplan aufgestellt wird, aus dem der Bebauungsplan zu entwickeln ist. Sie haben unterschiedliche juristische Wirkung und müssen immer — von Land zu Land unterschiedlich geregelt — genehmigt werden von höheren Verwaltungsbehörden, die dabei nur überprüfen, ob juristische Fehler gemacht wurden, aber nicht, ob die Pläne zweckmäßig sind oder unvernünftig. Rechtsaufsicht, nicht Fachaufsicht, sagen die Juristen. Das ist so wegen der im Grundgesetz garantierten Autonomie der Gemeinden.

Der Flächennutzungsplan gibt das grobe Raster, er ist sozusagen eine Skizze, aus der sich ergibt, wo die Wohngebiete sein sollen, Gewerbegebiete, Grünflächen, Landwirtschaft, Wald und so weiter. Für die Baugenehmigung ist er erst in zweiter Linie von Bedeutung. In erster Linie ist dafür der Bebauungsplan maßgebend.

Er gibt ein sehr viel genaueres Bild. Nun werden Ortsteile detaillierter zergliedert. Da gibt es reine, allgemeine und besondere Wohngebiete, daneben Kleinsiedlungs-, Dorf-, Misch- und Kerngebiete, mit jeweils verschiedener Struktur.

Hier dürfen keine Tankstellen gebaut werden, aber kleine Pensionen, dort keine störenden Gewerbebetriebe, aber größere Hotels, Diskotheken weder hier noch dort, aber im Kernbereich. Das kann man alles nachlesen in einer Baunutzungsverordnung, die der Bundesbauminister erlassen hat. Im Bebauungsplan wird dann noch vorgeschrieben, wie groß die Häuser sein dürfen und wie hoch, wieviel vom Grundstück bebaut werden darf und bis wohin, ob die Gebäude einzeln stehen dürfen oder nur in geschlossener Straßenfront und so weiter.

Der Bebauungsplan und die jeweilige Bauordnung, das sind die »öffentlich-rechtlichen Vorschriften«, denen ein Bauvorhaben entsprechen muß. Wenn der Bauherr alles beachtet hat, muß die Genehmigung erteilt werden. Darauf hat er einen Anspruch. Und sonst?

Regelmäßig muß der Antrag sonst abgelehnt werden. Aber es kann zum Beispiel vorkommen, daß der Bebauungsplan mit dem Flächennutzungsplan nicht richtig übereinstimmt. Dann ist er — meistens — rechtswidrig, und es gilt dasselbe Recht, wie wenn es gar keinen Bebauungsplan gäbe. Das ist eine indirekte Wirkung des Flächennutzungsplans auf die Baugenehmigung. Er hat insofern einen höheren Rang. In solchen Fällen wird nach allgemeinen Regeln entschieden, nach §§ 34, 35 Baugesetzbuch, die für den Bauherrn etwas günstiger sind. Oder die Behörden können Ausnahmen zulassen, sowohl von den Vorgaben des Planungsrechts als auch von den Vorschriften der Bauordnung. Das ist der sogenannte Dispens, der nicht selten vorkommt. Und wenn die Genehmigung erteilt ist, kann sie gerichtlich wieder aufgehoben werden nach einer Anfechtungsklage von Nachbarn, deren Rechte verletzt sind, wenn die Genehmigung gegen Vorschriften verstößt, die auch zu ihren Gunsten erlassen worden sind.

Wer setzt das Räderwerk in Gang? Der Bauherr mit seinem Antrag. Und wer entscheidet, wie es läuft? Die Gemeinde, sollte man eigentlich annehmen. Sie hat den Bebauungsplan aufgestellt und weiß dort am besten Bescheid. Aber das hieße zu weit gehen mit der vom Grundgesetz garantierten Autonomie. Also ist es regelmäßig eine Behörde, die in der Mitte steht zwischen ihr und der Verwaltung des Staates, nämlich das Landratsamt. Die Gemeinde muß dabei nur angehört werden. Sie hat ein unverbindliches Mitspracherecht. Damit sind wir beim

Gemeinderecht

8591 Gemeinden gab es zu Anfang der achtziger Jahre in der Bundesrepublik, ländliche und städtische. Sie sind die kleinsten Organisationseinheiten des Staates, nicht nur örtliche Verwaltungsgebiete, sondern selbständige Gemeinschaften mit eigenen Rechten gegenüber dem Staat, wie fast überall auf der Welt, mit dem Recht der Selbstverwaltung und der Befugnis, eigene Rechtsvorschriften zu erlassen, so daß sie tatsächlich eine bemerkenswerte Autonomie besitzen. Denn Autonomie bedeutet, wörtlich, daß man sich seine Gesetze selbst geben kann. Diese eigenen Rechtsvorschriften sind Gesetze, die zwar im Rang unter dem des Bundestages oder eines Landtages stehen, im Gemeindegebiet aber verbindlich sind für jedermann. Sie heißen Satzungen. Das alles wird garantiert in Artikel 28 Absatz 2 des Grundgesetzes:

> »Den Gemeinden muß das Recht gewährleistet sein, alle Angelegenheiten der örtlichen Gemeinschaft im Rahmen der Gesetze in eigener Verantwortung zu regeln.«

Dazu gehören der Bau von Wasserleitungen, Straßen, Schulen, die Anlage von Friedhöfen, die Einrichtung von Spielplätzen, Grünanlagen, Kindergärten, Krankenhäusern und die Organisation der Müllabfuhr. Man nennt das die eigenen Angelegenheiten, im Gegensatz zu den übertragenen, bei denen die Gemeinde für den Staat tätig wird, wenn sie zum Beispiel eine Polizeistation unterhält, Landtags- oder Bundestagswahlen durchführt, Personalausweise oder Lohnsteuerkarten ausgibt. Eigene und übertragene Angelegenheiten sind die beiden Gesichter der Gemeinde, die immer eine Doppelstellung hat, einmal als Selbstverwaltung, das andere Mal als staatliche Behörde, und sich damit auf der Grenze bewegt zwischen Staat und Gesellschaft.

Auch im übrigen ist das Gemeinderecht oft zweigeteilt. Zum einen gibt es Regeln für die Ordnung im Inneren, zum anderen für die Beziehungen nach außen. Nach außen, das heißt eher nach oben, wo nicht nur der Staat der Gemeinde gegenübertritt, sondern zunächst der Landkreis mit dem Landratsamt, ebenfalls eine örtliche Gemeinschaft mit einer Doppelfunktion, mit dem Recht der Selbstverwaltung in eigenen Angelegenheiten und als staatlicher Verwaltungsbezirk für die übertragenen Aufgaben. Erst oberhalb des Landkreises beginnt eine homogene staatliche Sphäre, die in einigen Bundesländern auch wieder zweigeteilt ist, dort, wo es Regierungsbezirke gibt, die von Regierungspräsidenten geleitet werden, und über ihnen die Landesregierung für das gesamte Bundesland, die sie ernennt und ihnen Weisungen erteilen kann.

Struktur eines Bundeslandes, das sich aufteilt in Regierungsbezirke, Landkreise und Gemeinden

Gemeinderecht ist Landesrecht. Die Landtage der einzelnen Bundesländer erlassen dazu Gesetze, Gemeindeordnungen, als Rahmen für die Arbeit der Gemeinden. Meistens gibt es einen Gemeinderat oder Stadtrat und einen oder mehrere Bürgermeister. In Süddeutschland wird der Bürgermeister — nach amerikanischem Vorbild — unmittelbar von den Bürgern gewählt, wie der Gemeinderat, und hat damit natürlich eine stärkere Stellung als seine Kollegen in norddeutschen Bundesländern, die nur mittelbar gewählt werden, vom Stadt- oder Gemeinderat. Höchstes Organ, im Norden wie im Süden, ist dieser Gemeinderat, der eine Verwaltungsbehörde ist, kein Parlament, auch wenn er Satzungen erlassen kann. Die meisten seiner Beschlüsse betreffen Verwaltungsangelegenheiten, wenn er etwa Beamte oder Angestellte einstellt, entläßt oder befördert. Die bayerische Gemeindeordnung, als Beispiel, sagt dazu in Artikel 29:

> »Die Gemeinde wird durch den Gemeinderat verwaltet, soweit nicht der erste Bürgermeister selbständig entscheidet.«

Der erste Bürgermeister ist dort zuständig für die einfachen Geschäfte der laufenden Verwaltung, für unaufschiebbare Angelegenheiten und für das, was ihm der Gemeinderat ausdrücklich zur selbständigen Erledigung überlassen hat.

Eine wichtige Rolle spielt in allen Gemeinden der Anschluß und Benutzungszwang. Artikel 24 der bayerischen Gemeindeordnung:

> »In den Satzungen können die Gemeinden insbesondere ... aus Gründen des öffentlichen Wohls den Anschluß an Wasserleitung, Kanalisation, Müll- und Fäkalienabfuhr, Straßenreinigung und ähnliche der Volksgesundheit dienende Einrichtungen vorschreiben und die Benutzung dieser Einrichtungen sowie der Schlachthöfe und Bestattungseinrichtungen vorschreiben.«

Was Anschlußzwang heißt, ist klar. Bei einer Wasserleitung würde das aber nicht heißen, daß man sie auch benutzen müßte. Man könnte noch weiter aus dem alten Brunnen leben, dessen Wasser vielleicht besser ist. Um das zu verhindern, gibt es den Benutzungszwang. Man darf das Wasser nur aus der Leitung nehmen. Lange war umstritten, ob Gemeinden das auch für Fernheizungen vorschreiben können. Sind das Einrichtungen, die der Volksgesundheit dienen? Darüber gab es verschiedene Meinungen, bis die Länderparlamente in den siebziger Jahren die Gemeindeordnungen ergänzt und die Fernheizungen ausdrücklich in den Katalog aufgenommen haben, wie Schlachthöfe, Friedhöfe und Krematorien.

So viel zur Ordnung im Inneren. Von außen wird kontrolliert. Kontrolliert wird durch den Staat, regelmäßig durch die nächsthöhere Instanz, also durch das Landratsamt in seiner Funktion als staatliche Behörde. Die Kontrolle heißt Aufsicht. Man unterscheidet seit den Stein-Hardenbergschen Reformen von 1808 Fachaufsicht und Rechtsaufsicht. Wenn die Gemeinde in eigenen Angelegenheiten handelt, kann das Landratsamt nur kontrollieren, ob ihre Beschlüsse juristisch in Ordnung sind. Ob der Spielplatz oder die Schule hierhin oder dorthin kommt, das entscheidet die Gemeinde ganz allein. Also nur Rechtsaufsicht, im Gegensatz zur Fachaufsicht bei übertragenen Angelegenheiten, die es dem Staat auch erlaubt, von der Gemeinde eine Änderung ihrer Beschlüsse zu verlangen, wenn er sie nicht für zweckmäßig hält. Bei der Rechtsaufsicht wird nur die Rechtmäßigkeit überprüft, mit der Fachaufsicht auch die Zweckmäßigkeit.

Unter den 8519 Gemeinden der alten Bundesrepublik gab es 92 kreisfreie Städte, nämlich solche, die so groß waren, daß man ihnen die Kompetenzen eines Landkreises gegeben hat, was aber nicht heißt, daß sie nicht kontrolliert würden. Auch kreisfreie Städte unterliegen der Rechtsaufsicht und Fachaufsicht, wie die Landkreise, nur eben durch die nächsthöhere Instanz, also durch die Bezirksregierung oder, in kleineren Bundesländern ohne Regierungsbezirke, direkt durch die Landesregierung.

Und das wichtigste im Gemeinderecht, das Geld? Woher kommt es? Aus vielen Quellen. Die größten sind Steuereinnahmen und Finanzzuweisungen vom Staat. Den Gemeinden gehört die Gewerbesteuer, die Grundsteuer und ein Teil der Einkommenssteuer, Artikel 106 Absatz 5 und 6 des Grundgesetzes. Das macht ein Drittel ihrer Einnahmen aus. Ein Viertel zahlt der Staat. Der Rest kommt aus Gebühren für die Benutzung ihrer Einrichtungen und ähnlichem.

Umweltrecht

Die Probleme sind alt, eine Folge der Industrialisierung im 19. Jahrhundert. Seitdem gibt es Luft, die man nicht mehr atmen, und Wasser, das man nicht mehr trinken kann, giftige Stoffe in der Erde, in Pflanzen, Tieren, Menschen. 1901 berichtete ein Abgeordneter vor dem Reichstag, im Rhein könne man nicht mehr baden. In der Wupper gab es keine Fische mehr, und die Emscher nannte man einen Höllenfluß, der total verseucht sei. 1904 sagte der deutsche Innenminister, die große Schwierigkeit sei die Frage, wie man die Interessen der Landeskultur, der allgemeinen Gesundheit und die Interessen der Industrie in Einklang bringen könne. Das werde noch lange dauern.

Es dauerte sehr lange. 1961 hat Willy Brandt im Wahlkampf den blauen Himmel über der Ruhr versprochen. Es verging wieder einige Zeit. 1969 kam die sozialliberale Koalition, und in den zehn Jahren von 1970 bis 1980 entstand dann endlich eine erstaunliche Zahl völlig neuartiger Gesetze. Das Wasserhaushaltsgesetz wurde neu formuliert und ergänzt durch ein Gesetz über die Umweltverträglichkeit von Wasch- und Reinigungsmitteln, das Abfallbeseitigungsgesetz wurde erlassen und das Bundesimmissionsschutzgesetz zum Schutz gegen Luftverunreinigungen und Lärm. Ein Rat von Sachverständigen für Umweltfragen existiert seitdem, ebenso wie das Umweltbundesamt in Berlin. 1980 wurde die Gesetzgebung beendet, indem man in das Strafgesetzbuch einen besonderen Abschnitt über das Umweltstrafrecht einfügte, den 28. Abschnitt mit den §§ 324 bis 330. Alles in allem eine beachtliche Leistung, die gegen starke Widerstände des Bundesverbandes der Deutschen Industrie durchgesetzt werden mußte. Seitdem ergehen auf der Grundlage dieser Gesetze Urteile der Gerichte, werden darüber Vorlesungen gehalten an den juristischen Fachbereichen, sind neue Zeitschriften erschienen und spezielle Lehrbücher. Ein neues Rechtsgebiet ist entstanden, das Umweltrecht. Die Probleme sind geblieben.

Es kamen sogar neue dazu. Seit den siebziger Jahren folgt eine Umweltkatastrophe der anderen, drinnen und draußen. Harrisburg, das Waldsterben, Bhopal, Seveso, Tschernobyl,

Sandoz, Transnuklear, Adria-Algen, Ozonloch, Amoco Cadiz, Kuweit. Schon 1974 erkannte der Sachverständigenrat für Umweltfragen, daß die neuen Gesetze nicht richtig greifen. Es wurde ein Gutachten in Auftrag gegeben. 1978 legte die Kölner Soziologin Renate Mayntz ihren Bericht vor, ein Buch von 800 Seiten, »Vollzugsprobleme der Umweltpolitik«. Es liest sich wie ein Kriminalroman. Die Bilanz ist düster und hat sich bis heute nur wenig verbessert. Die zuständigen Behörden leiden unter Mangel an Personal und technischem Gerät. Die — notwendige — Zusammenarbeit dieser Behörden mit der Industrie droht ständig von der Kooperation in die Kollaboration abzugleiten. Die Behörden sind nicht konfliktfreudig, ihre Juristen den Technikern der Industrie prinzipiell unterlegen, besonders, wenn es um die Frage geht, was der »neueste Stand der Technik« ist, der in den Gesetzen eine große Rolle spielt. Die privaten »Betreiber «von umweltgefährdenden Anlagen haben immer einen juristischen Vorsprung, denn wenn ihr Antrag die gesetzlichen Bedingungen erfüllt, haben sie einen Anspruch auf Genehmigung. Das ergibt sich aus ihrem Eigentum am Unternehmen. Die Behörden sind also von vornherein in eine defensive Rolle gedrängt, die sich am Einzelfall orientiert und nicht an einer Gesamtplanung zum Schutz der Umwelt. Wenn die Öffentlichkeit in Anhörungsverfahren eingeschaltet wird, ist praktisch durch die Vorverhandlungen zwischen Behörden und Betreibern schon alles entschieden. Dann greift die »faktische Bindungswirkung der Vorverhandlungen«, wie Frau Mayntz das nennt. Nachbarn und Betroffene sind mehr oder weniger machtlos. Der juristische Vorsprung derjenigen, die Umwelt gefährden, ist zu groß. Die Hälfte aller genehmigungspflichtigen Anlagen entspricht nicht den gesetzlichen Vorschriften, ist rechtswidrig, kriminell.

Es kommt noch ein strukturelles Problem hinzu. Umweltrecht ist in erster Linie Verwaltungsrecht. Nachbarrechtliche Vorschriften des Zivilrechts helfen kaum, und das Umweltstrafrecht ist im Grunde nur eine Art Anhängsel zum Verwaltungsrecht. Denn strafbar macht sich immer nur, wer die Umwelt ohne Genehmigung einer Verwaltungsbehörde gefährdet. Das Umweltstrafrecht, sagen die

Juristen, ist akzessorisch, abhängig vom Verwaltungsrecht. Hier liegt der Kernbereich des Umweltschutzes. Und das Verwaltungsrecht ist für den Schutz der Umwelt prinzipiell ungeeignet. Denn Verwaltungsrecht ist Individualgüterschutz und dient nicht dem Schutz von Interessen der Allgemeinheit. Dazu zwei Beispiele.

Angenommen, mitten in einem Naturschutzgebiet würde eine Giftmülldeponie errichtet, die Pflanzen und Tiere und das Grundwasser bedroht. Nehmen wir weiter an, dies verstoße sowohl gegen das Naturschutzgesetz als auch gegen das Abfallbeseitigungsgesetz. Trotzdem hat das zuständige Landratsamt einem privaten Unternehmer eine solche Genehmigung erteilt, aus welchen Gründen auch immer. Die Genehmigung ist eindeutig rechtswidrig. Was kann man dagegen tun? Die Antwort ist an sich ganz einfach. Man muß vor dem Verwaltungsgericht klagen. Die Frage ist nur, wer? Und die normale Antwort darauf: die Nachbarn, die davon betroffen sind. Aber nehmen wir an, es gäbe dort keine Nachbarn. Das Gebäude für die Deponie gehört zwar dem Unternehmer, aber die Umgebung ist ein staatlicher Forst. Der Staat klagt nicht. Der hat ja die Genehmigung selbst erteilt. Und der Unternehmer auch nicht. Der wollte sie ja haben. Wer kann also klagen?

Man könnte an eine Bürgerinitiative denken. Die klagen ja oft in solchen Fällen. Aber das geht hier nicht. Es müssen immer unmittelbar Betroffene sein, am besten Nachbarn. Auch Bürgerinitiativen müssen immer jemanden finden, der selbst betroffen ist. Und den gibt es hier nicht. § 42 Absatz 2 der Verwaltungsgerichtsordnung:

> »Soweit gesetzlich nichts anderes bestimmt ist, ist die Klage nur zulässig, wenn der Kläger geltend macht, durch den Verwaltungsakt ... in seinen Rechten verletzt zu sein.«

Verwaltungsrecht ist Individualgüterschutz. Sein Modell ist das Privatrecht. Für den Umweltschutz ist es strukturell ungeeignet. Mit dem Umweltschutz muß die Umwelt geschützt werden, die Allgemeinheit, Lebensgrundlage aller Menschen, Wälder, Flüsse, Boden, Luft, Pflanzen, Tiere, und nicht das Recht einzelner. Obwohl es gute Gesetze gibt und die Genehmigung dagegen verstößt, kann die Deponie gebaut und betrieben werden. Das einzige, was helfen könnte, wäre politischer Druck über die Öffentlichkeit. Das Umweltrecht versagt.

Zweites Beispiel. 1972 hat ein Unternehmer den Antrag gestellt auf Genehmigung des ersten Bauabschnitts für den Schnellen Brüter in Kalkar. Sie wurde von der Behörde erteilt. In diesem Fall gab es einen Nachbarn. § 42 Absatz 2 der Verwaltungsgerichtsordnung stand einer Klage nicht entgegen. Inzwischen ist der Bauer Josef Maas aus Kalkar am Niederrhein mit diesem Prozeß in die Geschichte der Bundesrepublik eingegangen, nicht nur in ihre Rechtsgeschichte. Aber die Kosten, die ihm dabei erwachsen sind, waren enorm. Ich meine gar nicht so sehr den finanziellen Aufwand. Der wird oft von Bürgerinitiativen getragen oder von Umweltverbänden, die dahinter stehen. Jeder Prozeß ist ganz allgemein eine Belastung für denjenigen, der ihn führt, aber das gilt besonders dann, wenn er sich wie in Kalkar in mehrere Einzelverfahren auflöst und hin und her läuft über Dutzende von Instanzen. Josef Maas hat dafür mit seiner Existenz als Landwirt gezahlt. Nachdem er dreizehn Jahre in unzähligen Instanzen gewonnen und verloren hatte, verkaufte er schließlich seinen Hof an die Kraftwerk Union, den Betreiber des Schnellen Brüters. Ein anderer trat an seine Stelle, auch er unterstützt von Bürgerinitiativen und Umweltschutzverbänden, aber auch dieser zweite Kläger war im Prinzip überfordert, und er würde wohl noch immer prozessieren, wenn die Bundesregierung nicht eines Tages ihre finanzielle Unterstützung für das Mammutprojekt gestrichen hätte. Der Schnelle Brüter ist gescheitert, und zwar nicht zuletzt am hinhaltenden Widerstand des Bauern Josef Maas. Den Ausschlag hat dann zum Schluß der Umschwung der öffentlichen Meinung nach der Katastrophe von Tschernobyl gegeben. Der langen Rede kurzer Sinn: Auch wenn ein Nachbar vorhanden ist, der bereit und in der Lage wäre, einen Umweltschutzprozeß zu führen, ist er oft überfordert, auch wenn die fraglichen Anlagen wesentlich kleiner sind als der Schnelle Brüter in Kalkar.

Was soll man tun? Gibt es Möglichkeiten, diese Fehlkonstruktion des verwaltungsgerichtlichen Gebäudes zu beheben? Durch Anbauten? Oder Umbau? Wie immer gibt es auch unter Juristen zwei Parteien. Die Lobby der Industrie ist der Meinung, alles sei wohlgeordnet. Sie sieht keine Notwendigkeit und keine Möglichkeit, die Situation zu ändern. Die Widerborstigen machen sich Gedanken.

Zunächst könnte man bei der Beweislast ansetzen. Beweislastumkehr: damit wird im Zivilrecht seit Jahren der Schutz von Verbrauchern gegen fehlerhafte Produkte der Industrie organisiert. Im Umweltrecht ist es immer noch so wie vor hundert Jahren. Entweder muß die Verwaltung bei der Genehmigung oder es muß ein privater Kläger bei der Anfechtungsklage den Beweis dafür erbringen, daß von der geplanten Anlage ökologische Gefahren ausgehen, was oft sehr schwierig ist. Der Betreiber braucht eigentlich nur zu behaupten, das sei nicht so. Schon hat er seinen Anspruch auf Genehmigung. Wäre es umgekehrt, müßte er den Beweis führen, daß die Anlage nicht gefährlich ist, so würden viele Projekte schon im Vorfeld scheitern. Im japanischen Umweltrecht ist man diesen Weg gegangen. Bei uns noch nicht.

Nun zum Problem der nachbarrechtlichen Betroffenheit. Die Hürde des § 42 Absatz 2 der Verwaltungsgerichtsordnung wäre in den meisten Fällen mühelos zu nehmen, wenn es ein Grundrecht auf Umweltschutz gäbe. Dann wäre jedermann betroffen und könnte klagen. Umweltverbände und Bürgerinitiativen hätten keine Schwierigkeiten mehr, müßten sich nicht mehr hinter Josef Maas verstecken, sondern könnten selbst die Prozesse führen. Die Grünen fordern das seit langem. Es gibt ja auch ein Grundrecht auf Leben und körperliche Unversehrtheit. Dort, in Artikel 2 Absatz 2 des Grundgesetzes, sollte es ihrer Meinung nach auch untergebracht werden. Heute heißt es dort:

»Jeder hat das Recht auf Leben und körperliche Unversehrtheit.«

Die Grünen haben schon vor langer Zeit im Bundestag beantragt, das in folgender Weise zu ergänzen:

»Jeder hat das Recht auf Leben und körperliche Unversehrtheit, die Erhaltung seiner natürlichen Lebensgrundlagen und den Schutz vor erheblichen Beeinträchtigungen seiner natürlichen Umwelt.«

Ein solches Grundrecht wird seit langem diskutiert. 1971 stand es im Umweltprogramm der sozialliberalen Bundesregierung, und im Wahlkampf 1973 ist es von Bundeskanzler Willy Brandt und seinem Innenminister Genscher den Wählern versprochen worden. 1974 kam Helmut Schmidt an die Regierung, ein Freund der Industrie, der Umweltschutz für eine modische Angelegenheit hielt, und damit hatte sich dieses Versprechen erledigt. Weil dann aber der Druck in den letzten Jahren immer stärker wurde, nach so vielen Katastrophen, und besonders nach Tschernobyl, meinten die Bonner Parteien, sie müßten den Wählern etwas bieten, und so erfanden sie den Umweltschutz als Staatsziel, das ins Grundgesetz aufgenommen werden und für Beruhigung sorgen soll. Eine unverschämte Augenwischerei. Dann steht zwar in der Verfassung, daß der Staat die Aufgabe hat, für die Erhaltung der natürlichen Lebensgrundlagen zu sorgen, aber Rechte für die Bürger ergeben sich daraus nicht. Das Staatsziel hat nur den Zweck, darüber hinwegzutäuschen, daß man nicht bereit ist, allen Bürgern in Umweltschutzprozessen ein Klagerecht zu geben.

Dabei gibt es noch eine andere Möglichkeit, eine Art Kompromiß in der Mitte zwischen Grundrecht und Staatsziel, über die jedoch außer den Grünen niemand mehr redet. Das ist die Verbandsklage. Sie würde den Konstruktionsfehler des § 42 Absatz 2 im Umweltrecht weitgehend beseitigen. Wenn schon nicht jeder einzelne, ausgestattet mit einem Grundrecht, die Interessen der Allgemeinheit wahrnehmen kann, als Anwalt für Menschen, Bäume und Tiere, dann sollten es wenigstens einige Verbände tun, Umweltschutzorganisationen, Naturschutzverbände. In den Vereinigten Staaten gibt es das seit vielen Jahren, Tabuverbände für einzelne Pflanzen und Tiere, die vor Gerichten als Vertreter für die von ihnen betreuten Pflanzen und Tiere auftreten und deren Interessen wahrnehmen.

In den USA hat man damit gute Erfahrungen gemacht. Auch bei uns ist diese Lösung in den siebziger Jahren diskutiert worden. Aber die Aufregung war groß, besonders in Kreisen der Industrie. Bei einer Anhörung in Bonn mit Vertretern von Behörden, der Justiz und der industriellen

Organisationen waren fast alle dagegen. Einige Bundesländer — Bremen, Hamburg, Hessen und Berlin — haben trotzdem einen vorsichtigen Versuch gemacht. Sie haben die Verbandsklage in einem Nebenbereich eingeführt, der nicht so wichtig ist: für Naturschutzgebiete, also nicht allgemein, sondern nur für solche Gebiete, die vom Staat ganz ausdrücklich unter Naturschutz gestellt sind und an denen die Industrie weniger interessiert ist. Wenn dort Rechtswidriges geschieht, zum Beispiel in Gestalt einer Mülldeponie, kann ein Verband vor Gericht ziehen, wenn er von der Regierung als Naturschutzverband anerkannt ist. In Bremen und Hessen dürfen solche Verbände sogar gegen Flächennutzungspläne klagen, die Eingriffe in Natur und Landschaft zur Folge haben können. In Berlin, § 39a des Naturschutzgesetzes:

»Ein anerkannter rechtsfähiger Verein kann Klage erheben, ohne die Verletzung eigener Rechte geltend machen zu müssen.«

Ohne die Verletzung eigener Rechte geltend machen zu müssen: das ist das Entscheidende. Aber die Praxis der Gerichte ist nicht gerade freundlich gegenüber solchen Klagen. In Berlin ist die ganze Vorschrift sogar für verfassungswidrig erklärt worden:

Oberverwaltungsgericht Berlin,
in: *Neue Zeitschrift für Verwaltungsrecht* 1986, Seite 318:
Magnetbahn

Mitte der achtziger Jahre wurde in Berlin eine automatische Magnetbahn gebaut, auf einer Teststrecke, die den Schienen einer stillgelegten U-Bahn-Linie folgte, etwa einen Kilometer lang, vom Süden über den Landwehrkanal bis zur Philharmonie. Ein Naturschutzverband klagte gegen die Genehmigung, weil Grünanlagen beeinträchtigt würden. Das Oberverwaltungsgericht wies die Klage ab. § 39a des Berliner Naturschutzgesetzes sei verfassungswidrig, die Verbandsklage unzulässig.

Verfassungswidrig ist die Vorschrift nach Meinung des Gerichts deswegen, weil sie gegen das Gebot der Rechtssicherheit verstößt. § 39a sagt nämlich nicht nur im ersten Absatz, daß Naturschutzverbände ohne Verletzung eigener Rechte klagen können, sondern in einem zweiten Absatz — für Berlin, nicht in den Gesetzen der anderen Länder — auch noch, das sei nur möglich, wenn »ein anderweitiges Klagerecht nach § 42 Verwaltungsgerichtsordnung nicht besteht.« Die sogenannte Subsidiaritätsklausel. Um die ging es. Deswegen sei § 39a verfassungswidrig.

Die Klausel sollte denjenigen den Wind aus den Segeln nehmen, die in der Diskussion um die Verbandsklage gemeint hatten, es könne zu — verfassungswidrigen — Kollisionen kommen mit Interessen von Nachbarn. Nachbarn, die von dem Projekt betroffen sind, gegen das die Naturschutzorganisationen mit der Verbandsklage vorgehen können. Wieso? Nachbarn lassen sich zum Beispiel manchmal ihr Klagerecht von den Betreibern solcher Anlagen abkaufen, verzichten auf die Klage gegen Zahlung einer Entschädigung. Nicht gerade umweltfreundlich, aber das sei legitim, gehöre zur Freiheit des Eigentums, würde aber durch die Verbandsklage gefährdet, weil die Betreiber dann auf jeden Fall mit Prozessen rechnen müßten und deshalb zu solchen Geschäften vielleicht nicht mehr bereit wären. Nun geht aber das Gesetz vom Idealfall aus, daß eine Mülldeponie im Naturschutzgebiet geplant ist und Nachbarn nicht vorhanden sind. Dann soll eine Verbandsklage möglich sein. Was ist jedoch, wenn es klageberechtigte Nachbarn gibt?

Im Prinzip ist eine Verbandsklage in Berlin dann unzulässig. Man kann sich zwar im Einzelfall Gedanken machen, ob sie ausnahmsweise zulässig sein kann, wenn sie den Interessen der Nachbarn nicht widerspricht. Aber im Prinzip bleibt sie unzulässig. Das müßte man von Fall zu Fall genau untersuchen, ohne daß sich von vornherein allgemein Regeln aufstellen lassen, weil die juristische Phantasie meistens versagt und weil dann doch wieder Fälle auftauchen, an die man nicht gedacht hat. Allmählich würde sich eine Rechtsprechung entwickeln, kasuistisch, in der mal so und mal so entschieden wird, als Leitfaden für künftige Streitfälle.

Das Oberverwaltungsgericht hat anders entschieden. An sich interessierte nur die Frage, ob der Verband mit seiner Klage gegen die Magnetbahn allein stand. Dann war sie zulässig. Oder ob es Nachbarn oder andere Betroffene gab, deren Interessen durch die Verbandsklage beeinträchtigt werden konnten. Dann war sie unzulässig und mußte abgewiesen werden. Völlig unabhängig von diesen Fragen, die die Magnetbahn betrafen, versuchte das Oberverwaltungsgericht, das Problem ganz allgemein zu lösen, und kam zu dem Ergebnis, daß es theoretisch zu viele Möglichkeiten geben würde, die Verwirrung stiften könnten.

Es könnte zum Beispiel einen Nachbarn geben, dessen Eigentum durch die Genehmigung irgendeiner Anlage verletzt würde, der aber trotzdem nicht das Recht hätte, den Verstoß gegen Vorschriften des Naturschutzes zu rügen. Dann wäre daneben eine Verbandsklage zulässig. Wenn das Eigentum des Nachbarn zum Beispiel nur durch die Mißachtung von nachbarrechtlichen Vorschriften des Baurechts verletzt wäre, weil eine Anlage zu nah an seinem Grundstück geplant ist. So etwas sei zwar selten, aber nicht unmöglich. Und bevor der Nachbar Klage erhoben habe, könne man so etwas nicht genau wissen. Also sei auch die Zulässigkeit der Verbandsklage vorher nie sicher zu beurteilen und das Prozeßrisiko für die Verbände zu groß. Es würde noch größer, wenn Nachbarn versuchten, zeitlich zu manipulieren, indem sie sich mit den Betreibern kurz vor oder kurz nach der Erhebung einer Verbandsklage auf so einen Verzicht ihres Klagerechts einigten, um dadurch die Umweltschutzorganisation zu hindern, gegen das Projekt vorzugehen. Die Rechtssicherheit erfordere aber, daß jeder genau wissen müsse, ob seine Klage Aussicht auf Erfolg hat oder nicht. Das dürfe nicht von Prozeßmöglichkeiten anderer abhängen:

> »Eine so geartete Abhängigkeit eines Klagerechts von demjenigen anderer ist jedoch mit rechtsstaatlichen Erfordernissen des deutschen Prozeßrechts nicht vereinbar.«

Durch Artikel 20 Absatz 3 des Grundgesetzes hat die Rechtssicherheit Verfassungsrang, steht also im Rang über einem einfachen Gesetz. Mithin sei die Subsidiaritätsklausel des

§ 39a Absatz 2 verfassungswidrig, aber nicht nur sie allein, sondern der ganze Paragraph, denn die Gesetzgeber haben den Verbänden ein uneingeschränktes Klagerecht nicht geben wollen.

Was soll man dazu sagen? Das Gericht hat ja recht, wenn es meint, daß schwierige Fragen auftreten können. Aber muß man deswegen die ganze Vorschrift beseitigen? Zumal solche schwierigen Fragen im vorliegenden Fall gar nicht existierten. Und warum soll man den Verbänden eine Klagemöglichkeit nehmen, nur weil ihr Prozeßrisiko durch die Subsidiaritätsklausel etwas größer werden könnte als das normale, das mit jedem Prozeß verbunden und auch nicht von schlechten Eltern ist? Die Rechtssicherheit ist eben ein höheres Gut als der Umweltschutz, und die Verbandsklage ist bei deutschen Juristen ein ungeliebtes Kind. Es kam anders. Das Urteil des Oberverwaltungsgerichts ist aufgehoben worden, nachdem der Naturschutzverband Revision eingelegt hatte zum Bundesverwaltungsgericht:

Bundesverwaltungsgericht,
in: *Neue Zeitschrift für Verwaltungsrecht* 1987, Seite 527:
Magnetbahn

Ja, sagte das Bundesverwaltungsgericht, manchmal kann es schwierig werden, wenn man feststellen will, ob es noch Betroffene gibt, die möglicherweise klagen könnten. Aber unmöglich ist es nicht. Es kommt eben darauf an, ob zu dem Zeitpunkt, in dem der Verband seine Klage erhebt, noch irgend jemand anders berechtigt ist, mit einer Anfechtungsklage gegen die Anlage vorzugehen und dies damit zu begründen, daß Vorschriften des Naturschutzes verletzt seien. Regelmäßig sind das zum Beispiel Nachbarn. Wenn es sie gibt, ist die Verbandsklage unzulässig, unabhängig davon, ob sie tatsächlich geklagt haben. Wenn nicht, darf es der Verband tun. So habe es der Berliner Gesetzgeber gewollt. Das sei die richtige Auslegung des § 39a Absatz 2:

> »Wird sie zugrunde gelegt, so läßt sich die Frage, ob der Verband im jeweiligen Fall klagebefugt ist oder nicht, generell mit einem Maß an Sicherheit und Vorhersehbarkeit beantworten,

das den rechtsstaatlichen Mindestanforderungen an die Klarheit und Bestimmtheit von Regelungen über den Zugang zu den Gerichten noch genügt.«

So geht es also auch. Die vom Grundgesetz geforderte Rechtssicherheit sei nicht verletzt, auch nicht durch Manipulationsmöglichkeiten. Die gebe es öfter, ohne daß man deshalb ein Gesetz für verfassungswidrig erklären müsse. Man hat gegen die Manipulation vorzugehen, nicht gegen das Gesetz.

Also ist das Urteil des Berliner Gerichts aufgehoben worden. Es mußte noch einmal verhandeln. Viel genützt hat es nicht. Die Magnetbahn ist gebaut worden. Nach dem Fall der Mauer, als die beiden Hälften der Stadt zusammenwuchsen, brauchte man die alte U-Bahn-Strecke, die Magnetbahn mußte wieder verschwinden, und die Verbandsklage hat noch immer keine große Bedeutung.

Schadensersatzansprüche gegen die Verwaltung

Das Schadensersatzrecht im Bereich der Verwaltung ist ein kunterbuntes Sammelsurium von Regeln, die zum Teil über zweihundert Jahre alt sind, zum Teil Geschöpfe der Bundesrepublik, unübersichtlich ineinander verwickelt. Zwar hat der Bundestag 1981 ein modernes Staatshaftungsgesetz erlassen, das endlich alles in einen vernünftigen Zusammenhang brachte, ist aber ein Jahr später am Bundesverfassungsgericht gescheitert, das es für verfassungswidrig erklärte, weil der Bundesrat nicht ordnungsgemäß zugestimmt hatte. Bleibt also das Sammelsurium. Wird jemand von einer Behörde geschädigt, so hat er vier Möglichkeiten:

1. Folgenbeseitigungsanspruch
2. Aufopferungsanspruch
3. Entschädigung wegen Enteignung
4. Ersatz aus Amtshaftung.

Der Folgenbeseitigungsanspruch, der jüngste, zielt auf die Rückgängigmachung rechtswidriger Maßnahmen, ist Wiederherstellung des früheren Zustandes oder, wie man sagt, Naturalrestitution. Eine Gemeinde hat rechtswidrig einen Weg über die Wiese eines anderen anlegen lassen. Dieser kann verlangen, daß sie den Weg wieder beseitigt und auch das Gras wieder drüber wachsen läßt. Beruht der Vorgang auf einem Verwaltungsakt, was meistens der Fall ist, so bestimmt § 113 Absatz 1 der Verwaltungsgerichtsordnung:

> »Soweit der Verwaltungsakt rechtswidrig und der Kläger dadurch in seinen Rechten verletzt ist, hebt das Gericht den Verwaltungsakt ... auf. Ist der Verwaltungsakt schon vollzogen, so kann das Gericht auf Antrag auch aussprechen, daß und wie die Verwaltungsbehörde die Vollziehung rückgängig zu machen hat.«

Wenn die Behörde solche Folgen beseitigen muß, handelt sie als öffentliche Verwaltung, wie vorher, nur in die umgekehrte Richtung. *Actus contrarius*, sagen die Juristen. Also gehört der Anspruch auch vor die Verwaltungsgerichte, meistens im Zusammenhang mit einer Anfechtungsklage, anders die drei übrigen Rechtsbehelfe, mit denen man nur Geldersatz verlangen kann. Dafür sind die Zivilgerichte zuständig.

Der Aufopferungsanspruch ist sehr alt. Er geht zurück auf § 75 der Einleitung zum Preußischen Allgemeinen Landrecht von 1794. Mit ihm kann man heute noch Ersatz verlangen, zum Beispiel für Gesundheitsschäden bei staatlichen Impfungen. Er kommt selten vor. In den meisten Fällen handelt es sich dagegen um Vermögensschäden. Dafür gibt es den Anspruch wegen Enteignung.

Er stand im Mittelpunkt der Verwirrung, die eine Entscheidung des Bundesverfassungsgerichts von 1981 angerichtet hat. Vorher war allgemein anerkannt, daß man unter der Überschrift »Enteignung« nicht nur Ersatz verlangen kann, wenn man regelrecht enteignet worden ist, zum Beispiel ein Grundstück für den Bau einer Straße abgeben mußte, sondern auch für andere Verluste. Es wurden drei Fälle unterschieden:

1. normale Enteignung
2. enteignender Eingriff
3. enteignungsgleicher Eingriff.

Schon die normale Enteignung ist ein weites Feld. Nicht nur die zwangsweise Enteignung von Grundstücken gehört dazu, die in Artikel 14 Absatz 3 des Grundgesetzes geregelt ist:

> »Eine Enteignung ist nur zum Wohle der Allgemeinheit zulässig. Sie darf nur durch Gesetz oder auf Grund eines Gesetzes erfolgen, das Art und Ausmaß der Entschädigung regelt.«

Aber bereits beim viel diskutierten Verbot der Schweinemästerei kommt ein Enteignungsanspruch des Landwirts in Frage, wenn er ausnahmsweise nicht vorhersehen konnte, daß ihm dort am Stadtrand die Schweinemast eines Tages — zu Recht — verboten werden würde. Sein Grundstück hat er behalten. Er durfte nur keine Schweine mehr mästen. Schon das könnte eine Enteignung sein.

Die beiden anderen Fälle gehen noch weiter. Sie sind Neuschöpfungen des Bundesgerichtshofes aus den fünfziger und sechziger Jahren. Zunächst der enteignungsgleiche Eingriff. Unter diesem Stichwort gibt es Ausgleich, wenn eine Behörde rechtswidrig gehandelt hat. Entscheidend ist die Rechtswidrigkeit des Handelns, während der enteignende Eingriff die ungewollte Folge von rechtmäßigem Handeln der Verwaltung ist, das sich im Grunde gar nicht gegen den Betroffenen richtet. Ein Drogist verliert in kurzer Zeit drei Viertel seines Umsatzes, weil sein Laden an einer Straße liegt, die vom Publikum wegen Bauarbeiten für eine U-Bahn gemieden wird. Die Stadt muß zahlen.

Enteignung und enteignender Eingriff beruhen also auf rechtmäßigem Verwaltungshandeln, ebenso wie der Aufopferungsanspruch. Trotzdem kann Entschädigung verlangt werden, weil der einzelne ein übermäßiges Opfer für die Allgemeinheit bringen muß. Der enteignungsgleiche Eingriff dagegen ist rechtswidrig. Das hat er gemeinsam mit dem Folgenbeseitigungsanspruch, der aber auf tatsächliche Wiedergutmachung gerichtet ist, nicht auf Geldersatz. Sämtliche Klarheiten restlos beseitigt?

Nun kommt noch das Bundesverfassungsgericht mit seinem »Naßauskiesungsbeschluß« von 1981 (BVerfGE 58.300). Jemand betreibt eine Kiesgrube, beantragt die Genehmigung, noch ein Stück weiter als bisher baggern zu dürfen, und die Stadt sagt nein. Das würde das Grundwasser und damit ihre Wasserversorgung gefährden. Durch das Wasserhaushaltsgesetz sei es den Eigentümern von Grundstücken prinzipiell verboten, das Grundwasser zu benutzen oder anzugreifen.

Also verlangt der Kiesgrubenbesitzer eine Entschädigung, denn immerhin handelt es sich um sein eigenes Gelände. Auch das wird abgelehnt, und er geht vor das Landgericht, das seine Klage für gerechtfertigt erklärt. Die Verweigerung der Genehmigung sei zwar rechtmäßig, ergangen im Interesse der Allgemeinheit, aber die Folge für die Nutzung seines Eigentums unverhältnismäßig. Also war es ein enteignender Eingriff, für den er Entschädigung verlangen könne. So hatte man bisher immer entschieden. Das Bundesverfassungsgericht sah es anders. Es gebe nur zwei Möglichkeiten. Entweder sei das Verbot im Wasserhaushaltsgesetz eine sogenannte Inhaltsbeschränkung des Eigentums, und zwar eine verhältnismäßig milde, die man immer hinnehmen müsse, weil jeder Eigentümer von vornherein Rücksicht zu nehmen habe auf das Interesse der Allgemeinheit, wie es Artikel 14 des Grundgesetzes vorschreibt, in Absatz 1 und 2:

> »Das Eigentum und das Erbrecht werden gewährleistet. Inhalt und Schranken werden durch die Gesetze bestimmt. Eigentum verpflichtet. Sein Gebrauch soll zugleich dem Wohle der Allgemeinheit dienen.«

Dann könne es keine Entschädigung geben. Oder aber es sei ein so starker Eingriff in das Eigentum, daß man von einer Enteignung sprechen müsse. Dann sei das Wasserhaushaltsgesetz verfassungswidrig, weil in ihm nicht gleichzeitig eine Entschädigung vorgesehen ist, wie es Artikel 14 Absatz 3 des Grundgesetzes verlangt:

> »Eine Enteignung ist nur zum Wohle der Allgemeinheit zulässig. Sie darf nur durch Gesetz oder auf Grund eines Gesetzes erfolgen, das Art und Ausmaß der Entschädigung regelt.«

In solchen Fällen müsse man sich gegen das Verbot wehren. Also hätte der Inhaber der Kiesgrube gegen den Bescheid der Stadtverwaltung vorgehen und Anfechtungsklage erheben müssen, um zu erreichen, daß das Verbot vom Verwaltungsgericht aufgehoben werde. Denn Verwaltungsakte, die auf der Grundlage eines verfassungswidrigen Gesetzes ergehen, sind rechtswidrig. Das habe er nicht getan. Einfach nur zu kassieren sei nicht möglich. Also bekommt er keine Entschädigung.

Mit diesem Beschluß des Bundesverfassungsgerichts von 1981 war an sich die Grundlage zerstört für die Konstruktionen des Bundesgerichtshofes, nicht nur für den enteignenden Eingriff, sondern auch für die andere Neuschöpfung, den enteignungsgleichen Eingriff. Seitdem diskutiert man darüber, was auf dem Trümmerfeld übriggeblieben ist und neu errichtet werden muß. Auf eine endgültige Lösung hat man sich noch nicht geeinigt. Sicher ist wohl nur, daß es den enteignenden Eingriff nicht mehr gibt. Vom enteignungsgleichen Eingriff wird noch einiges übrigbleiben, aber nur wenige Fälle, denn auch hier gilt, daß man sich in erster Linie gegen rechtswidrige Verwaltungsakte wehren muß und nicht einfach nur kassieren darf. Schließlich ist eine neue Konstruktion aufgetaucht, die ausgleichspflichtige Inhaltsbestimmung. Nun gibt es plötzlich doch wieder Entschädigung, wenn es sich nur um eine Inhaltsbestimmung des Eigentums handelt und nicht um eine Enteignung. Das im Naßauskiesungsbeschluß ausgesprochene Entweder-Oder, diese Kierkegaardsche Unbeugsamkeit, hat nicht nur ein großes A oder ein großes B, sondern auch noch ein kleines c. Ent oder Weder. Eine kleine Zahl von Härtefällen in der Mitte zwischen entschädigungspflichtiger Enteignung und entschädigungsloser Inhaltsbestimmung. Die Kiesgrube gehört nicht dazu. Alles ausführlich nachzulesen bei Hartmut Maurer, *Allgemeines Verwaltungsrecht*, § 26. Und so sind es doch wieder drei Fälle, in denen man hier Entschädigung verlangen kann. Sie sehen nur etwas anders aus als vorher:

    1. normale Enteignung
    2. ausgleichspflichtige Inhaltsbestimmung
    3. enteignungsgleicher Eingriff.

Mit dem enteignungsgleichen Eingriff sind wir schon sehr nahe beim letzten der Rechtsbehelfe, der Amtshaftung. Auch sie setzt ein beim rechtswidrigen Handeln von Behörden, bei fehlerhaften Entscheidungen. Aber es muß noch etwas hinzukommen: die Schuld einer Amtsperson, also Vorsatz oder Fahrlässigkeit. Oder anders herum erklärt: Der Bundesgerichtshof hat 1952 den enteignungsgleichen Eingriff erfunden, weil solche Amtshaftungsprozesse meistens daran scheitern, daß ein Verschulden von Amtspersonen entweder nicht vorhanden oder nicht zu beweisen ist. Dann gibt es eben Schadensersatz einfach auf Grund der Rechtswidrigkeit des Eingriffs. Und deshalb haben Amtshaftungsansprüche keine große Bedeutung mehr. In der Ausbildung von Jurastudenten spielen sie allerdings noch eine wichtige Rolle, weil sie inzwischen so schön kompliziert geworden sind.

Im Grunde ist es die alte Beamtenhaftung, die noch aus dem 18. Jahrhundert stammt. Damals haftete der Beamte bei Pflichtverletzungen selbst, und er haftete allein. Der absolutistische Staat stellte sich auf den Standpunkt, er habe damit nichts zu tun. Der Beamte sei von ihm nur beauftragt, sich pflichtgemäß zu verhalten. Wenn er etwas Unrechtmäßiges tue, sei das sein eigenes Problem. Also heißt es noch heute in § 839 des Bürgerlichen Gesetzbuches:

> »Verletzt ein Beamter vorsätzlich oder fahrlässig die ihm einem Dritten gegenüber obliegende Amtspflicht, so hat er dem Dritten den daraus entstehenden Schaden zu ersetzen.«

Allerdings, er haftet heute nicht mehr selbst. Der Staat hat ein Einsehen gehabt und in Artikel 34 des Grundgesetzes den Anspruch des Geschädigten auf sich übergeleitet:

> »Verletzt jemand in Ausübung eines ihm anvertrauten öffentlichen Amtes die ihm einem Dritten gegenüber obliegende Amtspflicht, so trifft die Verantwortlichkeit grundsätzlich den Staat oder die Körperschaft, in deren Dienst er steht.«

Die Amtshaftung ergibt sich heute also aus einer Kombination der beiden Vorschriften, von § 839 BGB mit Artikel 34 GG. Es ist eine merkwürdige Kombination. Der Staat haftet. Aber der alte persönliche Anspruch gegen den Beamten lebt immer noch fort, was man daran erkennt, daß nur Geldersatz verlangt werden kann, weil der Beamte als Privatmann zur Vornahme einer verwaltungsrechtlichen Folgenbeseitigung nicht befugt ist. So kann man über § 839 BGB, Artikel 34 GG noch nicht einmal den Widerruf ehrverletzender Behauptungen verlangen, mit denen ein Beamter oder Angestellter einen anderen in amtlicher Funktion geschädigt hat, sondern nur Geldersatz.

Der Beamte selbst haftet nicht mehr. Nur in Ausnahmefällen, wenn er vorsätzlich oder grob fahrlässig gehandelt hat, kann seine Behörde von ihm verlangen, daß er ersetzt, was sie dem betroffenen Bürger als Entschädigung gezahlt hat. Das ist der Sinn des zweiten Satzes in Artikel 34 Grundgesetz:

> »Bei Vorsatz oder grober Fahrlässigkeit bleibt der Rückgriff vorbehalten.«

Im Verhältnis der drei Beteiligten — Bürger, Behörde, Beamter — gibt es also höchstens zweimal einen Ersatzanspruch, meistens aber nur einmal, nämlich zwischen Bürger und Behörde:

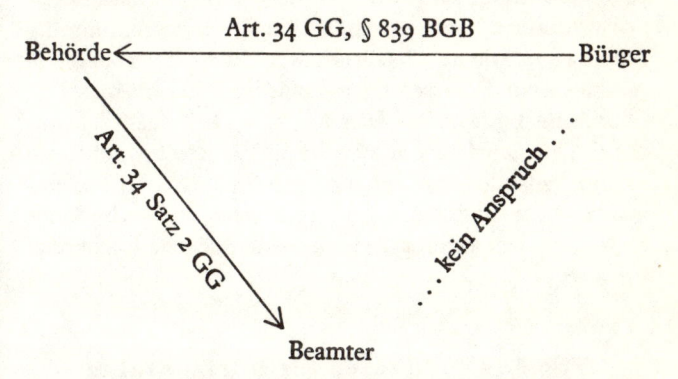

```
                    Art. 34 GG, § 839 BGB
Behörde ←─────────────────────────────────── Bürger
         \                              ⋰
          \ Art. 34 Satz 2 GG    kein Anspruch ⋰
           \                    ⋰
            ↘              
                 Beamter
```

Aus der guten alten Zeit des 18. Jahrhunderts stammt auch noch die Vorschrift im zweiten Satz des § 839 BGB, die sogenannte Subsidiaritätsklausel:

> »Fällt dem Beamten nur Fahrlässigkeit zur Last, so kann er nur in Anspruch genommen werden, wenn der Verletzte nicht auf andere Weise Ersatz zu erlangen vermag.«

Ihr Sinn war es, den einzelnen Beamten zu schützen. Mußte er schon selber zahlen, sollte er wenigstens dann entlastet werden, wenn noch ein anderer in Frage kam. Sieht also ein Polizist tatenlos zu, wie jemand von einem anderen zusammengeschlagen wird, so braucht er nicht zu zahlen, weil der Verletzte Schadensersatz vom Schläger verlangen kann. Heute hat die Vorschrift ihren Sinn verloren, denn nun kommt sie der Behörde zugute und nicht mehr dem einzelnen Beamten. Trotzdem wird sie immer noch angewendet. Allerdings ist der Bundesgerichtshof in letzter Zeit dazu übergegangen, sie ein wenig einzuschränken. Wenn der Verletzte einen Anspruch gegen seine Krankenversicherung hat, entlastet das den Staat nicht mehr.

Die Kombination der Regeln des § 839 BGB und Art. 34 GG im Sinne einer Haftung des Staates gilt aber nur, wenn der Beamte oder Angestellte »in Ausübung eines ihm anvertrauten öffentlichen Amtes« gehandelt hat, wie es in Artikel 34 Grundgesetz heißt. Man unterscheidet nämlich zwei Arten der Tätigkeit von Behörden. Sie können öffentlich-rechtlich handeln oder privatrechtlich. Wenn sie zum Beispiel nur Büromaterial kaufen, Dienstwagen anschaffen oder Bauaufträge an private Firmen vergeben, handeln sie privatrechtlich. Dann bleibt es bei der Eigenhaftung des Amtsträgers, wie im 18. Jahrhundert. Es sei denn, es ergibt sich aus dem Privatrecht etwas anderes. Aber Artikel 34 Grundgesetz gilt nicht. Damit sind wir bei einem Thema, das in den Lehrbüchern zum Verwaltungsrecht immer am Anfang behandelt wird. Wann handelt eine Behörde öffentlich-rechtlich und wann privatrechtlich? Es ist die Frage nach dem Unterschied zwischen öffentlichem Recht und Privatrecht.

Von der Vertikalen zur Horizontalen

Auch das ist ein altes Problem. Am Anfang steht ein berühmter Satz des berühmten römischen Juristen Ulpian, der vor fast zweitausend Jahren geschrieben hat (*Digesten*, 1. Buch, 1. Titel, 1. Fragment, § 2), immer wieder zitiert. Generationen von Juristen haben das gelernt:

> »*Publicum ius est quod ad statum rei Romanae spectat, privatum quod ad singulorum utilitatem. Sunt enim quaedam publice utilia, quaedam privatim. Publicum ius in sacris, in sacerdotibus, in magistratibus consistit.*«

Zu deutsch: »Öffentliches Recht ist, was die öffentlichen Dinge betrifft, und privates Recht bezieht sich auf die Interessen des einzelnen. Manches dient nämlich dem öffentlichen Interesse, manches dem privaten. Zum öffentlichen Recht gehören die Vorschriften über den Opferkult, die Priester und die Beamten.«

Das ist die sogenannte Interessentheorie. Öffentliches Recht sind alle Vorschriften, die im öffentlichen Interesse ergangen sind. Privatrecht ist, was dem Interesse des einzelnen dient. Das Problem ist nur, daß sich so etwas in einer bürgerlichen Gesellschaft nicht mehr richtig unterscheiden läßt. *What's good for General Motors is good for America*. Verwaltungsrecht ist auch und in erster Linie Individualgüterschutz, und unser Privatrecht mit seiner Freiheit der Verträge und des Eigentums ist das Fundament unserer freiheitlichen demokratischen Grundordnung. Also?

Also gibt es seit dem 19. Jahrhundert die Subordinationstheorie. Subordination heißt Unterordnung. Und wo es eine Unterordnung gibt, da ist auch eine Überordnung. Deshalb spricht man auch von Über-Unterordnungstheorie. Öffentliches Recht ist danach derjenige Bereich, in dem der Staat — als Nachfolger der alten Kaiser, Könige, Fürsten — dem Bürger als höheres Wesen gegenübertritt. Wir Bürger als Untertanen. Das Privatrecht dagegen ist das Recht der Gleichordnung. Die Bürger untereinander als Freie und Gleiche. Obwohl es, liest man, auch zwischen Bürgern Über-Unterordnung geben soll. Irgendwann paßte diese Theorie nicht mehr zum aufrechten Gang einer freiheitlichen demokratischen Grundordnung, und so wurde sie allmählich zu den hoheitlichen Akten gelegt.

Schon in der Adenauerzeit erfunden, breitete sich in den siebziger Jahren eine andere aus, die dem Charme der Bundesrepublik sehr viel besser entspricht: die Sonderrechtstheorie. Sie hat heute die meisten Anhänger. Nichts mehr von peinlicher Über-Unterordnung, sondern einfach nur das Besondere. Zum öffentlichen Recht gehören danach alle Vorschriften, die dem Staat als Sonderrecht zugeordnet sind und nicht für jedermann gelten wie das Privatrecht. Nun kommt es darauf an, ob der Staat als besondere Einrichtung sich nach besonderen Vorschriften verhält — dann handelt er öffentlich-rechtlich — oder nach allgemeinen

Gesetzen, die für alle gelten — dann handelt er privatrechtlich. Man kann nicht gerade sagen, die Theorie sei logisch wasserdicht. Aber man ahnt, was gemeint ist, und gibt sich zufrieden. Der Staat steht nicht mehr vertikal über dem Bürger, sondern horizontal neben ihm. Jeder hat seinen Bereich. Manchmal kauft die Verwaltung Heftklammern im Papiergeschäft nebenan, wie ein normaler Bürger, zu denselben Bedingungen. Privatrecht. Manchmal betreibt sie eine Omnibuslinie wie ein anderer Omnibusunternehmer. Auch Privatrecht. Und öfter handelt sie nach Sonderrecht, verbietet dem Bauern die Schweinemast. Das kann der normale Bürger nicht. Er darf seinem Nachbarn nicht einfach was verbieten, nur weil's ihm stinkt. Also öffentliches Recht, Verwaltungsrecht: etwas Besonderes.

Literatur

Ein vorzügliches Lehrbuch ist Hartmut Maurer, *Allgemeines Verwaltungsrecht*, 8. Auflage 1992. Hier sind alle Einzelheiten ausführlich beschrieben, die in diesem Kapitel nur angedeutet werden konnten, also vom Verwaltungsakt, der Eingriffs- und Leistungsverwaltung bis zu den Schadensersatzansprüchen und der Abgrenzung von öffentlichem und privatem Recht. Auch das Verwaltungsverfahren wird behandelt. Zur Verwaltungsgerichtsordnung, also zum Verfahren vor den Verwaltungsgerichten: Walter Schmitt Glaeser, *Verwaltungsprozeßrecht*, 11. Auflage 1992. Die wichtigsten Bereiche des besonderen Verwaltungsrechts sind behandelt im Sammelwerk: Ingo von Münch, Eberhard Schmidt-Aßmann (Herausg.), *Besonderes Verwaltungsrecht*, 9. Auflage 1992; das Polizeirecht am verständlichsten von Volkmar Götz, *Allgemeines Polizei- und Ordnungsrecht*, 10. Auflage 1991; und das Baurecht sehr gut von Klaus Finkelnburg, Karsten-Michael Ortloff, *Öffentliches Baurecht*, 2 Bände, 2. Auflage 1990. Zur Kritik am Baugesetzbuch: Peter von Feldmann, Klaus-Martin Groth, *Das neue Baugesetzbuch*, 1986. Zum Umweltrecht: Reiner Schmidt, *Einführung in das Umweltrecht*, 3. Auflage 1992.

6. KAPITEL
Außerdem noch

Das waren sie, die drei großen Kernbereiche des Rechts. Öffentliches, Zivilrecht, Strafrecht. Öffentliches Recht, das heißt Staats- und Verwaltungsrecht. Es wird von Juristen als Einheit gesehen und ist hier auseinandergezogen worden, weil das Verwaltungsrecht große Ähnlichkeit mit dem Zivilrecht hat, als Individualgüterschutz, was man besser verstehen kann, wenn man das andere schon kennt. Auch das Strafrecht setzt Zivilrechtliches voraus, zum Beispiel dort, wo das Eigentum eine Rolle spielt. Deshalb der bisherige Aufbau: zuerst das Staatsrecht als der große Rahmen für alles andere, danach das Zivilrecht als Voraussetzung für das Verständnis der beiden folgenden, Strafrecht und Verwaltungsrecht. Aber die Dreiteilung ist wichtig: Öffentliches Recht, Zivilrecht, Strafrecht, wobei das öffentliche Recht unterteilt ist in Staats- und Verwaltungsrecht. Die Dreiteilung bestimmt die Ausbildung der Juristen an den Universitäten und prägt ihr Bewußtsein. Allerdings beginnt das Studium, wie hier, mit Staatsrecht, Zivilrecht und Strafrecht. Das Verwaltungsrecht kommt meistens etwas später.

Am ältesten ist das Zivilrecht. Es entstand vor über zweitausend Jahren im antiken Rom und hat mit seiner Begrifflichkeit und Methode die beiden anderen entscheidend beeinflußt. Am Ausgang des Mittelalters kam das Strafrecht dazu, als Wissenschaft betrieben seit der *Constitutio Criminalis Carolina* von 1532, dem Strafgesetzbuch des alten deutschen Reiches; einhundert Jahre später das Staatsrecht, in der Reichspublizistik des 17. Jahrhunderts, ein Produkt des absolutistischen Staates; und zuletzt das Verwaltungsrecht, im 19. Jahrhundert, ein typisches Geschöpf der bürgerlichen Gesellschaft, das die Rechte der Bürger gegen den Staat in eine Form gebracht und den Staat zum Rechtsstaat umgeformt hat, der nun auch selbst an das Recht gebunden ist und nicht mehr in der Lage, beliebig über seine Untertanen zu verfügen. So viel zu öffentlichem Recht, Strafrecht und Zivilrecht. Aber das ist beileibe nicht alles. Das Recht hat noch manche Fasson. Was gibt es außerdem noch?

Nur gestreift worden ist bisher das Prozeßrecht, überhaupt nicht erwähnt das **Gerichtsverfassungsrecht,** das Aufbau und Organisation der Gerichte regelt, in den verschiedenen Zweigen der Justiz, also bei den »ordentlichen« Gerichten, die zuständig sind für Zivil- und Strafjustiz, Arbeitsgerichten, Verwaltungsgerichten und so weiter. Wie viele Instanzen gibt es? Mit wie vielen Richtern jeweils? Wann sind sie zuständig?

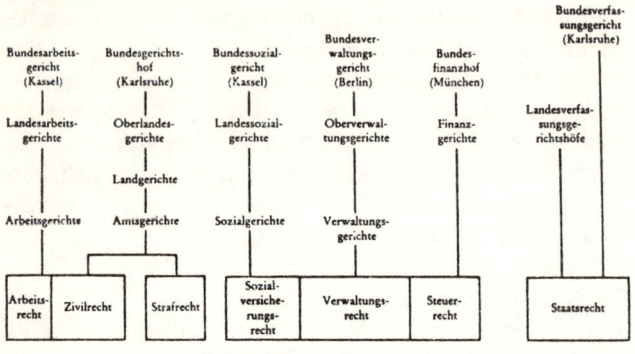

Bundesarbeits-gericht (Kassel)	Bundesgerichts-hof (Karlsruhe)	Bundessozial-gericht (Kassel)	Bundesver-waltungs-gericht (Berlin)	Bundes-finanzhof (München)	Bundesverfas-sungsgericht (Karlsruhe)
Landesarbeits-gerichte	Oberlandes-gerichte	Landessozial-gerichte	Oberverwal-tungsgerichte	Finanz-gerichte	Landesverfas-sungsge-richtshöfe
	Landgerichte				
Arbeitsgerichte	Amtsgerichte	Sozialgerichte	Verwaltungs-gerichte		
Arbeits-recht / Zivilrecht / Strafrecht			Sozial-versiche-rungs-recht	Verwaltungs-recht / Steuer-recht	Staatsrecht

Die Rechtsgebiete und ihre Gerichte

Für jeden Bereich gibt es ein eigenes **Prozeßrecht**. So gibt es eine Zivilprozeßordnung, eine Strafprozeßordnung, eine Verwaltungsgerichtsordnung, ein Arbeitsgerichtsgesetz und andere mehr. Sie regeln den Ablauf des einzelnen Prozesses. Wie erhebt man Klage? Welche Fristen muß man einhalten? Wie wird Beweis erhoben? Kann man gegen das Urteil Berufung einlegen oder Revision? Und, außerordentlich wichtig, wie wird so ein Urteil vollstreckt? Zwangsvollstreckung und Konkurs spielen im Zivilrecht eine große Rolle: Sie sind eine Wissenschaft für sich. Sehr unterschiedlich ist der innere Zusammenhang von materiellem Recht und Prozeß. Am engsten ist er im Verwaltungsrecht. Dort ist er schon beschrieben worden, ebenso wie der Unterschied zwischen aktionenrechtlichem Denken und materiellrechtlichem System.

Etwas ganz Besonderes findet sich im Prozeßrecht der Zivilgerichte: die **Freiwillige Gerichtsbarkeit**. Es ist das Verfahrensrecht für Vormundschaftsgerichte, Nachlaßgerichte, Handelsregister, Vereinsregister, Grundbuchamt, geregelt im Gesetz über die Angelegenheiten der freiwilligen Gerichtsbarkeit von 1898. Eine merkwürdige Mischung von Rechtsprechung und Verwaltung, und gar nicht immer so freiwillig, wie sie sich anhört. Wenn man zum Nachlaßgericht geht, das eine Abteilung des Amtsgerichts ist, weil man einen Erbschein haben will, nun gut, das kann man auch lassen, wenn man es sich leisten will. Wenn Eltern für ihr Kind ein Grundstück kaufen wollen oder vorhaben, das arme Wesen in einem geschlossenen Erziehungsheim unterzubringen, dann brauchen sie dafür die Genehmigung des Vormundschaftsgerichts. Anders geht es nicht. Völlig unfreiwillig wird es aber, wenn dieses Gericht jemandem wegen Geistesschwäche einen Gebrechlichkeitspfleger zuweist, der als Vormund auftreten soll. An sich muß der Betreffende zustimmen, und deshalb ist das Verfahren im Gesetz über die Freiwillige Gerichtsbarkeit geregelt (§ 38). Aber meistens werden solche Pfleger gegen seinen Willen ernannt. Das ist zwar nicht ganz so schlimm wie eine Entmündigung, für die es ausführliche Vorschriften in der normalen Zivilprozeßordnung gibt, aber freiwillig ist es ganz und gar nicht.

Im Zentrum des materiellen Zivilrechts steht das BGB, sonnenhaft, strahlend wie vor hundert Jahren, Kraftquelle für eine expandierende Wirtschaft mit freiem Eigentum und freiem Vertrag, leuchtendes Licht für freie Füchse in freien Hühnerställen. Am Rande kreisen die Planeten: Handelsrecht, Gesellschaftsrecht, Wertpapierrecht, Versicherungsrecht, gewerblicher Rechtsschutz und Urheberrecht, Wettbewerbsrecht und Kartellrecht. Daß die armen Hühner nicht alle Federn lassen müssen, dafür sorgen Arbeitsrecht und soziales Mietrecht.

Handelsrecht ist das Recht der Kaufleute, geregelt im Handelsgesetzbuch. Das Wichtigste steht am Anfang, eine Begriffsbestimmung, die Definition. § 1:

>»Kaufmann im Sinne dieses Gesetzbuches ist, wer ein Handelsgewerbe betreibt.«

Es wird sogar im einzelnen gesagt, was das ist, und unterschieden zwischen Muß-, Soll-, Kann- und Minderkaufleuten. Für manche wird die Eintragung in das Handelsregister vorgeschrieben und dann noch einmal definiert. § 17:

> »Die Firma eines Kaufmanns ist der Name, unter dem er im Handel seine Geschäfte betreibt und die Unterschrift abgibt.«

Das Recht der Kaufleute unterscheidet sich vom BGB durch Sondervorschriften, die den Geschäftsverkehr beschleunigen. Die Vollmacht durch Prokura ist umfassend, eine Bürgschaft braucht keine Schriftform, Schweigen gilt manches Mal als Annahme eines Angebots, und wenn Gekauftes nicht in Ordnung ist, muß der Kaufmann sich sofort melden. Normale Kunden haben ein halbes Jahr Zeit für Wandlung, Minderung oder Schadensersatz.

Im Handelsgesetzbuch sind auch Offene Handelsgesellschaft, Kommanditgesellschaft und stille Gesellschaft geregelt. Drei andere finden sich in Sondergesetzen, GmbH, Aktiengesellschaft und Genossenschaft; zwei weitere stehen schon im BGB, die sogenannte BGB-Gesellschaft und der Verein. Das macht zusammen das **Gesellschaftsrecht** aus. Ein weites Feld. Es ist zweigeteilt in Personengesellschaften und Kapitalgesellschaften. Jene sind einfach Gruppen von Leuten, diese eine Metamorphose. Sie verdichten sich — über das Kapital — zu einer juristischen Person. Die Leute verschwinden. Diese juristische Person ist ein obskures Wesen, eine Fiktion, gedacht nach dem Bild des Menschen, wie der liebe Gott. Sie ist Rechtssubjekt, und das heißt, sie hat eigene Rechte und Pflichten, unabhängig von den Leuten, die dahinter verschwunden sind. BGB-Gesellschaft, Offene Handelsgesellschaft und Kommanditgesellschaft sind Personengesellschaften. GmbH und Aktiengesellschaft sind Kapitalgesellschaften. Ihnen sehr ähnlich ist der Verein, auch eine juristische Person, wenn er als rechtsfähig anerkannt ist. Er darf grundsätzlich nur keine Gewinngeschäfte machen, anders als die Genossenschaft.

Wenn Meier, Müller und Schmidt eine GmbH gründen, die mit Immobilien handelt, gehören die Grundstücke der GmbH, und die GmbH gehört den drei Leuten. Die Gesellschaft ist dann eine juristische Person, die zwischen den Grundstücken und den Leuten steht, Eigentümerin des Vermögens, Gläubigerin der Forderungen, Schuldnerin der

Schulden, wie ein normaler Mensch. Wenn sie gute Geschäfte macht, lassen sich Meier, Müller und Schmidt von ihr öfter mal was auszahlen. Sie gehört ihnen ja und tut, was sie sagen. Gehen die Geschäfte schlecht, haftet sie allein für die Schulden, mit ihrem eigenen Vermögen, wenn noch was da ist. Meier, Müller und Schmidt sind aus dem Schneider, haben nur das Geld verloren, das am Anfang eingezahlt wurde, die Einlage. Das ist der Unterschied zur Personengesellschaft. Wenn das Unternehmen als Offene Handelsgesellschaft betrieben wird, sind es die drei selbst, Meier, Müller und Schmidt, denen alles gehört und die auch zahlen müssen, wenn es schiefgeht, nicht eine juristische Person, jene verselbständigte Kunstfigur, die über den Individuen schwebt, ihre Kräfte bündelt und ihre Blöße bedeckt.

Auch im **Wertpapierrecht** triumphiert die Kunst der Verselbständigung. Geldforderungen verwandeln sich zu Papier, in dem sich eigenes Leben regt. »Das Recht aus dem Papier folgt dem Recht am Papier«, sagen Juristen über echte Wertpapiere, Wechsel und Scheck, ausführlich geregelt im Wechselgesetz und im Scheckgesetz, mit vielen verwickelten Problemen, die noch viel ausführlicher behandelt worden sind von Gerichten und Wissenschaft. Mit dem Spruch über das Recht am Papier und aus dem Papier ist gemeint, daß man Inhaber von Forderungen wird, wenn man das Eigentum an dem Papier erworben hat. Anders als bei Wertpapieren minderer Qualität, Sparbüchern zum Beispiel, die noch nicht völlig verselbständigt sind, sondern nur die Wirkung haben, daß nicht gezahlt werden muß, wenn sie nicht vorgelegt werden. Geregelt ist das in § 808 BGB, der nicht so kompliziert ist wie die anderen.

Auf der Landkarte normaler Juristen gibt es einen riesigen weißen Fleck: das **Versicherungsrecht**. Nur wenigen Spezialisten ist es bekannt, das Recht des Vertrages mit privaten Versicherungsgesellschaften über Lebensversicherungen, Haftpflichtversicherungen, Schadenssicherung für den Fall von Feuer, Diebstahl und so weiter. Man zahlt eine Prämie, die Versicherung übernimmt das Risiko. Solche Verträge sind in einem besonderen Gesetz geregelt, dem Versicherungsvertragsgesetz, nicht im Bürgerlichen Gesetzbuch, in dem sich noch nicht einmal ein Anhaltspunkt dafür findet, wo man sie dort einordnen könnte. Aber das Gesetz ist sehr ausführlich, die Zahl der Gerichtsurteile groß und die Literatur reichhaltig.

»Wenn ich weiter gesehen habe, dann deshalb, weil ich auf den Schultern von Riesen stand«, soll Galilei gesagt haben. Gibt es also geistiges Eigentum? Für Juristen ist das keine Frage. Wir haben Gesetze. Das Eigentum an Sachen ist im BGB geregelt, geistiges Eigentum im **Urheberrecht**. John Locke hat vor über dreihundert Jahren für das Eigentum die Erklärung gefunden, es sei ursprünglich die Arbeit gewesen, die dem Menschen einen Anspruch auf sein Produkt gegeben habe, was ihn beim Grund und Boden einige intellektuelle Verrenkungen gekostet hat. Also, Eigentum entsteht aus Arbeit. Daraus hat sich im 18. Jahrhundert die Lehre vom geistigen Eigentum des Schriftstellers entwickelt, das in England schon durch ein Gesetz von 1709 anerkannt wurde. In Deutschland ist es Johann Stephan Pütter gewesen, Professor an der Universität Göttingen, den man damals als bedeutendsten Juristen des Jahrhunderts feierte. 1774 schrieb er ein Buch mit dem Titel *Der Büchernachdruck nach ächten Grundsätzen des Rechts geprüft*, und dann setzte sich auch bei uns allgemein die Überzeugung durch, daß der Autor ein Urheberrecht habe, das er auf einen Verleger übertragen kann, der deswegen allein berechtigt ist, die Schrift zu veröffentlichen. Unser Urheberrechtsgesetz hat heute 143 Paragraphen und beginnt in § 1 mit einem Satz, der urheberrechtlich nicht geschützt ist:

> »Die Urheber von Werken der Literatur, Wissenschaft und Kunst genießen für ihre Werke Schutz nach Maßgabe dieses Gesetzes.«

Für technische Erfindungen geht das noch weiter zurück. In England wurde schon 1623 ein Patentgesetz erlassen, in Venedig 1474. Heute spricht man vom **gewerblichen Rechtsschutz**. Er gilt für geistiges Eigentum, das gesichert wird durch Patentgesetz, Gebrauchsmustergesetz, Geschmacksmustergesetz, Warenzeichengesetz. Das Patent ist eine technische Erfindung höherer Stufe. Die neuen langlebigen Glühbirnen zum Beispiel. Das Gebrauchsmuster ist eine technische Erfindung niederer Stufe. Der selbstklebende Briefumschlag. Das Geschmacksmuster muß nicht unbedingt etwas mit Geschmack zu tun haben, wie Hummelfiguren und Mecki von *Hör zu* beweisen, ist aber trotzdem juristisch nur schwer vom Kunstwerk zu unterscheiden, dem es ähnlich nahe steht wie das Gebrauchsmuster dem Patent. Das Warenzeichen macht weniger Schwierigkeiten. Es ist ein Firmensymbol, in Wort oder Bild, BMW oder der gute Stern aus Untertürkheim. Sie alle werden geschützt, wenn man sie beim Patentamt in München angemeldet hat, das Patent für zwanzig Jahre, das Warenzeichen solange man will, die beiden anderen zunächst für drei oder fünf Jahre, mit der Möglichkeit einer Verlängerung.

Wettbewerbsrecht und Kartellrecht sollen Mißbräuche verhindern, die dem freien Markt durch die Freiheit des BGB drohen und ihn vernichten können, den Markt, den das BGB mit seinen Freiheiten ja erst eröffnet hat. Auch hier gilt: keine Freiheit für die Feinde der Freiheit. So beginnt § 1 des Gesetzes gegen den unlauteren Wettbewerb:

> »Wer im geschäftlichen Verkehre zu Zwecken des Wettbewerbs Handlungen vornimmt, die gegen die guten Sitten verstoßen, kann auf Unterlassung und Schadensersatz in Anspruch genommen werden.«

Irreführende Werbung ist verboten, ebenso vergleichende Werbung, planmäßige Abwerbung von Kunden durch Beschäftigung von Arbeitskräften der Konkurrenz und vieles mehr. Es gibt Regeln für Sonderangebote, Räumungsverkäufe, Zugaben, Rabatte. Entscheidend ist, daß dieses Wettbewerbsrecht im Prinzip privatrechtlich organisiert ist, über Schadensersatz- und Unterlassungsansprüche von Mitbewerbern, von »Gewerbetreibenden, die Waren oder gewerbliche Leistungen gleicher oder verwandter Art vertreiben«, wie es in § 13 heißt. Also Mann gegen Mann. Nicht von oben durch die Verwaltung. Daneben haben noch Wirtschaftsverbände und Verbraucherverbände ein

Klagerecht, nicht jedoch, wie in der Schweiz, der einzelne Kunde, und für einige besondere Fälle steht im Hintergrund die Drohung des Strafrechts.

Das **Kartellrecht** hat dasselbe Ziel, die Freiheit des Marktes zu erhalten, arbeitet wie das Wettbewerbsrecht im Prinzip mit denselben Mitteln, nämlich mit dem Instrumentarium des Privatrechts, setzt aber anders an. Während das Wettbewerbsrecht deliktsrechtlich vorgeht und Wettbewerbsverstöße als Spezialfälle von unerlaubten Handlungen ansieht, die zum Schadensersatz verpflichten, greift das Kartellrecht in die Verträge ein. Wettbewerbsrecht gehört zum Deliktsrecht. Kartellrecht ist Vertragsrecht. Genauer gesagt, es ist einer der wichtigsten Fälle der Einschränkung der Vertragsfreiheit. Manche Verträge zwischen Unternehmen werden nämlich einfach für ungültig erklärt.

Das Ideal ist der freie Markt, der den Eigennutz von Finanziers und Fabrikanten, Krämern, Kunden und Konjunkturrittern neutralisiert, die unsichtbare Hand des Adam Smith, die alles zum Guten wendet, weil nur das Beste und Günstigste sich durchsetzt, die Vielfalt größer wird, die Qualität immer besser, die Preislage günstiger, so daß der Wohlstand zunimmt, und das Glück ist zum Greifen nah. Aber, leider, es gibt Bösewichte. Sie machen gemeinsame Sache und verfälschen diesen Prozeß der Selbstregulierung. Firmen, die vereinbaren, daß der eine nur hier verkauft und der andere nur da oder beide überall, aber zu denselben Bedingungen. So etwas nennt man ein Kartell. Die segensreiche Konkurrenz ist *perdu*, das Publikum der Dumme, denn es ist dem Diktat einiger weniger marktbeherrschender Unternehmen ausgeliefert. Es hat keine Wahl mehr, die Qualität sinkt, die Preise steigen, und nur die Bösewichte profitieren. Also bestimmt unser Kartellgesetz, das »Gesetz gegen Wettbewerbsbeschränkungen«, in § 1:

> »Verträge, die Unternehmen oder Vereinigungen von Unternehmen zu einem gemeinsamen Zweck schließen und Beschlüsse von Vereinigungen von Unternehmen sind unwirksam, soweit sie geeignet sind, die Erzeugung oder die Marktverhältnisse für den Verkehr mit Waren oder gewerblichen Leistungen durch Beschränkung des Wettbewerbs zu beeinflussen.«

Natürlich gibt es viele Möglichkeiten, solche Verbote zu umgehen, und manche Gründe, Ausnahmen zuzulassen, und das heißt Ausnahmevorschriften, Einbeziehung von Lizenzverträgen, Mißbrauchsaufsicht, Diskriminierungsverbote, Fusionskontrolle. Ein weites Feld. Durch die europäische Einigung ist es noch größer geworden, denn zur gleichen Zeit, als unser Gesetz in Kraft getreten ist, 1958, das von Ludwig Erhard gemauerte Fundament einer wirklich sozialen Marktwirtschaft, zur gleichen Zeit ist der Vertrag über die Europäische Wirtschaftsgemeinschaft wirksam geworden, der für den Markt in Europa Ähnliches bestimmt, mit weniger Ausnahmen und etwas härteren Regeln. Das Instrumentarium hier wie dort ist zivilrechtlich, ergänzt durch behördliche Aufsicht, hier das Bundeskartellamt in Berlin, dort die Europäische Kommission in Brüssel, und im Hintergrund steht die Drohung des Strafrechts, allerdings ziemlich schwach, nämlich nur mit sogenannten Ordnungswidrigkeiten und Geldbußen. Sehr viel genützt hat das alles nicht. Aber ein riesiges Rechtsgebiet ist es schon.

Im Umkreis des Strafgesetzbuches liegen Jugendstrafrecht, Kriminologie und Strafvollzugsrecht. Das **Jugendstrafrecht** ist derjenige Bereich, in dem heute für Jugendliche und Heranwachsende verwirklicht ist, was die moderne Schule Franz von Liszts vor hundert Jahren für das gesamte Strafrecht geplant hat. Hier stehen tatsächlich Erziehung und Resozialisierung im Vordergrund, nicht Verurteilen und Strafen. Jugendliche sind Vierzehnjährige bis Siebzehnjährige, Heranwachsende von achtzehn bis unter einundzwanzig. Ihre Taten werden wie die von Erwachsenen nach dem Strafgesetzbuch beurteilt, aber die Folgen sind andere. Sie sind im Jugendgerichtsgesetz geregelt, mit Sondervorschriften für das Verfahren vor besonderen Jugendgerichten, die — bei Jugendlichen — unter Ausschluß der Öffentlichkeit verhandeln. Statt Strafen auszusprechen, können die Gerichte vorschreiben, wie die Jüngeren sich künftig zu verhalten haben: sie sollen bestimmte Lokale meiden oder falsche Freunde, Rauchen oder Trinken lassen, bei gemeinnützigen Arbeiten mitmachen oder eine Lehrstelle annehmen. Dann kommen Verwarnungen, Auflagen, Wiedergutmachung von Schaden, Freizeitarrest und ganz zuletzt Jugendstrafe, als letztes Mittel, mit der höchsten Dauer von zehn Jahren bei schweren Verbrechen. Im Jugendstrafrecht geht es also nicht so sehr um die Frage, ob jemand etwas getan hat und wie es juristisch zu bewerten ist, als Diebstahl, Unterschlagung oder Betrug. Es geht um die Folgen. Deshalb überschneidet es sich mit der **Kriminologie,** der »Lehre vom Verbrechen«, die nicht nur nach den Ursachen von Kriminalität fragt, sondern auch nach den Folgen von Strafen. Ob ein Minus oder Plus uns verblieben, zeigt der Schluß. Wie sieht es aus in der Praxis unserer Strafanstalten? Was ist das für eine Welt, dieser merkwürdige Mikrokosmos von Gefangenen und Personal? Wie leben sie? Wer beeinflußt wen? Und wie? Wie ist der Übergang in die Freiheit? Und die Rückfallquote? Das ergibt die zweite Überschneidung, nämlich mit dem **Strafvollzugsrecht,** das seit 1976 endlich in einem Gesetz geregelt ist, im Strafvollzugsgesetz, nachdem das Bundesverfassungsgericht 1972 im Urteil zum Brief des Strafgefangenen entschieden hatte, daß es so nicht mehr weitergeht. Nun ist alles ordentlich in zweihundert Paragraphen geregelt. Geändert hat sich im Prinzip wenig. Aber dafür hat uns der Bundestag in § 2 wenigstens erklärt, warum es Gefängnisse gibt:

> »Im Vollzug der Freiheitsstrafe soll der Gefangene fähig werden, künftig in sozialer Verantwortung ein Leben ohne Straftaten zu führen (Vollzugsziel). Der Vollzug der Freiheitsstrafe dient auch dem Schutz der Allgemeinheit vor weiteren Straftaten.«

Also erstens Spezialprävention und zweitens Generalprävention. Das Problem ist nur, daß die Rückfallquote weiter bei achtzig Prozent liegt und die Abschreckungswirkung der Freiheitsstrafe auf Gewalttäter praktisch gleich Null ist. Das Ziel des § 2 bleibt unerreichbar. Trotzdem machen wir weiter wie bisher, klagen an, verurteilen, sperren ein, und reden von Generalprävention, Spezialprävention und Vergeltungstheorie.

Sonderformen des Verwaltungsrechts sind das **Sozialrecht** und das **Steuerrecht.** Da gibt es Behörden wie sonst auch, die Verwaltungakte erlassen wie alle anderen, auf der Grundlage von Gesetzen, deren wichtigste hier das Sozialgesetzbuch und das Arbeitsförderungsgesetz sind, dort die Abgabenordnung. Aber sie haben eigene Gerichte, hier Sozialgerichte, Landessozialgerichte und das Bundessozialgericht in Kassel, dort Finanzgerichte und — ohne zweite Instanz — der Bundesfinanzhof in München. Wieder zwei Gebiete, von denen normale Juristen keine Ahnung haben. Große weiße Flecken auf der Landkarte des Rechts. Wieder nur einige wenige Spezialisten. Merkwürdigerweise ist das Sozialrecht gerichtlich zweigeteilt. Die Sozialgerichte urteilen nur über die eine Hälfte, nämlich über Fälle der gesetzlichen Rentenversicherung, Arbeitslosengeld und Kriegsopferversorgung, während die normalen Verwaltungsgerichte weiter für die andere Hälfte zuständig sind, für Sozialhilfe, BAFöG und Wohngeld. Der alte Mann in Hannover, der 1954 mit seinem Prozeß gegen das Fürsorgeamt der Stadt das Tor zur gerichtlichen Kontrolle der Leistungsverwaltung aufgestoßen hat, müßte wegen seiner Sozialhilfe auch heute noch vor normalen Verwaltungsgerichten prozessieren, was gar nicht so ungünstig ist. Denn vor den Sozialgerichten werden die meisten Prozesse verloren.

Wenn man früher als Jurist promovierte, erhielt man von der Universität den Titel Dr. jur. utr., *Doctor iuris utriusque,* Doktor beider Rechte. Die beiden Rechte, das waren das weltliche und das **Kirchenrecht**. In Heidelberg wird der Titel immer noch verliehen. Heidelberg ist schließlich die älteste Universität in Deutschland. Als sie 1386 gegründet wurde, stand das Kirchenrecht — das kanonische Recht — noch an erster Stelle der Ordnung im Leben der Zeit. Das weltliche, römische war weniger wichtig. Man mußte beides studieren, als »gelehrtes Recht«. Im Mittelalter ist die katholische Kirche einmal ein mächtiges Staatsorgan gewesen. Heute sind Kirchen Körperschaften des öffentlichen Rechts, und selbst das ist umstritten. Kirchenrecht wird von wenigen Professoren gelehrt, nicht an allen Universitäten, und was die da eigentlich lehren, wissen normale Juristen nun wirklich nicht. Also ein kurzer Überblick.

Man unterscheidet Staatskirchenrecht und innerkirchliches Recht.

Das Staatskirchenrecht regelt die Beziehungen zwischen Kirchen und Staat. Zum Teil ist es Verfassungsrecht, zum Teil Landesrecht. Landesrecht, weil die Kirchen inzwischen zur Kultur gehören, und die ist Sache der Länder, nicht des Bundes. Schon ihre Rechtsnatur ist zweifelhaft. Sie sind Körperschaften des öffentlichen Rechts, sagt Artikel 137 der Weimarer Verfassung, der heute noch gilt. Aber sie sind Körperschaften des öffentlichen Rechts, ohne Körperschaften des öffentlichen Rechts zu sein. Darunter versteht man nämlich juristische Personen, die staatliche Aufgaben wahrnehmen. Gemeinden, Landkreise, Handwerks- oder Ärztekammern, Ortskrankenkassen, Universitäten. Aber Kirchen haben keine staatlichen Aufgaben. Im Gegenteil, Religion ist Privatangelegenheit, und Staat und Kirche sind — im gegenseitigen Interesse — getrennt. Also? Artikel 137 hat historische Gründe, die schon in der Weimarer Zeit längst überholt waren. Daneben steht das Problem, ob es ein Aufsichtsrecht des Staates gibt, und wenn ja, wie weit es geht. Wie ist das Verhältnis der Kirchen zum staatlichen Religionsunterricht? Was ist mit dem Schulgebet? Auch das Kirchensteuerrecht gehört dazu und die Frage, wie man aus einer Kirche austreten kann, wenn es um staatliche Maßnahmen geht wie die Einziehung dieser Steuern.

Im innerkirchlichen Bereich gibt es ein katholisches Kirchenrecht und ein evangelisches Kirchenrecht. Bei den Katholiken hat der Papst immer noch die oberste Jurisdiktionsgewalt, wie im Mittelalter. Er ist oberster Richter, Gesetzgeber und Chef der Verwaltung. Das Recht ist autoritär, zentralistisch, konservativ, seine Grundlage der *Codex Iuris Canonici,* 1904 erlassen von Pius X., 1983 erneuert von Johannes Paul II., die Sprache lateinisch. Er regelt die Organisation der Kirche, ihre Gerichtsbarkeit, die Priesterweihe, die Taufe, die Ehe und die Kirchenstrafen. Das evangelische Kirchenrecht ist demokratischer, diffus, spielt insgesamt keine so große Rolle wie bei den Katholiken. Die innere Organisation der evangelischen Kirche geht zurück auf alte Staatsgesetze, ist zum größten Teil ungeschriebenes

Gewohnheitsrecht, regional unterschiedlich. Sehr genau geregelt ist das Recht der evangelischen Kirchenbeamten, durch Gesetze der Kirche seit den fünfziger Jahren ähnlich dem Beamtenrecht des Bundes und der Länder.

Völkerrecht ist internationales Recht, das Recht der internationalen Verträge, der Befugnisse, Privilegien und Pflichten der Diplomaten, der Freiheit der Meere und der Gebietshoheit von Staaten über das Küstenmeer und den Luftraum, das Kriegsrecht und das Recht der internationalen Organisationen, an erster Stelle der Vereinten Nationen, die die Aufgabe haben, Kriege zu verhindern, und von regionalen Zusammenschlüssen, deren wichtigster für uns die Europäische Gemeinschaft ist, in der sich Völkerrecht und Europarecht überschneiden.
Auch heute noch meinen manche, Völkerrecht sei nur eine besondere Art von Politik, nicht Recht. Dahinter stehen alte Koryphäen wie Thomas Hobbes, Baruch Spinoza, Samuel Pufendorf, Georg Wilhelm Friedrich Hegel, John Austin, Max Weber und eine weit verbreitete Theorie des Rechts, die sogenannte Zwangstheorie. Recht sei nur, was mit dem Zwangsapparat des Staates durchgesetzt werden könne, mit Gerichten, deren Urteile notfalls vollstreckt werden vom Gerichtsvollzieher oder durch Polizei und Haftanstalten. So etwas gibt es im Völkerrecht nicht, wenn man von Sanktionen wie im Golfkrieg um Kuweit einmal absieht. Die Zwangstheorie ist eine sehr formalistische Sicht, die den Rang des Rechtsbewußtseins der Menschen übersieht und die Bedeutung von Gerichtsvollziehern und Gefängnissen überschätzt. Es ist kein Zufall, daß derjenige, der von vielen als »Vater des Völkerrechts« angesehen wird, daß Hugo Grotius in seinem berühmten Buch von 1623, *De iure belli ac pacis, Über das Recht des Krieges und des Friedens*, nicht nur das Völkerrecht, sondern das Recht ganz allgemein aus der Natur des Menschen abgeleitet hat, ohne den Staat. Das Buch ist eines der Hauptwerke des klassischen Naturrechts im 17. und 18. Jahrhundert, und das wichtigste Erbe dieses Naturrechts sind die Menschenrechte, die nicht nur unabhängig vom Staat existieren, und unabhängig von seinem Zwangsapparat, sondern als Abwehr-

rechte des Bürgers sogar gegen ihn gerichtet sind, elementare Bestandteile unserer Verfassungsordnung und des Völkerrechts. Es gibt keinen Grund, an dessen Rechtsqualität zu zweifeln.

Im **Europarecht** begegnen wir einer erstaunlichen Erscheinung. Man unterscheidet primäres und sekundäres Gemeinschaftsrecht. Das primäre sind die Gründungsverträge der Europäischen Gemeinschaft, normale völkerrechtliche Verträge. Der wichtigste ist der von Rom, der EWG-Vertrag. In ihm erscheinen schon 1957 die Organe der Wirtschaftsgemeinschaft, die unser Leben in Zukunft immer stärker bestimmen werden, also der Ministerrat, die Europäische Kommission, das Europaparlament und der Europäische Gerichtshof. Das erstaunliche ist das sekundäre Gemeinschaftsrecht. Sekundäres Gemeinschaftsrecht ist, was diese Organe beschließen. Im EWG-Vertrag ist nämlich bestimmt, daß der Ministerrat und die Kommission Verordnungen erlassen können. Artikel 189:

> »Die Verordnung hat allgemeine Geltung. Sie ist in allen ihren Teilen verbindlich und gilt unmittelbar in jedem Mitgliedsstaat.«

Auf deutsch, hier werden Gesetze erlassen. Das ist ja auch in Ordnung. Erstaunlich ist nur, von wem. Im Ministerrat sitzen Regierungsvertreter, Fachminister oder Regierungschefs, obwohl sich seit dem letzten Jahrhundert in ganz Europa die Regel durchgesetzt hat, daß Gesetze nur von Parlamenten erlassen werden dürfen. Hier werden sie von Regierungsvertretern beschlossen. Auch die Europäische Kommission in Brüssel hat keine bessere Legitimation. Sie besteht aus siebzehn Kommissaren, die vom Ministerrat ernannt werden. Das Europaparlament in Straßburg hat nur beratende Funktion.

Inzwischen sind Tausende solcher Gesetze erlassen worden, über deren Rechtsqualität man sich bei uns lange den Kopf zerbrochen hat. Nicht, daß man wie im Völkerrecht herummäkelt, sie seien kein Recht. Das ist unbestritten. Das Problem lag im Verhältnis zu unserem Verfassungsrecht. Wenn der Bundestag Gesetze erläßt, die mit dem Grundgesetz unvereinbar sind, kann das Bundesverfassungsgericht sie für unwirksam erklären. Aber was ist mit den Gesetzen, die aus Brüssel kommen? Die kommen sozusagen von ganz oben. Hier hat die Bundesrepublik mit völkerrechtlichen Verträgen Souveränitätsrechte abgegeben. Auch über die Verfassung hinweg? Das Bundesverfassungsgericht hat einige Zeit geschwankt und dann 1986 entschieden, daß deutsches Verfassungsrecht für solche Gesetze grundsätzlich kein Maßstab ist, weil es den Europäischen Gerichtshof in Luxemburg gibt und die Europäische Menschenrechtskonvention. Die Entscheidung wird »Solange II« genannt. Sie ist die zweite zu diesem Thema, die mit diesem Wort beginnt (BVerfGE 73.339):

> »Solange die Europäischen Gemeinschaften, insbesondere die Rechtsprechung des Gerichtshofs der Gemeinschaften einen wirksamen Schutz der Grundrechte gegenüber der Hoheitsgewalt der Gemeinschaften generell gewährleisten, der dem vom Grundgesetz als unabdingbar gebotenen Grundrechtsschutz im wesentlichen gleichzuachten ist, zumal den Wesensgehalt der Grundrechte generell verbürgt, wird das Bundesverfassungsgericht seine Gerichtsbarkeit über die Anwendbarkeit von abgeleitetem Gemeinschaftsrecht, das als Rechtsgrundlage für ein Verhalten deutscher Gerichte oder Behörden im Hoheitsbereich der Bundesrepublik Deutschland in Anspruch genommen wird, nicht mehr ausüben und dieses Recht mithin nicht mehr am Maßstab der Grundrechte des Grundgesetzes überprüfen.«

So viel zum Europarecht. Nun zum **Internationalen Privatrecht**. Wenn ein — in den Lehrbüchern nicht unbekannter — siebzigjähriger Engländer auf den Pariser Champs-Elysées in den Wagen eines Schweizer Autofahrers läuft, der in Hamburg wohnt und gegen den er dort vor dem Landgericht auf Schadensersatz für seine Verletzungen klagt, stellt sich für das Gericht die Frage, nach welchem Recht es entscheiden muß. Nach Schweizer Obligationenrecht oder englischem Common Law? Nach französischem Code Civil oder deutschem BGB? Solche Fragen entscheidet das *Internationale Privatrecht*. Oft sind sie nicht unwichtig. Manchmal kommen verschiedene nationale Rechte durchaus zum selben Ergebnis, aber nicht immer. Wenn der alte Engländer zum Beispiel so unglücklich hinter einem parkenden Auto auf die Straße gekommen ist, daß der andere unmöglich noch bremsen konnte, würde er nach deutschem, englischem und Schweizer Recht keinen Schadensersatzanspruch haben, wohl aber nach französischem. Es kommt also darauf an. Die Lösung hier? Das Hamburger Gericht muß nach französischem Recht entscheiden. Die sogenannte Tatortregel, die bei solchen deliktischen Schädigungen gilt, ist uralt und heißt seit dem Hochmittelalter *lex loci delicti*. Der Schweizer muß zahlen. Anders, wenn er ein Deutscher wäre. Dann gilt eine Zusatzvorschrift im Einführungsgesetz zum Bürgerlichen Gesetzbuch, abgekürzt EGBGB, nämlich Artikel 38:

> »Aus einer im Auslande begangenen unerlaubten Handlung können gegen einen Deutschen nicht weiter gehende Ansprüche geltend gemacht werden, als nach den deutschen Gesetzen begründet sind.«

Das ist der letzte von insgesamt sechsunddreißig Artikeln, die dort das deutsche Internationale Privatrecht regeln. Es ist nämlich nicht so international, wie es klingt, entstand im 12. Jahrhundert in Oberitalien, breitete sich über Europa aus und verzweigte sich später zu nationalen Einzelvorschriften. Heute hat jedes Land seine eigenen Regeln dafür, welches Recht anzuwenden ist. Die deutschen beginnen mit Artikel 3 EGBGB:

> »Bei Sachverhalten mit einer Verbindung zum Recht eines ausländischen Staates bestimmen die folgenden Vorschriften, welche Rechtsordnung anzuwenden ist (Internationales Privatrecht).«

Ist eine fremde Rechtsordnung anzuwenden, muß das Gericht sie kennen. Dem dient die **Rechtsvergleichung**. Sie beschäftigt sich damit, das Recht anderer Länder zu beschreiben und — anders geht es nicht — mit dem eigenen zu vergleichen. Sie hat eine lange Geschichte, ist älter als das Internationale Privatrecht, geht zurück auf Griechen und Römer und will durch den Vergleich mit anderen das eigene Recht besser verstehen. Und das heißt, vom anderen lernen. Wenn man aus dem eigenen Gebäude heraustritt, hat man einen freieren Blick, sieht seine Spuren deutlicher, findet Anregungen und vielleicht auch neue Lösungen, nicht nur im Zivilrecht, sondern auch im Strafrecht und öffentlichen Recht. Insofern gehört die Rechtsvergleichung in eine Reihe mit den drei anderen Grundlagenwissenschaften, mit Rechtsphilosophie, der Rechtssoziologie und der Rechtsgeschichte.

Was ist Recht? Was ist Gerechtigkeit? Das ist das Thema der **Rechtsphilosophie**. Ein Thema für Philosophen. Aristoteles hat es souverän behandelt im fünften Buch seiner *Nikomachischen Ethik*. Im 17. und 18. Jahrhundert sind die großen Naturrechtssysteme entstanden, von Thomas Hobbes und Hugo Grotius bis zu Samuel Pufendorf und Christian Wolff, und die bürgerliche Gesellschaft des 19. Jahrhunderts erhielt ihr rechtsphilosophisches Fundament durch Kants *Metaphysik der Sitten* und Hegels *Grundlinien der Rechtsphilosophie*. Heute ist die Zeit der großen philosophischen Systeme vorbei, und die Rechtsphilosophie ist allmählich zur juristischen Grundlagenwissenschaft geworden, betrieben von Juristen. Das Thema ist geblieben. Was ist Recht? Was ist Gerechtigkeit? Aber die Antworten sind nicht mehr so souverän. Statt dessen konzentriert man sich auf das Sammeln kleinerer Münzen, beschäftigt sich mit Juristischer Methodenlehre, auch Rechtstheorie genannt, einer Domäne von Juristen, Philosophen nicht mehr zugänglich, denn nun ist es die Frage nach den logischen Strukturen im Denken der Juristen, nach der Methode, den richtigen Weg zum richtigen Ergebnis zu finden.

Seit dem Anfang des Jahrhunderts hat sich die **Rechtssoziologie** als Fach etabliert, so wie im 19. Jahrhundert die Soziologie neben der Philosophie entstanden ist. Sie war zunächst getragen von der Autorität der beiden Großen, Eugen Ehrlich und Max Weber, deren Standardwerke über die gesellschaftlichen Grundlagen des Rechts als Reaktion auf die Rechtswissenschaft des 19. Jahrhunderts entstanden sind, die sich — als »Begriffsjurisprudenz« — stark formalisiert und von fast allen moralischen und naturrechtlichen Inhalten getrennt hatte. Heute forscht man hier über allgemeine Fragen der Gesetzgebung und darüber, wie wirksam sie eigentlich ihre Ziele erreicht. Man untersucht, in welchem Maß verschiedene Klassen der Bevölkerung bereit und in der Lage sind, Streitfälle vor Gerichten auszutragen. Das ist das Thema »Zugang zum Recht«. Es gibt die sogenannte Richtersoziologie, die die soziale Herkunft und politische Haltung von Richtern untersucht, und das Thema Alternativen zum Recht, also die Frage, ob andere als juristische Lösungen von Konflikten nicht besser und sinnvoller sein können, und schließlich, auch für Juristen nicht uninteressant, Untersuchungen darüber, was die Bevölkerung vom Recht weiß und über Juristen denkt.

Es gibt nur eine Wissenschaft, hat Karl Marx gesagt, das ist die Wissenschaft von der Geschichte. Ähnlich formulierte es etwas früher für die Juristen einer, den Heinrich Heine im *Wintermärchen* als den geleckten Troubadour der Pandekten besungen hat, Friedrich Carl von Savigny, der Gründer der sogenannten historischen Rechtsschule, mit großem Einfluß auf das Recht des 19. Jahrhunderts. Für ihn war die Lösung eines juristischen Problems nur möglich auf der Grundlage von Kenntnissen über seine historische Entwicklung. Seitdem spielte die **Rechtsgeschichte** in der Ausbildung von deutschen Juristen bis weit in unser Jahrhundert eine große Rolle, was nebenbei die angenehme Wirkung hatte, daß deren ohnehin vorhandene konservative Grundeinstellung zivilisatorisch verfeinert wurde: Rechtsgeschichte als kulturelle Legitimationswissenschaft. Inzwischen ist ihre Bedeutung geringer geworden. Das Feld der Forschung ist aber immer noch sehr groß. Antikes römisches Recht als das A und O am Anfang, mittelalterliches Recht, Rechtsgeschichte der Neuzeit. Erstaunlich gut bearbeitet ist das mesopotamische Keilschriftrecht der Sumerer und Babylonier, etwas weniger intensiv das altägyptische Recht, das altgriechische und das byzantinische. Eines der am besten erforschten Gebiete ist das Recht in Ägypten am Ende seiner großen Geschichte, in der Zeit von Alexander dem Großen bis zur Zeit des römischen Kaisers Diocletian, also unter griechischer und römischer Herrschaft, mit Tausenden und Abertausenden von juristischen Papyrusurkunden. Die juristische Papyrologie. Aus der Geschichte lernen? Vielleicht.

So weit der Überblick und daraus nun zwei Beispiele, die genauer beschrieben werden wollen. Das eine ist die Rechtsphilosophie. Ihre methodischen Probleme, die kleineren Münzen, sind schon im ersten Kapitel gestreift worden, Methodenfragen, die durch die Ungenauigkeit in der Sprache der Juristen entstehen, also der Fall von Marie und Jakob und Gesine, das Zirpen der Zikaden und hM. Bleibt also die Frage nach Recht und Gerechtigkeit. Sie soll am Schluß behandelt werden. Vorher ein Beispiel aus einem Gebiet mit praktischer Bedeutung, dem Arbeitsrecht, das im täglichen Leben eine etwas wichtigere Rolle spielt als die großen Fragen, die uns die Philosophen hinterlassen haben. Zuerst also die Praxis, ganz unten. Am Ende die Theorie, ganz oben.

Literatur

Ein gutes Hilfsmittel für alle Rechtsgebiete ist Carl Creifels, *Rechtswörterbuch*, 11. Aufl. 1992, jeweils unter einzelnen Stichwörtern, die kurz und klar abgehandelt werden. Ausführlichere Einzeldarstellungen zu allen Rechtsgebieten, nicht schlecht, gedacht als Einführung für Juristen aus den neuen Bundesländern, verständlich geschrieben, finden sich bei Burkhard Messerschmidt (Herausg.), *Deutsche Rechtspraxis*, 1991. Empfehlenswerte Lehrbücher sind: Alfons Kraft, Peter Kreutz, *Gesellschaftsrecht*, 8. Auflage 1990; Lutz Sedatis, *Einführung in das Wertpapierrecht*, 1988; Paul Hofmann, *Handelsrecht*, 7. Auflage 1990; Volker Emmerich, *Kartellrecht*, 6. Auflage 1991; Wolfgang Rüfner, *Einführung in das Sozialrecht*, 2. Auflage 1991; Adalbert Erler, *Kirchenrecht*, 6. Auflage 1983; Michael Schweitzer, Waldemar Hummer, *Europarecht*, 3. Auflage 1990; Max Rheinstein, *Einführung in die Rechtsvergleichung*, 2. Auflage 1987; Karlheinz Rode, *Geschichte der europäischen Rechtsphilosophie*, 1974; Arthur Kaufmann, Winfried Hassemer (Herausg.), *Einführung in die Rechtsphilosophie und Rechtstheorie der Gegenwart*, 5. Auflage 1989; Hubert Rottleuthner, *Einführung in die Rechtssoziologie*, 1987; Rainer Schröder, *Rechtsgeschichte*, 3. Auflage 1990 (Alpmann und Schmidt, Skripten), mit einer Übersicht über die wichtigste Literatur. Für Jugendstrafrecht, Kriminologie und Strafvollzug das Handbuch von Ulrich Eisenberg, *Kriminologie*, 3. Auflage 1990. Gut geschrieben ist Friedrich Berber, *Lehrbuch des Völkerrechts*, 3 Bände, 2. Auflage 1969–1977. Die vollständigen Gesetze findet man bei Schönfelder, *Deutsche Gesetze*, und Sartorius, *Verfassungs- und Verwaltungsgesetze*, oder in der Sammlung Beck-Texte im dtv, zum Beispiel das — primäre — Europarecht in Nr. 5014.

7. KAPITEL
Arbeitsrecht

Arbeitsrecht und Vertragsfreiheit

1985 hatte die alte Bundesrepublik 61 Millionen Einwohner. Von ihnen waren 27 Millionen sogenannte Erwerbspersonen, die sich teilten in 2 Millionen Selbständige, 2 Millionen Arbeitslose, 21 Millionen Arbeiter und Angestellte und 2 Millionen Beamte. 21 Millionen Arbeiter und Angestellte und mit ihnen ihre Familien gründen also ihre Existenz auf Arbeitsverträge, und die meisten von ihnen, nämlich etwa 11 Millionen, leben in Wohnungen, die sie gemietet haben. So existiert der größte Teil der Menschen bei uns über Dienstverträge mit Unternehmern und Mietverträge mit Hauseigentümern, und man kann sich vorstellen, was los wäre, wenn alles frei ausgehandelt werden könnte, von Mensch zu Mensch, in jener Freiheit der Verträge, die an sich das Fundament unserer freiheitlichen demokratischen Grundordnung ist. Als menschlich könnte man solche Zustände jedenfalls nur in einem sehr eingeschränkten Sinn bezeichnen. Also schränkte man lieber die Vertragsfreiheit ein, und nicht die Menschlichkeit, allerdings in sehr unterschiedlichem Maße. Stärker im Arbeitsrecht, weniger im Mietrecht. Deshalb sind die Zustände im Arbeitsleben einigermaßen erträglich, auf dem Wohnungsmarkt dagegen immer noch ziemlich schlecht. Eigentlich ist es ja merkwürdig, daß es dem Kapitalismus mit seiner freien Marktwirtschaft bis heute nicht gelungen ist, für angemessene Mieten zu sorgen. Aber der Grund ist ganz einfach. Im Arbeitsrecht gibt es starke Gewerkschaften, die notfalls das scharfe Instrument des Streiks einsetzen können. Um das Mietrecht bemühen sich schwache Mieterverbände, die ihre Mitglieder schlecht auffordern können, im Kampf gegen egoistische Hauseigentümer die eigenen Leistungen mal für einige Zeit einzustellen. Sie würden bald auf der Straße sitzen und müßten sich neue Wohnungen suchen. Hauseigentümer sind stärker als Unternehmer, weil sie von den sozial Schwächeren nur das Geld haben wollen, das ziemlich hart ist, und nicht die sensiblere Arbeit, die man vorübergehend verweigern kann, ohne gleich die ganze Stellung zu riskieren.

Unser Arbeitsrecht ist derjenige Teil des Zivilrechts, in dem die Vertragsfreiheit am meisten eingeschränkt wird. Es ist nichts anderes als ein riesiges Instrumentarium zu genau diesem Zweck, und zwar so umfangreich und vielfältig, daß es im Gegensatz zum Mietrecht ein selbständiges Rechtsgebiet geworden ist, nicht nur mit eigenen Gerichten, sondern auch als besondere Wissenschaft mit eigenen Instituten und mit Professoren, die extra für dieses Fach an juristische Fakultäten berufen werden. Im Mietrecht wäre das genauso notwendig. Aber merkwürdigerweise ist es dem Kapitalismus bis heute nicht gelungen, und so weiter ...

Das Instrumentarium des Arbeitsrechts ist außerhalb des Bürgerlichen Gesetzbuches entwickelt worden, in dem es immer noch nur jene alten zwanzig Paragraphen über den Dienstvertrag gibt, von § 611 bis § 630, die seit 1900 jenen »Tropfen sozialistischen Öls« vermissen lassen, den schon Otto von Gierke dort vergeblich gesucht hat. Das Instrumentarium, außerhalb des BGB, besteht im wesentlichen aus vier verschiedenen Mechanismen. Die individuelle Vertragsfreiheit wird erstens eingeschränkt durch Gesetz und Richterrecht, zweitens durch kollektive Vereinbarungen in Tarifverträgen, drittens durch Mitspracherechte von Betriebsräten und viertens durch die Mitbestimmung der Arbeitnehmer in den Aufsichtsräten der größeren Unternehmen.

Politisch am bedenklichsten ist das Richterrecht. Obwohl es im Arbeitsrecht inzwischen eine große Zahl von Gesetzen gibt, sind weite Teile nicht vom Gesetzgeber geregelt worden, sondern von den Gerichten, in freier Rechtsfindung, ohne Gesetz, zum Beispiel das ganze Streikrecht. Und zwar ganz einfach deshalb, weil die Parteien im Parlament Angst haben, sich in die Auseinandersetzung mit Unternehmern und Gewerkschaften zu begeben. Wie gefährlich das tatsächlich werden kann, zeigt der Krach um den § 116 im Arbeitsförderungsgesetz von 1986 nach den Schwerpunktstreiks der IG Metall für die Einführung der 35-Stunden-Woche. Also überläßt man seit Jahrzehnten weite Bereiche des Arbeitsrechts den Gerichten, deren Situation nicht so schwierig ist wie die des Parlaments, denn Richter können keine Wahlen verlieren und außerdem unter dem Schirm einer angeblichen Neutralität des Rechts entscheiden. Ihre Urteile sind aber nicht weniger politisch, und das ist deshalb so problematisch, weil sie sich weitgehend auf Vorarbeiten in der Arbeitsrechtswissenschaft stützen, deren »herrschende Meinung« geprägt ist von unternehmerfreundlichen Professoren, die überhaupt nicht demokratisch legitimiert sind. Im Gegenteil. Sie stehen in einer Tradition, die über ihre Lehrer Alfred Hueck und Hans Carl Nipperdey direkt in das gewerkschaftsfeindliche Arbeitsrecht des Nationalsozialismus hineinreicht (Roderich Wahsner, *Das Arbeitsrechtskartell*, in: *Kritische Justiz* 1974, Seite 369 bis 386).

Tarifvertrag

Wenn man von einigen ganz wenigen »Arbeiterschutzgesetzen« aus der Mitte des 19. Jahrhunderts absieht, dann ist der Tarifvertrag das älteste Instrument zur Einschränkung der Vertragsfreiheit des BGB. 1873, schwer erkämpft durch Streik und Aussperrung, gab es den ersten für die Buchdrucker, einheitlich im ganzen deutschen Reich. Schon damals wurden nicht nur die Löhne festgelegt, sondern auch andere Arbeitsbedingungen, zum Beispiel die Arbeitszeit, der Zehnstundentag. Damals war das ein Fortschritt.

Einschränkung der Vertragsfreiheit durch einen Vertrag? Wie soll das möglich sein? Nun, der Tarifvertrag ist keine normale Vereinbarung zwischen zwei Menschen, die nur für diese beiden gilt, im Rahmen der individuellen Vertragsfreiheit. Er ist eine Abmachung zwischen Verbänden mit kollektivem Charakter, eine Vereinbarung, die für alle individuellen Arbeitsverträge ihrer Mitglieder gilt, also für alle Arbeitsverträge zwischen Mitgliedern der Gewerkschaft und Unternehmern des betreffenden Verbandes. Der Inhalt der individuellen Verträge wird durch den kollektiven Tarifvertrag verändert und festgelegt. Es geht also um die Einschränkung der individuellen Vertragsfreiheit durch einen kollektiven Vertrag. Dieser kollektive Charakter war es auch, der am Anfang nicht nur politische Schwierigkeiten machte, sondern natürlich auch juristische. An sich ging das juristisch nicht. An sich ist es nach der Grundstruktur unseres bürgerlichen Rechts unmöglich, über eine kollektive Vereinbarung den Inhalt anderer individueller Einzelverträge festzulegen, denn Fundament unseres Zivilrechts ist der Wille des einzelnen, nicht der eines Kollektivs. Im BGB gibt es dafür keinen Hebel. Noch um 1900 waren deshalb die meisten Gerichte und Juristen der Meinung, die Tarifverträge seien völlig unverbindlich. Die korrekte juristische Lösung kam 1918, im Dezember, mit einer Verordnung über Tarifverträge, erlassen vom Rat der Volksbeauftragten und unterschrieben von den Sozialdemokraten Friedrich Ebert und Hugo Haase.

Seitdem haben Tarifverträge diese Wirkung, weil das Gesetz es befiehlt. Seitdem kann ein Arbeitnehmer vom Unternehmer den Tariflohn auf der Grundlage eines Dienstvertrages fordern, in dem vielleicht etwas ganz anderes steht. Heute geht man sogar noch einen Schritt weiter. Denn auch wenn dieser Anspruch gesetzlich anerkannt ist, bleibt doch noch das grundsätzliche Problem der juristischen Konstruktion, das dogmatische Problem, wie man sagt, das im unerwünschten Einfluß des Kollektiven auf das Individuelle liegt. Die Lösung? Man sagt einfach, der Tarifvertrag sei selbst ein Gesetz. Dabei drückt man sich allerdings etwas vorsichtiger aus, sozusagen eine Etage tiefer, indem man von einer Norm spricht, was prinzipiell keinen Unterschied macht. Die Befugnis zum Erlaß von Gesetzen erhalten die Tarifvertragsparteien vom Gesetzgeber, vom Bundestag, im Tarifvertragsgesetz. Der darf seine Gesetzgebungsbefugnis auch sonst auf andere übertragen, wissenschaftlich ausgedrückt: delegieren. Das ist die sogenannte Delegationstheorie. Dadurch entsteht die Tarifautonomie von Gewerkschaften und Arbeitgebern: der Tarifvertrag wird zum Gesetz und ist nicht mehr etwas Kollektives. Die heile Welt des individuellen Willens bleibt gerettet. Denn daß er durch Gesetze eingeschränkt werden kann, das ist ein uraltes Prinzip. Und so heißt es heute in § 4 Absatz 1 des Tarifvertragsgesetzes:

> »Die Rechtsnormen des Tarifvertrages, die den Inhalt, den Abschluß oder die Beendigung von Arbeitsverhältnissen ordnen,

gelten unmittelbar und zwingend zwischen den beiderseits Tarifgebundenen, die unter den Geltungsbereich des Tarifvertrages fallen.«

Diese Normen gelten an sich nur für die Mitglieder der Verbände, bei den Arbeitnehmern also nur für Gewerkschaftsmitglieder, denn nur sie sind, wie es heißt, tarifgebunden. § 3 Absatz 1:

> »Tarifgebunden sind die Mitglieder der Tarifvertragsparteien und der Arbeitgeber, der selbst Partei des Tarifvertrages ist.«

Aber natürlich zahlen die Unternehmer an alle, denn sonst würden sie ja die anderen in die Arme der Gewerkschaften treiben und deren Streikkassen füllen. Die Angleichung an den Tariflohn für die anderen, sagt man juristisch, ist in der Regel stillschweigend im Arbeitsvertrag vereinbart. Schwuppdiwupp. Jetzt geht es auf einmal, juristisch, ganz schnell, über eine individuelle Abrede im individuellen Arbeitsvertrag. Sie ist eben nur stillschweigend vereinbart, nicht ausdrücklich. Und die Gewerkschaften schweigen auch. Denn das ist nicht ihr Problem. Ihr Problem ist das umgekehrte: Wie kann man erreichen, daß die Unternehmer nicht alles das an die anderen zahlen, was an sich nur für Gewerkschaftsmitglieder vereinbart worden ist? Die Gewerkschaften haben daran ein großes Interesse. Würde nur an die Mitglieder gezahlt, so könnte das nämlich viele zum Eintritt veranlassen. Man nennt das die Frage der Differenzierungsklausel.

Aber so geht es natürlich nicht. Man kann nicht Unternehmer in Tarifverträgen verpflichten, an Gewerkschaftsmitglieder mehr zu zahlen als an andere. Das ginge zu weit. So kann die Gesetzgebungsbefugnis nicht gemeint sein. Versucht hat es beim Urlaubsgeld — 1965 — die Gewerkschaft Textil und Bekleidung. Das Bundesarbeitsgericht erklärte, das sei verfassungswidrig. Denn es gebe ein Grundrecht der anderen, sich nicht in Gewerkschaften zu organisieren, das Grundrecht auf negative Koalitionsfreiheit. Und das würde man verletzen, wenn in Tarifverträgen auch ihre Angelegenheiten geregelt werden könnten. Logisch ist das zweifelhaft, aber juristisch bis heute sehr zäh und widerstandsfähig.

In anderen Fällen ist es nämlich durchaus möglich, die Normen eines Tarifvertrages auf andere auszudehnen, mit Hilfe der sogenannten Allgemeinverbindlichkeitserklärung. Nach § 5 des Tarifvertragsgesetzes kann der Bundesarbeitsminister anordnen, daß die Vereinbarungen auch für diejenigen Unternehmer und Arbeitnehmer gelten sollen, die nicht organisiert sind. Im Baugewerbe geschieht das zum Beispiel häufig, weil es dort viele kleinere Firmen gibt, die nicht im Unternehmerverband sind und unter Tarif bezahlen. Hier geht es also. Es ist nicht verfassungswidrig und gilt nicht als Eingriff in das Grundrecht der negativen Koalitionsfreiheit, das es ja auch für Unternehmer gibt.

Im übrigen finden sich im Tarifvertrag nicht nur solche Normen, ob man sie nun auf andere ausdehnt oder nicht. Es gibt auch einen Vertragsteil, mit gegenseitigen Verpflichtungen der beiden Verbände untereinander, also der Gewerkschaft gegenüber dem Unternehmerverband und — weniger wichtig — umgekehrt. Man nennt ihn den obligatorischen Teil, im Gegensatz zum normativen Teil. Das wichtigste, so heißt es immer, sei die Friedenspflicht. Die Gewerkschaft darf während der Laufzeit des Vertrages keinen Streik führen, sonst muß sie Schadensersatz zahlen. Sie muß sogar auf ihre Mitglieder einwirken, mit allen zulässigen Mitteln, wenn die in der Zwischenzeit den Arbeitsfrieden brechen wollen. Sonst ist ebenfalls Schadensersatz fällig. Denn die Friedenspflicht, sagt man, ist die Gegenleistung dafür, daß die Unternehmer sich bereit erklärt haben, für diese Zeit die zugesagten Leistungen zu erbringen. Sie ist immer stillschweigend vereinbart, auch wenn im Tarifvertrag ausdrücklich nichts davon geschrieben steht, und sie ist sogar so wichtig, daß man auch schriftlich noch nicht einmal vereinbaren kann, man wolle auf sie verzichten. Das ist unmöglich, sagt die herrschende Meinung. Warum? Weil die Friedenspflicht zum Wesen des Tarifvertrages gehört. Sie ist doch die Gegenleistung, sozusagen das Wesen des Wesens. Merkwürdig nur, daß man es anderswo für möglich hält. In Frankreich zum Beispiel muß die Friedenspflicht ausdrücklich vereinbart werden, sonst gibt es sie gar nicht. Und in England können die Tarifvertragsparteien durchaus vereinbaren, daß sie darauf verzichten. Man sieht, im Arbeitsrecht sind wir schon was ganz Besonderes, und so mag am deutschen Wesen einmal noch die Welt genesen. Wie bei

Streik und Aussperrung

Das Arbeitsrecht, wie wir es heute kennen, ist ein Ergebnis der mißlungenen Revolution von 1918. Sie führte nicht zum Umsturz der Verhältnisse, brachte aber ein Arbeitsrecht, das den Arbeitern das Leben erträglicher machte durch den Achtstundentag, die gesetzliche Anerkennung des Tarifvertrages, die Einrichtung von Betriebsräten und durch Verbesserungen im Recht des individuellen Arbeitsvertrages: erste Anfänge des Kündigungsschutzes zum Beispiel und die Einführung des Erholungsurlaubs. Damals, in der Weimarer Republik, hat sich das Arbeitsrecht als selbständiges Fach entwickelt, mit eigener Gerichtsbarkeit, der dazugehörigen Literatur und entsprechendem Unterricht an den Universitäten. Unter dem Faschismus wurde der eine Teil dieser Errungenschaften wieder beseitigt, nämlich das sogenannte kollektive Arbeitsrecht. Das Streikrecht wurde abgeschafft. Gewerkschaften und Betriebsräte wurden aufgelöst. Arbeitnehmer und Arbeitgeber organisierten sich gemeinsam in der »Deutschen Arbeitsfront«, nach dem Wortlaut des neuen Gesetzes zur Ordnung der nationalen Arbeit auch im Betrieb, allerdings nach dem »Führerprinzip«, und Führer des Betriebes war der Unternehmer. Im individuellen Arbeitsrecht gab es sogar einige Verbesserungen, beim Mutterschutz und im Urlaubsrecht.

Nach dem Krieg knüpfte man im wesentlichen an die Weimarer Zeit an. Die Gewerkschaften wurden wieder zugelassen, Betriebsräte eingerichtet und in der Montanindustrie die Mitbestimmung eingeführt. Im individuellen Arbeitsrecht kam es zu weiteren Verbesserungen, im kollektiven Arbeitsrecht aber auch zu erheblichen Rückschritten gegenüber der Weimarer Zeit, besonders im Streikrecht.

»Zu den an sich erlaubten Handlungen gehören auch die Koalitionen gewerblicher Arbeiter zur Erlangung günstiger Lohn- und Arbeitsbedingungen, und die zur Erreichung dieses Zwekkes von solchen Koalitionen oder ihnen zur Seite tretenden Personen ergriffenen Maßnahmen sind keineswegs schon deshalb rechtswidrig, weil durch sie bestehende selbständige Gewerbebetriebe geschädigt werden. Es kann sich also nur darum handeln, ob die ... ins Werk gesetzten Maßregeln über dasjenige hinausgehen, was in dem Lohn- und Klassenkampf zwischen Arbeitgebern und Arbeitnehmern als statthaft anzusehen ist.«

Reichsgericht, *Entscheidungen in Zivilsachen*, 64. Band, Seite 56. Das war 1906. Danach sind Schadensersatzforderungen von Unternehmern nur begründet, wenn ein Streik oder Boykott mit dem Ziel der wirtschaftlichen Vernichtung der Firma oder völlig unverhältnismäßig geführt wird. Dann handelt es sich um eine sittenwidrige Schädigung nach § 826 BGB:

»Wer in einer gegen die guten Sitten verstoßenden Weise einem anderen vorsätzlich Schaden zufügt, ist dem anderen zum Ersatz des Schadens verpflichtet.«

Der Streik war also grundsätzlich rechtmäßig und nur ausnahmsweise verboten. So blieb es bis 1933. Und nach dem Krieg, meinten die Gewerkschaften, sollte es in der Bundesrepublik wieder so werden wie früher. Aber dann kam der Zeitungsdruckerstreik von 1952 gegen den Entwurf der Bundesregierung zum Betriebsverfassungsgesetz, in dem die Stellung der Betriebsräte gegenüber der alten Regelung der Weimarer Zeit sehr stark verschlechtert werden sollte. Der Streik hatte keinen Erfolg. Das Gesetz wurde erlassen. Aber nicht nur das. Auch das Streikrecht war jetzt schwer mitgenommen.

Denn die Zeitungsverleger klagten gegen die IG Druck auf Schadensersatz. Früher, bis zum Ende der Weimarer Zeit, hätten sie damit keine Aussicht auf Erfolg gehabt, denn der Streik wurde ja nicht mit dem Ziel der wirtschaftlichen Vernichtung der Zeitungsverlage geführt, und unverhältnismäßig war er auch nicht. Er dauerte nur zwei Tage. Aber Bonn ist nicht Weimar, und so fand man einen Weg. Wegweiser war Hans Carl Nipperdey, einer der führenden Arbeitsrechtler in der Zeit des Dritten Reichs und zwei Jahre nach dem Streik, 1954, erster Präsident des neu eingerichteten Bundesarbeitsgerichts in Kassel. Ihn hatten die Zeitungsverleger mit einem Rechtsgutachten beauftragt. Das Geld war gut angelegt. Er wandte einen Kunstgriff an, und die Gerichte folgen ihm darin bis heute. Auch das Bundesarbeitsgericht übernahm Nipperdeys Konstruktion und baute sie noch weiter aus.

Der Kunstgriff besteht aus der Kombination eines älteren, aus dem Zivilrecht stammenden Begriffs mit einem neueren, der aus dem Strafrecht kommt. Die beiden Zauberworte sind das »Recht am eingerichteten und ausgeübten Gewerbebetrieb« und die »soziale Adäquanz«. Das erste, auch kurz »Unternehmensrecht« genannt, ist um die Jahrhundertwende erfunden worden, um bei geschäftlichen Schädigungen im Wettbewerb zwischen Unternehmern Schadensersatzforderungen zu begründen, also zu einer Zeit, als es Spezialgesetze zum unlauteren Wettbewerb noch nicht gab. Man mußte damals auf die allgemeine Vorschrift des § 823 des BGB zurückgreifen, die in erster Linie für Körperverletzung und Sachbeschädigungen vorgesehen ist. Absatz 1:

> »Wer vorsätzlich oder fahrlässig das Leben, den Körper, die Gesundheit, die Freiheit, das Eigentum oder ein sonstiges Recht eines anderen widerrechtlich verletzt, ist dem anderen zum Ersatze des daraus entstehenden Schadens verpflichtet.«

Man sagte, und man sagt heute noch, das Unternehmensrecht sei ein sonstiges Recht im Sinne des § 823 Abs. 1. Damit wurde die wirtschaftliche Tätigkeit sozusagen verdinglicht, zu einer Sache gemacht, und war verletzungsfähig. Nipperdey ging nun in seinem Gutachten davon aus, jeder Streik sei eine Verletzung dieses Unternehmensrechts, eine Verletzung, deren Vorliegen automatisch erst einmal zur Vermutung der Rechtswidrigkeit des Streiks führe und deshalb eine Schadensersatzforderung begründe. Um das wieder auszugleichen, brauchte er den Begriff der sozialen Adäquanz. Der Streik soll dann nicht rechtswidrig sein, wenn er sozial adäquat, mit anderen Worten: gesellschaftlich angemessen ist. Und dafür haben Nipperdey und das Bundesarbeitsgericht ihren Katalog aufgestellt, im wesentlichen mit drei Forderungen. Gesellschaftlich angemessen ist ein Streik, wenn er erstens von einer Gewerkschaft, zweitens zum Zwecke des Abschlusses eines Tarifvertrages und drittens unter Einhaltung der Friedenspflicht geführt wird. Bei den Zeitungsdruckern ging es um den zweiten Punkt. Der Streik wurde nämlich nicht zum Zwecke des Abschlusses eines Tarifvertrages geführt, wegen Lohnforderungen oder anderen Arbeitsbedingungen, die zwischen Gewerkschaft und Unternehmern ausgehandelt wurden. Es ging um ein Gesetz im Bundestag. Es war also ein »politischer Streik«, und der war von nun an verboten.

Die nächste Probe aufs Exempel war der Schleswig-Holsteinische Metallarbeiterstreik 1956/57. Die Gewerkschaft hatte entgegen der Schlichtungsvereinbarung einige Tage zu früh die Durchführung der Urabstimmung beschlossen, also die Friedenspflicht verletzt, den dritten Teil im Katalog der Sozialadäquanz. Es ging um einen Schaden von etwa 40 Millionen Mark, denn der Streik war sehr lang. Er dauerte vom Oktober 1956 bis zum Februar 1957. Die IG Metall wurde verurteilt. Obwohl sie darauf hinweisen konnte, daß der Streik erst später begonnen hatte und auch, wenn sie die Friedenspflicht nicht verletzt hätte, genausolang gedauert und also denselben Schaden verursacht haben würde, und obwohl in § 249 BGB geschrieben steht:

> »Wer zum Schadensersatz verpflichtet ist, hat den Zustand herzustellen, der bestehen würde, wenn der zum Ersatze verpflichtende Umstand nicht eingetreten wäre.«

Der zum Ersatze verpflichtende Umstand war die Verletzung der Friedenspflicht. Wäre er nicht eingetreten, so würde der gleiche Zustand bestehen. Auch dann wäre ein Schaden von 40 Millionen entstanden. Also, sollte man meinen, gibt es hier nichts zu ersetzen. Doch, sagte das Bundesarbeitsgericht 1958. Die verletzte Friedenspflicht hätte den Arbeitskampf doch gerade vermeiden sollen. Daraus schloß es messerscharf, daß Logik zeigt, was nicht sein darf. Jedenfalls war die Friedenspflicht erst einmal festgeklopft.

Der erste Teil im Katalog wurde zuletzt getestet. Der Streik muß von einer Gewerkschaft geführt werden. Ist das nicht der Fall, dann handelt es sich um einen wilden Streik, der zum Schadensersatz verpflichtet. Diese Entscheidung des Bundesarbeitsgerichts erging 1963. Ein Schuhfabrikant klagte gegen 63 Zuschneider, die ohne Mitwirkung der Gewerkschaft vier Tage lang gestreikt hatten, um die Entlassung eines Betriebsleiters zu erreichen. Sie waren fristlos entlassen worden, und nun ging es noch dazu um Schadensersatz. »Das Mittel des Streiks«, sagte das Gericht, »ist eine scharfe Waffe. Das verbietet es, das Streikrecht Personen oder Gruppen anzuvertrauen, bei denen nicht die Gewähr dafür besteht, daß sie nur in dem vertretbaren Umfang davon Gebrauch machen werden.« Wird die Stellung der Gewerkschaften dadurch gestärkt, daß man spontane Arbeitsniederlegungen liebevoll »wild« nennt und verbietet? Meistens geht es um Aktionen gegen Mißstände im Betrieb. Die Gewerkschaft muß sich distanzieren. Sie kommt in Schwierigkeiten, weil die Arbeitnehmer sich von ihr im Stich gelassen fühlen, und es gibt Zwietracht. Im übrigen ist ein solcher Streik nur deshalb wild, weil er vom Bundesarbeitsgericht so genannt wird. Es kann dabei ganz geordnet zugehen.

Im Vergleich mit anderen Ländern stehen wir immer an der Spitze. Der »wilde« Streik zum Beispiel ist zulässig in England, Frankreich und Italien. Es gibt dort auch kein Verbot des politischen Streiks, wohl aber in Holland und Belgien. In diesen Ländern wiederum spielt keine Rolle, was in unserem »Arbeitskampfrecht« außerordentlich wichtig ist:

> »Das Arbeitskampfrecht steht unter dem Gedanken der Kampfparität: jede Seite erhält ein Kampfmittel, die eine den Streik, die andere die Aussperrung.«

Das ist ein Zitat aus einem der beliebtesten Lehrbücher zum Arbeitsrecht (Hanau/Adomeit, 10. Aufl. 1992, Seite 94). So ist das eben: auf der einen Seite stehen starke Gewerkschaften, auf der anderen starke Arbeitgeberverbände. Wenn man Tarifverträge verändern will, kann man streiken oder aussperren. Sind zum Beispiel die Löhne zu hoch, kündigen die Arbeitgeber den Vertrag, sperren alle Arbeitnehmer aus und erreichen so in harten Verhandlungen endlich einen angemessenen Tarif. Man nennt so etwas Angriffsaussperrung, und sie wird auch ganz ernsthaft in der deutschen Arbeitsrechtswissenschaft diskutiert. Dort läßt sich nämlich die effektive Kampfstärke derjenigen, die gewerkschaftliche Positionen vertreten, im Verhältnis zu denen, die ihre Gutachten für die Unternehmer schreiben, durchaus vergleichen mit der Parität von Gewerkschaften und Unternehmern im Arbeitskampf. Etwa eins zu fünfzig. Däubler gegen Richardi und Zöllner, Rüthers und Brox, Hanau und Adomeit, Mayer-Maly, Schaub und wie sie alle heißen. Außerdem lehrt Däubler auch noch an der Universität Bremen. Das zählt sowieso nicht. Parität, das ist die Zauberformel für die Aussperrung. Weil beide gleich stark sind, müssen sie auch gleiche Waffen haben. Fundamentale Ungleichheit zwischen Arbeitgebern und Arbeitnehmern? Gibt es nicht. Eigentum an Produktionsmitteln? Ist ein ideologischer Begriff des Marxismus. Verfassungswidrig. Man muß doch die Konkurrenzsituation bedenken, in der sich jeder Unternehmer befindet. Also ist er auch nicht frei in seiner Preisgestaltung, kann die hohen Löhne nicht ausgleichen, und die Verlagerung der Produktion in Länder mit billigen Löhnen stellt sich Herr Däubler auch zu einfach vor. Die hohe Inflationsrate? Erklärt sich durch außenwirtschaftliche Faktoren. Und das Verbot der Aussperrung in der hessischen Verfassung? Verstößt gegen das Bundesrecht dieser deutschen Arbeitsrechtswissenschaft. Wissen ist Macht.

Trotzdem ist etwas Erstaunliches passiert. In einem langen Urteil zu den Auseinandersetzungen, die 1978 in der Druckindustrie stattgefunden hatten, schrieb das Bundesarbeitsgericht 1980:

> »Was für den Streik gesagt wurde, gilt nicht ohne weiteres und uneingeschränkt für die Aussperrung. Arbeitgeber und ihre Verbände sind weitaus weniger als die Gewerkschaften darauf angewiesen, durch Mittel des Arbeitskampfes ihren Interessen und Forderungen Nachdruck zu verleihen.«

Es ging bei dieser Auseinandersetzung um die Erhaltung der Arbeitsplätze nach der Einführung von Computern für Setzmaschinen. Die Arbeitgeber antworteten auf die Teilstreiks mit einer bundesweiten Aussperrung. Das war zuviel, meinte das Bundesarbeitsgericht. Die Aussperrung war unverhältnismäßig und deshalb rechtswidrig, denn:

»Wenn durch einen Streikbeschluß weniger als ¼ der Arbeitnehmer des Tarifgebietes zur Arbeitsniederlegung aufgefordert werden, so handelt es sich um einen enggeführten Teilstreik, bei dem die beschriebenen Belastungen für die Solidarität der Arbeitgeber und damit eine Verschiebung des Kräftegleichgewichts anzunehmen ist. Hier muß die Arbeitgeberseite den Kampfrahmen erweitern können, wobei seine Ausdehnung um 25% der betroffenen Arbeitnehmer nicht unproportional erscheint. Eine weitergehende Reaktion wird regelmäßig nicht proportional sein. Werden mehr als ¼ der Arbeitnehmer des Tarifgebiets zum Streik aufgerufen, ist das Bedürfnis der Arbeitgeber zur Erweiterung des Kampfrahmens entsprechend geringer. Insgesamt scheint nach dem Eindruck des Senats manches dafür zu sprechen, daß eine Störung der Kampfparität nicht mehr zu befürchten ist, wenn etwa die Hälfte der Arbeitnehmer eines Tarifgebietes entweder zum Streik aufgerufen werden oder von einem Aussperrungsbeschluß betroffen sind.«

Die deutsche Arbeitsrechtswissenschaft war empört. Wir sind doch nicht in Holland oder Belgien, Frankreich oder Italien. Wenn die Unternehmer nicht mehr beliebig aussperren dürfen, dann muß man auch das Streikrecht entsprechend einschränken, aus Gründen der Parität. Aber das war ja eigentlich schon längst passiert.

Sphärentheorie, Arbeitskampfrisiko und § 116 Arbeitsförderungsgesetz

Streik und Aussperrung bringen nicht nur Probleme im Verhältnis von Gewerkschaften und Unternehmern. Sie haben auch sehr persönliche Folgen für diejenigen, die sich unmittelbar daran beteiligen oder die mittelbar davon betroffen sind. Natürlich ist klar, daß niemand Lohn erhält, der selber aktiv streikt. Dafür bekommt er Streikgeld von seiner Gewerkschaft. Aber wie steht es mit den anderen? Wie steht es mit denen, die arbeiten wollen, aber nicht können? Wie steht es in Betrieben außerhalb des Streikgebiets, die auf Zulieferungen angewiesen sind oder ihre Produktion stoppen müssen, weil sie Einzelteile herstellen, die in den bestreikten Unternehmen nicht mehr gebraucht werden? Wir kommen hier in ein Geflecht von kollektivem und individuellem Arbeitsrecht, das fast noch wichtiger ist als das eigentliche Streikrecht. Politisch ist diese Frage von großer Brisanz. Denn wenn Tausende weder Lohn noch Streikgeld erhalten und — neuerdings — auch kein Geld mehr vom Arbeitsamt, dann entstehen Situationen, die für den Fortgang und den Erfolg oder Mißerfolg von Arbeitskämpfen ganz erhebliche Bedeutung haben können.

Eine der interessantesten Lösungen des deutschen Arbeitsrechts für dieses Problem ist die sogenannte Sphärentheorie. Sie stammt aus dem Anfang der zwanziger Jahre, vom Reichsgericht, das damals noch zuständig war, weil das Reichsarbeitsgericht erst 1927 eingerichtet worden ist. In Kiel hatte es 1920 einen Streik bei der Straßenbahn gegeben, und zwar derjenigen Arbeiter, die im betriebseigenen Elektrizitätswerk beschäftigt waren. Die Straßenbahn konnte nicht fahren, aber die Fahrer und Schaffner hatten ihre Dienste angeboten. Sie wollten arbeiten, und die Gesellschaft mußte dankend ablehnen. Mußte sie auch zahlen? An sich ja, denn in § 615 BGB ist ausdrücklich vorgesehen:

> »Kommt der Dienstberechtigte mit der Annahme der Dienste in Verzug, so kann der Verpflichtete für die infolge des Verzugs nicht geleisteten Dienste die vereinbarte Vergütung verlangen, ohne zur Nachleistung verpflichtet zu sein.«

Es gab natürlich andere Stimmen, die sagten, § 615 sei nicht anwendbar, weil die Arbeit der Fahrer und Schaffner unmöglich geworden und deshalb auch die Straßenbahngesellschaft von ihrer Leistungspflicht befreit wäre, nach § 323 BGB:

> »Wird die aus einem gegenseitigen Vertrage dem einem Teile obliegende Leistung infolge eines Umstandes unmöglich, den weder er noch der andere Teil zu vertreten hat, so verliert er den Anspruch auf die Gegenleistung.«

Wenn du nicht leisten kannst, so will auch ich nicht leisten. Die dazu geführte gelehrte Diskussion wischte das Reichsgericht souverän vom Tisch. *Entscheidungen in Zivilsachen*, 106. Band, Seite 275 f.:

> »Man darf aber, um zu einer befriedigenden Lösung des Streites zu gelangen, überhaupt nicht von den Vorschriften des Bür-

gerlichen Gesetzbuches ausgehen, muß vielmehr die sozialen Verhältnisse ins Auge fassen, wie sie sich seitdem entwickelt und in der Gesetzgebung der neuesten Zeit auch ausdrückliche Anerkennung gefunden haben. Das Bürgerliche Gesetzbuch trägt sozialen Rücksichten vielfach Rechnung, und das trifft namentlich auch für das Recht des Dienstvertrages ... zu. Immer aber wird dabei nur das Rechtsverhältnis jedes einzelnen Dienstpflichtigen zum Dienstberechtigten betrachtet. Das Bürgerliche Gesetzbuch steht also, den Verhältnissen seiner Entstehungszeit entsprechend, auf einem individualistischen Standpunkt. Inzwischen hat aber der Gedanke der sozialen Arbeits- und Betriebsgemeinschaft Ausbreitung und Anerkennung gefunden, der das Verhältnis zwischen dem Arbeitgeber und den Arbeitnehmern, wenigstens bei größeren Betrieben der hier vorliegenden Art, beherrscht. Von diesem Gedanken und damit von den tatsächlichen sozialen Verhältnissen aus ergibt sich auch die Lösung im Sinne der Klägerin (: Straßenbahngesellschaft, U.W.). Es handelt sich nicht mehr nur um das Verhältnis des einzelnen Arbeiters zum Arbeitgeber, sondern um eine Regelung zwischen zwei Gruppen der Gesellschaft, dem Unternehmertum und der Arbeiterschaft ... Ist also der einzelne Arbeiter ein Glied der Arbeiterschaft und der zwischen dieser und dem Unternehmer bestehenden, die Grundlage des Betriebes bildenden Arbeitsgemeinschaft, dann ist es selbstverständlich, daß, wenn infolge von Handlungen der Arbeiterschaft der Betrieb stillgelegt wird und die Betriebseinnahmen versiegen, es dem Unternehmer nicht zugemutet werden kann, für die Lohnzahlungen aus anderen Mitteln zu sorgen. Das muß auch für den hier vorliegenden Fall gelten, daß das Versagen der Arbeitsgemeinschaft nur von einem Teil der Arbeiterschaft ausgeht, während andere Arbeitnehmer des Betriebes arbeitsfähig und arbeitswillig bleiben. Es handelt sich dabei nicht um eine Haftung der Arbeitswilligen für die Streikenden, die schon das Berufungsgericht, im Ergebnisse zutreffend, abgelehnt hat, sondern darum, daß mit der durch einen Teil der Arbeiterschaft verursachten Stillegung des Betriebes die Grundlage für die Lohnzahlungen im Betriebe ganz allgemein weggefallen ist. Die Folge des Wegfalles dieser Zahlungen müssen sich deshalb auch diejenigen Arbeitnehmer gefallen lassen, die sich dem Streik der anderen nicht angeschlossen haben. Wollte man anders entscheiden, so würden sich unmögliche Zustände ergeben. Es könnte sein, daß nur ein kleiner Teil der Arbeiterschaft mit einer für die Fortführung des Betriebes unentbehrlichen Tätigkeit durch Streik den gesamten Betrieb stillegte und der Unternehmer allen anderen Arbeitern den Lohn auszahlen müßte, obwohl diese nur deshalb nicht arbeiten können, weil ihre Genossen nicht arbeiten. Dies ist mit dem Gedanken der Arbeitsgemeinschaft als Grundlage des Betriebes nicht vereinbar.«

Ist das nicht wunderbar? Das hohe Reichsgericht entdeckt seine Liebe zum Kollektiv. Nur blieb das nicht ohne fatale Folgen für die Arbeiter. Hochinteressant, wie man mit dem Vokabular der Arbeiterbewegung zu ganz anderen Ergebnissen kommen kann, wenn man das Kollektiv einfach ein bißchen ausdehnt, eben auf den ganzen Betrieb, und die Solidarität der Arbeiter umdeutet in eine Solidarhaftung. Das Reichsarbeitsgericht übernahm diese Auffassung und machte sie noch etwas deutlicher. *Entscheidungen des Reichsarbeitsgerichts und der Landesarbeitsgerichte*, 3. Band, Seite 121 (1928):

»Diesen erweiterten Rechten stehen naturgemäß erweiterte Pflichten, nämlich die Mittragung einer gewissen Verantwortlichkeit für den Betrieb gegenüber. Wer aber für den Betrieb miteinzustehen hat, muß selbstverständlich auch für die Nachteile miteintreten, die sich aus ihm ergeben. Es kann die Arbeitnehmerschaft und mit ihr der einzelne Arbeiter die Folgen von Betriebsstörungen und Betriebsgefahr nicht einfach damit ablehnen, daß er seine Arbeitskraft angeboten habe und zur Leistung seiner Dienste bereit gewesen sei. Mit der Mitwirkung bei der Leitung des Betriebes Hand in Hand geht ohne weiteres die Mittragung der Gefahr desselben. Dem steht auch nicht entgegen, daß der Arbeitnehmer am Vermögen und in der Regel auch am Ertrage des Betriebes keinen unmittelbaren Anteil hat. Dieser Umstand kann sich nur dahin auswirken, daß der Gefahrenkreis für ihn ein beschränkter ist.«

So ist die Sphärentheorie entstanden, die auch in der Bundesrepublik das Bundesarbeitsgericht fast dreißig Jahre lang vertreten hat. Man unterschied nun eine Betriebssphäre und eine Sphäre der Arbeitnehmer. Konnte nicht gearbeitet werden, weil die Ursache im Bereich des Unternehmers lag, so mußte er den Lohn weiterzahlen, nicht aber, wenn sie in die Sphäre der Arbeitnehmer gehörte. Zur Betriebssphäre zählt man technische Mängel und Schwierigkeiten beim Absatz oder bei der Beschaffung von

Material. Die Sphäre der Arbeitnehmer, das war der Streik; dafür war die ganze Unterscheidung ja auch nur erfunden worden, und zwar der Streik in endloser Dehnung, die weit über das hinausging, was 1923 vom Reichsgericht festgelegt worden war. Nicht nur der Streik im eigenen Betrieb gehörte nun dazu, sondern auch der in anderen Tarifgebieten oder Branchen. Wenn also die Reifenfabrik in Hannover nicht arbeiten konnte, weil die Hafenarbeiter in Hamburg streikten, dann war das die Sphäre der Arbeitnehmer und wurde ihnen angelastet. Nicht so bei Aussperrungen: die gehörten in die Betriebssphäre des Unternehmers. Der entscheidet, ob die Arbeit möglich bleibt oder nicht. Und so kommt es, daß es fast immer unmöglich ist weiterzuarbeiten, wenn irgendwo anders gestreikt wird. Bei Aussperrungen kann man dagegen meistens weitermachen. Das Verhältnis in einer Untersuchung über die Weimarer Zeit: zehn zu eins. Kein Wunder, daß die Gewerkschaften jahrzehntelang gegen diese Rechtsprechung protestiert haben und solche Betriebseinstellungen als »kalte Aussperrung« bezeichneten.

Das Bundesarbeitsgericht hat deshalb seine Rechtsprechung 1980 leicht korrigiert, die Sphärentheorie aufgegeben und durch eine neue ersetzt. Man konzentriert sich jetzt auf das eigentliche Problem, läßt das Betriebsrisiko weg, das ohnehin nur ein Ablenkungsmanöver war, nennt das Kind beim Namen, spricht vom Arbeitskampfrisiko und ist sogar bereit, es vielleicht ausnahmsweise auch mal den Unternehmern aufzubürden. Allerdings nicht in dem dort entschiedenen Fall.

Damals ging es um einen Betrieb in Nordrhein-Westfalen, der Kunststoffteile für Mercedes-Benz herstellt und natürlich nicht weiterarbeiten konnte, als in der Metallindustrie von Baden-Württemberg gestreikt wurde. Entscheidend war nun, daß der Betrieb dem Arbeitgeberverband der Metallindustrie angehörte. Er war zwar örtlich woanders, aber auf Bundesebene in demselben Verband organisiert wie Mercedes. Als Zauberformel diente hier wieder die Parität. In der Sprache des Gerichts (*Neue Juristische Wochenschrift* 1981, Seite 938):

»Maßgebend ist der in der Tarifautonomie wurzelnde Grundsatz der Kampfparität, der sich nicht nur auf die Ausgestaltung der Kampfmittel selbst, sondern auch auf das Recht der Leistungsstörungen auswirkt.«

Die Kampfparität werde nämlich verfälscht, wenn es der Gewerkschaft in Baden-Württemberg gelänge, mit ihrem Streik Betriebe der gleichen Branche in anderen Gebieten lahmzulegen, die dann, besonders wenn sie auch noch Lohn zahlen müssen, innerhalb des Gesamtverbandes zusätzlichen Druck ausüben würden auf ihre Kollegen in Baden-Württemberg, sie mögen doch endlich auf die Forderungen der Gewerkschaft eingehen. Die Gewerkschaft könnte so zusätzlichen Binnendruck erzeugen, der die Kampfparität beseitigen könnte. Denn es sei ja immer so, daß auf der einen Seite die Unternehmer stehen und auf der anderen die Gewerkschaften. Und die Gewerkschaften mit den Beiträgen ihrer Mitglieder seien natürlich genauso stark wie die Unternehmer mit ihrem Betriebsvermögen. Zwischen Kapital und Arbeit herrsche Parität, eine Art prästabilisierten Gleichgewichts. Wenn das künstlich von außen verfälscht würde, durch zusätzlichen Binnendruck, dann wäre es aus mit dieser Parität. Diese »Binnendrucktheorie« ist schon vorher mit viel Scharfsinn in der deutschen Arbeitsrechtswissenschaft entwickelt worden. Also müsse man die Parität in diesem Fall dadurch wiederherstellen, daß die Arbeiter keinen Lohn erhalten. Wissenschaftlich gesprochen, hätten sie aus Gründen der Kampfparität das Arbeitskampfrisiko zu tragen. Dadurch werde dann zwar der Binnendruck auf die Gewerkschaft erhöht, weil auch hier ein- und derselbe Bundesverband tätig werde. Aber das mache nichts. Denn es gebe in solchen Fällen Arbeitslosen- oder Kurzarbeitergeld, also ungefähr 65% des Nettolohns, und damit könne man leben, meinte das Gericht 1980. Es sagte aber vorsichtig gleich dazu, das hätte miteinander gar nichts zu tun. Entscheidend sei der Binnendruck bei Gesamtmetall. Der müsse weg. Vielleicht ahnte man schon, was 1984 kommen sollte und 1986 vom Bundestag beschlossen wurde.

1984 folgte der Streit um die 35-Stunden-Woche mit Schwerpunktstreiks der IG Metall in Baden-Württemberg und der berühmte Franke-Erlaß, benannt nach dem Präsidenten der Bundesanstalt für Arbeit in Nürnberg, dem obersten Arbeitsamt. Der Erlaß wurde zwar von Landessozialgerichten wieder aufgehoben, aber der Bundestag hat dann zwei Jahre später, 1986, das dazugehörige Gesetz geändert, in dem nun von allerhöchster Stelle geregelt ist, was Herr Franke von zweithöchster nicht anordnen konnte, daß nämlich zum Beispiel im Fall des Betriebs, der Kunststoffteile für Mercedes herstellt, die Arbeiter nicht nur keinen Lohn, sondern auch kein Arbeitslosen- oder Kurzarbeitergeld erhalten. Das war die Ergänzung der Parität durch die Neutralität. Lohn können sie nicht kriegen, weil sonst die Parität gestört wird. Kurzarbeitergeld gibt es nicht, weil das die Neutralitätspflicht des Staates verletzen würde. § 116 des Arbeitsförderungsgesetzes. Dort heißt es am Anfang:

> »Durch die Gewährung von Arbeitslosengeld darf nicht in Arbeitskämpfe eingegriffen werden.«

Das ist ein schlechter Witz, ebenso wie die Parität. Denn der Staat greift immer ein, egal, was er tut. Zahlt er, so hilft er den Gewerkschaften. Zahlt er nicht, so greift er zugunsten der Unternehmer ein. Also steckt der politische Teufel im juristischen Detail, und das ist jetzt in Absatz 3 dieses Paragraphen ähnlich geregelt wie die Lohnfortzahlungspflicht vom Bundesarbeitsgericht beim Arbeitskampfrisiko. Grob gesprochen, zahlt das Arbeitsamt nicht, wenn ein Betrieb, der selbst nicht bestreikt wird, die Arbeit einstellt, weil woanders in der gleichen Branche ein Streik läuft. Will sagen, der Staat ist mit seiner Bundesanstalt und ihren Ämtern in Arbeitskämpfen so neutral, daß er den Binnendruck der Gewerkschaften erhöht, indem es nun Zigtausende von Arbeitnehmern gibt, die bei Streiks in anderen Gebieten weder Lohn noch Geld vom Arbeitsamt erhalten, so daß die Gewerkschaft dort, will sie sich nicht völlig unmöglich machen, wenigstens freiwillig Streikgeld zahlen muß, was aber pro Tag nur einige Millionen Mark sein dürften. Man versteht jetzt, wie mächtig allgemeine Begriffe sein können, nicht nur Parität und Neutralität. Je allgemeiner sie sind, um so weniger werden sie paritätisch und neutral sein.

Zurück zum Bundesarbeitsgericht und seinem Arbeitsplatzrisiko. Es gibt jetzt tatsächlich Fälle, in denen ein

Unternehmer den Lohn bei Stillstand des Betriebes weiterzahlen muß, was er früher, nach der alten Sphärentheorie, nicht zu tun brauchte, nämlich immer dann, wenn die Schwierigkeiten auf einem Streik in einer anderen Branche beruhen. Dann, sagt das Bundesarbeitsgericht, wird die Kampfparität nicht gestört; also zum Beispiel bei dem Hafenarbeiterstreik in Hamburg und bei der Gummifabrik in Hannover. So ist auf der einen Seite für die Arbeitnehmer eine gewisse Erleichterung eingetreten, gleichzeitig aber durch den neuen § 116 des Arbeitsförderungsgesetzes der Druck auf die Gewerkschaften verstärkt worden. Ergebnis? Einen Schritt vor, im Namen der Parität, und zwei zurück, unter der Flagge der Neutralität.

BAGE 46.322: **Die neue Beweglichkeit**

Im Frühjahr 1981 begann wie gewöhnlich die Tarifrunde für die Metallindustrie in Baden-Württemberg. Man traf sich Mitte Januar in Urach. Aber die Verhandlungen kamen nicht voran. Sie zogen sich hin bis April. Die Gewerkschaft versuchte Druck zu machen und hatte dafür einen Plan, der generalstabsmäßig ausgearbeitet worden war: die »neue Beweglichkeit«. Am 3. April fing man an und begleitete die Verhandlungen in Urach fast drei Wochen lang mit täglichen Warnstreiks, ohne Vorankündigung in fast allen Betrieben des Landes mit einhunderttausend Arbeitnehmern, mal hier, mal dort, »zeitlich und örtlich versetzt«, mal ganz kurz nur fünfzehn Minuten, mal länger bis fünfeinhalb Stunden, und zum Schluß, am 22. April, rief die IG Metall alle Arbeitnehmer bundesweit auf, für eine Stunde die Arbeit niederzulegen. Von den dreieinhalb Millionen Beschäftigten der Metallindustrie beteiligte sich ein Drittel daran, über eine Million, und so kam es am 30. April zur Einigung über 4,9% mehr Lohn und Gehalt; für die Gewerkschaft ein gutes Ergebnis. Die Arbeitgeber gingen mit Klagen vor die Gerichte, um feststellen zu lassen, daß diese Warnstreiks rechtswidrig waren. Die endgültige Entscheidung des Bundesarbeitsgerichts erging am 12. September 1984.

Warnstreiks gibt es seit den sechziger Jahren, meistens als kurze spontane Unmutsäußerungen in einzelnen Betrieben, meistens ohne die Gewerkschaft, manchmal sogar als Protest gegen sie und ihre zu wenig kämpferische Haltung. Man nahm das hin. Auch die Arbeitsrechtswissenschaft überging das Problem, obwohl man wußte, daß das entweder ein »wilder« Streik war und damit seit 1963 rechtswidrig, wenn die Gewerkschaft sich nicht beteiligte, oder jedenfalls von zweifelhafter Qualität, solange die Verhandlungen noch liefen. 1976 gab es die erste Entscheidung des Bundesarbeitsgerichts. Einem Arbeiter hatte man gekündigt, weil er drei Stunden weggeblieben war, um sich an einer spontanen Demonstration zu beteiligen, die die IG Metall organisiert hatte.

1976 war dafür eine nicht ungünstige Zeit. In den siebziger Jahren veränderte sich nämlich die Haltung des Bundesarbeitsgerichts. Vorbei waren die goldenen Zeiten der fünfziger und sechziger Jahre, in denen grundsätzlich nur gegen die Gewerkschaften entschieden wurde, auf der Grundlage jenes oft zitierten Satzes in einem Urteil von 1955 (*Entscheidungen des Bundesarbeitsgerichts* 1. Band, Seite 300):

> »Arbeitskämpfe ... sind im allgemeinen unerwünscht, da sie volkswirtschaftliche Schäden mit sich bringen und den im Interesse der Gesamtheit liegenden sozialen Frieden beeinträchtigen.«

Mancher nennt das heute schon versonnen die »klassische Epoche des Bundesarbeitsgerichts«. In den siebziger Jahren kam dagegen der eine oder andere Richter in dieses hohe Gericht nach Kassel, der von den Sozialdemokraten benannt worden war. Im Richterwahlausschuß, der die obersten Richter benennt, sah es jetzt etwas anders aus als in der Adenauer-Zeit. In ihm sitzen die Justizminister der Länder und eine gleiche Zahl von Mitgliedern des Bundestages, und dort hatte die SPD mit der FDP die Mehrheit. Viel ist zwar nicht passiert, aber immerhin. Eines der Ergebnisse dieser leichten Wende war jenes Urteil von 1976. Warnstreiks sind grundsätzlich zulässig, sagte das Bundesarbeitsgericht, nämlich, wenn sie erstens von einer Gewerkschaft organisiert und zweitens nur von kurzer Dauer sind und drittens nach Ablauf der Friedenspflicht stattfinden, die während solcher Verhandlungen meistens abgelaufen ist. Die Kündigung des Arbeiters, so das Gericht 1976, war also nicht gerechtfertigt.

Die neue Beweglichkeit von 1981 war da aber schon von anderer Qualität. Es ging dabei nicht um einen einzelnen spontanen Streik von zwei oder drei Stunden, sondern um eine gezielte Aktion von zwei oder drei Wochen. Ein großer Teppich aus vielen kleinen Flicken. Das hatte durchaus seine Gründe und war auch genau kalkuliert. Denn lange hatten die Gewerkschaften auf ein Urteil gehofft, das endlich die Aussperrung verbietet. Aussperrungen verschieben das Gleichgewicht. Sie kosten viel Streikgeld, das die Gewerkschaften den betroffenen Mitgliedern zahlen müssen. Die leichte Wende in den Siebzigern ließ ein Verbot endlich möglich werden. Das Urteil des Bundesarbeitsgerichts kam 1980, aber es war kein Verbot, nur eine Einschränkung. Das scharfe Messer der Unternehmer, sie hatten es noch in der Hand, und man mußte sich endlich etwas einfallen lassen. Das Ergebnis war die neue Beweglichkeit, sozusagen als Dose mit Stecknadeln, gegen die das Messer machtlos war. Denn gegen diese vielen kleinen Warnstreiks war eine Aussperrung kaum möglich. Ja, man brauchte noch nicht einmal für die einzelnen Nadeln zu zahlen, Streikgeld für zwei oder drei Stunden, denn Lohnabzüge drohten kaum, weil der Verwaltungsaufwand für die Unternehmer viel zu hoch gewesen wäre. Also fröhliche Gesichter hier und große Empörung dort. Empörung auch in der deutschen Arbeitsrechtswissenschaft, die prompt reagierte, in alter Beweglichkeit, mit vielen kleinen Aufsätzen in den großen Fachzeitschriften. Und dann gespannte Erwartung. Was wird das Bundesarbeitsgericht dazu sagen?

Das Gericht sagte, auch das sei noch zulässig. Man höre und staune. Auch das sei noch ein Warnstreik, der sich im Rahmen des Prinzips der *ultima ratio* hält. *Ultima ratio,* noch so ein Zauberwort. Es stammt schon aus jener Entscheidung von 1955, die Streiks ganz allgemein für unerwünscht erklärt, und trug auch die erste Warnstreikentscheidung von 1976. *Ultima ratio* heißt letzte Möglichkeit. Im 18. Jahrhundert stand es auf allen französischen Kanonen, *ultima ratio regum,* das letzte Wort der Könige, wenn die Diplomaten am Ende waren. Der Streik als letzte Möglichkeit, wenn Verhandlungen kein angemessenes Ergebnis bringen. Schon 1976 hatte das Bundesarbeitsgericht den Warnstreik sozusagen als die *ultima ratio* der *ultima ratio* bezeichnet. Ein kurzer Schuß vor den Bug, der die große Kanonade verhindert. Er zeigt den Unternehmern die Kampfbereitschaft der anderen Seite und zwingt sie vielleicht noch zum Einlenken. Er kann damit einen größeren Streik verhindern, der dann wirklich die volkswirtschaftlichen Schäden bringen würde, die unerwünschten. So war es ja auch 1981. Eine Woche später gab es 4,9% Lohnerhöhung. Da seht ihr es, meinte das Bundesarbeitsgericht. Auf diese Weise ist doch ein größerer Streik verhindert worden. Also ist der Warnstreik zulässig, als *ultima ratio.* Wörtlich:

> »Im Verhältnis zu einem unbefristeten Streik waren jedoch die durch die Streikaktionen der IG Metall im Frühjahr 1981 verursachten Schäden nicht so erheblich, daß hierdurch die Verhandlungsparität gestört worden wäre. Schließlich sind kurzfristige Arbeitsunterbrechungen nicht dazu geeignet, die gegenseitige Konkurrenz der Unternehmer untereinander zu verschärfen, wie das bei Schwerpunktstreiks der Fall sein kann. Andererseits müssen auch die Interessen der Gewerkschaft an dieser Kampftaktik berücksichtigt werden. Der verhandlungsbegleitende Streik soll die Arbeitgeberseite zu einem zügigen Verhandeln und zu größerer Kompromißbereitschaft veranlassen. Die die Tarifverhandlungen begleitenden kurzfristigen Streiks sind oft das einzige Druckmittel, das Bewegung in den Verhandlungsablauf bringen kann.«

Jubel bei den Gewerkschaften, Erbitterung bei den Unternehmern. Auch die deutsche Arbeitsrechtswissenschaft war sehr verärgert. Man versuchte es noch einmal 1985. Aber auch die dritte Warnstreikentscheidung des Gerichts fiel nicht anders aus. Wir bleiben dabei, sagten die Richter in Kassel.

Die *ultima ratio,* die letzte Möglichkeit der Unternehmer, war der Gang nach Karlsruhe. Sie ließen sich ein großes Gutachten schreiben und erhoben Verfassungsbeschwerde. Darüber ist noch nicht entschieden.

Mitbestimmung

Kapital und Arbeit, das ist das Programm der deutschen Arbeiterbewegung, seitdem sie darauf verzichtet hat, den Kapitalismus zu beseitigen. Unternehmer und Beschäftigte sollen gemeinsam entscheiden. In der Weimarer Verfassung war ein Rätesystem vorgesehen, mit Betriebsräten, Bezirksarbeiterräten und einem Reichsarbeiterrat, die nach Artikel 165 »zur Erfüllung der gesamten wirtschaftlichen Aufgaben und zur Mitwirkung bei der Ausführung der Sozialisierungsgesetze mit den Vertretern der Unternehmer und der sonst beteiligten Volkskreise zu Betriebswirtschaftsräten und zu einem Reichswirtschaftsrat« zusammentreten sollten. Aber es gab nur ein Betriebsrätegesetz, 1920, in dem die Mitbestimmung schon so vorgesehen war, wie sie heute noch existiert, nämlich auf der Ebene des Betriebs und des Unternehmens. Man denkt dabei an zwei Ebenen, eine obere, wo es um die großen Entscheidungen geht, den Einsatz des Kapitals, nach außen gewendet, und eine untere, die man Betrieb nennt, in dem das Weisungsrecht des Unternehmers nur nach innen ausgeübt wird, gegenüber den Beschäftigten. Auf der Unternehmensebene gab es Vertreter in den Aufsichtsräten, im Betrieb ein Mitspracherecht des Betriebsrats. Heute ist beides in verschiedenen Gesetzen geregelt, im Betriebsverfassungsgesetz von 1972 und im Mitbestimmungsgesetz von 1976, mit denen die Sozialdemokraten die Forderungen der Gewerkschaften besser erfüllen wollten, aber nicht so richtig konnten, weil sie in einer Koalition mit den Liberalen waren, die große Schwierigkeiten machten. Also schaffte man in der ersten Legislaturperiode nur das eine, das Betriebsverfassungsgesetz, und vier Jahre später das andere.

Dieses Mitbestimmungsgesetz von 1976 ist ein Fehlschlag. Hier, beim Einsatz des Kapitals im Ganzen, war sein Widerstand am größten. Die Sozialdemokraten wollten die Parität mit der Arbeit, aber sie schafften es nicht. Es ging um die Aufsichtsräte der großen Gesellschaften. Sie stehen in der Mitte zwischen der Versammlung der Eigentümer, die die Kapitalanteile haben, und dem Vorstand, der die Geschäfte der Firma führt. Der Aufsichtsrat wählt den

Vorstand und überwacht seine Geschäftsführung. Und hier sitzen nun in den großen Gesellschaften mit mehr als 2000 Beschäftigten zwölf bis zwanzig Vertreter, je sechs bis zehn von beiden Seiten, für die Beschäftigten und für die Eigentümer. Aber der Schein trügt. Es herrscht keine wirkliche Parität. Denn der Vorsitzende, dessen Stimme bei Meinungsverschiedenheiten den Ausschlag gibt, wird letztlich von den Eigentümern bestimmt. Die Vertreter der Beschäftigten sind also immer in der Minderheit, ganz abgesehen davon, daß man ihnen auch noch einen der sogenannten leitenden Angestellten zugeordnet hat, der regelmäßig eher die Interessen des Kapitals vertritt als die der Arbeit.

Dabei gab es ein paritätisches Modell, das über zwanzig Jahre lang funktioniert hatte und auf das man hätte zurückgreifen können, nämlich die alte Mitbestimmung in den Unternehmen des Bergbaus und der Eisen- und Stahlindustrie. Die waren nach dem letzten Krieg von den Alliierten beschlagnahmt worden und sollten verstaatlicht oder in viele kleine Betriebe aufgeteilt, »entflochten« werden. Um das zu verhindern, haben die Eigentümer sich damals mit den Gewerkschaften darauf geeinigt, die Aufsichtsräte paritätisch mit Vertretern von Kapital und Arbeit zu besetzen. Und es kam sogar noch ein Vertreter der Gewerkschaften in den Vorstand, als Arbeitsdirektor. Das war 1947/48, die Mitbestimmung in der Montanindustrie. Dann wurde die Bundesrepublik gegründet, und Adenauer versuchte, alles wieder rückgängig zu machen. Die Gewerkschaften drohten mit Streik, und so wurde das Ganze 1951 im Montanmitbestimmungsgesetz festgeschrieben. Es gilt bis heute.

Warum wurde dieses Modell nicht übernommen? Wegen einer wissenschaftlichen Entdeckung, die man 1969 machte. Damals wurde in der sozialliberalen Koalition über paritätische Mitbestimmung in allen Großbetrieben der Bundesrepublik diskutiert. Die deutsche Arbeitsrechtswissenschaft wurde aufmerksam, bemerkte plötzlich die Verfassungswidrigkeit solcher Absichten und holte sich Unterstützung aus der Staatsrechtswissenschaft, wo es ebenfalls Gelehrte gibt, die nicht unbedingt als Vertreter von Arbeitnehmerinteressen angesehen werden können. Sie haben den Kampf gewonnen. Die Parole auf ihren Fahnen hieß: Gegnerunabhängigkeit. Sie allein entspreche dem Grundgesetz. Wenn nämlich ein Arbeitskampf drohe, dann seien die Eigentümer von zwei Seiten umzingelt, von außen durch den Streik und drinnen, im eigenen Haus, durch die Mitbestimmung. Der Vorstand könne jetzt nicht mehr unabhängig von den Beschäftigten eine Aussperrung beschließen oder andere Entscheidungen treffen. Er sei gegnerabhängig, und damit sei der Grundsatz der Parität im Arbeitskampf verletzt, der in Artikel 9 Absatz 3 des Grundgesetzes garantiert werde:

> »Das Recht, zur Wahrung und Förderung der Arbeits- und Wirtschaftsbedingungen Vereinigungen zu bilden, ist für jedermann und für alle Berufe gewährleistet.«

Also Parität der Mitbestimmung beseitigt Parität im Arbeitskampf. Merkwürdig, daß die Unternehmen der Montanindustrie davon seit zwanzig Jahren nichts gemerkt hatten. Wie auch immer, es gab nicht nur eine Anhörung von Experten in Bonn, sondern auch noch eine allgemeine Wirtschaftskrise, Schwierigkeiten bei der FDP und schließlich einen Rückzieher der SPD. So kam es zur Fassung des Gesetzes von 1976. Aber selbst die ging den Unternehmern noch zu weit. Sie erhoben Verfassungsbeschwerde in Karlsruhe. Die Gewerkschaften verließen deshalb die konzertierte Aktion in Bonn. Und 1977 hat das Bundesverfassungsgericht dann in seinem Urteil bestätigt, daß selbst das Montanmitbestimmungsgesetz noch dem Grundgesetz entsprechen würde, auch wenn es nicht direkt zur Verhandlung stand, sondern nur jenes Gesetz von 1976.

So kam es, daß es nur ein kleines Feld gibt im großen Gebiet von Kapital und Arbeit, auf dem tatsächlich einige Blumen der Mitbestimmung blühen: das Betriebsverfassungsgesetz von 1972. Die Mitbestimmung reicht um so weiter, je mehr es um das innerbetriebliche Weisungsrecht des Unternehmers geht; sie versagt immer dann, wenn Fragen des Kapitaleinsatzes zur Debatte stehen. Es ist das Gesetz der Betriebsräte. Die gibt es nicht nur in Großunternehmen, sondern in allen Betrieben mit mindestens fünf Beschäftigten. Halt, schon falsch! Es könnte sie in allen Betrieben mit mindestens fünf Beschäftigten geben, wenn die sich immer zusammentäten und einen wählen würden. Oft geschieht das nicht, aus mancherlei Gründen. So sind es in den alten Bundesländern nur ungefähr 10% aller Betriebe mit etwa 65% aller Arbeitnehmer, die einen Betriebsrat haben, also die großen und mittleren, aber wenig kleine.

> »Arbeitgeber und Betriebsrat arbeiten unter Beachtung der geltenden Tarifverträge vertrauensvoll und im Zusammenwirken mit den im Betrieb vertretenen Gewerkschaften und Arbeitgebervereinigungen zum Wohl der Arbeitnehmer und des Betriebs zusammen.«

Das ist das Programm des Gesetzes, in § 2. Es ist auf Harmonie angelegt, auf Integration, und nicht auf Konflikt, der manchmal durchaus notwendig ist, wenn die Interessen von Arbeit und Kapital zu weit auseinandergehen. Aber immerhin ist damit anerkannt, daß die Gewerkschaften ein Wort mitzureden haben, die von den Unternehmern gern aus dem Betrieb herausgehalten werden, indem man sich auf den Standpunkt stellt: Mit dem Betriebsrat meinetwegen, aber mit den Gewerkschaften habe ich nichts zu tun. Nun haben die Gewerkschaften sogar ein Initiativrecht für die Bildung von Betriebsräten, auch wenn nur ein Mitglied von ihnen dort arbeitet.

Der Betriebsrat verändert die Struktur des Unternehmens. Er bringt eine Demokratisierung des Weisungsrechts mit sich, das durch die unterschiedlichen Mitwirkungsrechte eingeschränkt wird. Grob gesprochen, gibt es Mitbestimmungsrechte, die dazu führen, daß die Betriebsleitung sich mit dem Betriebsrat einigen muß, weil sie ohne ihn bestimmte Entscheidungen gar nicht treffen kann; und weitere Mitspracherechte, bei denen er wenigstens informiert und angehört werden muß, auch wenn man dann später gegen ihn entscheidet. Mitbestimmungsrechte gibt es zum Beispiel bei der äußeren Ordnung des Betriebs, bei Torkontrollen, Passierscheinen, Parkplätzen, Telefonbenutzung, Kleiderfragen und Rauch- oder Alkoholverbot, Beginn und Ende der täglichen Arbeitszeit, sogar bei der Anordnung von vorübergehender Kurzarbeit, für die Aufstellung von Urlaubsplänen und beim Urlaub der einzelnen Kollegen. Dieses alles ist nachzulesen in § 87, dem »Höhepunkt der

Mitbestimmung im Betrieb«. Mitspracherechte gibt es auch dann, wenn es um wirtschaftliche Fragen geht, etwa bei Neubauten, neuen technischen Anlagen oder Planung der Arbeitsplätze (§ 90).

Eine wichtige Rolle spielt der Betriebsrat besonders in personellen Angelegenheiten, bei Einstellungen, Versetzungen, Umgruppierungen und Kündigungen. In Großbetrieben läuft das praktisch darauf hinaus, daß nicht ohne ihn entschieden wird. Juristisch, technisch, ist es meistens so, daß das Arbeitsgericht zu entscheiden und der Betriebsrat nur ein Mitspracherecht hat.

Der einzelne Arbeitsvertrag

Gewöhnlich unterscheidet man kollektives und individuelles Arbeitsrecht und meint damit, auf der einen Seite stehe das Recht der Verbände, von Gewerkschaften und Arbeitgeberorganisationen, mit Tarifvertrag, Streik, Aussperrung und Fragen der Mitbestimmung, auf der anderen das Recht des einzelnen Arbeitsverhältnisses zwischen einem bestimmten Beschäftigten und einem Arbeitgeber mit den Problemen Urlaub, Mutterschutz, Lohnfortzahlung bei Krankheit, Kündigung und so weiter. Aber beide Bereiche gehen oft ineinander über, zum Beispiel schon bei der Frage, was ist denn eigentlich so ein einzelnes Arbeitsverhältnis? Wie kommt es zustande? Was ist seine Rechtsnatur?

Die Antwort des Bürgerlichen Gesetzbuches ist eindeutig. Es ist ein Vertrag, genauer: Dienstvertrag, und der kommt zustande durch Angebot und Annahme. § 611 Abs. 1 BGB:

> »Durch den Dienstvertrag wird derjenige, welcher Dienste zusagt, zur Leistung der versprochenen Dienste, der andere Teil zur Gewährung der vereinbarten Vergütung verpflichtet.«

Im übrigen, auch das ist eindeutig, wird es vom BGB als Austauschverhältnis angesehen, als gegenseitiger Vertrag, Arbeit gegen Geld, wie beim Kaufvertrag oder Mietvertrag, wo es um Ware oder Wohnung gegen Bezahlung geht.

Früher gab es dazu einen wissenschaftlichen Streit zwischen der Vertragstheorie, die Alfred Hueck und die Mehrheit vertraten, und der Eingliederungstheorie von Arthur Niekisch. Ein Arbeitsverhältnis, sagte Niekisch, beruht nicht auf einem Vertrag, sondern auf der Eingliederung des Arbeitnehmers in den Betrieb. Das war nicht nur ein akademischer Streit darüber, was das Entscheidende bei der Einstellung von Mitarbeitern ist. Es ging auch um die politische Bewertung ihrer Stellung insgesamt. Welchen Platz haben Arbeitnehmer im Betrieb? Sind sie nur mechanisches Werkzeug oder lebendiges Mitglied einer Gemeinschaft? Vereinzelt oder im Kollektiv? Huecks Auffassung entsprach dem Manchesterdenken des BGB, Niekisch war eher ein Sozialliberaler. Bei der Entscheidung des einzigen konkreten Problems in diesem Zusammenhang kamen allerdings beide zum gleichen Ergebnis. Wie die hM noch heute. Was ist, wenn jemand irgendwo einige Zeit gearbeitet hat und sich dann herausstellt, daß der Arbeitsvertrag unwirksam ist? Wenn das bei einem normalen Austauschvertrag passiert, beim Kaufvertrag zum Beispiel, dann müssen die jeweiligen Leistungen zurückerstattet werden, nach dem Bereicherungsrecht. Der Verkäufer kriegt die Kaufsache zurück und der Käufer sein Geld. Aber beim Dienstvertrag? Unmöglich ist das auch hier nicht, wenn es auch etwas schwierig wird, den Wert der Arbeit zu berechnen, der zurückerstattet werden soll. Mit oder ohne Mehrwert? Schon deshalb paßt eine solche Lösung nicht, und es gibt noch viele andere Gründe. Deshalb wird gesagt, Arbeitsverhältnisse seien so lange wirksam, bis sich die Unwirksamkeit des Vertrages herausstellt, mit allen Rechten und Pflichten eines normalen Beschäftigten. Man spricht von faktischen Arbeitsverhältnissen. Ernst Niekisch konnte das natürlich sehr leicht begründen. Der Beschäftigte war eingegliedert. Heute sagt man meistens, die Rückabwicklung nach Bereicherungsrecht würde gegen die Schutzpflichten des Arbeitsrechts verstoßen. Auf diese Weise kann der Beschäftigte für die Vergangenheit noch Urlaubsansprüche geltend machen und so weiter, was bei einer Rückabwicklung nach Bereicherungsrecht nicht möglich wäre.

Im übrigen streitet man sich noch immer über die Natur des Arbeitsverhältnisses. Vertrag, das muß sein. Eingliederung genügt nicht. Darüber ist man sich inzwischen einig.

Aber was für ein Vertrag? Einige sprechen von einem personenrechtlichen Gemeinschaftsverhältnis. Andere, etwas genauer, sehen darin gesellschaftsrechtliche Elemente; und viele sagen, es sei ein ganz normaler Austauschvertrag, wie der Kauf. Verkauf von Arbeitskraft — so hatte es schon Karl Marx gesehen. Vielleicht ist das gar nicht so falsch.

Allerdings, die Vertragsfreiheit ist inzwischen weitgehend eingeschränkt. Es gibt gesetzliche Vorschriften über Urlaub, Mutterschutz, Lohnfortzahlung bei Krankheit und Kündigung, die im einzelnen Vertrag nicht anders geregelt werden können, allenfalls zugunsten des Beschäftigten. Lohn, Gehalt, Arbeitszeit bestimmen sich nach Tarifverträgen. Die Bedingungen beim Ablauf, im Hinblick auf das Weisungsrecht, ergeben sich zum Teil aus Betriebsvereinbarungen zwischen Unternehmer und Betriebsrat, die genauso Normcharakter haben wie Tarifverträge oder Gesetze. Es ist also nicht mehr so wie zur Zeit des Karl Marx. Und der Streit über die Rechtsnatur des Arbeitsvertrages? Wer zu allem seinen Senf gibt, ist selbst ein Würstchen.

Kündigungsschutz

Im individuellen Arbeitsrecht ist dies das heikelste und wichtigste Kapitel. Aber die Überschrift täuscht. Es gibt bei uns keinen echten Schutz vor Kündigungen. Das ist im Mietrecht besser. Wenn ein Arbeitgeber einen Beschäftigten wirklich loswerden will, dann schafft er das auch.

Die Kündigung gehört zur Vertragsfreiheit. Ebenso, wie sie völlig frei sind, ob sie einen Arbeitsvertrag miteinander abschließen wollen oder nicht, können Arbeitgeber und Arbeitnehmer an sich auch nicht gehindert werden, ihn durch eine Kündigung wieder aufzulösen. Denn anders als ein Kaufvertrag, der von beiden Seiten nur einmal erfüllt wird, ist der Arbeitsvertrag ein sogenanntes Dauerschuldverhältnis, wie die Miete. Und da gehört zur Vertragsfreiheit nicht nur der Abschluß, sondern auch die Möglichkeit der einseitigen Auflösung, mit gewissen Fristen, die für beide Seiten grundsätzlich gleich und im wesentlichen noch im alten BGB geregelt sind (§§ 621, 622).

Für den Arbeitnehmer kann das mit existentiellen Problemen verbunden sein. Also versucht man, ihn zu schützen. Auf zweierlei Weise: Zum einen baut man formale Hürden auf, schaltet den Betriebsrat ein, und zum anderen verlangt man vom Arbeitgeber einen Rechtfertigungsgrund. Er ist nicht mehr völlig frei beim Kündigen.

Zur Einschaltung des Betriebsrats: Er muß vorher verständigt werden, hört die Gründe und hat die dankbare Aufgabe, dem Unglücksraben die böse Nachricht als erster zu überbringen. Er kann auch widersprechen, wofür im Betriebsverfassungsgesetz einige wenige Gründe vorgesehen sind (§ 102). Wenn es um die Kürzung von Arbeitsplätzen geht, kann er zum Beispiel sagen: Nein, diesen nicht, sondern lieber einen anderen, den es nicht so hart trifft. Noch so eine dankbare Aufgabe. Oder er kann sagen, man könne den Gekündigten doch noch anderswo im Unternehmen beschäftigen. Juristisch nützt das nicht viel. Es ist nur ein Mitspracherecht, keine echte Mitbestimmung. Die Kündigung bleibt trotzdem wirksam, und der Arbeitnehmer steht wieder allein da. Will er sich wehren, so muß er vor das Arbeitsgericht. Dort hat er noch eine gewisse Chance, denn nun kommen die Rechtfertigungsgründe.

Ja, die Rechtfertigungsgründe. Da heißt es immer, eine Kündigung müsse »sozial gerechtfertigt« sein, sonst sei sie ungültig. Es gibt sogar ein besonderes Gesetz dafür, das Kündigungsschutzgesetz von 1951. Es gilt zwar nicht immer, zum Beispiel nicht für ganz kleine Betriebe mit weniger als sechs Beschäftigten, ist aber ein gewisser Fortschritt gegenüber der Weimarer Zeit und dem Faschismus. Wenn damals eine Kündigung eine »unbillige Härte« und deshalb ungültig war, dann flog der Betroffene trotzdem raus. Er bekam nur eine Abfindung. Heute ist das meistens noch genauso, aber manchmal, immerhin, kann man weiterarbeiten und bleibt, trotz Kündigung, im Betrieb. Das ist der Fortschritt. Aber, wie gesagt, nur manchmal. § 1 Absatz 1 des Kündigungsschutzgesetzes:

»Die Kündigung des Arbeitsverhältnisses gegenüber einem Arbeitnehmer, dessen Arbeitsverhältnis in demselben Betrieb oder Unternehmen ohne Unterbrechung länger als sechs Monate bestanden hat, ist rechtsunwirksam, wenn sie sozial ungerechtfertigt ist.«

Das hört sich gut an, bedeutet aber nicht viel. Denn was ist sozial gerechtfertigt? Jeder einigermaßen vernünftige Grund, sei es in der Person des Gekündigten — Unzulänglichkeiten bei der Arbeit, in letzter Zeit besonders wichtig: längere oder häufige Krankheit — oder in der Organisation des Betriebs. Im Gesetz steht zwar »dringende betriebliche Erfordernisse« (§ 1 Abs. 2), aber letztlich werden Maßnahmen, die zum Wegfall von Arbeitsplätzen führen, von den Gerichten weder auf ihre Notwendigkeit noch auf ihre Zweckmäßigkeit überprüft, denn »im Vordergrund muß ... die Beachtung der Freiheit der Unternehmerentscheidung stehen«, wie das Bundesarbeitsgericht schon 1960 formuliert hat. Wer seinen Betrieb also nur einigermaßen plausibel umorganisiert, hat damit immer die »soziale Rechtfertigung« für einen Rausschmiß.

Es kommt hinzu, daß die meisten Verfahren, wenn sie denn erfolgreich sind, mit einer Abfindung enden. Also, die Kündigung war nicht sozial gerechtfertigt und damit ungültig. Dann muß der Arbeitgeber zwar einige Monatsgehälter zahlen, aber er ist wenigstens denjenigen los, den er loswerden wollte. Entweder einigt man sich darauf in einem Vergleich, oder die Abfindung wird in einem Urteil angeordnet, wenn bei einer sozial nicht gerechtfertigten Kündigung, wie es in § 9 des Kündigungsschutzgesetzes heißt,

»Gründe vorliegen, die eine den Betriebszwecken dienliche weitere Zusammenarbeit zwischen Arbeitgeber und Arbeitnehmer nicht erwarten lassen«.

Die »dienliche Zusammenarbeit« liegt natürlich noch unter der ohnehin schon niedrigen Hürde von »sozial gerechtfertigt«. Den Krach kann man schnell provozieren. Trotzdem, Kündigungsschutzprozesse sind nicht ohne jede Aussicht auf Erfolg. Ab und zu wirkt auch schon vorher die Überlegung, daß man eine höhere Abfindung zahlen muß. Ab und zu kann man sogar nach einem Prozeß im Betrieb bleiben. Eine große Rolle spielt dabei die Einhaltung von Fristen. Die Frist für die Erhebung der Klage beträgt drei Wochen nach Zugang der Kündigung. Dazu:

Bundesarbeitsgericht,
in: *Neue Juristische Wochenschrift* 1989, Seite 606:
Kündigung im Urlaub

Dreiundzwanzig Jahre lang war ein Telefonarbeiter bei der Post gewesen, beschäftigt im Störungsdienst und mit dem Auswechseln von Apparaten. Da passierte das Unglück. Irgend jemand entdeckte, daß teure Telefongeräte verschwunden waren, die er für bestimmte Kunden erhalten hatte. Es gab eine Hausdurchsuchung bei ihm, ohne Ergebnis. Dann fuhr er für zwei Wochen in den Urlaub nach Italien. Als er zurückkam, lag in seinem Briefkasten die Kündigung. Das war am 28. September 1986. Er ging zum Anwalt und erhob knapp zwei Wochen später beim Arbeitsgericht die Klage dagegen, am 10. Oktober. Zu spät, sagte die Post. Du hast die Dreiwochenfrist des § 4 Kündigungsschutzgesetz nicht eingehalten. Wir haben die Kündigung schon am 17. September in deinen Briefkasten geworfen. Nein, sagte der Telefonarbeiter, es war nicht zu spät. Denn das Bundesarbeitsgericht hat schon 1980 entschieden, daß die Frist erst läuft, wenn man aus dem Urlaub zurückgekommen ist, weil der Arbeitgeber ja weiß, daß man vorher nichts machen kann. *Entscheidungen des Bundesarbeitsgerichts*, 34. Band, Seite 305. Also habe ich rechtzeitig geklagt.

Das Arbeitsgericht gab ihm recht. Die Post legte Berufung ein und hatte beim Landesarbeitsgericht Düsseldorf Erfolg. Zu spät, sagte es. Die Urlaubszeit wird mitgerechnet. Abweisung der Klage. Nun ging der Telefonarbeiter in die Revision, zum Bundesarbeitsgericht in Kassel. Das entschied am 16. März 1988. Es änderte seine Rechtsprechung, auch so was kommt vor, und gab der Post recht. Endgültige Klageabweisung. Wenn jemand einem Beschäftigten während des Urlaubs kündigt und genau weiß, daß der nicht da ist, dann beginnt die Frist trotzdem zu laufen.

Warum änderte das Gericht seine Meinung? Weil neue Richter gekommen waren, gewählt vom Richterwahlausschuß des Bundestages und der Justizminister. Dort hatten sich die politischen Mehrheiten seit 1980 wieder geändert, und mit einiger Verzögerung, die es dabei immer gibt, hatte die Wende von 1982 auch das Gericht in Kassel erreicht. Juristisch geht es dabei um Nuancen in der Auslegung des BGB, die so hochgeschraubt sind in höchste Höhen der Komplikation, daß man nicht sagen kann, die eine Entscheidung sei richtig und die andere falsch. Die erste war einfach ein bißchen menschlicher, und nun hatten sich die Zeiten eben wieder geändert.

Juristisch geht es um die Frage des »Zugangs«. In § 4 des Kündigungsschutzgesetzes heißt es:

> »Will ein Arbeitnehmer geltend machen, daß eine Kündigung sozial ungerechtfertigt ist, so muß er innerhalb von drei Wochen nach Zugang der Kündigung Klage beim Arbeitsgericht auf Feststellung erheben, daß das Arbeitsverhältnis durch die Kündigung nicht aufgelöst ist.«

Im Grunde ist das ein Problem aus dem Allgemeinen Teil des BGB. Eine Kündigung ist eine sogenannte Willenserklärung. Wann wird sie wirksam, wenn, wie in diesem Fall, der andere nicht da ist, und man ihm das nicht von Angesicht zu Angesicht sagt oder ihm das Schreiben in die Hand drückt? Wenn man ihm also mit der Post einen Brief schickt? Es gibt viele Möglichkeiten. Schon wenn der Brief geschrieben ist? Oder wenn man ihn in den Briefkasten der Post geworfen hat? Wenn der Postbote ihn in seinen Hausbriefkasten legt? Oder erst, wenn der Brief gelesen wurde? Das BGB hat sich für eine vernünftige mittlere Lösung entschieden, für den Zugang. § 130 Abs. 1:

> »Eine Willenserklärung, die einem anderen gegenüber abzugeben ist, wird, wenn sie in dessen Abwesenheit abgegeben wird, in dem Zeitpunkt wirksam, in welchem sie ihm zugeht.«

Dabei hatten die Gesetzgeber des BGB durchaus die Vorstellung, daß es im allgemeinen genügt, wenn der Brief in den Kasten an der Wohnung des Empfängers gelegt wird. Aber sie wußten auch, daß es viele Nuancen und Einzelprobleme gibt, die sie ganz bewußt offen gelassen haben. Das sollten dann später Wissenschaft und Rechtsprechung klären.

Zum Beispiel, was ist, wenn man selbst spät abends einen Brief in den Hausbriefkasten wirft? Gilt das Datum vom

Abend vorher oder erst vom nächsten Morgen? Antwort heute: erst der nächste Morgen ist maßgebend. Denn, so formuliert man meistens, Zugang ist Möglichkeit der Kenntnisnahme unter gewöhnlichen Umständen. Und spät abends sieht gewöhnlich niemand mehr in seinen Briefkasten. Wie ist es, wenn man verreist ist? Das zählt nicht. Unter gewöhnlichen Umständen ist man zu Hause und kann Kenntnis nehmen. Darauf darf sich der Absender verlassen. Aber wie ist es, wenn er weiß, daß der andere verreist ist? Wie zum Beispiel ein Arbeitgeber, der den Urlaub genehmigt hat und auch davon ausgehen kann, daß die Leute dann gewöhnlich verreist sind? Ja, da kann man zweifeln. Da kann man eben nicht mehr damit rechnen, daß der andere Kenntnis nimmt. So hat das Bundesarbeitsgericht 1980 entschieden. Jetzt sieht es das anders. Na ja, sagt es, vielleicht ist er ja schon vorher zurückgekommen. Das Wetter war schlecht oder das Hotel nicht in Ordnung. Man weiß das nie genau. Eine gewisse Möglichkeit gibt es. Das genügt. Die »objektive« Möglichkeit.

Es ist schon sehr viel über die vielen Nuancen geschrieben worden, die es auch hier wieder gibt. Weiß der Arbeitgeber ganz genau, daß er verreist ist, oder muß er nur allgemein damit rechnen? Hat er die Urlaubsadresse oder nicht? Ist man verpflichtet, sie ihm zu geben? Kann man ihm zumuten, dorthin zu schreiben? Das dauert dann doch viel länger, und vielleicht ist der Arbeitnehmer inzwischen gar nicht mehr da. Und so weiter, und so weiter. Schließlich gab es noch die eine oder andere Stimme, die sagte, während des Urlaubs sollte man eigentlich überhaupt nicht kündigen, denn das beeinträchtige dessen Erholungszweck. Ein vernünftiger Gedanke, der auch irgendwo hinter der Entscheidung des Bundesarbeitsgerichts von 1980 gestanden hat. Damit ist es nun aus. In der Sprache der Juristen:

> »Mit seiner Entscheidung beendet das BAG auch die ideologische Überhöhung der Urlaubsreise, der z.T. ein Überraschungsverschonung garantierender Sonderstatus im menschlichen Leben zugeschrieben wurde. Auch hier war es das Gebot der Rechtssicherheit, welches zum klassischen Zugangsbegriff zurückführte, denn es hätte ansonsten keinen Grund gegeben, etwa den seinen Urlaub zu Hause verbringenden Adressaten

ungeschützt zu lassen oder dem im Krankenhaus befindlichen Adressaten sein Recht auf sorgenfreie Rekonvaleszenz zu verweigern.«

So weit Hermann Dilcher, Professor an der Universität Bochum (unkündbar), in einem Aufsatz dazu, *Juristenzeitung* 1989, Seite 298. Das Leben ist eben hart, aber gerecht. Und ganz so hart wäre es im übrigen auch im Fall des Telefonarbeiters nicht gewesen. Es gibt nämlich im Kündigungsschutzgesetz nach § 5 die Möglichkeit, einen Antrag an das Gericht zu stellen, die Dreiwochenfrist zu verlängern, wenn man sie unverschuldet nicht einhalten konnte. Bei Urlaub wird das regelmäßig genehmigt. Aber sein Anwalt hatte das vergessen. So ist das Leben eben auch. Hart, aber ungerecht.

Weiterbeschäftigungsanspruch

Der Kündigungsschutz versagt nicht nur deshalb oft, weil der Arbeitgeber viele Gründe auf seiner Seite und der Arbeitnehmer solche Fristen gegen sich hat. Es gibt noch ein anderes Problem. Die Prozesse dauern lange. Ist der Arbeitnehmer mit einer Klage in der ersten Instanz erfolgreich, geht der Arbeitgeber in die Berufung. Häufig kann er auch noch in die dritte Instanz gehen, mit der Revision vor dem Bundesarbeitsgericht. Hat der Arbeitnehmer rechtskräftig gewonnen, muß er zwar wieder eingestellt werden. Aber es ist viel Zeit verstrichen. Monate und Jahre sind vergangen. Vielleicht hat er inzwischen eine neue Stelle gefunden. Die Fälle, in denen jemand wirklich wieder in seine alte Beschäftigung zurückgekehrt ist, sind außerordentlich selten.

Früher, zur Zeit der Vollbeschäftigung, war das nicht so schlimm. Der Arbeitnehmer fand meistens bald wieder eine neue. Seit einigen Jahren ist das anders. Die Situation am Arbeitsmarkt ist schlechter geworden. Man ist auf den alten Arbeitsplatz angewiesen. Eine Kündigung bedeutet regelmäßig Arbeitslosigkeit auf unabsehbare Zeit. Deshalb gibt es auch seit einigen Jahren Versuche, das zu ändern.

Juristisch gesprochen handelt es sich um die Frage, ob der Arbeitnehmer, auch wenn der Prozeß noch läuft, nicht doch einen Anspruch auf Weiterbeschäftigung durchsetzen kann, oder, genauer gesagt, ob er in dieser Situation überhaupt einen solchen Anspruch hat. Wenn man annimmt, er habe einen, dann kann er ihn auch durchsetzen, kann in seine alte Stelle zurückgehen. Wenn man annimmt, er habe keinen, dann muß er bis zum endgültigen Ende des Prozesses, und das heißt unabsehbar lange, warten.

Das Gesetz sagt nichts dazu, wie so oft. Man muß also wieder interpretieren. Allgemein geht man heute davon aus, der Arbeitnehmer habe bei bestehendem Arbeitsvertrag auch einen Anspruch auf Beschäftigung. Das ist nicht immer so gewesen. Noch in der Weimarer Zeit wurde, auch von den »Linken«, die Meinung vertreten, der Arbeitnehmer habe Anspruch auf Lohn, nicht aber auf Beschäftigung. Der Arbeitsvertrag wurde als bloßer Austauschvertrag gesehen, Arbeit gegen Geld. Das Entscheidende für den Arbeitnehmer war der Lohn. Wenn er dafür noch nicht einmal zu arbeiten brauchte, um so besser. Das änderte sich während des Faschismus. Arbeit wurde »Dienst an Volk und Staat«. Darüber sollte der Unternehmer nicht einfach beliebig verfügen können, indem er auf die Arbeit verzichtete — und den Lohn weiterzahlte. Es entstand der Beschäftigungsanspruch des Arbeitnehmers. Nach dem Arbeitsvertrag ist danach der Unternehmer nicht nur zur Lohnzahlung verpflichtet, sondern auch zur Beschäftigung. Man konnte das vor Gericht einklagen und — über Zwangsgelder und notfalls eine Beugehaft des Unternehmers (§ 888 der Zivilprozeßordnung) — auch vollstrecken. Seit dem Beginn seiner Tätigkeit vertritt das Bundesarbeitsgericht — zu Recht — die gleiche Auffassung, und zwar mit der Begründung, das ergebe sich nicht nur aus dem Arbeitsvertrag, sondern auch aus der Würde des Menschen, deren besonderen Schutz Art. 1 des Grundgesetzes anordnet. Dazu sei auch der Unternehmer verpflichtet, und über das Prinzip von Treu und Glauben in § 242 BGB würde das auch auf das Arbeitsverhältnis einwirken und den Arbeitgeber verpflichten, den Arbeitnehmer entsprechend zu beschäftigen. Der Arbeitsvertrag sei nicht nur ein bloßes Austauschverhältnis, Arbeit gegen Geld, sondern ein personenrechtliches Gemeinschaftsverhältnis.

Nun ist die Sache eigentlich sehr einfach. Wenn es allgemein einen Beschäftigungsanspruch gibt und das Arbeitsgericht in erster Instanz festgestellt hat, daß der Vertrag trotz der Kündigung weiterbesteht, dann kann der Arbeitgeber zur Zahlung des Lohnes und zur Weiterbeschäftigung verurteilt und das Ganze auch vollstreckt werden. Merkwürdigerweise ist das sehr lange nicht so gehandhabt worden. Es wurde immer nur der Antrag gestellt, das Gericht möge feststellen, daß das Arbeitsverhältnis weiterbestehe, und den Arbeitgeber zur Lohnzahlung verurteilen. Bis 1974 scheint niemand auf die Idee gekommen zu sein, auch noch den dritten Antrag zu stellen, daß nämlich der gekündigte Arbeitnehmer auch weiter beschäftigt werde.

Es ist ja auch prekär, in ein gestörtes Arbeitsverhältnis zurückzukehren. Vielleicht hat man immer nur die üblicherweise gezahlte Abfindung und im übrigen die Möglichkeit vor Augen gehabt, woanders neu anzufangen. Der Weiterbeschäftigungsanspruch spielte ab und zu eine gewisse Rolle in ungekündigten Arbeitsverhältnissen, z.B. wenn es um die Art und Weise der Beschäftigung ging, wie in der ersten Entscheidung des Bundesarbeitsgerichts zu diesem Problem. Dort war fraglich, ob eine Ärztin weiter als Leiterin der Röntgenabteilung eines Krankenhauses beschäftigt werden mußte oder an eine andere Stelle versetzt werden durfte. Mit der Weiterbeschäftigung nach einer Kündigung wird es ja in der Tat brenzlich. Wenn der Arbeitnehmer, dem zu Unrecht gekündigt worden ist, wieder in den Betrieb zurückkehrt, hat der Unternehmer nicht nur einen Prozeß verloren, sondern auch Ansehen und Prestige. Und noch mehr: Oft sind es innerbetriebliche Konflikte, die durch exemplarische Kündigungen zugunsten des Unternehmers gelöst werden. Eine hohe Abfindung kann er sich leisten. Er bleibt Herr im Haus. Wenn das nicht mehr geht und die Betroffenen wieder zurückkommen, wird die Solidarität der Betriebsangehörigen außerordentlich gestärkt. Sie können nun, fast wie er selbst, den Konflikt ohne Furcht aus dem Betrieb heraus führen und durchstehen. Das Kündigungsrecht gehört nach der üblichen Systematik zum individuellen Arbeitsrecht, also zum Recht des einzelnen Arbeitsvertrages. Man sieht hier leicht, daß es durchaus Übergänge zum kollektiven Arbeitsrecht gibt, und versteht, warum das Bundesarbeitsgericht, das im individuellen Arbeitsrecht eher großzügig, im kollektiven Arbeitsrecht jedoch fast immer unternehmerfreundlich entscheidet, sich lange geweigert hat, für diese prekäre Situation einen Weiterbeschäftigungsanspruch anzuerkennen. Zuerst, 1977, hat es zugunsten der Unternehmer entschieden. Aber es gab nicht nur viel Widerspruch in der Literatur. Das gibt es oft gegen Entscheidungen von oberen Bundesgerichten. Es passierte etwas, was ganz selten geschieht: ein Aufstand der Untergerichte. Sie hielten sich nicht daran und entschieden anders, so wie sie es schon vorher getan hatten, zugunsten der Arbeitnehmer. Eine sehr große Zahl von Arbeitsgerichten und Landesarbeitsgerichten ist es gewesen. Schließlich gab das Bundesarbeitsgericht nach. 1985 hat es den Weiterbeschäftigungsanspruch auch während eines Kündigungsschutzprozesses grundsätzlich anerkannt.

Die negative Entscheidung von 1977 war schlecht begründet. Das Gericht stützte sich im wesentlichen auf § 102 Abs. 5 des Betriebsverfassungsgesetzes. Nach dieser Vorschrift gibt es einen Weiterbeschäftigungsanspruch im Kündigungsschutzprozeß, und zwar sogar schon vor dem erstinstanzlichen Urteil, allerdings nur für einen bestimmten Fall. Das Bundesarbeitsgericht sagte nun, das Gesetz habe den Anspruch auf Weiterbeschäftigung nur für diesen bestimmten Fall geben wollen, sonst nicht. Diese von Juristen als »Umkehrschluß« bezeichnete und allgemein übliche Operation ist hier aber logisch nicht möglich. Im Gesetz wird nämlich für Betriebe mit mehr als fünf Beschäftigten die Weiterbeschäftigung angeordnet, wenn der Betriebsrat der Kündigung widersprochen hat, und zwar unabhängig davon, ob sie wirksam ist oder nicht. Auch für den Fall, daß die Klage schließlich abgewiesen wird, muß der Arbeitnehmer bis zum Ende des Prozesses beschäftigt werden, wenn der Betriebsrat es will. Der einzig zulässige Umkehrschluß, der sich daraus ziehen läßt, ist der, daß es unabhängig vom Ausgang des Prozesses, unabhängig vom Bestehen des Arbeitsverhältnisses, einen Weiterbeschäftigungsanspruch nur gibt, wenn der Betriebsrat der Kündigung widersprochen hat. Was aber zu geschehen hat, wenn das Arbeitsgericht in erster Instanz zu dem Urteil kommt, daß die Kündigung unwirksam war und deshalb das Arbeitsverhältnis weiterbesteht, dazu wollte das Betriebsverfassungsgesetz nichts sagen. Das konnte es auch gar nicht tun. Denn es konnte doch nicht den Weiterbeschäftigungsanspruch aus einem bestehenden Arbeitsverhältnis von der Haltung des Betriebsrats abhängig machen, zumal es viele Betriebe gibt, die gar keinen haben. Mit anderen Worten, der § 102 des Betriebsverfassungsgesetzes wollte die Situation der Arbeitnehmer verbessern, nicht verschlechtern.

So sieht es das Gericht jetzt selbst. *Entscheidungen des Bundesarbeitsgerichts*, 48. Band, Seite 122. Die Wende von 1985. Seitdem ist allgemein anerkannt, daß der Arbeitgeber im Urteil der ersten Instanz dazu verurteilt werden kann, den Arbeitnehmer weiterzubeschäftigen. Wie wichtig das ist, kann man an einer Episode am Rande erkennen. Im September 1978 wurde darüber auf dem Juristentag in Wiesbaden diskutiert. So ein Juristentag hat keine offizielle Funktion. Er ist letztlich eine private Veranstaltung. Aber seine Beschlüsse haben doch immer eine gewisse Signalwirkung. Deshalb haben die Unternehmer damals alle bei ihnen beschäftigten Juristen nach Wiesbaden geschickt, um an der Abstimmung darüber teilzunehmen. So etwas hatte es noch nicht gegeben, und die Abstimmung haben sie denn auch gewonnen. Die Manipulation war aber so offenkundig, daß der Vorsitzende der arbeitsrechtlichen Abteilung in seinem Schlußbericht mit einer für den eher konservativen Juristentag ungewohnten Deutlichkeit erklärte, er »habe den Eindruck, Zeuge einer abgesprochenen massiven Demonstration der Arbeitgeberseite gegen den weiteren Ausbau des derzeitigen Arbeitsrechts geworden zu sein«. Es hat den Unternehmern nichts genützt. Das Arbeitsrecht ist dann doch weiter ausgebaut worden.

Literatur

Alle wichtigen Gesetze findet man in der Taschenbuchausgabe *Arbeitsgesetze* bei dtv, Nr. 5006, die jährlich erneuert wird, zuletzt 43. Auflage 1992. Einen hervorragenden Überblick und nicht nur das, sondern auch einen gründlichen Einblick in die Einzelheiten, gibt Wolfgang Däubler, *Das Arbeitsrecht*, 2 Bände, 11. und 8. Auflage 1990 und 1991, als rororo-Taschenbuch (Nr. 4057, 4275), das auch für Nichtjuristen verständlich ist. Das beste Lehrbuch für Studenten ist das von Hanau/Adomeit, *Arbeitsrecht*, 10. Aufl. 1992. Wolfgang Däubler schreibt für die Arbeitnehmer, Peter Hanau und Klaus Adomeit schreiben für die Arbeitgeber, und manchmal kommen sie sogar alle zu den gleichen Ergebnissen. Für die Einzelheiten, sehr ausführlich, sozusagen der Palandt des Arbeitsrechts: Günter Schaub, *Arbeitsrecht-Handbuch*, 7. Auflage 1992.

8. KAPITEL
Recht und Gerechtigkeit

Jede Zeit hat die großen Fragen der Rechtsphilosophie auf ihre eigene Weise beantwortet. Die besten Entwürfe kamen von Philosophen, *en gros*. Juristen beschäftigen sich damit eher *en détail*. Sie mußten sich von Immanuel Kant sagen lassen, am Anfang der *Metaphysik der Sitten,* in der Einleitung zur Rechtslehre, unter der Überschrift »Was ist Recht?«:

> »Diese Frage möchte wohl den Rechtsgelehrten, wenn er nicht in Tautologie verfallen oder statt einer allgemeinen Auflösung auf das, was in irgend einem Lande die Gesetze zu irgend einer Zeit wollen, verweisen will, ebenso in Verlegenheit setzen, als die berufene Aufforderung: Was ist Wahrheit? den Logiker.«

Gleich darauf gab er seine eigene Antwort, die schönste, die bisher für die bürgerliche Gesellschaft gegeben worden ist:

> »Das Recht ist also der Inbegriff der Bedingungen, unter denen die Willkür des einen mit der Willkür des anderen nach einem allgemeinen Gesetze der Freiheit zusammen vereinigt werden kann.«

Willkür hatte damals nicht den negativen Klang wie heute. Wir würden heute von Handlungsfreiheit sprechen oder von freiem Willen.

Die Juristen sind immer noch auf der Suche nach ihrem Begriff von Recht. Im Laufe der Geschichte hat es großartige Antworten gegeben, aber sie waren nicht unbedingt gleich gültig für alle Zeiten und für jedermann, und so ist es tatsächlich wie mit der Wahrheit oder der Schönheit. Man weiß ungefähr, was das ist, aber jeder hat seine eigenen Vorstellungen davon, und allgemein gültige Formeln sind schwer zu finden. Das einfachste ist, man nimmt ein Lexikon. Carl Creifels, *Rechtswörterbuch* (11. Auflage 1992), unter dem Stichwort *Recht:*

> »Recht im objektiven Sinn ist die Rechtsordnung, d.h. die Gesamtheit der Rechtsvorschriften, durch die das Verhältnis einer Gruppe von Menschen zueinander oder zu den übergeordneten Hoheitsträgern oder zwischen diesen geregelt ist ... Im Gegensatz zum objektiven Recht ist unter subjektivem Recht eine Befugnis zu verstehen, die sich für den Berechtigten aus dem objektiven Recht unmittelbar ergibt oder die auf Grund des objektiven Rechts erworben wird ...

> Recht und Moral (Sittlichkeit) decken sich nicht immer; die Moral wendet sich an die Gesinnung des Menschen, während das Recht sein äußeres Verhalten regelt. Moralisches Verhalten ist — ebenso wie die Beachtung der Sitte (das sind die in der Gemeinschaft geltenden Anstandsregeln und Gebräuche) — nur erzwingbar, soweit es auch von Rechtsvorschriften gefordert wird.«

Man hat es also mit mehreren Begriffen zu tun. Recht, Moral, Sitte, Sittlichkeit. Und die Gerechtigkeit kommt auch noch dazu.

Recht, sagt man, ist die Summe aller Rechtsnormen, und meint damit sehr formal das, was als objektives Recht vom subjektiven unterschieden wird. Wobei das objektive Recht die Rechtsordnung bedeutet und das subjektive dasjenige ist, was dem einzelnen von Rechts wegen zusteht: mein Eigentum oder meine Forderung gegen einen Schuldner. Wie das Recht, so hat auch die Gerechtigkeit eine objektive Qualität. Sie ist seine innere Richtigkeit, moralisch und sozial. Bedeutet das Recht eher nur die äußere Form, ist Gerechtigkeit mehr der innere Gehalt, ohne daß beide immer klar und scharf zu trennen wären. Daneben gibt es — wie beim Recht — noch etwas Subjektives: die subjektive Gerechtigkeit. Sie ist die individuelle Eigenschaft einzelner, die gerecht denken und handeln.

Mit der Gerechtigkeit kommen wir in den Bereich der Moral oder, was dasselbe ist, der Sittlichkeit. Sie ist das Wissen um Gut und Böse, die Grammatik unseres Gewissens. Seit Christian Thomasius und Immanuel Kant ist sie begrifflich vom Recht geschieden, ohne daß beide letztlich zu trennen wären. Das Recht, so war Kants Vorstellung, ist der äußere Rahmen, in dem man sich frei verwirklichen kann, im Sinne eines moralischen Handelns. Damit ist aber auch die Möglichkeit gegeben, daß man im Rahmen des Rechts unmoralisch handelt. Sonst wäre man nicht frei. Natürlich entstehen daraus Situationen, in denen beide weit auseinander gehen. Der Betreiber eines Kraftwerks, das die Umwelt verschmutzt, mag dafür eine einwandfreie Genehmigung haben. Er handelt rechtmäßig, aber unmoralisch. Wenn sich umgekehrt Atomwaffengegner vor Raketenstellungen auf die Straße setzen, so verstößt ihr Protest gegen das Recht, hat aber die Moral auf seiner Seite. So bedenklich dieses Auseinandertreten von Recht und Moral in vielen Fällen ist, es bedeutet auf der anderen Seite aber auch, daß man uns grundsätzlich über das Recht keine moralischen Vorschriften machen kann. Es ist Ausdruck unserer individuellen Freiheit, gleichzeitig aber auch Ursache vieler sozialer Probleme, die mit ihr verbunden sind.

Von Moral und Sittlichkeit unterscheidet man die Sitte. Sie ist die Gesamtheit von Regeln des gesellschaftlichen Umgangs, Regeln der Höflichkeit, für die Kleidung, Tischsitten, Begrüßungsregeln, Anredeformeln, Regeln für das Verhalten der Geschlechter untereinander, für das Verhalten von Menschen verschiedenen Alters zueinander, Bräuche bei Geburt, Heirat und Tod. Oft wirken sie auch in den Bereich des Rechts hinein. Damit entsteht die Schwierigkeit, beide begrifflich voneinander zu unterscheiden. Alle Versuche in dieser Richtung sind gescheitert. Gustav Radbruch hat dazu gesagt, das sei keine begriffliche Frage, sondern ein historisches Problem. Er war einer der bedeutenderen Rechtsphilosophen unseres Jahrhunderts, Strafrechtsprofessor in Heidelberg und von 1921 bis 1923 sozialdemokratischer Reichsjustizminister der Weimarer Republik. Zur Sitte gehören seiner Meinung nach Restbestände einer ursprünglich einheitlichen Ordnung, in der Recht, Moral und Sitte noch ungetrennt waren und die sich dann allmählich aufgelöst hat, als das Recht und die Moral sich verselbständigten. Eine richtige Beobachtung. Gustav Radbruch, *Rechtsphilosophie* (8. Auflage 1973), Seite 139:

> »Die Sitte steht zum Rechte und zur Moral nicht in einem systematischen, sondern in einem historischen Verhältnis. Sie ist die gemeinsame Vorform, in der Recht und Moral noch unentfaltet und ungeschieden enthalten sind...«

Mit anderen Worten: Recht verändert seinen Charakter im Lauf der Zeit. Am Beginn seiner Entwicklung bildet es eine kaum zu trennende Einheit mit Religion, Moral und Sitte. In der Antike hat es sich von der Religion weitgehend getrennt, weil die Herrschaft, mit der das Recht inzwischen verbunden war, ihren Charakter veränderte. Nicht mehr ein König in seiner religiösen Legitimation war der Träger von Recht, gab Gesetze und war oberster Richter, sondern Volksversammlungen und Senate. Die Einheit von Recht, Moral und Sitte war aber damals sehr viel größer als heute, wie sich leicht an jenem berühmten Satz zeigen läßt, der am Anfang der *Digesten* steht, im *Corpus Iuris Civilis*. Der römische Jurist Celsus hat ihn in der Mitte des zweiten Jahrhunderts nach Christus formuliert, und man findet ihn bei Ulpian, *Digesten*, 1. Buch, 1. Titel, 1. Fragment:

> ». . . *nam, ut eleganter Celsus definit, ius est ars boni et aequi.*«

> ». . . denn, wie Celsus elegant formuliert hat, das Recht ist die Kunst des Guten und Gleichen.«

Das Gleiche ist die von Platon und Aristoteles beschriebene Gleichheit als Fundament der Gerechtigkeit. Das Gute ist der Gegensatz des Bösen im Sinne der Moral. Für römische Juristen ist Recht also keine formale Wissenschaft, sondern eine Kunst, und ihr Material ist die Gerechtigkeit und die Moral. Das ist meilenweit entfernt von dem durch Kant und die bürgerliche Gesellschaft geprägten Recht des 19. und 20. Jahrhunderts, auch wenn jener Satz sich des öfteren in den Giebeln deutscher Oberlandesgerichte findet oder als Sinnspruch auf dem Vorblatt juristischer Monographien. Es hatte sich inzwischen einiges geändert. Die begriffliche Trennung von Recht und Moral bedeutete, daß die Juristen sich — theoretisch gesehen — immer mehr nur mit der logisch richtigen Anwendung von Gesetzen beschäftigten und nicht mehr zu achten hatten auf ihre innere Richtigkeit. Die Gerechtigkeit, der Inhalt des Gesetzes, ist Sache des Gesetzgebers. So sah man das. Der Richter hat es anzuwenden, egal welchen Inhalt es hat. Auch dafür gibt es einen berühmten Satz, geschrieben von Gustav Radbruch, *Rechtsphilosophie* (3. Auflage 1932), Seite 83f:

> »Für den Richter ist es Berufspflicht, den Geltungswillen des Gesetzes zur Geltung zu bringen, das eigene Rechtsgefühl dem autoritativen Rechtsbefehl zu opfern, nur zu fragen, was Rechtens ist, und niemals, ob es auch gerecht sei . . . Wie ungerecht immer das Recht seinem Inhalt nach sich gestalten möge — es hat sich gezeigt, daß es einen Zweck stets, schon durch sein Dasein, erfüllt, den der Rechtssicherheit . . . Wir verachten den Pfarrer,

der gegen seine Überzeugung predigt, aber wir verehren den Richter, der sich durch sein widerstrebendes Rechtsgefühl in seiner Gesetzestreue nicht beirren läßt.«

Nicht zufällig kommt dabei der Pfarrer ins Spiel. Denn die Trennung von Recht und Moral durch Thomasius und Kant im 18. Jahrhundert fand statt vor dem Hintergrund der Entmachtung der Kirche, die im staatlichen Recht ihre Moralvorstellungen nicht mehr durchsetzen können sollte, und bei der Premiere der bürgerlichen Gesellschaft, deren Signale Freiheit und Gleichheit gewesen sind als Rechte für jedermann ohne Ansehen der Person.

Die Veränderungen im Charakter des Rechts lassen sich aufzeigen an den Veränderungen in der Thematik der Rechtsphilosophie. Keiner der antiken Rechtsphilosophen beschäftigte sich mit der Frage einer Definition von Recht. Es ging immer um die Gerechtigkeit. Erst seit Kant gibt es eine große Zahl von Versuchen, das Recht unabhängig davon zu definieren, »abstrakt«. Recht und Gerechtigkeit oder, was letztlich dasselbe ist, Recht und Moral werden begrifflich klar getrennt, was natürlich Trennungsprozessen entspricht, die in der allgemeinen Entwicklung der bürgerlichen Gesellschaft stattfanden. Der Zusammenhang mit der sozialen Ungerechtigkeit ihres Rechts liegt auf der Hand. Niemand hat das für die Gleichheit deutlicher gesagt als Anatol France 1894 in seinem Roman *Die rote Lilie*, über den Stolz der französischen Bürger, die arbeiten dürfen unter der

> »majestätischen Gleichheit des Gesetzes, das Reichen wie Armen verbietet, unter Brücken zu schlafen, auf den Straßen zu betteln und Brot zu stehlen«.

Machen wir also einen Gang durch die Geschichte und sehen uns die wichtigsten Rechtsphilosophen an. Aus der Verschiedenheit großer Konzepte der Vergangenheit kann man einiges lernen über Recht und Gerechtigkeit, mindestens soviel wie aus den Theorien der Gegenwart, die danach beschrieben werden. Die sieben Weisen der rechtsphilosophischen Vergangenheit sind Aristoteles, Hugo Grotius, Thomas Hobbes, Immanuel Kant, Georg Wilhelm Friedrich Hegel, Max Weber und Hans Kelsen. Sehr viel mehr, als sie vorgedacht haben, ist auch der Gegenwart nicht eingefallen.

Die Rechtsphilosophie des **Aristoteles** findet sich im fünften Buch seiner *Nikomachischen Ethik,* geschrieben um 330 v. Chr. Seine Rechtsphilosophie ist eine Philosophie der Gerechtigkeit. Die *dikaiosyne,* als subjektive Eigenschaft, ist die Fähigkeit, »das Gerechte zu tun und auch zu wollen«, wie er am Anfang schreibt. Das griechische Wort, das er für »das Gerechte« brauchte, ist *ta dikaia,* der Plural von Recht, *to dikaion,* das er später in derselben Bedeutung von objektiver Gerechtigkeit auch im Singular gebraucht. Wozu die umständliche Beschreibung der Wörter? Sie zeigt, daß die Griechen — wie die Römer — keinen Ausdruck für die objektive Gerechtigkeit hatten. *Dikaiosyne* ist — wie *iustitia* — immer nur die subjektive Gerechtigkeit. Objektive Gerechtigkeit und Recht werden mit demselben Wort bezeichnet, sind synonym, ein und dasselbe, nicht wie bei uns getrennt. Und was ist das Gerechte? Kapitel 6:

> »Gerechtigkeit ist Gleichheit. Das weiß jeder, und es braucht nicht bewiesen zu werden.«

Ein großes Wort, das schnell wieder etwas kleiner wird, wenn es in die Einzelheiten geht. Denn nun gibt es plötzlich zwei Arten von Gleichheit und damit auch zwei Arten von Gerechtigkeit. Das ist seine berühmte Lehre von der ausgleichenden und austeilenden Gerechtigkeit, ein Gedanke, der sich schon bei Platon findet und den er systematisch ausgebaut hat. Es gibt die arithmetische und die geometrische Gleichheit. Ihr entsprechen die ausgleichende und austeilende Gerechtigkeit. Die ausgleichende findet sich im Recht der Verträge und beim Schadensersatz, im Recht der Bürger untereinander, juristisch gesprochen im Schuldrecht. Wenn ich jemandem einen Schaden zufüge, muß ich ihn in der arithmetischen Gleichheit ersetzen: Schadensersatz in derselben Höhe wie der Schaden. Die höhere Form der Gerechtigkeit ist die austeilende, im Verhältnis des Staates zu den Bürgern, die er in verschiedener Weise am allgemeinen Wohlstand und an öffentlichen Ämtern und Ehren beteiligt, nach dem proportionalen Prinzip, geometrisch, so daß der eine mehr und der andere weniger erhält. Je nachdem, was jedem zukommt. *All animals are equal, but some are more equal than others.* Aber — natürlich — nach klaren Maßstäben. Es gibt verschiedene, sagt er selbst. Am sympathischsten ist ihm die *areté*. Schwer zu übersetzen. Am besten wohl noch mit Leistung. Nur wer etwas leistet, kann sich etwas leisten. Gerechtigkeit als Rechtfertigung für eine »differenzierende Klassen- und Ständejustiz« (Ernst Bloch).

Die **Römer** sind als Volk des Rechts in die Geschichte eingegangen. Philosophen waren sie nicht. Anders als die Griechen, entwickelten sie keine neuen Konzepte für Recht und Gerechtigkeit. Praktiker des Rechts und der Macht sind sie gewesen, nicht Theoretiker. Was Cicero schrieb, war eine Mischung aus Aristoteles und der Stoa, einer Philosophie von feinen Leuten, die den Erdkreis überblicken und mit Ruhe in die Zukunft sehen. Eine Art philosophischer Rotary Club. Findet man bei römischen Juristen mal einen Brocken Theorie, so kommt er von dort. Wie bei Ulpian, der den Jahrhunderten eines der bekanntesten Rezepte für die Herstellung von Gerechtigkeit hinterlassen hat, ebenfalls am Anfang der *Digesten*, 1. Buch, 1. Titel, 10. Fragment:

> »*Iustitia est constans et perpetua voluntas ius suum cuique tribuendi.*«
>
> »Gerechtigkeit ist der beharrliche und beständige Wille, jedem sein Recht zukommen zu lassen.«

Wir verlassen die Antike, überspringen das Mittelalter, dessen Rechtsphilosophie, entwickelt vor allem von Thomas von Aquin, religiös geprägt war und daher heute keine große Rolle mehr spielt, und kommen zu **Hugo Grotius**. Er lebte fast zweitausend Jahre nach Aristoteles, im 17. Jahrhundert, in der Zeit des »klassischen Naturrechts«, dessen bedeutendster Vertreter er ist, neben Thomas Hobbes. Sein Buch heißt *De iure belli ac pacis, Vom Recht des Krieges und des Friedens,* und ist 1625 erschienen, mitten im Dreißigjährigen Krieg. Es ist die Theorie eines Rechts, das nicht auf staatlicher Macht beruht, wie bei Aristoteles, also unabhängig vom Staat und seinen Gesetzen existiert, und auch nicht religiös begründet ist, wie bei Thomas von Aquin, sondern einzig und allein durch die Vernunft hervorgebracht wird, die zur Natur des Menschen gehört. Deshalb ist es ein Naturrecht, das man auch Vernunftrecht nennt. Es ist die erste neuzeitliche Begründung eines staatsfreien Rechts ohne Rückgriff auf christliche Grundlagen, eines Rechts, »das allen Menschen so gemein ist, daß es keine Unterschiede der Religion zuläßt«. Schon das allein war eine polemische Wendung, denn die religiösen Unterschiede waren in jener Zeit sehr groß. Grotius postulierte also ein Recht, das sich aus der profanen Natur des Menschen ergibt, ein Naturrecht, das er nach einer ganz einfachen Methode konstruiert. Sie beruht auf dem Gedanken der Allgemeinheit. Wenn sich nämlich zu verschiedenen Zeiten und überall auf der Erde für einzelne Probleme immer wieder dieselben Regeln finden, dann sind sie so allgemein, daß sie der Natur des Menschen entsprechen müssen, unabhängig von Zeit und Ort, Staat und Religion. Deshalb seine unzähligen Zitate aus griechischen und römischen Klassikern, aus dem römischen Recht und aus der Bibel, und die vielen Hinweise auf Gebräuche fremder Völker. Und wenn man richtig hinsieht, meint er, erkennt man auch das allgemeine Prinzip, das hinter alldem steht und das der Natur des Menschen und seiner Vernunft entspricht: der Vertrag. Dieses Prinzip gilt von Mensch zu Mensch. Man verträgt sich auch ohne einen Staat, der über allen schwebt und alles regelt. Es regelt sich alles von selbst. Denn der Mensch ist vernünftig und gesellig, und die genauen Einzelheiten, die sich daraus ergeben, kann man nachlesen bei Hugo Grotius, der dieses Naturrecht nicht nur als Privatrecht beschreibt, das von Bürger zu Bürger gilt, sondern auch — und das ist seine zweite große Erfindung — als Völkerrecht, nämlich als Recht zwischen den Völkern, zum Beispiel auch in jenem Krieg, der damals Europa erschütterte. Denn auch über den Völkern gibt es keine höhere Instanz. Sie müssen ihre Konflikte selbst regeln, möglichst über den — völkerrechtlichen — Vertrag.

Wenig später schreibt **Thomas Hobbes** seinen *Leviathan*, 1651. Er entwickelt ein Naturrecht ganz anderen Kalibers, gegründet auf eine ganz andere Auffassung von der **Natur des Menschen**. Die Eigenschaften, die ihn auszeichnen, sind nicht Vernunft und Geselligkeit. Was ihn beherrscht, ist die Sucht nach dem Glück, das man sich nur verschaffen kann, wenn man mächtig ist (11. Kapitel):

> »*So that in the first place, I put for a generall inclination of all mankind, a perpetuall and restlesse desire of Power after power, that ceaseth onely in Death.*«

> »Also gehe ich davon aus, daß eine Neigung allen Menschen in erster Linie gemeinsam ist, nämlich das ständige und rastlose Streben nach Macht, das erst mit dem Tode endet.«

Daraus rekonstruiert er seine Erfindung, einen Naturzustand, *naturall condition*, aus der Zeit vor der Entstehung des Staates. Er rekonstruiert ihn unter dem Eindruck des englischen Bürgerkrieges und aus Nachrichten über die kriegerischen nordamerikanischen Indianer. Im Naturzustand herrscht das Gesetz der Wildnis, das Chaos, der Krieg aller gegen alle. Also beschließen die Menschen, so vernünftig sind sie auch noch bei Thomas Hobbes, ihre Wolfsnatur an einen Oberwolf abzutreten, an den Staat, der damit das Monopol auf Gewalt erhält und jenem biblischen Ungeheuer gleicht, dessen Namen das Buch trägt. Sie einigen sich auf die Gründung des Staates. Einer muß befehlen, damit die anderen in Frieden leben können. Was er befiehlt, ist Recht. Das Recht ist ein Befehl, auf Englisch *command*, die sogenannte *command theory*, die im 19. Jahrhundert von John Austin und im zwanzigsten von Hans Kelsen erneuert worden ist. Die Wirksamkeit dieses Befehls ist natürlich unabhängig von irgendwelchen Überlegungen zur Gerechtigkeit seines Inhalts. Gewisse formale Bedingungen muß das Gesetz erfüllen. Es muß öffentlich bekanntgemacht werden und darf nicht rückwirkend gelten. Aber sonst kann der Souverän befehlen, was er will. Recht und Gerechtigkeit sind zum erstenmal klar getrennt. Ein eindrucksvoller Satz im 26. Kapitel der lateinischen Ausgabe:

Auctoritas non veritas facit legem. Die Autorität, nicht die Wahrheit bestimmt, was Gesetz ist.

Auctoritas ist die Autorität des Staates, des Monarchen, und mit *veritas* sind die naturrechtlichen Wahrheiten gemeint, die Hugo Grotius in der Vernunft des Menschen gefunden hat. Weil diese Wahrheiten vernünftig sind, sind sie auch gerecht. Das ist der entscheidende Unterschied, kurz und bündig benannt. Das Naturrecht des Hugo Grotius ist ein System gerechter Regeln, der materiellen Gerechtigkeit. Das Naturrecht des Thomas Hobbes legitimiert nur die Existenz des Staates und eines formalen Rechts, dessen Inhalte zur Disposition stehen. Beiden ist allerdings eines gemeinsam. Wie bei Hugo Grotius steht auch für Thomas Hobbes der Vertrag im Zentrum dieses Rechts, das sich aus der Natur des Menschen ergibt. Es ist nur nicht der Vertrag von Mensch zu Mensch, der sich täglich und zahllos wiederholt, sondern ein Unterwerfungsvertrag, den alle ein für allemal abgeschlossen haben mit dem, der die Staatsmacht übernimmt und der nun machen kann, was er will, solange er ihr Leben und ihre Sicherheit garantiert. Eine imponierende Legitimation des absolutistischen Staates des 17. und 18. Jahrhunderts, als dessen Haus- und Hofphilosoph Thomas Hobbes sich damit in das Buch der Geschichte eingetragen hat.

Die nächste Station ist die bürgerliche Gesellschaft des 19. Jahrhunderts. Ihr Philosoph ist **Immanuel Kant,** der Philosoph der Freiheit. Er lebte im alten, schrieb aber für das nächste Jahrhundert. Nicht der Staat ist Angelpunkt seiner Rechtsphilosophie, sondern die Gesellschaft, der einzelne und seine Moral. Schon am Anfang der *Metaphysik der Sitten* steht die begriffliche Trennung von Recht und Moral, von Legalität und Moralität, wie er es nennt. Einleitung, Abschnitt III:

»Man nennt die bloße Übereinstimmung oder Nichtübereinstimmung einer Handlung mit dem Gesetz, ohne Rücksicht auf die Triebfeder derselben, die Legalität (Gesetzmäßigkeit); diejenige aber, in welcher die Idee der Pflicht aus dem Gesetze zugleich die Triebfeder der Handlung ist, die Moralität (Sittlichkeit) derselben.«

Recht als äußere Bedingung der Freiheit und Moral als innere Haltung stehen einander also nicht nur gegenüber, sondern ergänzen und verbinden sich, wenn jemand aus moralischen Gründen rechtlich handelt. Das ist der Idealfall: Recht als Bedingung von Freiheit zur Verwirklichung moralischer Prinzipien. Weil die Moral begrifflich nicht dazugehört, ist Kants Rechtsbegriff sehr formal. Seine berühmte Definition kann man ruhig ein zweites Mal lesen:

> »Das Recht ist also der Inbegriff der Bedingungen, unter denen die Willkür des einen mit der Willkür des anderen nach einem allgemeinen Gesetze der Freiheit zusammen vereinigt werden kann.«

Sehr formal, aber doch nicht ganz so knapp wie der Befehl des Leviathan. *Auctoritas, non veritas.* Auch sonst steht Kant etwa in der Mitte zwischen Grotius und Hobbes. Er nennt einige Inhalte von Recht, die sich Hobbes völlig verkneift, beschreibt den Vertrag und das Eigentum, das Eherecht und das Elternrecht, und schließlich — der Rechtslehre zweiter Teil — erscheint auch der Staat, den Hugo Grotius übersehen hat. Aber er erscheint um der Freiheit willen und nicht nur, um das nackte Überleben zu garantieren, wie bei Thomas Hobbes. Der Staat als Garant der Freiheit seiner Bürger, mit Gewaltenteilung und unter der Herrschaft des Rechts. § 45:

> »Ein Staat ist die Vereinigung einer Menge von Menschen unter Rechtsgesetzen.«

Damit war, am Anfang des 19. Jahrhunderts, im großen Umriß formuliert, was wir heute als Rechtsstat verstehen. Nicht der Bürger allein, die Gesellschaft, wie bei Hugo Grotius, auch nicht der Staat als A und O, wie bei Thomas Hobbes, sondern beide zusammen, aber der Bürger zuerst. Und die Gerechtigkeit? Sie ist die ausgleichende und die austeilende, wie bei Aristoteles. Nur wer etwas leistet, kann sich etwas leisten.

Georg Wilhelm Friedrich Hegel formuliert mit den *Grundlinien der Philosophie des Rechts,* 1821, eine Rechtsphilosophie des objektiven Geistes, der — das Adjektiv sagt es — das Gegenteil ist vom subjektiven Geist. Damit ist Kant gemeint, der als einzelner gedacht hat, subjektiv, individuell, mit dem Blick auf die moralische Selbstverwirklichung, in eigener Verantwortung. Hegels objektiver Geist ist das, was alle gemeinsam denken, was ein Volk denkt, der Volksgeist. Das ist das Wichtige. Kant ist individualistisch, liberal. Hegel ist konformistisch, konservativ. Er argumentiert nicht formal logisch, wie Kant, sondern historisch. Bei Kant findet er logische Ungereimtheiten und löst sie historisch auf, und zwar dialektisch. Damit bezeichnet er eine Entwicklung, die sich daraus ergibt, daß der Volksgeist erst das eine denkt und dann das andere, wodurch schließlich aus diesem Gegeneinander auf einer höheren Stufe ein neues Denken entsteht von besserer Qualität, die nach einiger Zeit zum Ausgangspunkt wird für die nächste Entwicklung von These, Antithese und Synthese, wie er das nennt. Geschichte als Entwicklung zu immer höheren Stufen der Kultur, und Hegel als Philosoph der Geschichte. Von ihm haben wir gelernt, daß Menschen zu verschiedenen Zeiten unterschiedlich gedacht haben, daß es einen Geist der Antike gibt, mittelalterliche Frömmigkeit und einen Geist der Renaissance oder des Barock. Vorher ist man immer mehr oder weniger unbewußt davon ausgegangen, die Menschen vor uns hätten genauso gedacht wie wir.

Nicht nur das allgemeine Denken der Menschen verändert sich, auch ihr Recht. Recht ist die wichtigste Form des objektiven Geistes, und es entwickelt sich in drei Stufen: These, Antithese, Synthese. Er nennt sie abstraktes Recht, Moralität und Sittlichkeit. Erste Stufe, These: das abstrakte Recht. Es ist das formale objektive Recht, Eigentum, Vertrag, Delikt, und zwar historisch verstanden als Recht der Antike, genauer gesagt als antikes römisches Recht. Zweite Stufe, Antithese: Gegen dieses äußerliche Recht wendet sich der Volksgeist nach innen, wird fromm und stellt dem Äußeren die innere Moralität entgegen, mit Vorstellungen von Gewissen und Schuld, historisch verstanden als das Christentum des Mittelalters. Aus dem Gegeneinander der beiden entsteht ein neues Miteinander, innen und außen, die dritte Stufe, Synthese. Er nennt sie Sittlichkeit. Sie stellt den Höhepunkt dar. »Und wie wir's dann zuletzt so herrlich weit gebracht.« Sittlichkeit, sagt Hegel, ist die Verbindung des abstrakten Rechts mit der Moralität zu neuen Formen der Familie, der Gesellschaft und — das ist das Entscheidende — des Staates. Der Staat, ebenfalls historisch verstanden als Staat der Neuzeit, genauer gesagt: Preußen. Berlin 1821, wo Hegel seit drei Jahren lebt. Dieser Staat ist entstanden aus den germanischen Reichen in Versöhnung der Prinzipien der beiden ersten Stufen. Antike, Mittelalter, Neuzeit. Der objektive Geist ist auf seiner höchsten Stufe angekommen. § 258:

> »Der Staat ist als die Wirklichkeit des substantiellen Willens, die er in dem zu seiner Allgemeinheit erhobenen besonderen Selbstbewußtsein hat, das an und für sich Vernünftige. Diese substantielle Einheit ist absoluter und unbewegter Selbstzweck, in welchem die Freiheit zu ihrem höchsten Recht kommt, sowie dieser Endzweck das höchste Recht gegen die Einzelnen hat, deren höchste Pflicht es ist, Mitglieder des Staates zu sein.«

Die Freiheit wird sehr oft genannt, öfter als bei Kant. Der erste Satz des übernächsten Paragraphen, § 260:

> »Der Staat ist die Wirklichkeit der konkreten Freiheit.«

Sieht man genauer hin, so erkennt man, daß es sich um konservative Gegenpropaganda handelt. Propaganda mit der Freiheit gegen die Freiheitsglocken der Liberalen, zur Verteidigung einer staatskonservativen Wagenburg gegen Kant und seine Anhänger, denen er das Wort im Munde herumdreht. Wir sind nämlich im Vormärz. 1819 war Kotzebue erschossen worden, worauf die Karlsbader Beschlüsse ergingen und die Demagogenverfolgungen begannen. In Berlin regiert Friedrich Wilhelm III., der nach dem Sieg über Napoleon die Reformpolitik beendete und die Heilige Allianz gegründet hat mit Rußland und Österreich gegen Liberale und Republikaner. Also schreibt Hegel über die Gesetzgebung, § 300:

> »In der gesetzgebenden Gewalt als Totalität sind zunächst die zwei anderen Momente wirksam, das monarchische als dem die höchste Entscheidung zukommt, — die Regierungsgewalt als das, mit der konkreten Kenntnis und Übersicht des Ganzen in

seinen vielfachen Seiten und den darin fest gewordenen wirklichen Grundsätzen, sowie mit der Kenntnis der Bedürfnisse der Staatsgewalt insbesondere, beratende Moment, — endlich das ständische Element.«

Kant hatte es anders und etwas kürzer gesagt, acht Jahre nach der Französischen Revolution, in der *Metaphysik der Sitten,* § 46:

»Die gesetzgebende Gewalt kann nur dem vereinigten Willen des Volkes zukommen.«

Der Nebel steigt, und man erkennt die Landschaft. Hegels drei Stufen des Rechts, These, Antithese, Synthese, sind eine Konstruktion gegen Kants Unterscheidung von Recht und Moral. Mit dieser Unterscheidung war ein Widerspruch möglich geworden zwischen dem staatlichen Gesetz und dem Gewissen des einzelnen. Es war klar, daß Kant in diesem Konflikt auf der Seite des Bürgers stehen würde, gegen den Staat. Nein, sagt Hegel. Das ist politischer Unsinn und außerdem ein historischer Irrtum. Diesen Konflikt kann es gar nicht geben. Denn Recht und Moral kann man nicht mehr unterscheiden. Sie haben sich verbunden zur Sittlichkeit und sind eins geworden. Auf einer höheren Stufe ist etwas Neues entstanden, nämlich der preußische Staat und die Glaubensfreiheit, mit der Betonung auf Staat, preußisch, konservativ. Wenn es wirklich einen Konflikt geben sollte zwischen Staat und Bürger, der eigentlich gar nicht mehr möglich ist, dann entscheidet die Sittlichkeit natürlich zugunsten des Staates. Bei Kant hatte die Sittlichkeit noch dieselbe Bedeutung wie Moral. Hegel macht daraus etwas anderes. Er erreicht mit demselben Wort das Gegenteil. Es gibt keinen Unterschied mehr zwischen Recht und Moral — es gibt nur noch Sittlichkeit; und die Möglichkeit eines Widerspruchs zwischen Recht und Gerechtigkeit ist für ihn kein Thema mehr.

Das waren sie, die großen rechtsphilosophischen Entwürfe des 19. Jahrhunderts, Kant und Hegel. Auch das einfache Recht erhob sich in die Höhen der Abstraktion, denn die Verallgemeinerung ist Ausdruck der allgemeinen Gleichheit, die absieht vom Besonderen. Sie ist Ausdruck der majestätischen Gleichheit der Gesetze. Im Privatrecht, im Strafrecht und im öffentlichen Recht stapelte sie allgemeine Begriffe, die man vorher nicht gekannt hatte. Das war die sogenannte Begriffsjurisprudenz.

Erst gegen Ende des Jahrhunderts kam es dann zu einer Gegenbewegung, die die Realitäten des Rechts wieder entdeckte. Die Rechtssoziologie entstand. Ihren ersten Höhepunkt erreichte sie mit **Max Weber**, *Wirtschaft und Gesellschaft*, 1921. Das Verhältnis von Recht und Wirtschaft ist sein Thema und besonders die Frage, wie ein Recht aussehen muß, das geeignet ist für den modernen Kapitalismus. Worin und warum unterscheidet es sich von anderen Rechtsordnungen? Ähnlich wie Hugo Grotius sammelt er Massen von Material, allerdings ganz anderer Art. Nicht für einzelne Rechtsregeln interessiert er sich. Er fragt statt dessen, wie Recht entsteht und funktioniert, von den frühesten Zeiten bis in die Gegenwart. Welche gesellschaftlichen und wirtschaftlichen Ursachen hat es? Und welche Wirkungen? Er wendet das Material hin und her, um Strukturelemente zu erkennen wie irrationale und rationale Rechtsfindung, Rechtshonoratioren und gelehrte Juristen, Präjudizien und Systemdenken, formalen und nicht formalen Charakter des Verfahrens, Formalismus im materiellen Recht oder Orientierung an der Gesinnung. Volkswirtschaften mit schnellem Warenumsatz sind zum Beispiel daran interessiert, daß Produzenten und Handel flexibel reagieren. Also wird im Recht nicht mehr allein nach starren Regeln entschieden, sondern in erster Linie danach, warum und in welcher Absicht sie gehandelt haben. Mit anderen Worten, Formalismus im Recht entspricht eher statischen Systemen, während sich das Recht einer leistungsfähigen Volkswirtschaft an der Gesinnung orientiert.

Was ist Recht? Diese Frage war ihm zu allgemein. Eher als Pflicht, nicht als Kür, gibt er eine vorläufige Antwort am Anfang, bei den soziologischen Grundbegriffen. Entscheidend sei der Zwangscharakter. Erstes Kapitel, § 6: Eine Ordnung ist

> »Recht, wenn sie äußerlich garantiert ist durch die Chance (physischen oder psychischen) Zwanges durch ein auf Er-

zwingung der Innehaltung oder Ahndung der Verletzung gerichtetes Handeln eines eigens darauf eingestellten Stabes von Menschen«.

Das ist das eine, der Zwangsapparat. Das Recht des Kapitalismus zeichne sich, zweitens, aus durch Rationalität, Berechenbarkeit, Vorhersehbarkeit der Entscheidung von Streitigkeiten. Kapitalistisches Wirtschaften müsse kalkulieren können. Wichtigste Bedingung dafür sei, drittens, die Existenz eines Berufstandes studierter Juristen, der die Rechtspflege in der Hand hat, »im Dienst der begüterten, speziell der kapitalistischen, Privatinteressen tätig wird und materiell direkt von ihnen lebt« (7. Kapitel, § 8). Die Einzelheiten der Rechtstechnik seien weniger wichtig. Das zeige das Nebeneinander des kontinentaleuropäischen Rechts mit seinen generellen Normen und des angelsächsischen, in dem eher irrational nach alten Präjudizien entschieden wird. Für Juristen eine ungewohnte Sicht der Dinge, dieses Jonglieren mit Rechtstypen unterschiedlicher Zeiten und Länder. Kein Wunder, daß es bald wieder in die andere Richtung ging.

Den Rückzug hinter die eigenen Linien organisierte **Hans Kelsen** mit seiner *Reinen Rechtslehre,* 1934. Er war total, konsequent, imposant. Aus der Rechtswissenschaft soll eine exakte Wissenschaft werden, zum Beispiel schon bei der Interpretation. Das Problem der verschiedenen Möglichkeiten bei der Auslegung von Gesetzen sollte endlich gelöst werden. Dabei geht es um das alte Dilemma der Ungenauigkeit in der Sprache der Juristen, beschrieben im ersten Kapitel. Wie ist es mit Jakob und Marie, die von ihm Unterhalt verlangt nach § 1570 BGB für die Pflege eines Säuglings? Ist Gesine ein »gemeinschaftliches Kind« im Sinne dieser Vorschrift, wenn der anstößige Anstoß für ihr kleines Leben erst kam nach der Scheidung der Eltern? Juristisch kann man mit guten Gründen nein sagen, aber ebensogut auch ja. Und was gibt nun den Ausschlag? Die herrschende Meinung? Sie ist hier noch gar nicht in Stellung gebracht. Kein Problem für Hans Kelsen. Er geht einfach davon aus, das sei keine wissenschaftliche Frage mehr, für die er als Wissenschaftler zuständig wäre, sondern eine politische. Die Rechtswissenschaft muß das nicht entscheiden. Sie darf das nicht entscheiden; sie hat nur die beiden Möglichkeiten zu beschreiben und die Gründe zu nennen für die eine und die andere. Entscheiden müssen die zuständigen Gerichte. Kollege kommt gleich. Denn die Gerichte haben eine ähnliche Aufgabe wie das Parlament, das die Gesetze erläßt, nämlich Rechtsschöpfung im politischen Raum. Für den Richter gilt also die Trennung von Recht und Gerechtigkeit nicht mehr, nur noch für den Rechtswissenschaftler. *Reine Rechtslehre*, 2. Auflage 1961, Seite 348:

> »Das anzuwendende Recht bildet in allen diesen Fällen nur einen Rahmen, innerhalb dessen mehrere Möglichkeiten der Anwendung gegeben sind, wobei jeder Akt rechtmäßig ist, der sich innerhalb dieses Rahmens hält, den Rahmen in irgendeinem möglichen Sinn ausfüllt.«

Sicherlich, das Ergebnis ist wichtig, der Inhalt von Recht. Aber das ist ein politisches Problem und für die Frage, was Recht ist, ohne Bedeutung. Seite 199:

> »Ein Beispiel möge dies erläutern. Ein Vater befiehlt seinem Kind, zur Schule zu gehen. Auf die Frage des Kindes: warum soll ich zur Schule gehen, mag die Antwort lauten: weil der Vater es befohlen hat und das Kind den Befehlen des Vaters gehorchen soll. Fragt das Kind weiter: warum soll ich den Befehlen des Vaters gehorchen, mag die Antwort lauten: weil Gott befohlen hat, den Eltern zu gehorchen und man den Befehlen Gottes gehorchen soll. Fragt das Kind, warum man den Befehlen Gottes gehorchen soll, das heißt: stellt es die Geltung dieser Norm in Frage, ist die Antwort: daß man diese Norm eben nicht in Frage stellen, das heißt nicht nach dem Grund ihrer Geltung suchen, daß man diese Norm nur voraussetzen könne.«

Kelsen nennt das die Grundnorm. Die Grundnorm ist ein Kunstgriff, ein Begriff, der weitere Fragen überflüssig macht, sie nicht zuläßt, wie der Naturzustand bei Thomas Hobbes. Hieß es dort, leicht dramatisch, einer muß befehlen, damit die anderen überleben können, sagt Kelsen, etwas ruhiger, die Kinder müssen zur Schule. Recht ist Befehl. *Command theory*. Auch das formuliert er eleganter und sagt, das Recht sei eine Sollensordnung, keine Seinsordnung.

Das Sein ist das ganze Drumherum, nämlich die Inhalte, die Hintergründe, die Funktionen von Recht, also Politik, Moral, Wirtschaft, Gesellschaft. Damit hat sein Recht nichts zu tun, denn seine *Reine Rechtslehre* (2. Auflage, Seite 1)

> »versucht die Frage zu beantworten, was und wie das Recht ist, nicht aber die Frage, wie es sein oder gemacht werden soll. Sie ist Rechtswissenschaft, nicht aber Rechtspolitik«.

Also gut. Was ist Recht? Es ist ein Befehl, ein Sollen, das von einer zuständigen Stelle angeordnet und mit dem Zwangsapparat des Staates durchgesetzt wird. Thomas Hobbes und sein berühmter Satz: *Auctoritas non veritas facit legem.* Die Autorität des Staates und nicht die Wahrheit bestimmt, was Recht ist. Hans Kelsen schreibt dazu (2. Auflage, Seite 200f.):

> »Eine Rechtsnorm gilt nicht darum, weil sie einen bestimmten Inhalt hat, das heißt: weil ihr Inhalt aus dem einer vorausgesetzten Grundnorm im Wege einer logischen Schlußfolgerung abgeleitet werden kann, sondern darum, weil sie in einer bestimmten, und zwar in letzter Linie in einer von einer vorausgesetzten Grundnorm bestimmten Weise erzeugt ist. Darum und nur darum gehört sie zu der Rechtsordnung, deren Normen dieser Grundnorm gemäß erzeugt sind. Daher kann jeder beliebige Inhalt Recht sein. Es gibt kein menschliches Verhalten, das als solches, kraft seines Gehalts, ausgeschlossen wäre, Inhalt einer Rechtsnorm zu sein.«

Und die Gerechtigkeit? Man kann sich nach diesen Sätzen denken, wo sie bleibt. Sie kommt zum Schluß, im Anhang. Dort durchleuchtet Kelsen ihre einzelnen Grundsätze, die letzten zweieinhalbtausend Jahre, von der Gleichheit des Aristoteles über »Jedem das Seine« der römischen Juristen bis zum kategorischen Imperativ Immanuel Kants, fünfzig klar geschriebene Seiten, logisch einwandfrei, und einer nach dem anderen springt über die Rasierklinge. Es ist alles nichts gewesen, Maßstäbe ohne Maß, Zollstöcke ohne Zoll, leere Programmsätze, viel zu ungenau, alles Methode Stange im Nebel und ungeeignet zur Beurteilung von Recht. Leider. Meine Damen und Herren, reden wir nicht weiter darüber. Das Recht ist ein Befehl und die Gerechtigkeit »ein schöner Traum der Menschheit«.

Diese sieben historischen Variationen des Themas zeigen also eine begrenzte Zahl von Möglichkeiten, das Gebilde zu beschreiben. Man kann nah herangehen, hineinsehen und berichten, was drin ist. Das war die alte Methode von Aristoteles und Grotius. Die Wende kommt mit Hobbes. Seitdem treten die meisten einige Schritte zurück und sehen auf die äußere Form, die Silhouette, das Profil. Kant und Kelsen haben es so gemacht, während Max Weber auch noch die Umgebung beschreibt und Hegel den dritten Weg geht, sich in die Mitte stellt und äußere Form mit innerer Substanz als Einheit skizziert. Die äußere Form ist das Recht als Befehl, und im Inneren wohnt die Gerechtigkeit.

Welche Methode richtig ist? Die Antwort hängt ab vom, sagen wir: rechtspolitischen Standpunkt des Betrachters. Das zeigt das Nebeneinander der beiden großen Entwürfe des 19. Jahrhunderts, von Kant und Hegel. Die Distanz wird um so größer, und das Bild zeigt immer mehr nur die äußere Form, je liberaler die Haltung des Beobachters ist. Liberal nicht nur verstanden im Sinne individueller Freiheit, sondern auch als Ausdruck von Wirtschaftsliberalität, Kapitalismus, Marktwirtschaft. Der freie Fuchs im freien Hühnerstall sieht das Recht formal, als Befehl. Dazu kommt die Trennung von der Moral und ein gewisses Desinteresse an Fragen der Gerechtigkeit. Oft wird einfach nur Aristoteles zitiert mit seinen beiden Arten, der ausgleichenden und der austeilenden. Denkt der Betrachter dagegen konservativ oder sozial, sozialistisch oder ökologisch, dann sieht er mehr auf den Inhalt, und formale Definitionen sind ihm weniger wichtig als Gerechtigkeit und Moral. Man kann beide Haltungen dadurch charakterisieren, daß man sagt, der eine achte mehr auf die Ordnungsfunktion, der andere mehr auf die Gerechtigkeitsfunktion des Rechts. Und nun kann jeder für sich selbst entscheiden, wie er es sehen will. Lechts oder Rinks.

Die historischen Variationen zeigen noch eine andere Perspektive. Sie betrifft die Verbindung des Rechts mit dem Staat. Sie wird extrem eng gesehen bei Hobbes, eng auch bei Hegel. Bei Kant ist sie durchaus vorhanden, aber nicht so intensiv wie bei den anderen, und bei Grotius fehlt sie fast völlig. Für Hobbes ist das Recht nichts anderes als ein Herrschaftsinstrument. Es dient der Aufrechterhaltung von Macht über Menschen. Recht hat Herrschaftsfunktion. Bei Kant ist es eher umgekehrt, wenn er sagt, der Staat sei die Vereinigung einer Menge von Menschen unter Rechtsgesetzen. Diese Gesetze gelten nämlich auch für den, der die Macht hat, und begrenzen und kontrollieren sie. Im Rechtsstaat zeigt sich das Recht in seiner Funktion als Kontrolle von Herrschaft. Auch dieser Unterschied ist bedingt durch verschiedene politische Auffassungen. Der eine denkt autoritär und entscheidet sich im Koflikt für den Staat. Der andere mißtraut der Macht und entscheidet zugunsten des Bürgers. Auch das ist eine Frage der Grundüberzeugungen. Also was ist Recht?

Man sieht, die Frage ist schwer zu beantworten. Aber vielleicht läßt sich auch dieses Durcheinander auf einen gemeinsamen Nenner bringen, indem man einfach sagt, auf dem Gang durch zweieinhalbtausend Jahre Rechtsphilosophie begegnet man vier Funktionen von Recht. Jeder mag dann selbst entscheiden, wo er das Schwergewicht sieht. Die vier sind:

1. Ordnungsfunktion
2. Gerechtigkeitsfunktion
3. Herrschaftsfunktion
4. Herrschaftskontrollfunktion

Zum einen, um es in die Gegenwart zu übersetzen, ist Recht ein Ordnungselement. Übliches Beispiel dafür ist der Straßenverkehr. Wie man ihn im einzelnen regelt, das ist letztlich gleichgültig. Ob Linksverkehr, wie in angelsächsischen Ländern, oder Rechtsverkehr, wie auf dem europäischen Kontinent, das ist egal. Es muß nur eine bestimmte Ordnung geben. Das ist fast immer die Funktion von Recht, nicht nur im Straßenverkehr.

Zweitens: Recht dient der Durchsetzung von Gerechtigkeit. Das ist seine moralische und soziale Funktion, die es immer noch nicht voll erfüllen kann. Ein Defizit, das verursacht wird durch die Verbindung mit der dritten, der Herrschaftsfunktion. Recht hat nämlich außerdem die Funktion, Herrschaft aufrechtzuerhalten. Rechtswissenschaft ist auch eine Herrschaftswissenschaft, eine Wissenschaft zur Aufrechterhaltung von Herrschaft. Sicherlich ist Herrschaft heute, ist der Staat auch ein Ordnungselement. Insofern gibt es eine Identität von Herrschafts- und Ordnungsfunktion des Rechts. Aber sie täuscht. Es sind Kreise, die sich nur teilweise decken. Erstens ist Herrschaft oft eine Art Selbstzweck. Sonst gäbe es nicht so viele, die sie gern hätten. Zweitens dient sie immer auch anderen Interessen. In einer bürgerlichen liberalen Demokratie sind es die der Erhaltung des Privateigentums an den Produktionsmitteln. Damit ist eine Fülle von Problemen verbunden, Probleme der sozialen Gerechtigkeit, der Sittlichkeit, des Umweltschutzes und des Friedens, die bis heute nicht gelöst wurden.

Die zum Teil negativen Wirkungen der Herrschaftsfunktion werden dadurch gemildert, daß das Recht inzwischen auch ein Mechanismus zur Kontrolle von Herrschaft geworden ist. Bei uns ist das im wesentlichen die Funktion der Verwaltungs- und der Verfassungsgerichtsbarkeit. Das ist der Gedanke des Rechtsstaats. Auch staatliche Herrschaft ist an das Recht gebunden, muß sich kontrollieren lassen, wobei allerdings der Staat selbst die Rahmenbedingungen dafür gesetzt hat.

So viel zum Recht und zu den Rechtsphilosophen von gestern. Nun zur Gerechtigkeit und zu den Rechtsphilosophen von heute. Den sieben Weisen der Vergangenheit folgen die beiden Zeitgenossen Niklas Luhmann und John Rawls.

Das Thema Gerechtigkeit beschäftigt die Europäer seit der Antike. Immer wieder haben sie es beschrieben. Sie tun es heute noch und werden es in Zukunft nicht lassen, Philosophen und Juristen. Die große Maschine der Justiz allerdings funktioniert ohne diese Reflexion. Einhunderttausend deutsche Juristen beschäftigen sich Tag für Tag mit dem Recht. Ebenso viele Studenten studieren es an unseren Universitäten. Über Gerechtigkeit lernen sie nichts. Fragt man sie, was das ist, kommen sie ins Stottern.

Der Laie staunt, der Fachmann wundert sich nicht. Denn das Thema ist heikel.

Wenn man von Gerechtigkeit spricht, steht dahinter die Vorstellung, das Recht sei ein Gefäß mit einem Inhalt, der gerecht oder ungerecht sein kann, verbunden mit der Forderung, an sich dürfe er nur gerecht sein. Gerechtigkeit als Grundlage und Maßstab von Recht, das ist eine Vorstellung, die bis in die Antike zurückgeht.

Im Lauf der Zeit wurde die Diskussion schwieriger, weil der Begriff sich veränderte. Für Griechen und Römer war Gerechtigkeit die Eigenschaft eines Menschen, subjektive Gerechtigkeit. Es gab kein Wort für objektive Gerechtigkeit. Sie wurde mit dem Recht als Einheit gesehen und mit einem einzigen Wort bezeichnet. *Dikaion, ius,* Recht. Es gab kein ungerechtes Recht, nur ungerechte Menschen. Die Welt war in Ordnung, auch noch für Ulpian.

Irgendwann war die Welt nicht mehr in Ordnung. Von da an erweiterte sich die Bedeutung des Wortes ins Objektive. Plötzlich gab es zwei solcher Begriffe direkt nebeneinander, objektives Recht und objektive Gerechtigkeit. Nun konnte das Recht im Ernstfall ungerecht sein, und zwar auf verschiedenen Stufen, was die babylonische Sprachverwirrung fortschreiten ließ. Man kann nämlich eine ganze Rechtsordnung als gerecht — oder ungerecht — bezeichnen oder ein einzelnes Gesetz oder ein einzelnes Urteil. Die Argumentation, der Maßstab, müßte sich jeweils verändern. Aber das wurde selten gesehen. Außerdem ist der Maßstab sowieso unsicher. Die Gleichheit des Aristoteles reicht selten aus, das *Suum cuique* des Ulpian ist zu vage, und andere ähnliche Faustregeln sind es auch. Also kann man schon verstehen, wenn mancher verzweifelt. 1947 schrieb der schwedische Rechtsphilosoph Vilhelm Lundstedt (*Interpretations of Modern Legal Philosophy*, herausgegeben von Paul Sayre, Seite 450, übers. U.W.):

> »Die Idee, Grundlage des Rechts sei die Gerechtigkeit und sie würde seinen Inhalt bestimmen, beeinflußt die Rechtswissenschaft des Westens bis heute. Juristische Autoren bleiben dabei, daß der Gesetzgeber sich von der Gerechtigkeit leiten lassen sollte und die Gerichte Gerechtigkeit walten lassen, das heißt verwirklichen müßten. Solche Behauptungen werden von der

Rechtswissenschaft keineswegs als leere Phrasen angesehen. Man meint vielmehr, sie seien auf Tatsachen gegründet. Sie sind aber nicht auf Tatsachen gegründet, sondern völlig sinnlos.«

Derselben Meinung ist der wohl einflußreichste rechtsphilosophische Theoretiker der Bundesrepublik, **Niklas Luhmann,** Professor für Soziologie in Bielefeld. Innerhalb seiner soziologischen Systemtheorie ist das Recht das wichtigste Subsystem. Dazu grundlegend sein Buch von 1969, *Legitimation durch Verfahren.*

Die Systemtheorie geht aus von der Vorstellung, die Gesellschaft sei ein System, das so ähnlich funktioniere wie ein selbständiger Organismus. Dabei interessiert besonders die Frage, wie ein solches System trotz möglicher Störungen im Gleichgewicht bleibt. Es handelt sich um eine systemerhaltende, konservative Theorie. Gesellschaft, Staat und Wirtschaft werden verstanden als in sich abgeschlossene Systeme, wie lebendige Organismen, wie eine Kuh zum Beispiel, die man als Gesamtsystem zu sehen hätte mit mehreren untereinander verbundenen Teilsystemen oder Subsystemen, also mit Kopf und Beinen, Schwanz gegen die Fliegen, inneren Organen, Blutkreislauf, und im wesentlichen nach außen abgeschlossen durch ein dickes Fell. Wie funktioniert das? Wo sind die Störungsfaktoren? Wie bleibt alles im Gleichgewicht?

Die Systemtheorie kommt aus den Vereinigten Staaten. Sie wurde nach dem Vorbild biologischer Modelle von Talcott Parsons, David Easton und Karl Deutsch entwickelt. Luhmanns deutsche Variante ist stärker juristisch orientiert. Sie sieht nicht so sehr auf den gesellschaftlichen Prozeß, sondern auf den politischen, auf die Durchführung von Wahlen, die Gesetzgebung im Parlament und besonders auf die Gerichtsverfahren, durch die wichtige gesellschaftliche Konflikte gelöst werden. Sie sind die Störungen, die beseitigt werden müssen. Einer seiner Lieblingsbegriffe ist dabei die Reduktion von Komplexität, auf deutsch etwa: Vereinfachung von kompliziertem Durcheinander. Moderne Industriegesellschaften, sagt er, sind kompliziert und Entscheidungen notwendig. Das funktioniert nur, wenn man die Dinge vereinfacht. Daher die Tendenz unseres

Rechts zu immer allgemeineren Formulierungen, zu immer höherer Abstraktion. Seine Vorstellungen vom Gerichtsverfahren, kritisch zusammengefaßt von einem seiner rechtssoziologischen Kollegen, Hubert Rottleuthner (*Rechtswissenschaft und Gesellschaftswissenschaft*, 1972, Seite 127):

> »Politisches System und juristische Doktrin liefern das formelle Entscheidungsprogramm in Form von Gesetzen und dogmatischen Hilfsmitteln. Vermittelt über die akademische Jurisprudenz gelangen auch die Attitüden und Ideologien des Personals zur Geltung. Das — wie auch immer entstandene — soziale Konfliktpotential wird zunächst selektiven Agenturen unterworfen: Polizei, Staatsanwaltschaft, Rechtsanwälte, die sowohl Probleme auswählen als auch bereits Übersetzungen in eine Sondersprache vornehmen. Erst wenn Probleme in Parteienstreitigkeiten zerlegt sind, das alltägliche Sprachspiel in ein forensisches übersetzt, das Spektrum möglicher Argumente zusammengeschrumpft ist, kurz: Probleme justiziabel gemacht und Gerichtszweigen zugeordnet sind, kann der interne Konversions-Prozeß beginnen.«

Wahrheit und Gerechtigkeit gibt es nicht. Dafür ist das Leben zu kompliziert. Ein Gerichtsverfahren hat nicht die Aufgabe, herauszufinden, wie es wirklich gewesen ist. Das kommt selten vor. Es soll auch nicht eine gerechte Lösung finden. Denn die Meinungen darüber gehen weit auseinander. Das Urteil gilt, weil das Gericht und die Parteien bestimmte Regeln für das Verfahren eingehalten haben, und der Prozeß hat nur die Funktion, die Betroffenen davon zu überzeugen — ja, wovon eigentlich? Das sagt er nämlich nicht, sondern er spricht nur davon, es sei wichtig, daß sie das Urteil akzeptieren, »übernehmen«, als verbindlich anerkennen. Die Akzeptanz, das ist der andere Schlüsselbegriff. Akzeptanz erreicht man dadurch, daß Verfahrensregeln eingehalten werden. *Legitimation durch Verfahren*, 1969, Seite 25f.:

> »Daß Selektionsleistungen, die nur auf Entscheidung beruhen, übernommen werden, bedarf besonderer Gründe. Die Wahrheit gewisser Entscheidungsprämissen allein reicht dafür nicht aus. Es ist daher anzunehmen, daß im Verfahren solche zusätzlichen Gründe für die Anerkennung von Entscheidungen geschaffen werden und in diesem Sinne Macht zur Entschei-

dung erzeugt und legitimiert, das heißt von konkret ausgeübtem Zwang unabhängig gemacht wird. So gesehen, ist es das Ziel rechtlich geregelter Verfahren, Reduktion von Komplexität intersubjektiv übertragbar zu machen — sei es mit Hilfe von Wahrheit, sei es durch Bildung legitimer Macht zur Entscheidung.«

Recht ist ein formales Gebilde. Der Inhalt ist gleichgültig. Hauptsache, es funktioniert. Als Ahnherr im Hintergrund winkt wieder Thomas Hobbes. Niklas Luhmann als postmoderner Leviathan einer mittelständischen Industriegesellschaft. War damals alles so gefährlich, ist heute alles so kompliziert. Damals war der Staat notwendig fürs Überleben. Heute ist das Verfahren notwendig fürs Funktionieren. Wenn du nicht kannst, laß mich mal, bei mir geht das im Nu — die Hauptsach' ist der Knalleffekt, ob ichs bin oder du.

Auf der anderen Seite steht **John Rawls,** emeritierter Professor für Philosophie der Harvard Universität. Sein Thema ist die Gerechtigkeit, seit über dreißig Jahren, und das Ergebnis heißt *A Theory of Justice* 1971 (deutsche Ausgabe: *Eine Theorie der Gerechtigkeit,* 1975). Es kann als Antwort gelten auf die offenkundige Ungerechtigkeit, die in der Verteilung des amerikanischen Sozialprodukts liegt, ein sozialdemokratisches Programm der Umverteilung im Rahmen einer freiheitlichen Marktordnung. Das Buch hat ein erstaunliches Echo in der sozialphilosophischen und juristischen Literatur nicht nur des eigenen Landes, sondern auch in vielen westlichen Ländern gefunden. Niemand hat sich im 20. Jahrhundert intensiver mit der Gerechtigkeit beschäftigt, und niemand hat so viel Zustimmung und Widerspruch erfahren. John Rawls' Thema ist die austeilende, die soziale Gerechtigkeit (deutsche Ausgabe Seite 23):

»Für uns ist der erste Gegenstand der Gerechtigkeit die Grundstruktur der Gesellschaft, genauer: die Art, wie die wichtigsten gesellschaftlichen Institutionen Grundrechte und -pflichten und die Früchte der gesellschaftlichen Zusammenarbeit verteilen. Unter den wichtigsten Institutionen verstehe ich die Verfassung und die wichtigsten wirtschaftlichen und sozialen Verhältnisse. Beispiele sind etwa die gesetzlichen Sicherungen der Gedanken- und Gewissensfreiheit, Märkte mit Konkurrenz, das Privateigentum an den Produktionsmitteln und die monogame Familie. Zusammengenommen legen die wichtigsten Institutionen die Rechte und Pflichten der Menschen fest und beeinflussen ihre Lebenschancen, was sie werden können und wie gut es ihnen gehen wird.«

Rawls versucht, Kriterien zu entwickeln für gerechtes Recht, und sein Ergebnis ist eine neue Methode, nicht ein Katalog neuer Wahrheiten. Die Methode ist ein Verfahren, das konstruiert ist nach dem Vorbild des Naturzustandes und des Gesellschaftsvertrags der großen Naturrechtssysteme des 17. und 18. Jahrhunderts. Gerechtigkeit als Verfahren, aber nicht wie bei Luhmann als ein Verfahren, das die Gerechtigkeit überflüssig macht, sondern eines, das sie hervorbringt. Sie entsteht, im Modell von Rawls, als Gesellschaftsvertrag, den die Menschen einstimmig beschließen in einer fiktiven Situation, die er als *original condition* bezeichnet. Diese Konstruktion soll gewährleisten, daß sie fair entscheiden, unabhängig von ihren besonderen Interessen. Gerechtigkeit als Fairneß. Nicht die *natural condition* des Thomas Hobbes, sondern die *original condition* des John Rawls, eine zivilisierte Ausgangsposition, in der alle Probleme bekannt sind, auch die sozialphilosophischen Lösungen der Gerechtigkeit von Aristoteles bis zur Gegenwart. Das Problem ist nur, daß die Menschen unter einem Schleier der Unkenntnis entscheiden — *veil of ignorance*. Es betrifft ihr Geschlecht und Alter, ihre Klassen- und Rassenzugehörigkeit. Da keiner weiß, welches Los ihn getroffen hat, und jeder auf Nummer Sicher gehen will, meint Rawls, könnten sie sich mindestens auf drei grundlegende Prinzipien der Gerechtigkeit einigen. Freiheit, Chancengleichheit, Differenzprinzip. Danach habe jeder das Recht auf einen umfassenden Schutz seiner Menschenrechte und auf gleichen Zugang zu allen Positionen in Wirtschaft, Verwaltung und Staat. Und nach dem Differenzprinzip, wie er das nennt, darf es soziale und wirschaftliche Ungleichheiten nur geben, wenn sie gleichzeitig auch denjenigen den größtmöglichen Vorteil bringen, die am wenigsten begünstigt sind. Daraus ergibt sich für ihn ein Vorrang der Gerechtigkeit gegenüber der Leistungsfähigkeit und dem Lebensstandard.

Wer so konsequent auf gerechte Inhalte von Recht zielt, kommt zwangsläufig zum Widerstandsrecht. Rawls unterscheidet zwischen Widerstand gegen Tyrannis und zivilem Ungehorsam gegen Unrecht in »fast gerechten« Gesellschaften. Im Prinzip muß man ungerechte Gesetze befolgen. Aber es gibt Grenzen (Seite 391 f. der deutschen Ausgabe):

> »Grob gesprochen sollte die Last der Ungerechtigkeit auf lange Sicht mehr oder weniger gleichmäßig auf die verschiedenen Gruppen der Gesellschaft verteilt sein, und in jedem Einzelfall sollten aus der Ungerechtigkeit keine allzu schweren Nachteile erwachsen. Daher ist die Gehorsamspflicht problematisch für ständige Minderheiten, die seit vielen Jahren Ungerechtigkeiten erlitten haben. Und gewiß braucht man auf die eigenen oder fremde Grundfreiheiten nicht zu verzichten, denn das konnte im Urzustand (: original condition) nicht im Sinne der Gerechtigkeitspflicht liegen ... Mindestens unter fast gerechten Verhältnissen besteht also gewöhnlich die Pflicht, ungerechten Gesetzen zu gehorchen, falls sie ein bestimmtes Maß an Ungerechtigkeit nicht überschreiten.«

Es bleibt beim »grob gesprochen« und es bleibt »ein bestimmtes Maß«. Was das genauer ist, sagt Rawls nicht. Ist das nicht Wasser auf die Mühlen derjenigen, die das Nachdenken über Gerechtigkeit für sinnlos halten? Gerechtigkeit ist Gleichheit. Diese alte Weisheit des Aristoteles ist doch nicht unwichtig. Im Lauf der Zeit ist die Freiheit dazugekommen, ihr siamesischer Zwilling, und John Rawls ergänzt das durch die Menschenrechte und das Differenzprinzip. Sicher, das ist nicht sehr viel und läßt mehr Fragen offen als es beantwortet. Aber Unsicherheiten sind nicht nur ein Problem der Gerechtigkeit. Sie finden sich auch im Recht. Auch im Recht gibt es selten präzise Regeln, nach denen sich sagen läßt, welche Lösung die richtige ist. Man denke nur an die Interpretation von Gesetzen. Bisher ist deshalb noch nie jemand auf die Idee gekommen, methodische Überlegungen darüber für sinnlos zu erklären. Wie ist es denn im Fall von Marie und Jakob? Kann sie von ihm Unterhalt verlangen nach § 1570 BGB für die Pflege eines Kindes, das auf die Welt gekommen ist zehn Monate nach der Scheidung? Es gibt keine juristische Regel, nach der sich das präzis entscheiden läßt. Und solche Fälle sind alltäglich. Also, was dem Recht recht ist, sollte der Gerechtigkeit billig sein. Sicher, für sie gibt es weniger präzise Regeln als für das Recht. Dessen Regelungsdichte ist höher als die der Gerechtigkeit. Oft meint man zu wissen, was gerecht ist, kann es aber nicht richtig begründen. Aber ist das ein Grund zu sagen, es gebe keine Gerechtigkeit? Ist sie deswegen bedeutungslos und das Nachdenken darüber unsinnig?

Nein, denn es gibt auch eindeutige Fälle. Es gibt Fälle, in denen die Regeln der Gerechtigkeit zu eindeutigen Ergebnissen führen, zum Beispiel die Regeln des John Rawls, nach denen sich dann genau sagen läßt, welches Ergebnis gerecht ist. Das sind Fälle, in denen das Recht allein versagen würde, wenn es nicht noch die Gerechtigkeit gäbe. In jüngster Zeit sind sie wieder aktuell geworden. Es gibt ungerechte Gesetze. Man spricht von gesetzlichem Unrecht.

Kehren wir zurück an den Anfang unserer Überlegungen. Selten hat jemand das Prinzip der Trennung von Recht und Gerechtigkeit so eindringlich formuliert wie Gustav Radbruch, und selten hat jemand in fundamentalen Grundsätzen eine fundamentalere Umkehr für notwendig halten müssen. 1932 hatte er geschrieben (*Rechtsphilosophie*, 3. Auflage, Seite 32), und auch das kann man ruhig zweimal lesen:

> »Für den Richter ist es Berufspflicht, den Geltungswillen des Gesetzes zur Geltung zu bringen, das eigene Rechtsgefühl dem autoritativen Rechtsbefehl zu opfern, nur zu fragen, was Rechtens ist, und niemals, ob es auch gerecht sei ... Wie ungerecht immer das Recht seinem Inhalt nach sich gestalten möge — es hat sich gezeigt, daß es einen Zweck stets, schon durch sein Dasein, erfüllt, den der Rechtssicherheit ... Wir verachten den Pfarrer, der gegen seine Überzeugung predigt, aber wir verehren den Richter, der sich durch sein widerstrebendes Rechtsgefühl in seiner Gesetzestreue nicht beirren läßt.«

Vierzehn Jahre später, unter dem Eindruck der Rechtsverwüstungen des Dritten Reichs, hat er seine Meinung geändert und erkannt, daß es Gesetze gibt, die so ungerecht sind, daß man sie als gesetzliches Unrecht ansehen muß und auch als Richter nicht akzeptieren darf. Die Nürnberger Rassengesetze von 1935 zum Beispiel. Folgendes hat er

1946 geschrieben (abgedruckt in seiner »*Rechtsphilosophie*«, 8. Auflage, 1973, Seite 345):

> »Der Konflikt zwischen der Gerechtigkeit und der Rechtssicherheit dürfte dahin zu lösen sein, daß das positive, durch Satzung und Macht gesicherte Recht auch dann den Vorrang hat, wenn es inhaltlich ungerecht und unzweckmäßig ist, es sei denn, daß der Widerspruch des positiven Gesetzes zur Gerechtigkeit ein so unerträgliches Maß erreicht, daß das Gesetz als ›unrichtiges Recht‹ der Gerechtigkeit zu weichen hat.«

Unrichtiges Recht, gesetzliches Unrecht. Seit der Vereinigung der beiden deutschen Staaten spielt es eine nicht unwichtige Rolle in Strafverfahren über DDR-Unrecht, besonders in Prozessen gegen Grenzsoldaten wegen Schüssen an der Mauer. Nach dem Recht der DDR war diese Barbarei legal, und zwar nach § 27 Absatz 2 des Grenzgesetzes von 1982:

> »Die Anwendung der Schußwaffe ist gerechtfertigt, um die unmittelbar bevorstehende Ausführung oder die Fortsetzung einer Straftat zu verhindern, die sich den Umständen nach als ein Verbrechen darstellt.«

Wollte jemand über die Mauer fliehen, so galt das nach § 213 des Strafgesetzbuches der DDR als ungesetzlicher Grenzübertritt und war in den meisten Fällen ein Verbrechen, nicht nur ein Vergehen. Es durfte geschossen werden. Der Tatbestand einer Tötung war an sich erfüllt, aber die Erschießung nach § 27 des Grenzgesetzes gerechtfertigt und deshalb nicht strafbar. Im Gegenteil, die Schützen wurden gelobt und belohnt. Vor den Gerichten der Bundesrepublik sieht das anders aus.

Für die Gerichte der Bundesrepublik gehörte die DDR vor der Vereinigung strafrechtlich zum Ausland. Sie waren nicht zuständig, denn unser Recht gilt nur für Taten im Inland, § 3 StGB, das sogenannte Territorialitätsprinzip, von dem es Ausnahmen gibt, die jetzt nicht mehr wichtig sind, denn nach der Vereinigung sind sie ganz allgemein zuständig geworden. Anders geht es nicht. Jetzt haben sie auch zu urteilen über Straftaten in der alten DDR, die noch nicht vor Gericht gekommen sind. Aber sie müssen urteilen nach dem Recht der DDR. Auch das ist selbstverständlich, denn bundesrepublikanisches Recht war beschränkt auf das eigene Gebiet und kann nicht rückwirkend ausgedehnt werden auf den Osten des Landes. Das würde gegen den Grundsatz verstoßen, daß es keine Strafe gibt ohne Gesetz, *nulla poena sine lege,* wozu auch die Rückwirkung gehört. Für die Vergangenheit und für dieses Gebiet gelten also vor den Gerichten der Bundesrepublik die Gesetze der DDR, wie wenn es ihre eigenen wären. Und § 27 des Grenzgesetzes? Die Soldaten werden wegen solcher Schüsse verurteilt nach dem Recht der DDR, aber auf das Grenzgesetz können sie sich nicht berufen. Warum nicht? In einem der ersten Beschlüsse, die das Berliner Kammergericht dazu erlassen hat, heißt es (*Neue Juristische Wochenschrift* 1991, Seite 2654):

> »Die mit langjährigen Strafandrohungen bewehrte Vorschrift über den ungesetzlichen Grenzübertritt (§ 213 DDR-StGB), zu dessen Verhinderung § 27 Grenzgesetz unter bestimmten Umständen den Einsatz von Schußwaffen erlaubte, sollte das in dem elementaren Rechtsstaatsprinzip wurzelnde Recht der DDR-Bürger auf Freizügigkeit unterdrücken, um die Bevölkerung am Verlassen des sozialistischen Machtbereichs der DDR zu hindern und damit den Fortbestand des totalitären Herrschaftssystems zu sichern. Wer aus derartigen politischen Gründen vorsätzlich einen Menschen tötet, verstößt gegen fundamentale Grundsätze des Rechts und der Menschlichkeit ... Daraus folgt, daß der Einsatz von Schußwaffen durch DDR-Grenzbewacher gegen Flüchtlinge im innerdeutschen Grenzgebiet, die nur von ihrem allgemeinen unterdrückten Recht auf Freizügigkeit Gebrauch machten, ohne — etwa durch Gewalt oder Drohung — andere Rechtsgüter zu gefährden, nicht nach § 27 Absatz 2 Grenzgesetz gerechtfertigt war.«

Das ist, schwer zu erkennen, aber unverkennbar, die Radbruchsche Formel von 1946. Grenzgesetz und § 213 StGB der DDR verstoßen gegen elementare Menschenrechte. Menschenrechte sind ein Gebot der Gerechtigkeit. Und der Widerspruch zwischen staatlichem Gesetz und Gerechtigkeit ist so unerträglich, daß das Gesetz als Unrecht für den Richter unbeachtlich bleiben muß und nicht angewendet werden darf. Kein vernünftiger Mensch kann das anders sehen. Die Soldaten haben sich strafbar gemacht, sofern sie das erkennen mußten.

Das Kammergericht nennt die Radbruchsche Formel nicht ausdrücklich und formuliert das Ganze etwas anders. Es argumentiert nicht mit der Unwirksamkeit des Gesetzes, sondern sagt, die Soldaten hätten gegen fundamentale Grundsätze der Menschlichkeit verstoßen, redet also nicht vom Gesetz, sondern von den Personen. Man darf raten, warum. Vielleicht haben sich die Richter nur ungeschickt ausgedrückt. Aber vielleicht hätte die deutliche Wiederholung der Formel auch bedeuten können, daß man sich für die Zukunft ungeschützt in eine Richtung bewegt, aus der Gefahren drohen. Die Formel entstand nach dem Schrecken des Dritten Reichs. Nun gut. Jetzt, beim DDR-Unrecht, setzt sich das fort. Vielleicht hatte man das Gefühl, die Wiederholung der Wahrheit könnte eines Tages Folgen haben für das eigene Recht. Die Wahrheit, daß es einen Widerspruch geben kann zwischen Recht und Gerechtigkeit, leuchtet auch friedlich in die Ecken zivilen Ungehorsams. Das Kammergericht steht da nicht allein. Vor der Vereinigung haben andere Oberlandesgerichte und der Bundesgerichtshof in ähnlichen Fällen wörtlich fast genauso formuliert. Es sind Nuancen in der Sprache, nicht in der Sache. Staatliche Gerichte haben bestätigt, daß es gesetzliches Unrecht gibt. Es war zwar das Recht eines anderen Staates, aber das ändert nichts am Prinzip.

Wir sind wieder am Anfang angelangt, bei der Sprache der Juristen. Zwar wissen wir immer noch nicht genau, was Recht ist und Gerechtigkeit, und können uns allenfalls damit trösten, daß es kaum jemand besser weiß. Doch zum Schluß haben wir wenigstens noch gelernt, daß die Sprache der Juristen manchmal sogar ein wenig pfiffig sein kann und zugeknöpft, wie jener junge Mann, den Friedrich von Hagedorn, als er noch ein junger Mann war, vor über zweihundertfünfzig Jahren, in seinem Gedicht »Die Alte« beschrieben hat (*Gedichte*, Reclam Nr. 132, Seite 30):

> Zu meiner Zeit
> Befliß man sich der Heimlichkeit.
> Genoß der Jüngling ein Vergnügen,
> so war er dankbar und verschwiegen.

Literatur

Über die sieben Rechtsphilosophen informiert sehr gut Karlheinz Rode, *Geschichte der europäischen Rechtsphilosophie*, 1974; über Luhmann und Rawls: Arthur Kaufmann, Winfried Hassemer (Herausg.), *Einführung in Rechtsphilosophie und Rechtstheorie der Gegenwart*, 5. Auflage 1989; über das erstaunliche Echo auf John Rawls, mit umfangreicher Literatur: Helmut Goerlich, *Rawls oder rationales Naturrecht*, in: *Rechtstheorie* 9 (1978), Seite 484 bis 505; zu den vielen Problemen des DDR-Unrechts: Gerald Grünwald, *Die strafrechtliche Bewertung in der DDR begangener Handlungen*, in: *Der Strafverteidiger* 1991, Seite 31 bis 37.

PERSONEN- UND SACHREGISTER

Abschreckungstheorie 215
Abstraktion 183f., 400f.
Abstraktionsprinzip 110ff., 115, 140f., 196
actus contrarius 310
Adomeit, Klaus 353f.
aktionenrechtliches Denken 179f., 283
allgemeine Geschäftsbedingungen 125
Allgemeiner Teil 183
allgemeines Persönlichkeitsrecht 134ff.
Allgemeinverbindlichkeitserklärung 348
Amnestie 245ff.
Amtshaftung 313ff.
Analogie 139
Anfechtung 122f.
Anfechtungsklage 253ff., 261ff.
Anschluß- und Benutzungszwang 297f.
Anspruch 179f.
Anstaltsverhältnis 267
Anstiftung 217
Anwartschaftsrecht 160f.
Anweisung 141
Arbeitsförderungsgesetz, § 116 361
Arbeitsgerichtsgesetz 322
Arbeitskampfrisiko 359ff.
Arbeitsrecht 124, 343ff.
Arbeitsvertrag 370ff.
Aristoteles 24, 59f., 392f.
arrha 114
Aufgabe und Befugnis 286f.
Aufopferungsanspruch 310
ausgleichende Gerechtigkeit 392f.

ausgleichspflichtige Inhaltsbestimmung 313
Ausnahmezustand 90
Aussperrung 353ff.
austeilende Gerechtigkeit 392f., 411

Badewannenfall 216ff.
Baldus, Paulheinz 237
Barkauf 113f.
Baugenehmigung 262ff., 291ff.
Baugesetzbuch 292
Bauordnungen 291, 294
Bauordnungsrecht 291ff.
Bauplanungsrecht 291ff.
Baur, Fritz 30f., 107
Baurecht 291ff.
Bebauungsplan 293f.
Beccaria, Cesare 239
Begnadigung 245ff.
Begriffsjurisprudenz 337, 401
Beihilfe 217ff.
Benjamin, Walter 116
Bereicherungsrecht 140ff.
Berufung (Strafverfahren) 243ff.
Besitz 30f., 108
Besitzkonstitut 153
Besitz und Eigentum 30f., 108
besonderes Gewaltverhältnis 268f.
Betriebsrat 366, 368ff., 373, 381f.
Betriebsrisiko 358f.
Betriebssphäre 358f.
Betrug 194ff.
Beurteilungsspielraum 272ff.
Beweislast 172ff.

Beweislastumkehr 133f., 172f., 303
Binding, Franz 233
Binnendrucktheorie 360
Bloch, Ernst 393
Bosch, Friedrich Wilhelm 168
Brandt, Willy 299, 304
Brief des Strafgefangenen 266ff., 330
Brox, Hans 354
Bürgerliches Gesetzbuch 181ff.
Bürgermeister 297
Bürgschaft 151ff., 324
Bundesbaugesetz 292
Bundeshaushalt 88ff.
Bundesrat 87f.
Bundesrepublik, Name 57f.
Bundesverfassungsgericht 64ff.
Bund-Länder-Streitigkeiten 67

Caemmerer, Ernst von 142
Celsus, Publius Juventius 390
Cicero, Marcus Tullius 393
Codex Iuris Canonici 332
Computerbetrug 197
Constitutio Criminalis Carolina 201, 203, 321
Corpus Iuris Civilis 182
Creifels, Carl 387
crimen vis 232f.

Däubler, Wolfgang 36, 354
Darlehen 150f.
Daseinsvorsorge 97ff., 257
Dehler, Thomas 64
Delegationstheorie 346
Delikt 126ff.
Diebstahl 194ff.
Digesten 182
Differenzierungsklausel 347
Diktatur des Proletariats 70
Dilcher, Hermann 378
Dilthey, Wilhelm 26
dinglicher Anspruch 180

direkte Demokratie 59
Dispens 294
Distanzkauf 113f.
Dittmann-Anhänger 157ff.
Dogmatik 192f.
Drittwiderspruchsklage 158
Dürig, Günter 50

Ehe 162ff.
Ehebruch, Strafbarkeit 225
Ehegüterrecht 167
Ehename 164f.
Ehescheidung 165f.
eigene und übertragene Angelegenheiten im Gemeinderecht 295
Eigentümer-Besitzer-Verhältnis 109f.
Eigentum 105ff.
Eigentumsübertragung 110ff., 156
Eigentumsvorbehalt 153
Eigentum und Besitz 30f., 108
Eingriffskondiktion 141f., 146
Eingriffsverwaltung 256ff.
Elektroherde-Fall 143ff.
elterliche Sorge 165
Emerson, Ralph Waldo 96
Empfängerhorizont 145, 147
Engels, Friedrich 46, 70, 106, 162, 182
enteignender Eingriff 310ff.
Enteignung 310ff.
enteignungsgleicher Eingriff 310ff.
Erbersatzanspruch 169
Erbrecht 174ff.
Erfüllungsgeschäft 114
Erhard, Ludwig 125
Erler, Julius 18
Ermessen 272ff.
Ermittlungsverfahren 242
error in objecto 221f.

Europarecht 334f.
EWG-Vertrag 329, 334

Fachaufsicht 298
Fahrlässigkeit 127
Familie 106, 162ff.
Feuerbach, Anselm 18
Fichte, Johann Gottlieb 18
finale Handlungslehre 191
Firma 324
Flächennutzungsplan 293f.
Flick-Affäre 82f.
Föderalismus 60, 85ff.
Folgenbeseitigungsanspruch 262, 309ff.
Forsthoff, Ernst 26f., 97ff., 256ff., 268f., 277f.
Focault, Michel 238f.
Fraktionszwang 80
France, Anatol 85, 391
Frank, Reinhard 200, 210
Franke-Erlaß 360
Franksche Formel 200, 201
freiheitliche demokratische Grundordnung 69ff.
Freiheitsstrafe 237ff.
Freisler, Roland 204
Freiwillige Gerichtsbarkeit 322f.
Friedenspflicht 348, 352
Fürsorgeempfänger-Fall 258ff., 331
Funktionen des Rechts 406f.

Garaudy, Roger 125
Gebrauchsmuster 326f.
Gefährdungshaftung 128f.
Gefängnis 237ff.
Gefahrenabwehr 285ff.
Gefahrtragung 116f.
Gegnerabhängigkeit 368
geistiges Eigentum 326f.
Geldautomaten 197
Geliebtentestament 171ff.

Gemeindeaufsicht 298
Gemeindeautonomie 295
Gemeindefinanzen 298
Gemeinderat 297
Gemeinderecht 295ff.
Gemeindeselbstverwaltung 295
Generalprävention 215, 330
Gerechtigkeit 388ff., 407ff.
Gerichtsöffentlichkeit 19
Gerichtsverfassungsrecht 321f.
Geschmacksmuster 326f.
Gesellschaftsrecht 324
gesetzliches Unrecht 414ff.
Gewalt 231ff.
Gewaltenteilung 60f., 72f.
gewerblicher Rechtsschutz 326f.
Gewerkschaften 345ff., 349ff., 355ff., 362ff., 366ff.
Gierke, Otto von 63, 124, 344
Gleichberechtigung von Frauen 162ff.
Globalsteuerung 90
GmbH 324f.
Gnade 245ff.
Großmann-Doerth, Hans 125
Grotius, Hugo 333, 393f., 396
Grundbuch 155ff.
Grundbuchordnung 156
Grundgesetz 46ff.
Grundrecht auf Umweltschutz 303f.
Grundrechte 49ff.
Grundschuld 154
Guizot, Guillaume 66
gutgläubiger Erwerb 111f.

Hagedorn, Friedrich von 417
Hanau, Peter 353f.
Handelsrecht 323f.
Hattenhauer, Hans 247
Hauptverfahren 243
Hegel, Georg Wilhelm Friedrich 397f.
Heimtücke 205f., 207

Heranwachsende 329
Hermeneutik 26
Herrenchiemsee 47
Herrenreiter-Fall 138 f.
Herrschaft 42, 107
Heuss, Theodor 58, 76
historische Schule 26 f.
hM 28 f.
Hobbes, Thomas 42 f., 45, 73, 395 f.
Hochverrat 227 f.
Homosexualität 225
Hueck, Alfred 345
Hühnerpest-Fall 132 ff.
Hypothek 154 f.

Ideologie 30 ff.
immaterieller Schaden 138 f.
individuelles Arbeitsrecht 370
innerdienstliche Weisung 268
innerkirchliches Recht 332 f.
Interessentheorie 317
Internationales Privatrecht 335 f.
Irrtum 122 f.
Isenbiel, Staatsanwalt 243
Isensee, Josef 43

Jefferson, Thomas 51
Jugendliche 329
Jugendstrafrecht 329 f.
Jungk, Robert 271
Juristentag 382
juristische Person 62 f., 178 f., 324 f.
Juvenal 125

Kaduk, Oswald 237
Kampfparität 353 ff., 359 ff.
kanonisches Recht 331
Kant, Immanuel 18, 26, 106, 121, 212, 387 ff., 396 f., 398 ff.
Kapitalgesellschaft 324 f.
Karneades-Fall 212
Kartell 328
Kartellrecht 124 f., 328 f.

Kauf 113 ff.
Kaufmann 323 f.
kausale Handlungslehre 191
Kelsen, Hans 402 ff.
Kirchenrecht 331 ff.
Klug, Ulrich 26
Körperschaften des öffentlichen Rechts 332
kollektives Arbeitsrecht 370
Konsensualvertrag 114
konstruktives Mißtrauensvotum 48
Kontaktsperregesetz 229
KPD-Verbot 68 ff.
Kranzgeld 139
kreisfreie Städte 298
Kriminologie 330
Krösus 113
Kronzeuge 229
Kündigung im Urlaub 375 ff.
Kündigungsschutz 372 ff.
Kündigungsschutzgesetz 373
Kuppelei 223 ff.

Länderfinanzen 88 f.
Laepple-Urteil 234 ff.
Lafayette 52
Laker, Uwe 96
Landesentwicklungsplan 292
Landesverrat 227 f.
Landfriedensbruch 228 f., 233
Landkreise 296
Lebach-Urteil 54
lebenslange Freiheitsstrafe 204
Legitimation durch Verfahren 410 f.
Leibholz, Gerhard 79
Leistungskondiktion 141 f., 145
Leistungsverwaltung 256 ff.
lex loci delicti 336
Lichtenberg, Georg Christoph 155
Liszt, Franz von 214, 215, 232, 329

Locke, John 51, 326
Lübke, Heinrich 33f.
Luhmann, Niklas 409ff.
Lundstedt, Vilhelm 408f.

Maas, Josef 302
Macchiavelli, Niccolò 43
Macht 107
Magna Charta 51
Magnetbahn-Fall 305ff.
Marbury gegen Madison 46, 65
Marshall, John 46, 65
Marx, Karl 70
Marxismus-Leninismus 70f.
Mason, George 51
materielles Recht 281ff.
Mauerschützenprozesse 415ff.
Maurer, Hartmut 271
Mauss, Marcel 119
Mayer, Otto 261, 264f., 268, 284
Mayer-Maly, Theo 354
Mayntz, Renate 300
Melderegisterabgleich 53, 56
Menger, Anton 17
Menschenrechte 49ff., 333f.
Mietrecht 124, 147ff., 343
Minderung 118
Miquel, Johann von 105
Mitbestimmung 366ff.
Mitbestimmungsgesetz 366ff.
Montesquieu, Charles de 74, 223
Moral 388ff.
Mord 202ff., 206ff.
Morgan, Henry Lewis 106

Nachbarschutz im Verwaltungsrecht 262f.
Narr, Wolf-Dieter 32
Naßauskiesungsbeschluß 311ff.
Naturrecht 333, 393f.
Naturzustand 395, 412
neue Beweglichkeit 362ff.

Neutralitätspflicht des Staates 361
nichteheliche Kinder 168f.
nichteheliche Lebensgemeinschaft 169ff.
Nipperdey, Hans Carl 135ff., 345, 350f.
Nötigung 230ff.
Normenkontrollverfahren 67
Notstand 90ff., 212f.
nulla poena sine lege 191, 198
Numerus clausus 270

oberste Staatsorgane 62ff.
objektives Recht 181, 387f.
Obligation 114
obligatorischer Anspruch 180
öffentliches Recht 321
öffentliches und Privatrecht 316ff.
Öffentlichkeit 19
Offene Handelsgesellschaft 324f.
Ordnungsverwaltung 256, 285
Organstreitigkeiten 67, 81

Palandt, Otto 21
Pandektenrecht 182ff.
Pandektensystem 183
parlamentarische Demokratie 71ff.
Parlamentarischer Rat 47f.
Parteien 78ff.
Parteienfinanzierung 81ff.
Parteiverbote 68
Patent 326f.
Paulus, Julius 113, 116
Personengesellschaften 324f.
Pfändungspfandrecht 154
Pfand 151ff.
Pflichtteil 171, 178
politischer Streik 352f.
politisches Strafrecht 226ff.
Polizeibegriff 256, 285ff.

Pornographie 225
Privatstrafrecht 126
Produzentenhaftung 129 ff.
Prokura 324
Prozeßrecht 281 ff., 322
Pütter, Johann Stephan 326
Pufendorf, Samuel 51

Rabel Ernst 142
Rache 214 ff.
Radbruch, Gustav 33, 247, 389 ff., 414 ff.
Radbruchsche Formel 415 ff.
Raumordnungsgesetz 292 f.
Rawls, John 411 ff.
reale Verbandsperson 63
Recht am eingerichteten und ausgeübten Gewerbebetrieb 351
Recht auf informationelle Selbstbestimmung 54 f.
Rechtsaufsicht 298
Rechtsbegriff 387 ff., 397, 406 ff.
Rechtsfähigkeit 178
Rechtsfunktionen 406 f.
Rechtsgeschäft 181
Rechtsgeschichte 338
Rechtsmängelhaftung 116 ff.
Rechtsphilosophie 337, 387 ff.
Rechtssicherheit 307 ff.
Rechtssoziologie 337 f.
Rechtsstaat 61
Rechtssubjekt 107
Recht und Moral 388 ff., 396 ff., 400
Recht und Sitte 389 f.
Rechtsvergleichung 336 f.
Rechtsverhältnis 181
Rechtswidrigkeit 190 f., 209 f.
Regierungsbezirke 296
Reisevertragsrecht 148
repräsentative Demokratie 59 f., 71, 80
Republik 60

Restrisiko 271
Rezeption 182
Revision (Strafverfahren) 243 ff.
Reziprozität 119 f.
Richardi, Reinhard 354
Richtervorlage 202
Rottleuthner, Hubert 410
Rousseau, Jean Jacques 59, 74, 105
Rücknahme von Verwaltungsakten 276 ff.
Rüthers, Bernd 354

Sachmängelhaftung 116, 118 f.
Salomon, Ernst von 25
Savigny, Friedrich Carl von 26 f., 62 f., 111, 156, 338
Schacht, Hjalmar 135 ff.
Schätzler, Johann-Georg 247 f.
Schaub, Günter 354
Schaufensterpuppen-Fall 288 ff.
Schleyer, Hans Martin 93
Schmerzensgeld 139
Schmidt, Helmut 304
Schmitt, Carl 66, 90, 99
Schneller Brüter Kalkar 271, 302
Schuld 190 f., 210 ff., 216
Schuldbeitritt 152
Schuldfähigkeit 211
Schuldmitübernahme 152
Schwangerschaftsabbruch 225 f.
Schweinemästerfall 253 ff.
Schwurgerichte 245
Selbert, Elisabeth 164
Sexualdelikte 222 ff.
Sicherungseigentum 153
Sieyès, Emmanuel-Joseph 74
Sitte 389 f.
Sittenwidrigkeit 150 f.
Sittlichkeit 388, 396, 398 f.
Sitzblockaden 234 ff.
Smith, Adam 121, 328
Sodomie 225

Solange II 335
Sonderrechtstheorie 317f.
soziale Adäquanz 351f.
Sozialgerichte 331
Sozialrecht 330f.
Sozialstaat 61f.
Sparbuch 196f.
Spezialprävention 215f., 330
Sphärentheorie 355ff.
Staat 42f., 97ff., 399, 406
Staatsanwaltschaft 242f.
Staatsgefährdung 227f.
Staatsgewalten 61, 73ff.
Staatshaftung 309ff.
Staatshaftungsgesetz 309
Staatskirchenrecht 332
Staatsorgan 63f.
Staatsrecht 46
Staat und Gesellschaft 41ff., 97ff.
Staatsziel Umweltschutz 304
Stabilitätsgesetz 90
Stachinskij-Urteil 219f.
Städtebauförderungsgesetz 292
Stalin, Josef 70
Stammheimer Prozeß 228, 230
Stern, Klaus 61, 75
Steuerrecht 330f.
Stichentscheid des Vaters 164
Störerbegriff 255, 287ff.
Strafprozeßordnung 241, 322
Straftheorien 214ff.
Strafverfahren 241ff.
Strafverfolgung als Aufgabe der Polizei 242f., 286f.
Strafvollzugsgesetz 267f., 330
Strafvollzugsrecht 330
Strafzumessung 192f.
Stratenwerth, Günter 210
Streik 349ff.
subjektives öffentliches Recht 260ff.
subjektives Recht 181, 387f.

Subjektivierung im Verhältnis von Staat und Bürger 264
Subordinationstheorie 317
Subsidiaritätsklausel 306ff., 315f.
Subsumtion 22
Süsterhenn, Adolf 77
Systemtheorie 409f.

Täterschaft 216ff.
Tanken ohne Bezahlung 194ff.
Tarifvertrag 345ff.
Tatbestand 189ff.
Tatbestandsmäßigkeit 190
Tatherrschaft 218
Teilnahme 216ff.
Testament 175, 177
Testamentsvollstrecker 177
Thomasius, Christian 388
Thoreau, David Henry 95ff.
Tierhalterhaftung 127f.
Todesstrafe 239
Totschlag 202ff.
Traube, Klaus 93
Trennscheibe 229
Tschernobyl 271, 302, 304
Türkenmord-Fall 206ff.

Übereignung 110ff., 156
Ulpian, Domitius 390, 393
ultima ratio 364f.
Umweltgrundrecht 303f.
Umweltrecht 299ff.
Umweltschutz 99f.
Umweltschutz als Staatsziel 304
unerlaubte Handlungen 127
ungerechtfertigte Bereicherung 140
Unterhalt nach der Scheidung 166f.
Unternehmensrecht 351
Unterschlagung 194ff.
Urheberrecht 326

veil of ignorance 412
Verbandsklage 304 ff.
Verbotsirrtum 211 f.
Verfassungen 44 ff.
Verfassungsbeschwerde 66 f.
Verfassungsrecht 46
Vergeltungstheorie 214 f.
Verhältnismäßigkeit 287
Verjährung 180
Verlobtenbeischlaf 223 f.
Vermächtnis 177
Verpflichtungsgeschäft 114
Verpflichtungsklage 263 f.
Versicherungsrecht 325 f.
Versorgungsausgleich 167
Versuch 198 ff.
Vertrag 106 f., 119 ff., 394
Vertragsfreiheit 121, 124 f., 328, 343 f.
Vertrauensschaden 123
Verwaltungsakt 253 ff., 260 ff.
Verwaltungsgerichtsordnung 281 ff., 322
Verwaltungsverfahrensgesetz 284
Völkerrecht 333 f., 394
Volksabstimmungen 75 ff.
Volksgeist 398
Volkssouveränität 58 f.
Volkszählungsgesetz 52 ff.
Vorbehalt des Gesetzes 254, 276
Vorsatz 127, 190
Vorverlagerung des Staatsschutzes 227, 229

Wandelung 118
Warenzeichen 326 f.
Warnstreiks 362 ff.

Wasserhaushaltsgesetz 312
Weber, Max 337, 401 f.
Weiterbeschäftigungsanspruch 378 ff.
Werkvertrag 148
Wertpapierrecht 325
Wesentlichkeitstheorie 75, 270 f.
Westermann, Harry 21
Wettbewerbsrecht 327 f.
Widerruf von Verwaltungsakten 276 ff.
Widerspruch im Verwaltungsrecht 283 f.
Widerstandsrecht 93 f.
Wieacker, Franz 182
Wiethölter, Rudolf 33 f.
Wilburg, Walter 142
wilder Streik 352 f.
Wille 120 ff.
Willenserklärung 121 f.
Willensmängel 123
Windscheid, Bernhard 179
Witwenrenten-Fall 279 ff.
Wucher 150 f.

Zippelius, Reinhold 60
ziviler Ungehorsam 94 ff.
Zivilprozeßordnung 322
Zöllner, Wolfgang 354
Zugang der Willenserklärung 376 f.
Zugewinngemeinschaft 177
Zulässigkeit und Begründetheit 54, 258 ff.
Zwang 231 ff.
Zwangstheorie 333, 401 f.
Zweckveranlasser 290
Zwischenverfahren 242

ÜBER DEN AUTOR

Uwe Wesel, geboren 1933, ist Professor für Rechtsgeschichte und Zivilrecht an der Freien Universität Berlin. Veröffentlichungen: *Der Mythos vom Matriarchat* (1980); *Aufklärungen über Recht* (1981); *Juristische Weltkunde* (1984); *Frühformen des Rechts in vorstaatlichen Gesellschaften* (1985); *Recht und Gewalt* (1989).